94～101年

國文

指考／學測

歷屆試題詳解

應考破題技巧大公開

市面上，你看不到如此詳細的歷屆試題解題、破題、應考技巧大公開的書。完整收錄、每題詳細解析──94～101年指考‧學測等歷屆國文科試題。

謝純靜、張貽婷 編著

編輯大意

一、編寫緣起：在準備升學考試的過程中，考古題絕對是同學掌握考試方向的重要利器，不但可鑑往知來，看見出題方向變化的趨勢，更可藉著做考題，檢驗自己是否具有足夠的相關常識。事實上，同學寫考古題時，不該只求答案的正確，還應透過選項認識更多詩詞，藉形、音考題來練習辨別易混淆的字詞，或再重溫一遍題目中所提及經史典籍的內涵等，而這正是本書的寫作宗旨。

二、本書特色：

(一)所有字詞的形、音、義，均以教育部國語辭典的說明為準，確保解答的準確性，並針對同學易誤讀字詞加以說明。

(二)從學生的視野出發：多數考題詳解習慣站在「已知」的角度，未能徹底解決同學誤答時的種種疑惑，因而常有即使看過解答說明，仍茫然不知如何下手的遲疑。因此，本書從學生的視野出發，全方面的判讀考題的題型與內容，進而使同學能知其然並知其所以然。

(三)帶領學生循序漸進的解題：任何題目的設計，都有若干或明或暗的線索可循，本書據此帶領同學「就已知的學習經驗中，去判別未知；從線索中找答案」。這種練習，將使同學在閱讀字數日益增多、篇幅越來越長的試題時，能克服慌亂感而沉著應試。

(四)補充詳盡的延伸資料：同學在做考題時，除明白解題技巧，更應藉考題解答，補充相關知識、複習國學常識，讓自己在考前有再一次複習的機會。

(五)詳實的古文翻譯：在解說考題中，詩詞、古文的翻譯詳盡，無非是希望同學能藉此厚植常識、增廣見聞，使能從容面對豐富多樣化的考題。

三、提醒讀者：觀察近年來學測、指考題型，多以統合性命題考驗同學閱讀理解、邏輯推理及記憶重點的能力，因此，偏記憶的準備方式，已不足以面對考試，這是同學平日讀書時應有的基本認知。

四、編寫感言：本書編寫過程雖頗為費心規畫，總希望能真正解惑，提供同學最大的幫助，然疏漏在所難免，尚祈諸先進不吝指正是幸。

目錄

指考（指定考試）

（94～100年指考）

94 年指考（指定考試）

題型分析

類型	字音	字形	字詞義	文法修辭	成詞語	應用文	國學常識	閱讀理解
題號	1	18	2	3	4、20	19（題辭）	9、13、21、22、23	5（白話文） 26（白話文，文句排序） 8（文言文） 10、11、12（古典詩） 12、13（白話題組） 14-15、16-17（文言題組） 7、24（現代詩）

第壹部分：選擇題（佔55分）

一、單選題（34%）

說明：第1至第17題，每題選出一個最適當的選項，畫記在答案卡之「選擇題答案區」。每題答對得2分，答錯或畫記多於一個選項者倒扣2/3分，倒扣至本大題之實得分數零分為止。未作答者，不給分亦不扣分。

（　）1.下列各選項中，「」內字音三者全同的是：
(A)神「儷」眷侶／緣「慳」一面／「緘」默以對
(B)視如「瑰」寶／「哇」哦相望／「跬」步不休
(C)打通經「絡」／暗行賄「賂」／「犖」犖大者
(D)雨「霽」天青／黍「稷」稻粱／按圖索「驥」

（　）2.下列文句中的「幸」字，意義與其他選項不同的是：
(A)（張）良曰：始臣起下邳，與上會留，此天以臣授陛下，陛下用臣計，「幸」而時中；臣願封留足矣，不敢當三萬戶
(B)四年之間，奔走不暇，未知明年又在何處，豈懼竹樓之易朽乎？「幸」後之人與我同志，嗣而葺之，庶斯樓之不朽也
(C)（周）瑜曰：先生之言，甚合吾意。但今軍中正缺箭用，敢煩先生監造十萬枝箭，以爲應敵之具。此係公事，先生「幸」勿推卻
(D)當此時，彭越數反梁地，絕楚糧食。項王患之，爲高俎，置太公其上，告漢王曰：今不急下，吾烹太公。漢王曰：吾與項羽俱北面受命懷王，曰：約爲兄弟。吾翁即若翁；必欲烹而翁，則「幸」分我一杯羹

（　）3.下列文句「」內的兩個字，是由動詞並列組成一個詞組的選項是：

(A)博聞彊志，明于「治亂」，嫻于辭令

(B)公子聞所在，乃「間步」往，從此兩人游，甚歡

(C)人情有所不能忍者，匹夫「見辱」，拔劍而起，挺身而鬥，此不足為勇也

(D)獨韓愈奮不顧流俗，犯笑侮，收召後學，作〈師說〉，因抗顏而為師。世果群怪聚罵，「指目」牽引，而增與為言辭

（　）4.古人言談、行文常使用「謙詞」，以示自我謙抑。下列文句「」內的詞語，屬於謙詞的選項是：

(A)句踐之困於會稽而歸，「臣妾」於吳者，三年而不倦

(B)若舍鄭以為「東道主」，行李之往來，共其乏困，君亦無所害

(C)今南方已定，兵甲已足，當獎率三軍，北定中原，庶竭「駑鈍」，攘除姦凶，興復漢室，還于舊都

(D)（孟嘗君）謝曰：文倦於事，憒於憂，而性懧愚，沉於國家之事，開罪於先生。先生「不羞」，乃有意欲為收責於薛乎

（　）5.甲、有個美國友人來信說：孩子幼小時□在你腳尖上，長大了□在你心尖上。（琦君《桂花雨‧媽媽，給你快樂》）

乙、秋陽似酒，雖稍嫌辛辣，卻已是老炭文火，靜靜□著他的世界。他的世界在這秋日的午後，慢慢□熟。（劉大任〈秋陽似酒〉）

丙、米亞屋裡□滿百香果又酸又甜的蜜味，像金紅色火山岩漿□出窗縫、門縫，從陽臺電梯流瀉直下灌滿寓樓。（朱天文〈世紀末的華麗〉）

上引各文，前後兩個□都是動詞，並且是相同的字。根據各文文意，依序最適合填入□內的選項是：

(A)立／烘／飄　　　　　　　　(B)踮／燜／浮

(C)繫／烤／漲　　　　　　　　(D)踩／燉／溢

（　）6.下列文字，依文意排列，順序最恰當的選項是：

「看哪，這樣的雲彩和天色！

甲、過一會你才明白

乙、宇宙的深處乃在這山狀雲彩的邊緣及狹灣處──純潔與秩序的至高無上之象徵

丙、黑暗的柔軟的只是雲彩

丁、其實，宇宙的神祕與深度不是雲彩與黑暗可以表現出來的

戊、第一眼你可能會認為黑暗處就是深的地方

深度只有在光明、寧靜的地方才能找到。」（赫塞《玻璃珠遊戲》）

(A)乙戊甲丁丙　　　　　　　　(B)乙丙戊甲丁

(C)戊甲丙乙丁　　　　　　　　(D)丙戊丁甲乙

（　　）7.閱讀下列現代詩後作答：

「打開自己珍藏的詩稿　發現只有無題詩三首／一首我拿起來　一口一口吃下／一首拿給妻　為冬日的生活點火／另一首　我想，只有寄給你」（落蒂〈淒涼〉）

有關本詩，解讀不當的選項是：

(A)「自己珍藏的詩稿」，指的是詩人自己所寫的詩作

(B)「一首我拿起來　一口一口吃下」，意指詩人稱許此詩充滿滋味，耐人咀嚼

(C)「一首拿給妻　為冬日的生活點火」，意指詩人有時亦不得不為應付現實生活而低頭

(D)「另一首　我想，只有寄給你」，在「我想」之後特別加一逗點，音節略有停頓，更可見下句的「你」應是詩人心目中極重要的一個人

（　　）8.閱讀下列文字後作答：

孔子明王道，干七十餘君，莫能用，故西觀周室，論史記舊聞，興於魯而次《春秋》。上記隱（公），下至哀（公）之獲麟。……七十子之徒，口受其傳指，為有所刺譏褒諱挹損之文辭，不可以書見也。魯君子左丘明，懼弟子人人異端，各安其意，失其真，故因孔子史記，具論其語，成《左氏春秋》。（《史記・十二諸侯年表・序》）

根據上述《史記》文字，下列敘述，正確的選項是：

(A)據上下文意，司馬遷認為《左氏春秋》無法闡釋《春秋經》的旨意

(B)文中「論史記舊聞」的「史記」，泛指古代史書；「孔子史記」則指《春秋》

(C)「人人異端」的「異端」，意同《論語》中孔子所說「攻乎異端，斯害也已」的「異端」

(D)文中「為有所刺譏褒諱挹損之文辭，不可以書見也」，可用以說明孔子「述而不作」的觀念

（　　）9.中國語文基於形、音、義的種種特質，形成別具美感的對仗聯句。下列不符對聯條件的選項是：

(A)風自涼經松越峭；月原明映水逾清

(B)非關因果方為善；不計科名始讀書

(C)海納百川，有容乃大；壁立千仞，無欲則剛

(D)韓侯一將壇，諸葛三分漢；功名紙半張，富貴十年限

（　）10.下列七言詩作，依內容判讀，分類<u>不當</u>的選項是：

(A)柳花深巷午雞聲，桑葉尖新綠未成。坐睡覺來無一事，滿窗晴日看蠶生
——屬田園詩

(B)洞房昨夜停紅燭，待曉堂前拜舅姑。妝罷低聲問夫婿，畫眉深淺入時無
——屬閨怨詩

(C)烽火城西百尺樓，黃昏獨坐海風秋。更吹羌笛關山月，無那金閨萬里愁
——屬邊塞詩

(D)千里鶯啼綠映紅，水村山郭酒旗風。南朝四百八十寺，多少樓臺煙雨中
——屬詠史詩

（　）11.中國古典詩歌有一種「竹枝詞」，其格律寬鬆自由，用語淺近自然，內容多
描寫民間風土或男女豔情，富於民歌情調；唐以後的竹枝詞且多以七言四句
為定式。依據以上敘述，試判讀下列選項何者<u>並非</u>竹枝詞：

(A)山桃紅花滿上頭，蜀江春水拍山流。花紅易衰似郎意，水流無限似儂愁

(B)滿天梅雨近端陽，竹葉隔宵裹粽忙。一朵榴花兩枝艾，大家兒女學新妝

(C)春水初添新店溪，溪流停蓄綠玻璃。香魚上釣剛三寸，斗酒雙柑去聽鸝

(D)無事經年別遠公，帝城鐘曉憶西峰。爐煙銷盡寒燈晦，童子開門雪滿松

（　）12.以下為兩首元曲：

甲、楚霸王，漢高皇，龍爭虎鬥幾戰場。爭弱爭強，天喪天亡，成敗豈尋
常？一個福相催先到咸陽，一個命將衰自刎烏江。江山空寂寞，宮殿久
荒涼。君試詳，都一枕夢黃梁。（馬謙齋〈塞兒令·楚漢遺事〉）

乙、登樓北望思王粲，高臥東山憶＿＿＿＿，悶來長鋏為誰彈？當年射虎，將軍
何在？冷淒淒霜凌古岸。（張可久〈賣花聲·客況〉）

下列敘述，<u>錯誤</u>的選項是：

(A)甲之「都一枕夢黃梁」，用「南柯一夢」的典故

(B)乙之「高臥東山」，所憶的對象是謝安

(C)乙之「悶來長鋏為誰彈」，用「馮諼客孟嘗君」的典故

(D)乙之「射虎將軍」，指漢代名將李廣

（　）13.民間故事、古典小說往往歌頌浪漫的愛情故事。下列有關人物、情節的敘
述，正確的選項是：

(A)《薛丁山征西》敘述大唐公主樊梨花才貌雙全，以拋繡球的方式招薛丁山
將軍為駙馬

(B)「梁祝故事」敘述梁山伯、祝英台由同窗結為夫妻，卻因家長反對而被迫
離異，雙雙殉情化蝶

(C)《白蛇傳》敘述蛇精白素貞化為美女，下嫁許仙，後與法海和尚鬥法，水

漫金山寺，遂遭囚禁於雷峰塔下

(D)《紅樓夢》敘述賈寶玉與表妹林黛玉真心相愛，卻因王熙鳳、薛寶釵兩人聯手施計，挑撥離間，致使寶、黛情海生變，黛玉終憂憤成疾，香消玉殞，寶玉則看破紅塵，修道成仙

14-15為題組

閱讀下列文字後，回答14-15題。

> 順治間，滕、嶧之區，十人而七盜，官不敢捕。後受撫，邑宰別之為「盜戶」。凡值與良民爭，則曲意左袒之，蓋恐其復叛也。後訟者輒冒稱盜戶，而怨家則力攻其偽，每兩造具陳，曲直且置不辨，而先以盜之真偽，反復相訐，煩有司稽籍焉。適官署多狐，宰有女為所惑，聘術士來，符捉入瓶，將熾以火。狐在瓶內大呼曰：「我盜戶也！」聞者無不匿笑。（《聊齋志異‧盜戶》）

（　　）14.下列敘述，符合文中內涵與旨意的選項是：

(A)對盜戶的招安優撫，實即反映出官府的腐敗昏聵

(B)官府對爭訟的雙方，一定問明是非曲直，以示公正無私

(C)文中以盜戶形容狐為虎作倀，脅迫官府，魅惑良民的景況

(D)盜戶因為想取得訴訟勝算，因此在訴訟時，多先陳上戶籍證明

（　　）15.狐被捉後大呼「我盜戶也！」聞者無不匿笑，原因是：

(A)懼損官府威嚴，不敢公然恥笑

(B)狐鋌而走險，淪為盜戶，令人竊笑

(C)狐想冒用盜戶之名，取得寬恕，令人啼笑皆非

(D)官府聘術士捉狐燒狐，流於怪力亂神，聞者哭笑不得

16-17為題組

閱讀下列文字後，回答16-17題。

> 甲、王太尉不與庾子嵩交，庾卿之不置。王曰：「君不得為爾！」庾曰：「卿自君我，我自卿卿；我自用我法，卿自用卿法。」（《世說新語‧方正》）
>
> 乙、王安豐婦，常卿安豐。安豐曰：「婦人卿婿，於禮為不敬，後勿復爾！」婦曰：「親卿愛卿，是以卿卿；我不卿卿，誰當卿卿？」遂恆聽之。（《世說新語‧惑溺》）

（　　）16.根據上引兩段文字，下列敘述，錯誤的選項是：

(A)甲、乙兩段文字中，作為動詞用的「卿」字共有7個

(B)「庾卿之不置」的「卿」和「卿自君我」的「君」字，詞性不同

(C)文中所有「卿卿」的第一個「卿」字都是動詞，第二個「卿」字都是名詞

(D)「庚卿之不置」的「之」字和「誰當卿卿」的第二個「卿」字，都當賓語（受詞）用

（　　）17. 由上引兩段文字內容判斷，下列敘述，正確的選項是：
(A)魏晉時期稱呼對方為「卿」，是一種下對上或卑對尊的敬稱
(B)庚子嵩因為王太尉敬稱他為「君」，故堅持稱呼王太尉為「卿」
(C)《世說新語》將乙段文字置於〈惑溺〉篇，反映當時人對女性堅持自我主張的不以為然
(D)王太尉對庚子嵩稱他為「卿」一事的態度，和王安豐對妻子稱他為「卿」的態度相同，都由反對轉為接受

二、多選題（21%）

說明：第18至第24題，每題各有五個選項，其中至少有一個是正確的。選出正確選項，畫記在答案卡之「選擇題答案區」。每題3分，各選項獨立計分，每答對一個選項，可得0.6分，每答錯一個選項，倒扣0.6分，完全答對得3分，整題未作答者，不給分亦不扣分。在選項外畫記者，一律倒扣0.6分。倒扣至本大題之實得分數零分為止。

（　　）18. 下列文句，完全沒有錯別字的選項是：
(A)金庸的武俠小說，人物鮮活，情節玄疑緊張，讓讀者愛不釋手
(B)暴雨過後，家園頓成澤國，舉目所見，一片狼藉，令人怵目驚心
(C)恬不知恥的政客，在輿論沸騰的批評下，依然裝模作樣，我行我素
(D)老李見大夥兒使出渾身解數展現最佳歌喉，便也不甘勢弱上臺飆歌
(E)王小姐習慣以嬌揉造作、忸怩作態的方式待人，讓人摸不透她的真面目

（　　）19. 「題辭」是一種精簡的應用文，用精鍊的文句，題寫在匾額、條幅、書冊、錦旗等物品之上，用以表達慶賀、頌揚、勉勵、哀悼、紀念之意。下列題辭，敘述正確的選項是：
(A)「關雎誌喜」適用於賀新婚　　　(B)「高山仰止」適用於賀女壽
(C)「齒德俱尊」適用於賀升官　　　(D)「天喪斯文」適用於輓學者
(E)「貨殖流芳」適用於輓政界

（　　）20. 古今語詞的意義，有時會從正面或中性轉變為負面的意義，如杜甫詩「搖落深知宋玉悲，風流儒雅亦吾師」，詩中的「風流」和現在戲稱人「老風流」的用法，意義已由正面轉為負面。下列文句「」內古今語詞意義也是如此轉變的選項是：
(A)士生斯時，無他事業，精神「技倆」，悉見於詩／老陳的「技倆」早已為人看穿，無人相信了

(B)日中則昃，月盈則食，天地盈虛，與時「消息」／近年來天災人禍不斷，所聞盡是令人沮喪的壞「消息」

(C)主稱會面難，一舉累十觴。十觴亦不醉，感子「故意」長／弟弟頑劣成性，每次師長說話，他都「故意」唱反調

(D)後自知非，「變節」從學，鄉賦擢第，累遷至御史／對日抗戰時，那些向日本「變節」投降的人，後來都遭到嚴屬的譴責

(E)四方行教者，技藝悉精，並諸殺法，名曰「打手」；苟招而致之，不唯能戰，並可教戰／一位武藝高強的師父，竟然淪為黑社會「打手」

(　　) 21.現代文學名家輩出，下列相關敘述，正確的選項是：

(A)朱自清、徐志摩齊名，兩人均以浪漫而穠麗的文風著稱

(B)魯迅雜文具強烈批判性，剖析人情世故、社會百態，率皆銳利而深刻

(C)余光中詩、文兼擅，感性、知性兼具，其作品均重意象經營、句法錘鍊，表現鮮明的藝術匠心

(D)梁實秋學識博雅，會通中西，其散文小品多取材日常事物，文筆詼諧幽默，尤以《雅舍小品》聞名於世

(E)林文月兼擅散文與翻譯，其散文題材多元，要皆文筆細膩，情感內斂，常於平凡事物中展現自然美好的人間情味，平淡中饒富理趣

(　　) 22.下列關於文學常識的敘述，正確的選項是：

(A)「傳奇」本指情節曲折離奇的唐代文言短篇小說，〈虬髯客傳〉即其代表作

(B)「行」、「歌行」均為樂府詩體式，佚名〈飲馬長城窟行〉、白居易〈琵琶行〉皆屬之

(C)「書」可用於下對上，如李斯〈諫逐客書〉；亦可用於平輩之間，如白居易〈與元微之書〉

(D)「賦」盛行於兩漢，歷魏晉、隋唐，至宋而不衰；其中宋賦受古文影響，傾向散文化，蘇軾〈赤壁賦〉即其代表作

(E)唐宋以來，「記」體文學迭有名篇，或抒寫山水名勝，或描寫特定名物，不一而足。范仲淹〈岳陽樓記〉、歐陽脩〈醉翁亭記〉即屬前者；柳宗元〈始得西山宴遊記〉、袁宏道〈晚遊六橋待月記〉則屬後者

(　　) 23.古人用干支紀年，以十天干依次配上十二地支，組合成以六十為週期的紀年方式，稱為一甲子。十二地支又可對應十二生肖的紀年法；也用來表示一天的十二個時辰，如卯時即上午五至七點。下列有關干支的敘述，正確的選項是：

(A)若去年為甲申年，則明年為丙亥年

(B)子時是夜裡凌晨零點至兩點，所以通常稱為「子夜」

(C)民國前一年（1911）為辛亥年，則民國六十年亦為辛亥年

(D)午時是上午十一點至下午一點，「正午時分」指中午十二點

(E)韓愈生於唐代宗大曆三年（戊申年），歐陽脩生於北宋真宗景德四年（丁未年），可知韓愈生肖屬猴，歐陽脩屬羊

（　　）24.臺灣與原住民有關的現代詩作品，往往因呈現原住民的神話傳說與精神意蘊而獨具特色。下列詩歌表現出上述特色的選項是：

(A)孩子，給你一個名字。／要永遠記得祖先的勇猛，／像每一個獵首歸來的勇士，／你的名字將有一橫黥面的印記

(B)喊人，人不見／喊鬼，鬼不見／旋地轉天的暈眩，大風砂裡／磚石一塊接一塊／一塊接一塊磚石在迸裂／搖撼比戰國更大的黑影／壓下來，壓向我獨撐的血臂

(C)山崖高得難以仰望／植物們靜靜地倒掛／中午的陽光一絲絲透入／遠處以雲灌溉的森林／沈沈地如含一份洪荒的雨量／陰影像掩飾一個缺陷／把我們駐紮著文明的帳篷掩蔽

(D)百步蛇偷走了我的項鍊和歌聲／我要越過山頭向他要回來／但媽媽，你看／他把我的項鍊拆碎，丟向溪谷／成為一整夜流動的星光／他把我的歌聲壓縮成一顆眼淚／滴在黑夜尾椎沈默的尾羽

(E)用赤膊／和裸體的太陽／一起半蹲下來／往上跳又向下頓步／把影子踏扁踏進土裡／濺起泥濘和灰塵／然後像飛魚穿過海浪叉開的手指／他們腳板後翻例如尾鰭／然後像山豬／紅眼裂牙咬向邪靈／他們手握拳頭哼哼著前進

第貳部分：非選擇題（佔45分）

說明：本大題共有二題，請依各題指示作答，答案務必寫在答案卷上，並標明題號（一、二）。

一、簡答（9%）

閱讀下列文字後作答：

> 子之武城，聞弦歌之聲，夫子莞爾而笑曰：「割雞焉用牛刀？」子游對曰：「昔者，偃也聞諸夫子曰：『君子學道則愛人，小人學道則易使也。』」子曰：「二三子！偃之言是也，前言戲之耳。」（《論語・陽貨》）

1. 根據上文語境，「君子」、「小人」、「道」三個名詞所指的對象、內容為何？（3分）

2. 孔子起初「莞爾而笑」說：「割雞焉用牛刀」，後來又說：「前言戲之耳」。請扼要說明孔子前後反應不同的原因，以及子游回答的意涵所在。文長以150字為度。（6分）

二、作文（36%）

> 家，對許多人而言，不止是身體的休憩處，也是心靈的歸依所。我們每天乃至於一生，不斷的在離家與回家的歷程中，構築出一天以至於一生的故事。一般人離家後總不免有回家的企盼，但也有人視回家為畏途，甚或無家可歸。回家對每個人而言，往往存在著不同的意義。

試以「回家」為題，寫一篇首尾具足、結構完整的文章。敘事、抒情、議論皆無不可，文長不限。

95年指考（指定考試）

題型分析

類型	字音	字形	字詞義	文法修辭	成詞語	應用文	國學常識	閱讀理解
題號	1	18	2、19	3、5（白話文，文句排序）、13		17（書信）	7、10、11、21	6、14、23（白話文）9、12、15、16、20、22、24（文言文）4、8（古典詩詞）

第壹部分：選擇題（佔55分）

一、單選題（34%）

說明：第1至第17題，每題選出一個最適當的選項，劃記在答案卡之「選擇題答案區」。每題答對得2分，答錯或劃記多於一個選項者倒扣2/3分，倒扣至本大題之實得分數零分為止；未作答者，不給分亦不扣分。

（　）1.下列各組詞語「」內的字，讀音完全相同的選項是：
(A)「嗟」歎不已／「蹉」跎時日／山勢「嵯」峨
(B)「貽」人笑柄／甘之如「飴」／不忍欺「紿」
(C)鶼「鰈」情深／「喋」喋不休／最後通「牒」
(D)深「諳」世故／喉嚨「喑」啞／「黯」然失色

（　）2.下列文句中的「以」字，意義與其他選項不同的是：
(A)《左傳・燭之武退秦師》：晉侯、秦伯圍鄭，「以」其無禮於晉，且貳於楚也
(B)范仲淹〈岳陽樓記〉：不「以」物喜，不以己悲。居廟堂之高，則憂其民；處江湖之遠，則憂其君
(C)曹丕〈典論論文〉：西伯幽而演《易》，周旦顯而制《禮》；不「以」隱約而弗務，不以康樂而加思
(D)曾鞏〈墨池記〉：推王君之心，豈愛人之善，雖一能不以廢，而因以及乎其跡邪？其亦欲推其事「以」勉學者邪

（　）3.「互文足義」的情況之一，指篇中某一句內的上下兩個意義單位，並非個別獨立，而必須統整在一起作互補的解釋，文意始能完足。如文天祥〈正氣歌〉「雞棲鳳凰食」，意指雞和鳳凰同居共食。「雞棲」、「鳳凰食」在此句中，

不是個別獨立的兩個意義單位，而必須作統整、互補的解釋。下列詩句，符合「互文足義」的選項是：

(A)杜牧〈泊秦淮〉：煙籠寒水月籠沙

(B)晏殊〈清平樂〉：鴻雁在雲魚在水

(C)蘇軾〈東欄梨花〉：梨花淡白柳深青

(D)歐陽脩〈答謝景山遺古瓦硯歌〉：力彊者勝怯者敗

(　　) 4.王國維《宋元戲曲史》：「古代文學之形容事物也，率用古語，其用俗語者絕無。又所用之字數亦不甚多。獨元曲以許用襯字故，故輒以許多俗語，或以自然之聲音形容之。此自古文學上所未有也。」如《西廂記》之〈得勝令〉：

驚覺我的是□□□竹影走龍蛇，虛飄飄莊周夢蝴蝶，□□□促織兒無休歇，韻悠悠砧聲兒不斷絕，□□□傷別。急煎煎好夢兒應難捨，冷清清的咨嗟，嬌滴滴玉人兒何處也？

上文□□□處的詞語，依序最適合填入的選項是：

(A)顫巍巍／絮叨叨／痛煞煞　　　　(B)痛煞煞／絮叨叨／顫巍巍

(C)絮叨叨／顫巍巍／痛煞煞　　　　(D)顫巍巍／痛煞煞／絮叨叨

(　　) 5.有些文學作品，在上句句尾與下句句首的位置，安排重複的詞語，以顯現連綿不絕的情意，如〈飲馬長城窟行〉：「青青河畔草，綿綿思遠道。遠道不可思，宿昔夢見之。夢見在我旁，忽覺在他鄉」即是。下引現代詩的表現方式類似上述情況，呈現了連續不斷的欣喜之情。其文句排序，最適當的選項是：

這支歌聲最初曾在我的心中爆裂的闡發

甲、當黎明躍起

乙、玫瑰之綻開黎明

丙、亦如盈盈的露水之綻開玫瑰

丁、我就聽到溢滿林間的呼喚

戊、而這呼喚也像是跟隨著一種雷鳴而來（彭邦楨〈聯想〉）

(A)甲丙乙丁戊　　　　　　　　　　(B)丙乙甲丁戊

(C)丙乙丁戊甲　　　　　　　　　　(D)戊丁乙丙甲

(　　) 6.下列文句均與季節有關。就其所描寫的景色、情境，依春夏秋冬物候變化之先後為序，排列正確的選項是：

甲、那時暄氣初消，月正圓，蟹正肥，桂花皎潔，也未陷入凜冽蕭瑟氣態，這是最值得賞樂的

乙、一地李花，飄零似雪，也為我翌日晨曉推窗時牽起家國之思來，這種思念，經過日光烘托，益其溫暖爛漫，浩浩蕩蕩，明媚千萬里，天涯便也近在咫尺了

丙、近前光晃晃的柏油路面，熱得實在看不到什麼了。稍遠一點的地方的景象，都給蒙在一層黃膽色的空氣的背後，他再也不敢望穿那一層帶有顏色的空氣看遠處

丁、南方的黃梅天的確糟糕得可以。天，老是陰沉沉地布滿厚重的破棉絮似的雲，雨是天天下，但下得又不乾脆：有時翻江倒海下一個整天整夜，有時竟連綿到三四天

戊、松濤如吼，霜月當窗，饑鼠吱吱在承塵上奔竄。我於這種時候，深感到蕭瑟的詩趣，常常獨自撥劃著爐火，不肯就睡，把自己擬諸山水畫中的人物，作種種幽邈的遐想

(A)乙丙丁戊甲　　　　　　　　　(B)乙丁丙甲戊

(C)丁乙丙戊甲　　　　　　　　　(D)丁丙乙甲戊

（　）7. 古典詩歌常見「對仗」技巧，下列詩句對仗最為工整的選項是：
(A)少婦城南欲斷腸，征人薊北空回首
(B)洛陽游絲百丈連，黃河春冰千片穿
(C)不見柏梁銅雀上，寧聞古時清吹音
(D)紅泥亭子赤欄干，碧流環轉青錦湍

（　）8. 傳統建築常懸掛楹聯，以凸顯建物主題，增添人文情趣。下列各選項中的楹聯，何者與建物主題配置<u>不當</u>？
(A)松聲竹聲鐘磬聲，聲聲自在；山色水色煙霞色，色色皆空──用於書院
(B)真實不虛，大慈悲，度一切苦厄；意識無界，空色相，現五蘊光明──用於觀音祠
(C)望重南陽，想當年羽扇綸巾，忠貞扶季漢；澤周西蜀，愛此地浣花濯錦，香火擁靈祠──用於諸葛亮祠
(D)天下名山僧占多，也該留一二奇峰，棲吾道友；世間好語佛說盡，誰識得五千妙論，出我仙師──用於道觀

（　）9. 白居易〈琵琶行并序〉「妝成每被秋娘妒」，乃通過側寫旁人的反應，呈現琵琶女的美麗；相較於由容貌服飾正面描寫美女的手法，有時更為高妙。下列對「美女」的敘述，也採用「側寫」的選項是：
(A)曹植〈洛神賦〉：丹脣外朗，皓齒內鮮
(B)杜甫〈麗人行〉：態濃意遠淑且真，肌理細膩骨肉勻
(C)李白〈于闐采花〉：明妃一朝西入胡，胡中美女多羞死
(D)徐賢妃〈賦得北方有佳人〉：腕搖金釧響，步轉玉環鳴

（　）10. 甲、□□的秋水深淺／怎樣測得出一尾魚的體溫／想想莫非自得其樂／泥塗之龜／畢竟要比供奉楚廟活得自由

乙、我的靈魂要到□□去／去洗洗足／去濯濯纓／去飲我的黃驃馬／去聽聽伯牙的琴聲／我的靈魂要到汨羅去／去看看我的老師老屈原／問問他認不認得莎孚和但丁／再和他同吟一葉蘆葦／同食一角米粽

丙、雨潤過／飛白／藍天在／裱褙　整張下午／柳枝老是寫著／一個燕字／而青蟲死命地讀／蛛網那本／線裝的□□／生門何在／卦象平平

上引三段現代詩，□□處依序最適合填入的選項是：

(A)屈原／滄浪／《易經》　　　　　(B)屈原／天池／《詩經》

(C)莊子／滄浪／《易經》　　　　　(D)莊子／天池／《詩經》

（　）11. 古人「字」、「號」，來由不一。下列關於古人「字」、「號」的敘述，錯誤的選項是：

(A)蘇軾自號「東坡居士」，乃因其謫居黃州，築室於東坡之故

(B)白居易自號「醉吟先生」，乃用以呈現其放意詩酒的人生態度

(C)韓愈字「退之」，乃因其名「愈」，而以反義的「退之」為其字

(D)李白號「青蓮居士」，乃因其偏愛蓮花之清新脫俗，有類其詩風之故

（　）12. 文學作品中人物說話的「語氣」，可呈現其性格、情緒與心情；語氣可有平淡、誠懇、欣喜、不滿、憤怒、嘲諷、譏刺、諧謔、自負、自嘲……等。下列關於說話者「語氣」的解釋，正確的選項是：

(A)〈劉姥姥〉：「劉姥姥便站起身來，高聲說道：『老劉！老劉！食量大如牛，吃個老母豬不抬頭！』」顯示出劉姥姥的自負心態

(B)〈鴻門宴〉：「亞父受玉斗，置之地，拔劍撞而破之，曰：『唉！豎子不足與謀！奪項王天下者，必沛公也，吾屬今為之虜矣！』」顯現范增莽撞而不能顧全大局的個性

(C)〈馮諼客孟嘗君〉：「（齊王）謝孟嘗君曰：『寡人不祥，被於宗廟之祟，沉於諂諛之臣，開罪於君。寡人不足為也，願君顧先王之宗廟，姑反國統萬人乎？』」顯現齊王因不滿孟嘗君門客太多，遂故加嘲諷的心態

(D)〈虬髯客傳〉：「道士對弈，虬髯與靖旁侍焉。俄而文皇來，……道士一見慘然，下棋子曰：『此局全輸矣！於此失卻局哉！救無路矣！復奚言！』罷弈請去。既出，謂虬髯曰：『此世界非公世界，他方可也。勉之，勿以為念！』」顯現道士由失望惆悵，轉而寬慰、勸勉虬髯客重新振作的心情轉折

（　）13. 「馬蹄聲，孤獨又憂鬱地自遠至近，灑落在沉默的街上如白色的小花朵」句中，將屬於聽覺形象的馬蹄聲，巧妙比擬為視覺形象的白色小花，使無影無

形的聲音，通過有形有色的花朵而具體化。下列文句將聽覺形象比擬為視覺形象的選項是：

(A)鼓聲起處，船便如一支沒羽箭，在平靜無波的長潭中來去如飛

(B)那小高樓上即刻發出求救的燈語，一明一滅著，有如乞兒的淚珠

(C)讀舊日友人書／乃有眾多管弦之音打從心窩裡升起／首先是一組瀏亮的喇叭／像一群藍色小鳥撲著翅膀

(D)他在花瓶旁邊的煙灰盒中，抖掉了紙煙上的灰燼，那紅的煙火，就越紅了，好像一朵小花似的，和他的袖口相距離著

（　　）14. 閱讀下列文字後作答：

孩子，你真是快活呀！一早晨坐在泥土裡，耍著折下來的小樹枝兒。

我微笑著看你在那裡耍弄那根折下來的小樹枝兒。

我正忙著算帳，一小時一小時在那裡加疊數字。

也許你在看我，心想：「這種好沒趣的遊戲，竟把你一早晨的好時間浪費掉了！」

孩子，我忘了聚精會神玩耍樹枝與泥餅的方法了。

我尋求貴重的玩具，收集金塊與銀塊。

你呢，無論找到什麼便去做你的快樂的遊戲；我呢，卻把我的時間與力氣都浪費在那些我永不能得到的東西上。

我在我的脆薄的獨木船裡掙扎著，要航過欲望之海，竟忘了我也是在那裡做遊戲了。

（泰戈爾《新月集·玩具》）

依據上文文意，下列敘述錯誤的選項是：

(A)「我」羨慕孩子能隨時隨地盡情快樂的遊戲，感歎自己早已失去這種心情

(B)「我」明白自己的玩具貴重，懊悔自己常浪費時間精力在其他無謂的追求上，而忘了專注於金錢遊戲

(C)本文旨在透過孩子與「我」的對比，表達類似蘇軾〈臨江仙〉「長恨此身非我有，何時忘卻營營」的感慨

(D)作者以「我」駕著脆薄的獨木船航過欲望之海，比喻成人陷溺於既危險又充滿誘惑的遊戲中，無法自拔，卻仍汲汲追求

（　　）15. 閱讀下列文字後作答：

邊韶字孝先，陳留浚儀人也。以文章知名，教授數百人。韶口辯，曾晝日假臥，弟子私嘲之曰：「邊孝先，腹便便。懶讀書，但欲眠。」韶潛聞之，應時對曰：「邊為姓，孝為字。腹便便，五經笥。但欲眠，思經事。寐與周公通夢，靜與孔子同意。師而可嘲，出何典記？」嘲者大慚。（《後漢書·邊韶傳》）

依據上文，下列敘述<u>不當</u>的選項是：

(A)邊韶不僅飽讀詩書，擅長文章，且口才流利，富機智反應

(B)文中「寐與周公通夢，靜與孔子同意」，暗用《論語》孔子曰「久矣，吾不復夢見周公」的典故

(C)「腹便便」讀為「腹ㄆㄧㄢˊㄆㄧㄢˊ」，學生本用以嘲笑邊韶身材肥胖，邊韶則用以自喻博學多聞

(D)文中邊韶說「師而可嘲，出何典記」，目的在考核學生熟讀經典的能力，而學生無法回答，故「嘲者大慚」

(　) 16. 閱讀下列文字後作答：

趙襄主學御於王於期，俄而與於期逐，三易馬而三後。襄主曰：「子之教我御，術未盡也。」對曰：「術已盡，用之則過也。凡御之所貴，馬體安於車，人心調於馬，而後可以進速致遠。今君後則欲逮臣，先則恐逮於臣。夫誘道爭遠，非先則後也。而先後心皆在於臣，上何以調於馬？此君之所以後也。」（《韓非子‧喻老》）

文中以學習駕馭車馬為例，主要在闡明：

(A)快馬加鞭，進速致遠，才能成功

(B)時時競逐，有先後心，方能致勝

(C)誘道爭遠，非先則後，無須計較

(D)調御自如，忘懷得失，始能致遠

(　) 17. 下列各「」中的書信用語，適合其使用情境的選項是：

(A)王大明寫信給任職公司的主管，結尾書寫「職王大明筆」

(B)王大明寫信給任職公司的主管李經理，開頭書寫「李經理賜鑒」

(C)王大明寫信給好友，在信中提及自己的父母，使用「令尊」、「令堂」

(D)王大明寫信給高中導師耿精明，信封中間受信人的欄位書寫「耿精明老師台啟」

二、多選題（21%）

說明：第18至第24題，每題各有5個選項，其中至少有一個是正確的。選出正確選項，劃記在答案卡之「選擇題答案區」。每題3分，各選項獨立計分，每答對一個選項，可得0.6分，每答錯一個選項，倒扣0.6分，完全答對得3分，整題未作答者，不給分亦不扣分。在備答選項以外之區域劃記，一律倒扣0.6分，倒扣至本大題之實得分數零分為止。

(　) 18. 下列文句完全沒有錯別字的選項是：

(A)指考逼近，許多同學都焚膏繼晷，閉門苦讀，根本沒有閒瑕從事休閒活動

(B)面對這樁棘手的案件，法官理應審慎處理，不能遷就形勢，以免歹徒逍遙法外

(C)世界棒球經典大賽，中華健兒雖竭心盡力，終因技不如人，鎩羽而歸，令人扼腕

(D)當今社會，每當事情一發生，便有種種號稱獨家報導者，任意渲染，多所揣測，誠可謂眾說紛紜，真相卻益發撲朔迷離，難以釐清

(E)為人處世，不宜師心自用，而應多參考他人看法。若對方意見可取，固應從善如流，即使不全可取，亦宜斟酌採行，不必斷然排斥

( ) 19. 「斗」是中國古代的一種量器，也常用來形容事物的大小程度。下列文句中的「斗」字，含有「小」或「少」義的選項是：

(A)事關重大，請恕我「斗」膽直言

(B)人不可貌相，海水不可「斗」量

(C)盛夏時節，「斗」室裡顯得酷熱難當

(D)子貢問曰：今之從政者何如？子曰：噫！「斗」筲之人，何足算也

(E)今欲致天下之士，民有上書求見者，輒使詣尚書問其所言，言可采取者，秩以升「斗」之祿，賜以一束之帛

( ) 20. 古書裡的語詞，經歷時間的變化，有時會產生詞義擴大的現象。如《論語·子罕》：「鳳鳥不至，『河』不出圖，吾已矣夫。」文中的「河」原專指「黃河」，後來則擴大為泛指所有的河流，如「井水不犯河水」。下列各組文句「」中的語詞，依前後次序，也具有詞義由小而擴大現象的選項是：

(A)（項）籍與江東子弟八千人渡「江」而西 / 孤舟蓑笠翁，獨釣寒「江」雪

(B)《說文》：「瓦」，土器已燒之總名 / 各人自掃門前雪，休管他人「瓦」上霜

(C)誰云江水廣，一葦可以「航」 / 現今「航」海、「航」空科技發達，使得人們在交通上節省了不少時間

(D)蔡邕《獨斷》：「朕」，我也。古代尊卑共之，貴賤不嫌 / 《史記·秦始皇本紀》：臣等昧死上尊號，王為泰皇，命為制，令為詔，天子自稱曰「朕」

(E)《爾雅》：穀不熟為饑，蔬不熟為饉，果不熟為「荒」 / 儘管現代科學昌明，一旦遭遇糧荒、水荒、石油荒等各種災「荒」，也未必能應付裕如

( ) 21. 下列有關知名詞人的敘述，正確的選項是：

(A)蘇軾詞名向為詩文所掩，他對詞壇的主要貢獻在於精研音律，並且創製長調慢詞

(B)李清照由於夫妻恩愛、人生美滿，其詞作無論寫景抒情，每每洋溢幸福之

感，極盡細膩婉約之美

(C)柳永身為落魄文士，不時流連歌樓酒館，卻因此創作出真切自然的深情歌調，廣為流傳──「凡有井水處，皆能歌柳詞」

(D)李後主「生於深宮之中，長於婦人之手」，其作品可分為前後兩期，後期詞風因遭逢亡國之痛，「眼界始大，感慨遂深」

(E)辛棄疾雖為宋詞「豪放派」大家，實則其詞作風格多樣，除以世衰亂離、國仇家恨為書寫題材外，亦不乏清麗淡雅之作，甚或「以文為詞」，故作詼諧，語帶幽默

(　　) 22. 文學作品往往呈現作者不同的思想傾向，下列敘述正確的選項是：

(A)「安得不死藥，高飛向蓬瀛」，表達追求涅槃永生的佛教思想

(B)「生滅原知色即空，眼看傾國付東風」，表達諸行無常的佛教思想

(C)「此中有真意，欲辯已忘言」，表達言不盡意、得意忘言的道家思想

(D)「安得廣廈千萬間，大庇天下寒士俱歡顏」，表達民胞物與的儒家思想

(E)「夢想三山更五湖，新從世外得真吾」，表達放心物外、崇尚真我的道家思想

(　　) 23. 閱讀下列文字後作答：

凡選本，往往能比所選各家的全集更流行，更有作用。冊數不多，而包羅諸作，固然也是一種原因，但還在近則由選者的名位，遠則憑古人之威靈，讀者想從一個有名的選家，窺見許多有名作家的作品。所以《昭明太子集》只賸一點斟本了，《文選》卻在的；讀《古文辭類纂》者多，讀《惜抱軒全集》的卻少。……選本可以藉古人的文章，寓自己的意見。博覽群籍，採其合於自己意見的為一集，一法也，如《文選》是。擇取一書，刪其不合於自己意見的為一新書，又一法也，如《唐人萬首絕句選》是。……讀者的讀選本，自以為是由此得了古人文筆的精華的，殊不知卻被選者縮小了眼界，即以《文選》為例罷，沒有嵇康〈家誡〉，使讀者只覺得他是一個憤世嫉俗，好像無端活得不快活的怪人；不收陶潛〈閑情賦〉，掩去了他也是一個既取民間〈子夜歌〉意，而又拒以聖道的迂士。選本既經選者所濾過，就總只能喫他所給與的糟或醨。（魯迅〈選本〉）

依據上文，下列敘述正確的選項是：

(A)《昭明太子集》、《惜抱軒全集》、《古文辭類纂》都是全集

(B)文中認為選集取精用宏，讀者不必詳讀全集，只要選讀好的選集即可

(C)由文中敘述可知：〈家誡〉的內容正足以證明嵇康是個憤世嫉俗的人

(D)文中認為選集常因編選者的任意去取，導致讀者對作家的認知偏狹而不夠全面

(E)文中認為選集往往比全集流行，原因之一是讀者想藉由編選者的眼光閱讀歷代名作

(　　) 24.古今文化習俗中，常因忌諱不祥事物，在語言上或採避而不言的方式，或不直接明言，而改以較委婉的語言來替代，如現今常以「往生」代稱「死亡」。下列文句「」中的語詞，屬於上述語言現象的選項是：

(A)生孩六月，慈父「見背」

(B)賈夫人「仙逝」揚州城／冷子興演說榮國府

(C)南京的風俗：但凡新媳婦進門，三天就要到廚下去收拾一樣菜，發個利市。這菜一定是魚，取「富貴有餘」的意思

(D)民間俗諱，各處有之，而吳中為甚。如舟行諱住、諱翻，以箸為「快（筷）兒」，以幡布為「抹布」；諱離散，以梨為「圓果」

(E)最惱人的是在他頭皮上，頗有幾處不知起於何時的癩瘡疤。這雖然也在他身上，而看阿Q的意思，倒也似乎以為不足貴的，因為他諱說「癩」以及一切近於「賴」的音，後來推而廣之，光也諱，亮也諱，再後來，連燈、燭都諱了

第貳部分：非選擇題（佔45分）

說明：本大題共有二題，請依各題指示作答，答案務必寫在答案卷上，並標明題號。

一、簡答（18%）

閱讀下列文字後作答：

> 孟子曰：「君子有三樂，而王天下不與存焉。父母俱存，兄弟無故，一樂也；仰不愧於天，俯不怍於人，二樂也；得天下英才而教育之，三樂也。君子有三樂，而王天下不與存焉。」（《孟子·盡心上》）

1.孟子為何以「父母俱存，兄弟無故」、「仰不愧於天，俯不怍於人」、「得天下英才而教育之」為「君子三樂」？試分別簡述其意涵，文長以150字為度。（佔12分）

2.孟子為何一再強調「王天下」不在「君子三樂」之中？試說明之，文長以100字為度。（佔6分）

二、作文（27%）

> 人總是想飛的。飛，是一種超越，帶來心靈的自由；但也有人禁錮自我，扼殺了想飛的念頭。你是否想飛？你想飛翔在什麼樣的國度？飛帶給你什麼不一樣的感覺與改變？

試以「想飛」為題，寫一篇結構完整的文章。敘事、抒情、議論皆無不可，文長不限。

96 年指考（指定考試）

題型分析

類型	字音	字形	字詞義	文法修辭	成詞語	應用文	國學常識	閱讀理解
題號		2	4、18	19	3、6	13（書信）	1、15、12、22	17、23（白話文） 7、20（文言文，文句排序） 14、15、16、24（文言文） 10、11、19、21（古典詩詞） 8（現代詩）

第壹部分：選擇題（佔55分）

一、單選題（34分）

說明：第1至第17題，每題選出一個最適當的選項，劃記在答案卡之「選擇題答案區」。每題答對得2分，答錯或劃記多於一個選項者倒扣2/3分，倒扣至本大題之實得分數為零為止；未作答者，不給分亦不扣分。

（　）1.許慎〈說文解字敘〉有「六書」之說，六書即：指事、象形、形聲、會意、轉注、假借。下列各組漢字，屬於同一種六書分類的選項是：
(A)刃、本、日
(B)犬、下、公
(C)悠、闊、筐
(D)森、國、龍

（　）2.下列文句中，完全沒有錯別字的選項是：
(A)老唐誤信友人勸說，導致投資失敗，如今已到了走頭無路的地步
(B)張三不僅工作能力好，又篤實可靠，因此備受重視，是炙手可熱的挖角對象
(C)幾位實業家一口同聲表示，創業維艱，守成亦不易，必須戰戰兢兢，才可能鴻圖大展
(D)考前他抱著勢在必得的決心，期待一舉金榜題名，沒想還是名落孫山，真教人為之挽惜

（　）3.下列各文句中「」內的詞語，用法正確的選項是：
(A)他平素「色厲內荏」，是位外剛內柔的正直長官
(B)聽到別人犯錯時，應該抱著「哀矜而勿喜」的態度

(C)孫君「當仁不讓」，獨吞與友人合作投資所得的利潤

(D)父親鼓勵張生要「不恥下問」，向老師多多請益，學業才會進步

(　)4.下列對《荀子‧勸學》的解讀，正確的選項是：

(A)質「的」張而弓矢至焉——「的」是「之」的意思

(B)君子生非異也，善「假」於物也——「假」是偽裝、模仿的意思

(C)淑人君子，其儀一兮。其儀一兮，心如「結」兮——「結」用以形容心志之堅定。

(D)「青」，取之於「藍」，而「青」於「藍」——兩個「青」字和兩個「藍」字都是名詞

(　)5.隨著社會發展的加快，外來詞在現代漢語中的地位和作用也越來越重要，這值得我們重視。含有音譯成分的外來詞主要有：㈠純音譯，如布丁㈡半音半意譯，如千瓦㈢音譯加類名，如卡片㈣音意兼譯，如俱樂部。下列外來詞依此順序排列的選項是：

(A)嬉皮、啤酒、吉他、華爾街　　　　(B)吉他、華爾街、啤酒、嬉皮

(C)吉他、嬉皮、啤酒、華爾街　　　　(D)啤酒、吉他、華爾街、嬉皮

(　)6.成語是現成的簡短有力的詞組，運用得當，可使文章生色，所以作者多樂於採用，如：

甲、唉呀，不好了，阿彌陀佛，怎麼辦呢？我急得□□□□（吳濁流〈一場虛驚〉）

乙、楊逵先生若是有三長兩短的話，我蒙上謀殺名作家的罪名是難免的。多麼敬愛祖父的楊翠小姐一定不能原諒我。如今回想當時的憂慮，□□□□（陳秀喜〈楊逵先生和大鄧伯花〉）

丙、每一次看見你□□□□／阿爸的心多麼絞痛／孩子呀！不要忘記／一時的得意／往往是無數怨恨的種子（吳晟〈愚行〉）

丁、在中篇小説〈雨〉裡面，鍾理和倒描寫了反面的地方士紳人物——羅丁瑞。「日據時代身任庄役場（鎮公所）兵事係要職，大權在握，成為一個了不起的人物，在地方上叱咤風雲，□□□□，不可一世……」（葉石濤〈新文學傳統的繼承者——鍾理和〉）

上引各段文字□□□□內的成語，依序最適宜填入的選項是：

(A)心有餘悸／汗流浹背／趾高氣揚／吐氣揚眉

(B)汗流浹背／心有餘悸／吐氣揚眉／趾高氣揚

(C)心有餘悸／汗流浹背／吐氣揚眉／趾高氣揚

(D)汗流浹背／心有餘悸／趾高氣揚／吐氣揚眉

（　　）7.下引文字，依文意排列，順序最恰當的選項是：

始吾幼且少，

甲、是固不苟為炳炳烺烺

乙、及長

丙、為文章以辭為工

丁、乃知文者以明道

務采色，誇聲音而以為能也。（柳宗元〈答韋中立論師道書〉）

(A)丙乙丁甲　　　　　　　　　　(B)丁丙甲乙

(C)丙甲乙丁　　　　　　　　　　(D)丁乙甲丙

（　　）8.新詩並非全無格律可言，其取法古典詩，講求句式整齊、句尾押韻的例子時有所見。請據此推敲，下引戴望舒〈寂寞〉一詩，□□內最適宜填入的選項是：

園中野草漸□□／托根於我舊時的□□／給他們披□□的綵衣／星下的盤桓從茲消隱

(A)離離／腳印／青春　　　　　　(B)縣縣／憂愁／年少

(C)青青／懷念／繽紛　　　　　　(D)瑟瑟／創傷／斑斕

（　　）9.以「也」字為句尾詞，《論語》、《孟子》及先秦諸子已多見，宋人散文亦好用之，其中使用「也」字形成特殊風格而最為後人所稱頌的文章是：

(A)蘇洵〈六國論〉　　　　　　　(B)蘇軾〈留侯論〉

(C)曾鞏〈墨池記〉　　　　　　　(D)歐陽脩〈醉翁亭記〉

（　　）10.人倫是中華文化的重要質素，而文人亦常在詩作中流露對人倫的真切感受。我國傳統將人倫略分為五個層次：夫婦、父子、兄弟、朋友、君臣；為了更切合實際，可以稍稍改動為：㈠夫妻㈡親子㈢手足㈣朋友㈤群己。下列詩篇，其內容符合此排序的選項是：

甲、自君之出矣，羅帳咽秋風。思君如蔓草，連延不可窮（南朝・梁・范雲詩）

乙、遊人武陵去，寶劍直千金。分手脫相贈，平生一片心（唐・孟浩然詩）

丙、孤雁不飲啄，飛鳴聲念群。誰憐一片影，相失萬重雲。

　　望盡似猶見，哀多如更聞。野鴉無意緒，鳴噪自紛紛（唐・杜甫詩）

丁、一春簷溜不曾停，滴破空階蘚暈青。便是兒時對牀雨，絕憐老大不同聽。

　　雁回杳杳渾無夢，鵲語啾啾似有憑。忽得遠書看百過，眼昏自起剔殘燈（宋・劉克莊詩）

戊、燈怯寒威焰不青，忽聞急雪打窗櫺。宵深未敢拋刀尺，為伴孤兒課一經（清・汪鈴詩）

(A)甲丙乙丁戊　　　　　　　　　(B)丙乙甲丁戊

(C)甲戊丁乙丙　　　　　　　　　(D)丙丁戊甲乙

（　）11. 1959年，潘天壽畫了一幅「誠齋詩意」（如附圖）。誠齋是南宋詩人楊萬里的別號，下列楊萬里所作七絕符合畫境的選項是：

(A)〈誠齋〉：浯溪見了紫巖回，獨笑春風儘放懷。謾向世人談昨夢，便來喚我作誠齋

(B)〈小池〉：泉眼無聲惜細流，樹陰照水愛晴柔。小荷纔露尖尖角，早有蜻蜓立上頭

(C)〈曉坐荷橋〉：四葉青蘋點綠池，千重翠蓋護紅衣。蜻蜓空裏元無見，只見波間仰面飛

(D)〈秋涼晚步〉：秋氣堪悲未必然，輕寒政是可人天。綠池落盡紅蕖卻，荷葉猶開最小錢

（　）12.《西遊記》假借玄奘取經的史實，改寫成長篇小說，流傳中外。下列有關《西遊記》的敘述，正確的選項是：

(A)《西遊記》敘述唐僧取經的歷程，是一部歷史小說

(B)歷史上的唐僧取經，只有孫悟空為伴；豬八戒、沙和尚和龍馬是《西遊記》添加的虛構人物

(C)齊天大聖大鬧天宮，要玉皇大帝搬出天宮，讓他來住，並且說：「常言道：『皇帝輪流做，明年到我家。』……」這表現了民主精神

(D)美猴王離開花果山水簾洞，參訪仙道，遇到一個樵夫，樵夫指點神仙住處說：「不遠、不遠。此山叫做靈臺方寸山。山中有座斜月三星洞。……」

其中「靈臺方寸」、「斜月三星」指的都是「心」，意指學仙不必在遠，只在此心

（　）13. 下列關於書信用語、格式、禮儀的敘述，正確的選項是：

(A)為了保障自己的隱私權，信封上不可寫出自己的姓名，最好是連姓氏都不要輕易洩露

(B)寫信回家，稱呼自己的家人應加一「家」字，如「家嚴」、「家慈」、「家兄」、「家姊」等

(C)為求信件順利傳遞，信封上收信人的郵遞區號務必正確填寫；發信人的郵遞區號與信件傳遞的速度無關，自可略而不寫

(D)自謙而尊人是禮儀的基本精神。老師對學生有所教導，在書信中往往用「商量」、「討論」等語，以示謙遜；但學生仍當恪守分際，而用「請教」、「請益」等語，保持敬意

（　）14. 關於下引文字，敘述<u>不正確</u>的選項是：

子華使於齊，冉子為其母請粟。子曰：「與之釜。」請益。曰：「與之庾。」冉子與之粟五秉。子曰：「赤之適齊也，乘肥馬、衣輕裘。吾聞之也，君子周急不繼富。」（註：公西赤，字子華；釜、庾、秉都是量的單位）（《論語·雍也》）

(A)「請益」是指冉子向孔子請教贈粟的多寡

(B)孔子認為君子行事，宜雪中送炭，非錦上添花

(C)「周急不繼富」的「周」字通「賙」字，是救濟的意思

(D)從「乘肥馬、衣輕裘」，可知子華行裝豪華，並不窮困匱乏

（　）15. 關於下引文字，敘述<u>不正確</u>的選項是：

子路，人告之以有過，則喜。禹聞善言，則拜。大舜有大焉，善與人同，舍己從人，樂取於人以為善。自耕稼陶漁以至為帝，無非取於人者。取諸人以為善，是與人為善者也。故君子莫大乎與人為善。（《孟子·公孫丑》）

(A)「大舜有大焉」，「有」同「又」，意謂舜又比子路和禹更偉大

(B)「子路，人告之以有過，則喜」，子路喜其得聞己過而改之，是勇於改過的表現

(C)「自耕稼陶漁以至為帝，無非取於人者」，「耕稼」謂種田，「陶漁」謂以陶器撈魚

(D)此章言聖賢樂善之誠，並無人我的區隔，所以，別人的善可以用來充實自己，而自己的善也可施予別人

（　　）16.關於下引文字，敘述正確的選項是：

郗太傅（郗鑒）在京口，遣門生與王丞相（王導）書，求女婿。丞相語郗信：「君往東廂，任意選之。」門生歸，白郗曰：「王家諸郎，亦皆可嘉，聞來覓婿，咸自矜持。唯有一郎在牀上坦腹臥，如不聞。」郗公云：「正此好！」訪之，乃是逸少（王羲之），因嫁女與焉。（《世說新語‧雅量》）

(A)「遣門生與王丞相書」，是送書卷作為見面禮

(B)「丞相語郗信」，是說王丞相口授回信給郗太傅

(C)「唯有一郎在牀上坦腹臥，如不聞」，「一郎」是指王家的大少爺

(D)「郗公云：『正此好！』」郗鑒擇王羲之為婿，是因為他不做作，是個率真的人

（　　）17.關於下引文字，敘述<u>不正確</u>的選項是：

一種社會所最可怕的不是民眾浮淺頑劣，因為民眾通常都是浮淺頑劣的。牠所最可怕的是沒有在浮淺卑劣的環境中而能不浮淺卑劣的人。比方英國民眾就是很沉滯頑劣的，然而在這種沉滯頑劣的社會中，偶爾跳出一二個性堅強的人，如雪萊，卡萊爾，羅素等，其特立獨行的膽與識，卻非其他民族所可多得。這是英國人力量所在的地方。路易鏗笛生曾批評日本，說她是一個沒有柏拉圖和亞理斯多德的希臘，所以不能造偉大的境界。據生物學家說，物競天擇的結果不能產生新種，須經突變（Sports）。所謂突變，是指不像同種的新裔。社會也是如此，牠能否生長滋大，就看牠有無突變式的分子；換句話說，就看十字街頭的矮人群中有沒有幾個大漢。（朱光潛〈談十字街頭〉）

(A)作者認為一個社會能否向上提升，繫於這個社會有沒有卓越的大人格

(B)「矮人群」一詞喻浮淺卑劣之民眾；「大漢」一詞喻特立獨行有膽有識之人

(C)從文中的觀點來看，可知日本優於英國，因為她雖沒有柏拉圖和亞理斯多德，可是民眾並不浮淺卑劣

(D)「在浮淺卑劣的環境中而能不浮淺卑劣的人」，這種人近於顧炎武〈廉恥〉所謂：彼眾昏之日而獨醒之人

二、多選題（21分）

說明：第18至第24題，每題各有5個選項，其中至少有一個是正確的。選出正確選項，劃記在答案卡之「選擇題答案區」。每題3分，各選項獨立計分，每答對一個選項，可得0.6分，每答錯一個選項，倒扣0.6分，完全答對得3分，整題未作答者，不給分亦不扣分。在備答選項以外之區域劃記，一律倒扣0.6分，倒扣至本大題之實得分數為零為止。

（　）18.下列文句中的「行」字，有「實施」之意的選項是：

(A)阿宣「行」志學，而不愛文術（陶淵明〈責子〉）

(B)「行」仁政而王，莫之能禦也（《孟子・公孫丑》）

(C)說秦王書十上，而說不「行」（《戰國策・秦策》）

(D)言之無文，「行」而不遠（《左傳・襄公二五年》）

(E)子曰：二三子以我為隱乎？吾無隱乎爾。吾無「行」而不與二三子者（《論語・述而》）

（　）19.美學家說：「感覺是我們進入審美經驗的門戶。」因此，文學家多善用視覺、聽覺、嗅覺、味覺、膚覺等意象，藉以引起讀者的聯想，激動讀者的情緒。下列作品中運用上述感覺意象三種以上（含三種）的選項是：

(A)醉別江樓橘柚香，江風引雨入舟涼。憶君遙在瀟湘月，愁聽清猿夢裏長（王昌齡〈送魏二〉）

(B)霧失樓臺，月迷津渡，桃源望斷無尋處。可堪孤館閉春寒，杜鵑聲裏斜陽暮（秦觀〈踏莎行〉上片）

(C)乘彩舫，過蓮塘，棹歌驚起睡鴛鴦。遊女帶香偎伴笑，爭窈窕，競折團荷遮晚照（李珣〈南鄉子〉）

(D)少年聽雨歌樓上，紅燭昏羅帳。壯年聽雨客舟中，江闊雲低，斷雁叫西風。而今聽雨僧廬下，鬢已星星也。悲歡離合總無情，一任階前、點滴到天明（蔣捷〈虞美人〉）

(E)風飄飄，雨瀟瀟，便做陳摶也睡不著，懊惱傷懷抱。撲簌簌淚點拋。秋蟬兒噪罷寒蛩兒叫，淅零零細雨灑芭蕉（關漢卿〈雙調・大德歌〉）

（　）20.古人論孝道的言論很多，如敬養父母、先意承志等。除了事親之外，寶愛自身也是盡孝之道，下列文字，符合寶愛自身之孝的選項是：

(A)孝子不登高，不履危（《大戴禮記・曾子本孝》）

(B)父母之年，不可不知也。一則以喜，一則以懼（《論語・里仁》）

(C)事父母幾諫，見志不從，又敬不違，勞而不怨（《論語・里仁》）

(D)身體髮膚，受之父母，不敢毀傷，孝之始也（《孝經・開宗明義章》）

(E)孝子之事親也，居則致其敬，養則致其樂，病則致其憂，喪則致其哀，祭則致其嚴（《孝經・紀孝行章》）

（　）21.滕宗諒重修岳陽樓，「刻唐賢今人詩賦於其上」，並請范仲淹作記。范仲淹讀了前人作品，將其歸納為悲、喜兩類。下列有關岳陽樓的唐詩，抒發悲懷的選項是：

(A)白首看黃葉，徂顏復幾何。空慙棠樹下，不見政成歌（張說〈岳州看黃葉〉）

(B)日長風暖柳青青，北雁歸飛入窅冥。岳陽樓上聞吹笛，能使春心滿洞庭
　　（賈至〈西亭春望〉）

(C)昔聞洞庭水，今上岳陽樓。吳楚東南坼，乾坤日夜浮。

　　親朋無一字，老病有孤舟。戎馬關山北，憑軒涕泗流（杜甫〈登岳陽樓〉）

(D)倚樓高望極，展轉念前途。晚葉紅殘楚，秋江碧入吳。

　　雲中來雁急，天末去帆孤。明月誰同我，悠悠上帝都（江為〈岳陽樓〉）

(E)萬古巴丘戍，平湖此望長。問人何淼淼，愁暮更蒼蒼。

　　疊浪浮元氣，中流沒太陽。孤舟有歸客，早晚達瀟湘（劉長卿〈岳陽館中
　　望洞庭湖〉）

(　　) 22. 下列關於詞、曲的敘述，正確的選項是：

(A)北曲的四聲是平、上、去、入

(B)詞、曲原可入樂，都屬音樂文學

(C)相對於詞而言，曲的語言比較通俗、淺顯、自然、接近口語

(D)一般來說，詞不能隨意增加襯字，曲可以有襯字，而曲的襯字大都用在
　　句尾

(E)詞、曲的句式，在其格律內可以長長短短，不必通首都是四言、五言或
　　七言

(　　) 23. 關於下引文字，敘述正確的選項是：

在胡適以前，白話文、新文言體和漢字拉丁化的運用，主要是為了適應政治
上和教育上的需要而已。早期的社會改革者在提倡白話文的時候，從未想到
要涉及到文學的範圍去，而白話小說的作者自己，亦從不把自己的作品看作
中國的正統文學。因此，胡適在白話文運動的貢獻是非常顯著的：他不但認
識到白話文的教育價值，而且還是第一個肯定白話文尊嚴和它的文學價值的
人。在他看來，中國文學能有今天的成就，乃是因為在其發展過程中，不斷
有通俗的作品以非正統文學姿態出現的緣故。關於這一點，他在《新青年》
早期的文章裡、在《白話文學史》上卷中，一再從中國詩歌、戲劇和小說的
發展史中引用例子來證明。依此看來，當時倡導白話文學，不但不會與中國
文學的傳統脫節，而且還是保證這傳統繼續發展下去的唯一可靠辦法。（夏
志清〈文學革命〉）

(A)在胡適的觀念裡，非正統文學是豐富中國文學的重要成分，是成就中國文
　　學的重要力量

(B)有人以為胡適是第一個提倡白話文的人，實不正確；但他的確是第一個肯
　　定白話文的文學價值的人

(C)「不把自己的作品看作中國的正統文學」，可見白話小說的作者普遍有求

變求新的精神，要在正統文學之外，自創新局

(D)所謂「主要是爲了適應政治上和教育上的需要」，意指白話文、新文言體和漢字拉丁化，都更便於吸收新知、傳佈新知，有助當時中國政治與教育的改革

(E)本文旨趣在於強調當時倡導白話文學是正確的，並凸顯胡適對「文學革命」的重大貢獻

(　　) 24.關於下引文字，敘述正確的選項是：

公明宣學於曾子，三年不讀書。曾子曰：「宣，而居參之門，三年不學，何也？」公明宣曰：「安敢不學。宣見夫子居宮庭，親在，叱吒之聲未嘗至於犬馬，宣說之，學而未能；宣見夫子之應賓客，恭儉而不懈惰，宣說之，學而未能；宣見夫子之居朝廷，嚴臨下而不毀傷，宣說之，學而未能。宣說此三者，學而未能，宣安敢不學而居夫子之門乎？」曾子避席謝之曰：「參不及宣，其學而已。」（《說苑·反質》）

(A)就公明宣所答可知：對於「學習」範圍的認知，公明宣比曾子更開闊

(B)公明宣「三年不讀書」，實際上他所讀的是「爲人處世」這部書

(C)曾子「避席謝之」，是因爲他自認忝爲公明宣的老師，卻未能鞭策他讀書，深感慚愧

(D)平心而論，曾子自身言行莊重，無意中產生了不言而教的效果，又時時關注學生的學習，固無負於老師之職分

(E)子夏曾說「賢賢易色，事父母能竭其力，事君能致其身，與朋友交，言而有信。雖曰未學，吾必謂之學矣」（《論語·學而》），與公明宣對「學」的看法相近

第貳部分：非選擇題（佔45分）

說明：本大題共有二題，請依各題指示作答，答案務必寫在答案卷上，並標明題號。

一、語譯（18分）

請將下列文言文譯爲語體文，並注意新式標點的正確使用：

是以泰山不讓土壤，故能成其大；河海不擇細流，故能就其深；王者不卻眾庶，故能明其德。是以地無四方，民無異國，四時充美，鬼神降福，此五帝三王之所以無敵也。今乃棄黔首以資敵國，卻賓客以業諸侯，使天下之士，退而不敢西向，裹足不入秦，此所謂藉寇兵而齎盜糧者也。（李斯〈諫逐客書〉）

二、作文（27分）

　　請以「**探索**」為題，寫一篇首尾俱足、結構完整的文章，文長不限。

　　【注意】不得以新詩、歌詞或書信的形式書寫。

97年指考（指定考試）

題型分析

類型	字音	字形	字詞義	文法修辭	成詞語	應用文	國學常識	閱讀理解
題號		1		19、22	2、18	17（對聯）	10	4、5、6、8（白話文） 12（文言文，文句排序） 9、11、13、21、23（文言文） 24（散曲） 16-17（白話題組） 14-15（文言題組） 3、20（現代詩）

一、單選題（34分）

說明：第1至第17題，每題選出一個最適當的選項，劃記在答案卡之「選擇題答案區」。每題答對得2分，答錯或劃記多於一個選項者倒扣2/3分，倒扣至本大題之實得分數為零為止。未作答者，不給分亦不扣分。

（　）1.下列文句，用字完全正確的選項是：
(A)這樁貪污事件被媒體批露後，一時之間群情譁然
(B)說話措詞不當、寫文章誤用成語，都可能會貽笑大方
(C)這個案件千頭萬緒，想徹底解決，勢必曠日會時
(D)他凡事斤斤計較，一心盤算私利，真是個不視大體的人

（　）2.「大禹為拯救生民於水患，櫛風沐雨，無暇安席」，句中「櫛風沐雨」一詞，字面上雖無「髮」字，卻與「頭髮」密切相關。下列各句，敘述重點不在「頭髮」的選項是：
(A)童山濯濯　　　　　　　　　(B)朝如青絲暮成雪
(C)首如飛蓬　　　　　　　　　(D)俯首甘為孺子牛

（　）3.閱讀下文，選出□□內最適合填入的選項：
尺直的地平線／把□□割分為二／下面是粗筆快墨的茫茫／上面是無邊若夢的醉紅／點點飛揚的閃光／忽上忽下、□□似的／正沉默地／□□著夕陽／啊，久違了／比翼群飛的白鷺！（葉維廉〈夕陽與白鷺〉）
(A)天空；水花；噴灑　　　　　(B)天空；精靈；歡送
(C)景色；火花；烘托　　　　　(D)景色；音符；演奏

（　　）4.下文中，作者認為托爾斯泰給沙皇的信之所以偉大，是因為：

托爾斯泰是一位伯爵，擁有很大很大的農莊，但是在他的作品《復活》中，他重新回顧成長過程中身為貴族的沉淪，以及擁有土地和農奴帶給他的不安與焦慮，他決定出走。我認為托爾斯泰最偉大的作品不是《復活》也不是《戰爭與和平》，而是在他垂垂老矣時，寫的一封給俄國沙皇的信。信中，他沒有稱沙皇為皇帝，而是稱他為「親愛的兄弟」，他寫到：「我決定放棄我的爵位，我決定放棄我的土地，我決定讓土地上所有的農奴恢復自由人的身分。」那天晚上把信寄出去之後，他收了幾件衣服，拎著簡單的包袱，出走了。最後他死於一個名不見經傳的小火車站，旁人只知道一個老人倒在月台上，不知道他就是大文豪托爾斯泰。（蔣勳《孤獨六講‧革命孤獨》）

(A)托爾斯泰體認民貴君輕，實踐民主思維

(B)托爾斯泰目睹貧富差距，慷慨捐財助人

(C)托爾斯泰揭露民生困苦，喚起社會關注

(D)托爾斯泰展現悲憫情懷，追求人間公義

（　　）5.人物描寫未必要正面白描，透過人物的言語，往往可以更自然地刻劃人物的真實性情。下列文字，作者透過記錄祖父的話，目的是要彰顯祖父的何種情懷？

太陽慢慢地接近山頂，小米園又開始熱鬧了，像辦年貨一樣，成群的小鳥飛來像要飽餐一頓似的。我正要用力拉動手上的牽引繩，祖父叫住了我：「麥唉（不要之意），這些鳥都從很遠的地方來吃我的小米，有的從前山、高雄、台北和宜蘭、花蓮飛來，他們一大早就出門，為的就是想吃我種的小米，他們等了快一天的時間，都沒有吃東西。撒可努，不要趕他們了，讓他們吃吧，等吃飽了，才有力量再飛回很遠的地方；不然，等太陽下山，天暗了，小鳥就看不見，找不到回家的路，小鳥的家人就會擔心，為什麼爸爸和哥哥還不回來？」（亞榮隆‧撒可努〈小米園的故事〉）

(A)心懷惻隱，純真溫厚　　　　　　(B)安貧知命，樂在其中

(C)敬重自然，不違農時　　　　　　(D)釣而不綱，取物有節

（　　）6.閱讀下文，選出詮釋不恰當的選項：

（發現兒子沒有告訴湯米，逕自取走湯米的玩具之後）我開車送兒子到湯米家巷口，要他自己一個人去。我看見他小小一個人拖長長一條身影慢吞吞往樹陰蔽天的長巷中一戶鐵門嚴扃的深宅大院蹭去，我看見他猶豫徘徊了半天才往草地上死勁搬來一塊墊腳石踩上去按了電鈴，我看見他等了足足十分鐘沒有人應門便捨下那個塑膠玩具在郵箱裡然後轉身斜刺裡往樹叢中跑去。我趕到樹林裡已找不到他的蹤影。（劉大任〈王紫其〉）

(A)「拖」、「蹭」、「徘徊」等動作，顯示兒子的遲疑與焦慮

(B)「捨下」、「轉身」、「跑去」等動作，顯示兒子拋卻壓力，開心釋懷

(C)作者刻意使用未標點而不易讀的長句，暗示歸還玩具過程的艱難與漫長

(D)「樹蔭蔽天」、「長巷」、「鐵門嚴扃」、「深宅大院」的景物描寫，襯托兒子內心深沉的畏懼

（　　）7.小夏參觀某一處古代的建築物時，抄錄了其中四幅對聯。若依「聯語內容與處所功能相應」的原則推測，則甲、乙、丙、丁四處依序應是：

(A)寢室／書房／廚房／戲臺　　　　(B)寢室／廚房／書房／戲臺

(C)戲臺／廚房／書房／寢室　　　　(D)戲臺／書房／廚房／寢室

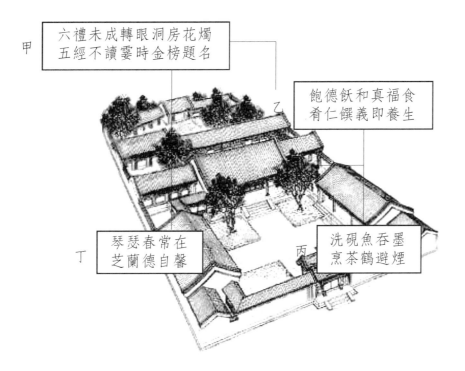

甲　六禮未成轉眼洞房花燭
　　五經不讀霎時金榜題名

乙　飽德飫和真福食
　　肴仁饌義即養生

丁　琴瑟春常在
　　芝蘭德自馨

丙　洗硯魚吞墨
　　烹茶鶴避煙

（　　）8.閱讀下文，選出敘述正確的選項：

太陽剛爬起來的那地方，堤防缺了一塊燦爛的金色大口，金色的光就從那裡一直流瀉過來。昨天的稻穗的頭比前天的低，而今天的比昨天還要低了。一層薄薄的輕霧像一匹很長的紗帶，又像一層不在世上的灰塵，輕飄飄地，接近靜止那樣緩慢而優美的，又更像幻覺在記憶中飄移那樣，踏著稻穗，踏著稻穗上串繫在珠絲上的露珠，而不教稻穗和露珠知道。（黃春明〈青番公的故事〉）

(A)「堤防缺了一塊燦爛的金色大口」描述堤防因年久失修而頹圮坍塌

(B)「昨天的稻穗的頭比前天的低，而今天的比昨天還要低」暗示稻穗日漸飽滿成熟

(C)「輕霧像一匹很長的紗帶，又像一層不在世上的灰塵」比喻黃昏暮靄的輕盈飄渺

(D)「踏著稻穗上串繫在珠絲上的露珠，而不教稻穗和露珠知道」暗指麻雀飛來啄食稻穗

（　　）9. 閱讀下文，選出與陳白沙的觀點<u>不符</u>的選項：

陳白沙曰：「三代以降，聖賢乏人，邪說並興，道始為之不明；七情交熾，人欲橫流，道始為之不行。道不明，雖日誦萬言，博極群書，不害為未學；道不行，雖普濟群生，一匡天下，不害為私意。」（《明儒學案・白沙學案上》）

(A)博覽群書，必能明道

(B)做學問的宗旨，在於明道與行道

(C)道之所以不明，原因之一是缺乏聖賢

(D)若志不在道，匡濟天下也只是滿足個人欲望而已

（　　）10. 先秦諸子召開一場學術思想座談會，請依據甲、乙、丙三則發言內容，推斷依序應是何人的主張？

　　(A)韓非子／孟子／老子　　　　　　(B)孔子／荀子／老子

　　(C)韓非子／荀子／莊子　　　　　　(D)孔子／孟子／莊子

甲

人與人之間，即使親如父子，也不可能不講利害關係。在這種情況下，好行為給予獎賞，壞行為給予懲處，就是最合乎人性。

乙

人之所以向善，必須靠後天的努力修為。因此，接受教育、從事學習，乃是當務之急。對于芊芊學子而言，好的老師、好的教本是不可或缺的；正猶如對於一般民眾來說，外在的一套禮法規範也是必要的。

丙

許多人並不了解，人只不過是自然大化的一部分。在我看來，「性善」、「性惡」其實是無謂的爭論。面對當前的昏濁亂世，重點是怎樣能活得自在啊！做人只要隨順本性，因任自然，就能無所成心地快意遨游，融入天地不言的大美之中。

（　　）11. 文章中常會以一、二關鍵字，做為凸顯該段或該篇文章主旨的樞紐。閱讀下文，選出其中的關鍵字：

積土成山，風雨興焉；積水成淵，蛟龍生焉；積善成德，而神明自得，聖心備焉。故不積跬步，無以至千里；不積小流，無以成江海。（《荀子・勸學》）

(A)山、海　　　　　　　　　　　　(B)神、聖

(C)積、成　　　　　　　　　　　　(D)不、無

（　　）12. 下列是一段古代散文，請依文意選出排列順序最恰當的選項：

世之所貴道者，書也，書不過語。

甲、<u>而世因貴言傳書，</u>　　乙、<u>意有所隨，意之所隨者，不可以言傳也，</u>

丙、<u>世雖貴之，我猶不足貴也，</u>　　丁、<u>語有貴也，語之所貴者，意也，</u>

　　爲其貴非其貴也。（《莊子・天道》）

(A)甲丙丁乙　　　　　　　　　　　(B)乙甲丁丙

(C)丙丁乙甲　　　　　　　　　　　(D)丁乙甲丙

(　　) 13. 《論語・學而》篇中「賢賢易色」一語，歷來注解各有不同，清代學者陳澧《東塾讀書記》提及：「爲人孝弟、賢賢易色、事君致身、朋友有信，五倫之事備矣。」若依此說法，則陳澧以爲「賢賢易色」當指：

(A)尚賢遠佞　　　　　　　　　　　(B)長幼有序

(C)行孝色難　　　　　　　　　　　(D)夫婦之道

14-15為題組

閱讀下列短文，回答14-15題。

　　其後，京兆尹將飾官署，余往過焉。委群材，會眾工。或執斧斤，或執刀鋸，皆環立嚮之。梓人左持引（長尺），右執杖（木杖），而中處焉。量棟宇之任，視木之能舉，揮其杖曰：「斧！」彼執斧者奔而右。顧而指曰：「鋸！」彼執鋸者趨而左。俄而，斤者斲，刀者削，皆視其色，俟其言，莫敢自斷者。其不勝任者，怒而退之，亦莫敢慍焉。畫宮於堵，盈尺而曲盡其制，計其毫釐而構大廈，無進退焉。既成，書於上棟曰：「某年某月某日某建。」則其姓字也，凡執用之工不在列。余圜視大駭，然後知其術之工大矣。（柳宗元〈梓人傳〉）

(　　) 14. 依據上文，「梓人」的主要職責爲何？

甲、運斤執斧　　　　乙、指揮工匠　　　　　　　丙、設計藍圖

丁、貯藏建材　　　　戊、匾額題辭

(A)甲丁　　　　　　　　　　　　　(B)乙丙

(C)甲丙丁　　　　　　　　　　　　(D)乙丙戊

(　　) 15. 下列關於「」內文句的詮釋，正確的選項是：

(A)「委群材，會眾工」意謂梓人精於計算物料和工資，以求降低成本

(B)「皆視其色，俟其言，莫敢自斷者」意謂梓人善於察言觀色，不敢獨斷

(C)「畫宮於堵，盈尺而曲盡其制」意謂梓人所繪設計圖雖小，但精密詳備

(D)「計其毫釐而構大廈，無進退焉」意謂梓人監督嚴格，不容工匠絲毫偷懶

16-17為題組

閱讀下列短文，回答16-17題。

　　我們走過廟後的墓地，萋萋的野草，零亂的碑石，在風吹雨打的歲月剝蝕下，呈現著更爲荒涼殘破的另一張面目。我們坐在那裡遠眺，環視著我們一路走過來的那些廟宇，大的、小的、新的、舊的，瓊樓玉宇，斷垣頹壁，都在暮色四合中，逐漸消失了它

們的蹤影。只有燈，一盞一盞的亮起，從山上的小廟一直亮到山腳的住宅再亮到遠處的深澳海濱。一家一家，一戶一戶，映照著那小小的一窗窗燈影，很溫柔，也很動人。恍然之間，似乎昔日號稱「小香港」的九份，又張開了伊的眼睛，滴溜溜的流轉著拋起媚眼來了。畢竟伊是老了，美人遲暮了。洗盡了鉛華，卸下了彩衣，在一場美夢破碎後，依舊留戀著那殘破的夢影。（古蒙仁〈破碎了的淘金夢〉）

（　　）16.關於上文的敘寫線索，正確的選項是：
(A)先寫九份的海濱，再寫九份的山巒
(B)先寫九份的黃昏，再寫九份的夜色
(C)先寫九份廟宇殘破，再寫九份居民蒼老
(D)先寫九份昔日的盛況，再寫九份今日的沒落

（　　）17.關於上文寫作技巧的敘述，正確的選項是：
(A)以墓地、野草、碑石、暮色等景物，營造寥落的氣氛
(B)以燈由山上亮到山腳的視野延展，營造欣欣向榮的氣氛
(C)用「洗盡了鉛華，卸下了彩衣」，比喻九份的純樸美好
(D)用「滴溜溜的流轉著拋起媚眼」的擬人手法，凸顯淘金者的慾望

二、多選題（21分）

說明：第18至第24題，每題各有5個選項，其中至少有一個是正確的。選出正確選項，劃記在答案卡之「選擇題答案區」。每題3分，各選項獨立計分，每答對一個選項，可得0.6分，每答錯一個選項，倒扣0.6分，完全答對得3分，整題未作答者，不給分亦不扣分。在備答選項以外之區域劃記，一律倒扣0.6分，倒扣至本大題之實得分數為零為止。

（　　）18.下列文句「」內詞語使用恰當選項是：
(A)好書宛如蘭心蕙質的美人，要「別具慧眼」，才能看出她的動人之處
(B)買書若「隨心所欲」就難免失之於貪，失之於濫，擺設的意義重於閱讀
(C)書的節錄本都是將原著內容七折八扣，好似簡易速食，不容易「朵頤稱快」
(D)當時通貨已經開始膨脹，等到我「力有未逮」可以買書，書價又水漲船高，高攀不上了
(E)近世印刷發達，但印成書的形式卻不能算是書的東西，則「寥若晨星」，必須披沙揀金，才得窺見好書

（　）19.下列文句「」內，屬於名詞做動詞用的選項是：

(A)位卑則「足」羞，官盛則近諛

(B)獨「樂」樂，與人樂樂，孰樂

(C)孟嘗君怪其疾也，「衣冠」而見之

(D)不衫不屨，「襢裼」而來，神氣揚揚，貌與常異

(E)是君臣、父子、兄弟去利懷仁義以相接也，然而不「王」者，未之有也

（　）20.閱讀下列現代詩，選出詮釋恰當的選項：

陽光的奶油塗在酥鬆的

心情上：星期天早晨

烤得剛剛好的土司麵包。（陳黎《小宇宙》第65首）

(A)本詩旨在表達詩人眷戀星期天，也喜歡土司麵包

(B)「酥鬆」是藉烤過的麵包形容詩人輕鬆愉悅的心情

(C)「陽光」予人天氣晴朗、心情開朗、奶油亮黃等多重想像

(D)「烤」一方面描寫陽光燦爛，一方面則透露詩人內心的焦躁

(E)「土司」相對於其他帶餡麵包，口味較單純，可襯托「星期天早晨」清靜

閒逸的感覺

（　）21.目前習用的敬稱對方之詞「閣下」，來自古代「因卑達尊」的思維，亦即言談中基於禮貌，提到對方時，刻意稱呼其近侍隨從，以表示「不敢當面進言，謹向位階較低的侍從報告」之意。下列文句「」內的詞，屬於此一用法的選項是：

(A)若亡鄭而有益於君，敢以煩「執事」

(B)蓋追先帝之殊遇，欲報之於「陛下」也

(C)孟子去齊，充虞路問曰：「夫子」若有不豫色然

(D)中軍臨川「殿下」，明德茂親，總茲戎重

(E)宋牼將之楚，孟子遇於石丘，曰：「先生」將何之

（　）22.歐陽脩〈醉翁亭記〉：「有亭翼然臨於泉上者，醉翁亭也」，其中「有亭翼然臨於泉上者」，意即「有翼然臨於泉上之亭」。下列文句「」內屬於這種造句方式的選項是：

(A)蓋「有不知而作之者」，我無是也

(B)村南「有夫婦守貧者」，織紡井臼，佐讀勤苦

(C)軻曰：今「有一言可以解燕國之患而報將軍之仇者」，何如

(D)昔楚襄王從宋玉、景差於蘭臺之宮，「有風颯然至者」，王披襟當之

(E)如「有不嗜殺人者」，則天下之民，皆引領而望之矣，誠如是也，民歸之，由水之就下，沛然誰能禦之

（　　）23.下列文句「」內的敘述，涉及天文星象的選項是：

(A)〈古詩十九首〉：「玉衡指孟冬」，眾星何歷歷

(B)杜甫〈贈衛八處士〉：人生不相見，「動如參與商」

(C)蘇軾〈赤壁賦〉：月出於東山之上，「徘徊於斗牛之間」

(D)《論語・為政》：為政以德，「譬如北辰」，居其所而眾星共之

(E)《三國演義・六十九回》：六街三市，競放花燈，真個金吾不禁，「玉漏無催」

（　　）24.閱讀下列散曲，選出敘述正確的選項：

平生淡泊。雞兒不見，童子休焦。家家都有閒鍋灶，任意烹炰。煮湯的貼他三枚火燒（一種烤餅），穿炒的助他一把胡椒，倒省了我開東道。免終朝報曉，直睡到日頭高。（王磐〈滿庭芳〉）

(A)平聲韻與仄聲韻通押

(B)採第三人稱的敘述觀點

(C)情節著重煮雞待客的細節描寫

(D)旨在寬慰童子勿因失雞而自責

(E)以詼諧的口吻塑造雅正蘊藉的曲風

第貳部分：非選擇題（佔45分）

說明：本大題共有二題，請依各題指示作答，答案務必寫在答案卷上，並標明題號。

一、擴寫（18分）

「擴寫」是以原有的材料為基礎，掌握該材料的主旨、精神，運用想像力加以渲染。請仔細閱讀框線內《史記・項羽本紀》的文字後加以擴寫。文長約300～400字。

提示：本題非翻譯題，請勿將原文譯成白話。

> 范增起，出，召項莊，謂曰：「君王為人不忍。若入，前為壽，壽畢，請以劍舞，因擊沛公於坐，殺之。不者，若屬皆且為所虜！」莊則入為壽。壽畢，曰：「君王與沛公飲，軍中無以為樂，請以劍舞。」項王曰：「諾！」項莊拔劍起舞；項伯亦拔劍起舞，常以身翼蔽沛公；莊不得擊。

二、引導寫作（27分）

現代科技進步，文明發展快速，任何知識學問的數量和深度都遠遠超過古代，分工、分門成了必然的趨勢，任何人都無法博通一切，各類「專家」應運而生。

請以「專家」為題，寫一篇首尾完整的文章，文長不限。

98 年指考（指定考試）

題型分析

類型	字音	字形	字詞義	文法修辭	成詞語	應用文	國學常識	閱讀理解
題號	1	3	18	4、5、20	6	14（書信）	2、9、13、15、23、24	10（白話文） 11（現代詩，文句排序） 7、12、21、22（文言文） 16-17（文言題組） 8、19（現代詩）

第壹部分：選擇題（佔55分）

一、單選題（34分）

說明：第1至第17題，每題選出一個最適當的選項，劃記在答案卡之「選擇題答案區」。每題答對得2分，答錯或劃記多於一個選項者倒扣2/3分，倒扣至本大題之實得分數為零為止。未作答者，不給分亦不扣分

（　　）1.下列各組文句中，「」內的字讀音相同的選項是：
(A)「裨」補闕漏（諸葛亮〈出師表〉）／侍「婢」羅列（杜光庭〈虯髯客傳〉）
(B)若「剟」刺狀（方孝孺〈指喻〉）／何不餔其糟而「歠」其醨（屈原〈漁父〉）
(C)貧賤則「懾」於飢寒（曹丕《典論・論文》）／農夫「躡」絲履（司馬光〈訓儉示康〉）
(D)乃使人修「葺」南閤子（歸有光〈項脊軒志〉）／無「揖」讓拜跪禮（陳第〈東番記〉）

（　　）2.漢字是目前極少數還保留表意功能的文字，早期漢字尤其明顯，例如：「鬥」字，甲骨文寫作「𩰚」，像兩個人徒手搏鬥的樣子。根據下列「冊」、「明」、「監」三字在早期漢字所表示的意義加以判斷，與字形配對正確的選項是：
冊：用繩子編綴成篇的竹簡
明：月光照在窗上
監：一個人低頭對著器皿中的水照臉

| a | | b | | c | | d | | e | | f | |

(A)冊＝c　明＝a　監＝f　　　　　　　(B)冊＝a　明＝b　監＝e

(C)冊＝b　明＝d　監＝c　　　　　　　(D)冊＝e　明＝d　監＝f

(　)3.下列文句完全無錯別字的選項是：

(A)寄居陌生異地的老李，整日面對著窗外一大片荒漠的原野，口裡默不作聲，心中滿是寂寞

(B)他喜歡教人如何為人處世，但是細加推敲，這些道理往往似是而非，聽後反而更叫人無所是從

(C)向來隱忍退讓的班長，如今遇到事關全班屬害，立刻鼓勵全班同學一齊苦思各種方法來應付利害的對手

(D)想想以前年少時的荒唐，李文後悔不已，大家只有勸他往者以矣，今後唯有以己身的決心毅力，更加的力爭上游

(　)4.下列各文句，「」內的語詞不作動詞用的選項是：

(A)有一母見信飢，「飯」信　　　　　(B)不耕而食，不「蠶」而衣

(C)因「面」峰腋寺，作為草堂　　　　(D)北飲大澤，未至，「道」渴而死

(　)5.下列文句的用法，語意無矛盾或語詞使用正確無誤的選項是：

(A)毒奶粉事件造成商家、民眾重大損失，政府機關應避免此類中毒事件再度發生，損害公家機關負面形象

(B)景氣寒冬中，求職市場亦委靡不振，然保險業、民生消費業可望釋出多數職缺，為低迷的人力市場注入活水

(C)昨夜一場大火奪走兩口性命，一對夫妻逃生不及，雙雙命喪火窟，遺下的三子一女如喪考妣悲慟萬分，難以接受靈耗

(D)卡玫基颱風重創中台灣，不只造成台中市道路多處坍塌、河川潰堤，同時還造成一百四十多棟大樓地下室淹水，上千輛轎車、機車泡水，付之一炬

(　)6.下列文句中，＿＿＿＿＿依序而填，最適當的選項是：

這本名著的作者究竟是誰，一直 (甲) ，莫衷一是，但對它的文學價值與藝術成就，大家卻都 (乙) 加以推崇，毫無爭議。全書角色刻畫 (丙) ，情節發展 (丁) ，具有令讀者愛不忍釋、廢寢忘食的魅力。

(A)議論紛紛／七嘴八舌／井然有序／洶湧起伏

(B)言人人殊／有志一同／唯妙唯肖／千錘百鍊

(C)眾口鑠金／同聲附和／別開生面／波瀾壯闊

(D)眾說紛紜／異口同聲／栩栩如生／千迴百折

（　）7.下列各文句「」中的句意，解釋正確的選項是：

(A)秦有餘力而制其敝，「追亡逐北」：是說秦軍大勝，追趕敗逃的敵軍將之驅逐至北方（賈誼〈過秦論〉）

(B)「而君慮周行果」，非久於布衣者也：是稱讚對方思慮周密，故行事皆能有好的結果（方孝孺〈指喻〉）

(C)於水見黃河之大且深，於人見歐陽公，「而猶以為未見太尉也」：是指見到歐陽脩後，歐陽脩還以為蘇轍尚未見過韓琦之面（蘇轍〈上樞密韓太尉書〉）

(D)武陵人誤入桃源，余曩者嘗疑其誕，「以水沙連觀之，信彭澤之非欺我也」：意謂從水沙連的風土人情來看，陶淵明筆下的世外桃源的確不是虛構騙人的（藍鼎元〈紀水沙連〉）

（　）8.斟酌下引詩歌的意境、旨趣，□□內依序最適合填入的選項是：

夜漸漸地冷了，我猶對燈獨坐

冬夜讀書，忍對一天地間的□□

僅僅隔一層窗，薄薄的紙

我猶挑燈夜讀，忍受一身□□

每一個字是概念，每一句子是命題

是力量，是行動，是一個生生不息的宇宙

有熱，有光

在沉寂如死的夜心，我聽到一個聲音

呼喚我的名字：我欲

□□□□　　（方思〈聲音〉）

(A)黑暗／創傷／乘風歸去　　(B)黑暗／寒意／推窗出去

(C)寂寞／創傷／推窗出去　　(D)寂寞／寒意／乘風歸去

（　）9.斟酌下引律詩的詩境，□內的語詞最適宜填入的選項是：

獨有宦遊人，偏□物候新。雲霞出海曙，梅柳渡江□。

淑氣催黃鳥，□□轉綠蘋。忽聞歌古調，□□欲霑襟。

(A)驚／春／晴光／歸思　　(B)逢／明／晴光／離愁

(C)驚／明／南風／歸思　　(D)逢／春／南風／離愁

（　）10.「我忍住淚回轉身看視野迷濛的山下，半腰一棵大榕樹，再下去一片芒草坡；視線拉平，是田埂縱橫的稻田，松山區信義路尾。《詩經》說：豈無膏沐，誰適為容？這不正是她的寫照嗎？她黑褂黑褲，臉上不施脂粉；久久才站起，用手背抹去臉上的淚水，招呼大家收拾祭物，回家。」（陳義芝〈寧波女子〉）

上引文字，依文意推敲，文中的「她」祭弔的對象是：

(A)父親 　　　　　　　　　　　　(B)丈夫

(C)子女 　　　　　　　　　　　　(D)兄弟

(　　) 11. 下引文字，依文意排列，順序最恰當的選項是：

「替老人家扣了安全帶，他沒說太緊 / 我們深深潛入月光，開車沿著濱海 / 我是鮭魚 /

甲、我們一道游向宜蘭老家歸去 / 每遇到大轉彎就覺得父親要離我而去

乙、我側頭看看他 / 父親的回眸是大理石罈蓋濺過來的月光

丙、骨灰罈子裡的父親，他也是鮭魚

丁、銀色的世界風景連綿 / 這是我的世界，在公雞未啼的凌晨 / 更像是父親的世界

而此刻正是我們父子共處對話 / 今天父親不再咳嗽，比往常沉默」（黃春明〈帶父親回家〉）

(A)丙丁甲乙 　　　　　　　　　　(B)丙甲乙丁

(C)甲乙丙丁 　　　　　　　　　　(D)甲丙丁乙

(　　) 12. 以下引文都是歷史人物自述情懷的歌辭，其中最可能是漢高祖劉邦之辭的選項是：

(A)太（泰）山壞乎！梁柱摧乎！哲人萎乎！

(B)大風起兮雲飛揚，威加海內兮歸故鄉，安得猛士兮守四方！

(C)力拔山兮氣蓋世，時不利兮騅不逝。騅不逝兮可奈何，虞兮虞兮奈若何！

(D)登彼西山兮，采其薇矣。以暴易暴兮，不知其非矣。神農、虞、夏忽焉沒兮，我安適歸矣？于嗟徂兮，命之衰矣！

(　　) 13. 下引各文句，據文意判斷其學派歸屬，排列順序正確的選項是：

甲、聖人之心靜乎，天地之鑑也，萬物之鏡也。夫虛靜恬淡、寂寞無為者，天地之平而道德之至。

乙、於此有人焉，入則孝，出則悌，守先王之道，以待後之學者，而不得食於子。子何尊梓匠輪輿而輕為仁義者哉？

丙、去規矩而妄意度，奚仲不能成一輪；廢尺寸而差短長，王爾不能半中。使中主守法術，拙匠守規矩尺寸，則萬不失矣。〔奚仲、王爾：兩位古代巧匠〕

(A)道家 / 儒家 / 法家 　　　　　　(B)儒家 / 墨家 / 法家

(C)道家 / 法家 / 墨家 　　　　　　(D)儒家 / 墨家 / 道家

（　　）14.下列有關電話的應對或信件的書寫方式，敘述正確的選項是：

(A)打錯電話時，應向對方致歉，並詢問清楚對方姓名，以免日後再度犯錯

(B)寫信給師長時，在信首宜尊稱對方老師；但在信末署名部分，則可直接寫上自己的小名、暱稱，以拉近和老師的距離

(C)寫信時，信封應針對長幼、性別、身分而有不同的稱呼，現今寫信常不分對象，一律冠以「○○○君收」的寫法是不正確的

(D)近日詐騙橫行，寫信時為防洩漏身分資料，信封應該不寫寄信地址，也不必署名，而以「知名不具」或「內詳」替代，雙方彼此明白即可

（　　）15.下列有關文學常識的敘述，正確的選項是：

(A)傳奇是小說的代稱，明、清兩代的傳奇都是傳述奇聞異事的小說

(B)詞是可以歌唱、配樂的韻文，藉由詞人所用的詞牌，即可了解詞作的內容

(C)先秦諸子散文各具特色，如孟子善於雄辯、氣勢壯闊，莊子善用寓言、想像豐富

(D)白居易大力提倡新樂府運動，其反映現實的主張，影響深遠，如《東坡樂府》即宋代新樂府的代表作

16-17為題組

請先閱讀下列短文，然後回答以下問題：

> 楚人居貧，讀《淮南》，方得「螳螂伺蟬自鄣葉可以隱形」，遂於樹下仰取葉。螳螂執葉伺蟬，以摘之，葉落樹下，樹下先有落葉，不能復分，別埽取數斗歸，一一以葉自鄣，問其妻曰：「汝見我不？」妻始時恆答言：「見。」經日乃厭倦不堪，紿云：「不見。」嘿然大喜，齎葉入市，對面取人物，吏遂縛詣縣，縣官受辭，自說本末，官大笑，放而不治。

（　　）16.根據上文，下列敘述正確的選項是：

(A)楚人異想天開學螳螂隱形，在當面行竊時卻因學藝不精而被捕

(B)縣官因楚人罪甚輕，又同情他被妻子所騙，故大笑而網開一面

(C)樹下落葉太多，楚人找不到正確的螳螂樹葉，遂導致失手被捕

(D)楚人言行荒唐無聊，妻子不堪其擾，隨口敷衍，他卻信以為真

（　　）17.根據上文，下列文句「」中字音、字義不正確的選項是：

(A)紿云不見／「紿」音「ㄉㄞˋ」，欺騙之意

(B)齎葉入市／「齎」音「ㄓㄞ」，即「摘」之意

(C)吏遂縛詣縣／「詣」音「一ˋ」，「到、往」之意

(D)一一以葉自鄣／「鄣」音「ㄓㄤ」，障蔽、遮掩之意

二、多選題（21分）

說明：第18至第24題，每題各有5個選項，其中至少有一個是正確的。選出正確選項，劃記在答案卡之「選擇題答案區」。每題3分，各選項獨立計分，每答對一個選項，可得0.6分，每答錯一個選項，倒扣0.6分，整題未作答者，不給分亦不扣分。在備答選項以外之區域劃記，一律倒扣0.6分，倒扣至本大題之實得分數為零為止。

（　　）18.下列各組文句中，「」內的字義相同的選項是：

(A)〈諫逐客書〉：不問可否，不論「曲」直／《典論・論文》：「曲」度雖均，節奏同檢

(B)〈登樓賦〉：情眷眷而懷「歸」兮，孰憂思之可任／〈歸去來兮辭〉：歸去來兮，田園將蕪胡不「歸」

(C)《孟子・滕文公上》：雖使五尺之童「適」市，莫之或欺／〈赤壁賦〉：是造物者之無盡藏也，而吾與子之所共「適」

(D)《荀子・勸學》：「假」舟楫者，非能水也，而絕江河／《後漢書・黨錮列傳序》：王道陵缺，而猶「假」仁以效己，憑義以濟功

(E)《莊子・天運》：古之至人，假道於仁，託宿於義，以「遊」逍遙之虛／〈始得西山宴遊記〉：洋洋乎與造物者「遊」而不知其所窮

（　　）19.「文學作品是不能離開現實的，古今中外優秀的文學作品，莫不含有一種現實的因素。如果我們自承是時代的兒女，便應勇敢的接受他給予我們的使命，記錄這時代的動態，使文學作品在藝術的價值之外，更富有歷史意義、時代精神。」（改寫自張秀亞《作品與時代》代序）

下引文字符合上文作者所說「富有歷史意義、時代精神」的選項是：

(A)戰爭坐在此哭誰／它的笑聲曾使七萬個靈魂陷落在比睡眠還深的地帶

(B)梅雪都回到冬天去了／千山外，一輪斜月孤明／誰是相識而猶未誕生的那再來的人呢？

(C)你的淚，化作潮聲。你把我化入你的淚中／波浪中，你的眼眸跳動著我的青春，我的暮年

(D)宣統那年的風吹著／吹著那串紅玉米／……好像整個北方／整個北方的憂鬱／都掛在那兒

(E)就讓那嬰兒像流星那麼／胎殞罷別惦著姓氏與乎存嗣／反正大荒年之後還要談戰爭／我不如仍去當傭兵（我不如仍去當傭兵）／我曾夫過父過也幾乎走到過

（　）20.春天本是鳥語花香，大地充滿蓬勃、熱鬧生機的季節，但是《寂靜的春天》
一書作者卻有意以對比的死寂、靜默為書命名，為的是警告人類勿濫用化學
殺蟲劑危害地球自然環境。下列書籍的命名方式，同樣是刻意運用此種以相
反情境作對比的選項是：

(A)《窮得只剩下錢》　　　　　　(B)《百年來的孤寂》

(C)《過於喧囂的孤獨》　　　　　(D)《世界又平又熱又擠》

(E)《不能承受的生命之輕》

（　）21.好的翻譯不應只是直接的語譯，而宜兼顧意義的正確與意境的掌握，同時可
以呼應原文的優美。依此標準，以下〈岳陽樓記〉「至若春和景明，波瀾不
驚，上下天光，一碧萬頃；沙鷗翔集，錦鱗游泳，岸芷汀蘭，郁郁青青。而
或長煙一空，皓月千里，浮光躍金，靜影沉璧，漁歌互答，此樂何極！」的
翻譯，正確的選項是：

「至於春氣和暢、陽光明媚的日子，

(A)湖面波平浪靜，山色相互輝映，一片碧綠，廣闊無邊；

(B)沙洲的鷗鳥時而飛翔、時而止息，美麗的魚兒悠然的游來游去；

(C)湖岸的芷草，沙洲的蘭花，洋溢著青春的色彩。

(D)而有時瀰漫的霧氣全部消散，皎潔的月光流瀉千里，

(E)隨波浮動的月光，彷彿是閃耀的黃金，靜靜倒映的月影，就像是沉落的璧
　玉，漁人的歌聲彼此唱和，這種快樂真是無窮無盡！」

（　）22.關於下引文字，敘述正確的選項是：

初，買臣免，待詔，常從會稽守邸者寄居飯食。拜為太守，買臣衣故衣，懷
其印綬，步歸郡邸。直上計〔古代地方官向朝廷上報境內戶口、賦稅、盜
賊、獄訟等文書，以供考績，謂之上計〕時，會稽吏方相與群飲，不視買
臣。買臣入室中，守邸與共食，食且飽，少見〔見，顯示〕其綬。守邸怪
之，前引其綬，視其印，會稽太守章也。守邸驚，出語上計掾吏。皆醉，大
呼曰：「妄誕耳！」守邸曰：「試來視之。」其故人素輕買臣者入內視之，
還走，疾呼曰：「實然！」坐中驚駭，白守丞，相推排陳列中庭拜謁。買臣
徐出戶。有頃，長安廄吏乘駟馬車來迎，買臣遂乘傳去。（《漢書‧朱買臣
傳》）

(A)朱買臣「衣故衣，懷其印綬，步歸郡邸」，乃是為了表現廉潔的形象

(B)朱買臣步行回郡邸時，會稽官吏「不視買臣」，是因為官吏忙於應酬，無
　暇理會他

(C)官吏「大呼曰：『妄誕耳！』」是因為他們直覺地認為朱買臣並沒有官拜
　太守的能耐

(D)朱買臣後來「徐出戶」，顯示他刻意要讓那些有眼不識泰山的人延長拜謁及困窘的時間

(E)朱買臣「少見其綬」的舉動，顯示出他十分在意他人的觀感，內心亟欲人知他已非昔日吳下阿蒙

（　）23.下列詩句均是文學史上名家詩篇的名句摘錄，請仔細閱讀，並選出敘述正確的選項：

甲、夕陽無限好，只是近黃昏

乙、感時花濺淚，恨別鳥驚心

丙、舉杯邀明月，對影成三人

丁、花徑不曾緣客掃，蓬門今始為君開

戊、問渠那得清如許，為有源頭活水來

己、不識廬山真面目，只緣身在此山中

庚、白日放歌須縱酒，青春作伴好還鄉

(A)乙戊己都是宋詩　　　　　　　(B)甲戊己原詩皆為絕句

(C)乙丁庚都是對仗的詩句　　　　(D)其中有三項是杜甫的名句

(E)甲丙庚都是李白的作品

（　）24.下列有關經典或文學常識的敘述，正確的選項是：

(A)《詩經》從性質上分，有風、雅、頌三類；從作法上分，有賦、比、興三種；合稱「六義」

(B)漢代的詩有樂府和古詩，二者原本都配樂可歌，後來與音樂的關係疏離，變成單純創作、閱讀的作品

(C)《春秋》編年紀事，《左傳》亦編年紀事，《史記》為紀傳體，《漢書》亦紀傳體，後代正史都用紀傳體

(D)「志怪」為魏晉六朝小說的重要特徵，至後代猶有繼承者，如《聊齋誌異》即其中非常著名的代表作

(E)《論語》是記錄孔子言談舉止的重要著作，展現孔子的思想、情懷、人生態度及其與學生的互動情形。漢代獨尊儒術，《論語》被尊為經典，與《孟子》、《大學》、《中庸》合稱為「四書」

第貳部分：非選擇題（佔45分）

說明：本大題共有二題，請依各題指示作答，答案務必寫在「答案卷」上，並標明題號。

一、簡答（9分）

> 　　齊人有馮諼者，貧乏不能自存，使人屬孟嘗君，願寄食門下。孟嘗君曰：「客何好？」曰：「客無好也。」曰：「客何能？」曰：「客無能也。」孟嘗君笑而受之，曰：「諾！」左右以君賤之也，食以草具。居有頃，倚柱彈其劍，歌曰：「長鋏歸來乎！食無魚！」左右以告。孟嘗君曰：「食之，比門下之客。」居有頃，復彈其鋏，歌曰：「長鋏歸來乎！出無車！」左右皆笑之，以告。孟嘗君曰：「為之駕，比門下之車客。」於是乘其車，揭其劍，過其友，曰：「孟嘗君客我！」後有頃，復彈其劍鋏，歌曰：「長鋏歸來乎！無以為家！」左右皆惡之，以為貪而不知足。孟嘗君問：「馮公有親乎？」對曰：「有老母。」孟嘗君使人給其食用，無使乏。於是馮諼不復歌。（《戰國策·齊策》）

　　上列引文是大家熟悉的馮諼客孟嘗君的故事，其中三處畫線部分，分別表現了孟嘗君、左右之人、馮諼的心態。（**請閱讀全文，仔細推敲，分別說明三者的心態。**）

　　〔注意：（**請標號分項說明**）。〕

二、作文（36分）

　　生活裡充滿了令人迷惑的人、事、現象……，孔子四十而不惑，那真是大智慧、大人格！平凡的我們是不可能的，但也無妨「雖不能至，心嚮往之」。

　　請以「惑」為題，寫一篇結構完整的文章，議論、敘事、抒情皆可，文長不限。

99 年指考（指定考試）

題型分析

類型	字音	字形	字詞義	文法修辭	成詞語	應用文	國學常識	閱讀理解
題號	1	2	4	22	3	11（輓聯）	6、8、21	7、19（白話文） 5（詞，文句排序）、10（詞） 9、20、23、24（文言） 12、13（白話題組） 14、15（白話題組） 16、17（文言題組） 18（現代詩）

第壹部分：選擇題（佔55分）

一、單選題（34分）

說明：第1至第17題，每題選出一個最適當的選項，劃記在答案卡之「選擇題答案區」。每題答對得2分，答錯或劃記多於一個選項者倒扣2/3分，倒扣至本大題之實得分數為零為止。未作答者，不給分亦不扣分。

（　　）1.下列各組「」內的字，讀音相同的選項是：
甲、因「噎」廢食／抒發胸「臆」　　乙、「踔」厲風發／精雕細「琢」
丙、「惴」惴不安／意興「遄」飛　　丁、太陽「熾」熱／旗「幟」鮮明
戊、桎「梏」心靈／「痼」疾難癒　　己、不「屑」一顧／剝「削」勞工
(A)甲己
(B)乙戊
(C)甲丁戊
(D)乙丙己

（　　）2.下列文句，用字完全正確的選項是：
(A)她似乎很體諒我思母之情，絮絮叨叨地和我談著母親的近況
(B)翡冷翠稱為文藝復興搖籃之地，即因這個地方人文薈萃，人才輩出
(C)蟬聲在最高漲的音符處突地夏然而止，像一篇錦繡文章被猛然撕裂
(D)中央山脈的中段在似近又遠的東方，從北到南一線綿亙，蜿蜒著起起伏伏

（　　）3.閱讀下文，推斷□內最適合填入的詞語依序是：
地壇的古園彷彿就是為了等我，而□□□□在那兒等待了四百多年。它等待我出生，然後又等待我活到最狂妄的年齡上忽地殘廢了雙腳。四百多年裡，它一

面剝蝕了古殿簷頭浮誇的琉璃，□□了門壁上炫耀的朱紅，坍圮了一段段高牆又散落了□□□□，祭壇四周的老柏樹愈見蒼幽，到處的野草荒藤也都茂盛得自在坦蕩。（史鐵生〈我與地壇〉）

(A)歷盡滄桑／粉飾／紙醉金迷　　　(B)披星戴月／粉飾／玉砌雕欄

(C)歷盡滄桑／淡褪／玉砌雕欄　　　(D)披星戴月／淡褪／紙醉金迷

（　）4.下列各組「」內的字，意義相同的選項是：

(A)百工之人，君子不「齒」／啟朱唇，發皓「齒」，唱了幾句書兒

(B)「心」凝形釋，與萬化冥合／山水之樂，得之「心」而寓之酒也

(C)「目」不能兩視而明，耳不能兩聽而聰／綱舉「目」張，百事俱作

(D)近拇之「指」，皆為之痛／微「指」左公處，則席地倚牆而坐

（　）5.下列是一段宋詞，請依文意選出排列順序最恰當的選項：

凝眸。悔上層樓。謾惹起、新愁壓舊愁。

甲、料到伊行，時時開看，一看一回和淚收，

乙、重重封卷，

丙、密寄書郵，

丁、向彩箋寫遍，相思字了，

須知道，這般病染，兩處心頭。（蘇軾〈沁園春〉）

(A)丙甲丁乙　　　　　　　　　(B)丙乙丁甲

(C)丁甲乙丙　　　　　　　　　(D)丁乙丙甲

（　）6.閱讀下文，並依前後文意的連貫關係，選出下列填入文字的選項，何者錯誤？

唐代古文雖一直以復古為通變，(甲)，而且「奇變不窮」。杜甫並不卑視齊、梁，而是主張「(乙)」；又頗用心在新興的律詩上，他要「(丙)」，並且自許「(丁)」。（朱自清《詩言志辨》）

(A)甲可填入「詩卻從杜甫起多逞趨新變」

(B)乙可填入「自從建安來，綺麗不足珍」

(C)丙可填入「遣辭必中律」

(D)丁可填入「晚節漸於詩律細」

（　）7.閱讀下文，選出敘述正確的選項：

暢銷驚悚小說作家引起像丹·布朗《達文西密碼》這麼大的爭議，並非第一次。麥克·克萊頓的《旭日東昇》曾讓《紐約時報》的周日書評罕見地找來兩位評論家代表正反兩方意見，用兩全版討論了這部以1990年代日本跨國企業為題材的小說，是否會挑起仇日情結？丹·布朗深得麥克·克萊頓的真傳，明白真正的驚悚絕不能只是紙上談兵，一定得讓故事中的爆點延燒到真實世界，足

以讓讀者懷疑自己所存在的世界，震撼了既有的規則與想像，那才是真驚悚！（改寫自郭強生〈驚悚與懸疑之外——揭開丹・布朗的文字謎團〉）

(A)麥克・克萊頓的《旭日東昇》是《紐約時報》的周日書評

(B)丹・布朗的《達文西密碼》動搖了讀者原來所相信的世界

(C)《達文西密碼》與《旭日東昇》皆以美國的仇日情結為故事素材

(D)驚悚小說真正令人驚悚之處，是讓讀者發覺所生活的世界不存在

( ) 8. 閱讀下列先秦諸子對於「聖人」的描述，推斷甲、乙、丙、丁依序應為哪一家所提出？

甲、聖人不行而知，不見而名，不為而成。

乙、聖人之治民也，法與時移而禁與能變。

丙、聖人積思慮，習偽故，以生禮義而起法度。

丁、聖人之所以濟事成功，垂名於後世者，無他故異物焉，曰唯能以尚同為政者也。

(A)道家／法家／儒家／墨家　　　(B)儒家／道家／墨家／法家

(C)道家／墨家／法家／儒家　　　(D)儒家／法家／墨家／道家

( ) 9. 閱讀下文，推斷「江右貴人」詩不再清淡、「小民傭酒館者」不復能歌〈渭城〉的原因為何？

昔人夜聞歌〈渭城〉甚佳，質明跡之，乃一小民傭酒館者，損百緡予使鬻酒，久之不復能歌〈渭城〉矣。近一江右貴人，疆仕之始，詩頗清淡，既涉貴顯，雖篇什日繁，而惡道叢出。人怪其故，予曰：「此不能歌〈渭城〉也。」（王世貞《藝苑卮言》）

(A)心隨境遇而異　　　(B)學習不得要領

(C)未獲知音賞識　　　(D)浮誇而無實學

質明：天大亮。
疆仕：40歲。
叢出：叢出。

( ) 10. 閱讀下列宋詞，選出敘述正確的選項：

彩袖殷勤捧玉鍾，當年拚卻醉顏紅。舞低楊柳樓心月，歌盡桃花扇底風。

　　從別後，憶相逢，幾回魂夢與君同。今宵賸把銀釭照，猶恐相逢是夢中。（晏幾道〈鷓鴣天〉）

(A)上片表達昔日舞榭歌臺俱已成空的哀嘆

(B)下片感慨離別後無緣再見，相逢只能在夢中

(C)上片藉舞跳到月落、歌唱到風歇，極寫縱情綺筵的歡愉

(D)下片以燈火在夜中燃燒為喻，描述相思之苦夜夜在內心煎熬。

( ) 11. 韓愈年幼而孤，由長兄、長嫂撫養成人，因此與姪韓老成情如兄弟。貞元十九年，韓老成過世，韓愈撰〈祭十二郎文〉悼之：若韓愈要為韓老成另撰

一幅輓聯，最恰當的選項是：

(A)梓里共瞻師道立，我徒悵望哲人萎

(B)手足悲值風雨夕，國家憂慟脊令原

(C)回首前塵忝居父執，傷心舊夢敬輓幽魂

(D)當年硯共芸窗冰雪聰明推第一，此日歸真返璞精魂縹緲欲招三

12-13為題組

閱讀下列短文，回答12-13題。

> 　我教書多年，還存一點好奇心，每當我教到最後一堂課時，就會發問卷給學生：今年你最喜歡哪些詩和文？……幾乎有十一、二年，票選第一名的作品都是契可夫的「Misery」。這篇小小說講一個駕馬車的老頭，獨生子死了，在大雪紛飛的冬夜到戲院門口載客。上車的客人都急著教他趕路，他卻嘟嘟噥噥訴說著兒子的死。於是，客人們就產生了六、七種不同的反應。大多數人都教他閉嘴，快趕路！甚至有人用皮靴踢他、罵他糟老頭。另有一兩個旅客表示關心，問了他兒子的情況，不過，他們仍然很快地忘記了有這麼回事。人總是那麼健忘，尤其是對別人的事。這故事很簡單，敘述也沒什麼花俏之處，研究生們會這麼重視它，令我頗覺得欣慰。因為這個小小說完全講內心世界，呈現的是心境。老馬車夫在大雪中送完了客人，最後回到他簡陋的屋子，牽著馬入馬廄時，他說：這個世界上，只有你聽到我的話之後，還有一點同情的樣子。契可夫用他悲憫的眼睛，來看別人對他人悲傷的反應。（齊邦媛《霧漸漸散的時候》）

（　　）12.依據上文，推斷下列關於契可夫小說「Misery」的敘述，正確的選項是：

　　　　(A)故事中出現的人物不超過五個

　　　　(B)以車夫一個晚上的載客經歷為故事主線

　　　　(C)採用倒敘手法，向前追溯歷次的載客經過

　　　　(D)車夫認為聆聽他說話，還有一點同情的，只剩紛飛的大雪

（　　）13.上文作者對學生喜歡「Misery」而頗覺欣慰，主因應是樂見：

　　　　(A)學生能仔細審視社會底層的貧窮

　　　　(B)學生能理解小說作者的悲憫情懷

　　　　(C)學生能被人與動物之間的情誼所感動

　　　　(D)學生能分析簡單而不花俏的敘事技巧

14-15為題組

閱讀下列短文，回答14-15題。

> 　他站在門前的階梯上，伸手到褲子後口袋裡拿大門鑰匙。咦，不在這。在我脫下來的那件褲子裡。得去拿來。那衣櫥老是嘰嘎作響，不好去打擾她。剛才她翻身的時候，睡得正香呢。他悄悄帶上大門，又拉緊一點，直到門底下的護皮輕輕覆住門檻，像一張

柔軟的眼皮。看起來是關緊了。反正到我回來前沒關係吧。（大衛・洛吉《小說的五十堂課》節錄詹姆斯・喬伊斯《尤里西斯》）

（　　）14.下列關於上文情節的敘述，正確的選項是：

(A)「他」關上門之後，才發現身上沒帶鑰匙

(B)「他」不確定鑰匙是在衣櫥裡還是在褲子口袋裡

(C)「他」因體貼「她」睡得正香，寧可不回房間拿鑰匙

(D)「他」擔心不鎖門會令「她」睡不安穩，還是決定拿鑰匙鎖上門

（　　）15.下列關於上文的分析，錯誤的選項是：

(A)全文以「第三人稱」（他）和「第一人稱」（我）的敘述觀點交錯進行

(B)全文由兩個動作（門前摸褲袋、帶上大門）及動作時的獨白所構成

(C)第一次的獨白是「他」的想法，第二次的獨白是「作者」的想法

(D)文中的兩段獨白，是為了呈現故事人物腦海中的思緒活動

16-17為題組

閱讀下列短文，回答16-17題。

　　滄州南一寺臨河幹，山門圮於河，二石獸沉焉。閱十餘歲，僧募金重修，求二石獸於水中，竟不可得，以為順流下矣。棹數小舟，曳鐵鈀，尋十餘里無跡。一講學家設帳寺中，聞之，笑曰：「爾輩不能究物理。是非木杮，豈能為暴漲攜之去？乃石性堅重，沙性鬆浮，湮於沙上，漸沉漸深耳，沿河求之，不亦顛乎？」眾服為確論。一老河兵聞之，又笑曰：「凡河中失石，當求之於上流。蓋石性堅重，沙性鬆浮，水不能沖石，其反激之力，必於石下迎水處齧沙為坎穴。漸激漸深，至石之半，石必倒擲坎穴中。如是再齧，石又再轉。轉轉不已，遂反溯流逆上矣。求之下流，固顛；求之地中，不更顛乎？」如其言，果得數里外。（紀昀〈河中石獸〉）

（　　）16.下列四圖，何者最接近「老河兵」對「河中石獸」移動原因的分析？

(A)
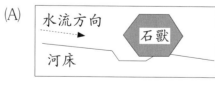

(B)
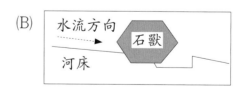

(C)

(D)

（　）17.上述故事的主要寓意為何？
(A)坐而言不如起而行
(B)學問之道無他，求其放心而已矣
(C)研究學問不可草率從事，須有充分的準備
(D)研判事理宜旴衡諸種因素，勿以一二常情臆斷

二、多選題（21分）

說明：第18至第24題，每題各有5個選項，其中至少有一個是正確的。選出正確選項，劃記在答案卡之「選擇題答案區」。每題3分，各選項獨立計分，每答對一個選項，可得0.6分，每答錯一個選項，倒扣0.6分，整題未作答者，不給分亦不扣分。在備答選項以外之區域劃記，一律倒扣0.6分，倒扣至本大題之實得分數為零為止。

（　）18.閱讀右詩，選出詮釋符合詩意的選項：
(A)詩中描寫母親髮色的變化，意謂母親既為家庭付出，也隨著歲月年老
(B)「髮浪一年一年逐漸後退」意謂母親因年老而不再追逐流行，改留長髮
(C)「我從那紋理中站立起來」意謂母親的額紋令我驚覺歲月無情，不禁顫慄
(D)「讀不完大地的包容與隱忍」是以大地承載萬物的宏博無私象徵母愛的偉大
(E)詩中以「清晨的玫瑰」、「黃昏的梅花」形容不同階段的母親，以「錯落的蘆葦」形容頭髮

> 在時光與家事不斷的洗染下
> 您的頭髮從黑洗到白，從白
> 又染成了灰，一如錯落的蘆葦
> 髮浪一年一年逐漸後退
> 留下一道一道深陷的紋理
> 在您曾經舒坦飽滿的額上
> 我從那紋理中站立起來
> 從春到秋，從玫瑰豔的清晨
> 到梅蕊香的黃昏——面對您的額紋
> 我讀不完大地的包容與隱忍
>
> （向陽〈額紋——給媽媽〉）

（　）19.閱讀下文，選出敘述正確的選項：
嘉靖皇帝讀罷奏疏，其震怒的情狀自然可想而知。傳說他當時把奏摺往地上一摔，嘴裡喊叫：「抓住這個人，不要讓他跑了！」旁邊的宦官為了平息皇帝的怒氣，就不慌不忙地跪奏：「萬歲不必動怒。這個人向來就有癡名，聽說他已自知必死無疑，所以他在遞上奏本以前就買好一口棺材，召集家人訣別，僕從已經嚇得通通逃散。這個人是不會逃跑的。」嘉靖聽完，長嘆一聲，又從地上撿起奏本一讀再讀。嘉靖沒有給予海瑞任何懲罰，但是把奏章留中不發。他不能忘記這一奏疏，其中有那麼多的事實無可迴避，可是就從

來沒有人敢在他面前那怕是提到其中的一丁點！皇帝的情緒顯得很矛盾，他有時把海瑞比做古代的忠臣比干，有時又痛罵他為「那個痛罵我的畜物」。有時他責打宮女，宮女就會在背後偷偷的說：「他自己給海瑞罵了，就找咱們出氣！」（黃仁宇《萬曆十五年‧海瑞——古代的模範官僚》）

(A)海瑞上奏疏前，群臣進言，大多迴避事實，多所顧忌

(B)海瑞上給嘉靖皇帝的奏疏言人所未敢言，卻直指事實

(C)摔奏摺、撿奏摺再三重讀的動作，刻畫嘉靖皇帝亟欲從奏疏中一一找出海瑞罪狀的憤恨心理

(D)從嘉靖皇帝有時把海瑞比做忠臣比干，有時又痛罵他為「畜物」，可知海瑞表裡不一，行事反覆

(E)從宮女背地裡說皇帝：「他自己給海瑞罵了，就找咱們出氣！」可知嘉靖皇帝對海瑞的指陳感到又羞又惱

( )　20.下列文句，敘述因月景而興發愉悅之情的選項是：

(A)月景尤不可言，花態柳情，山容水意，別是一種趣味

(B)三五之夜，明月半牆，桂影斑駁，風移影動，珊珊可愛

(C)而或長煙一空，皓月千里，浮光躍金，靜影沉璧，漁歌互答，此樂何極

(D)乃以箸擲月中。見一美人，自光中出，初不盈尺，至地，遂與人等。纖腰秀項，翩翩作霓裳舞

(E)明月幾時有，把酒問青天。不知天上宮闕，今夕是何年。我欲乘風歸去，唯恐瓊樓玉宇，高處不勝寒

( )　21.早期的散曲頗受北方民歌影響，文句直率質樸，以通俗化、口語化為特點。下列散曲，風格明顯符合上述特質的選項是：

(A)獨自走，踏成道，空走了千遭萬遭。肯不肯疾些兒通報，休直到教耽擱得天明了

(B)舊酒沒，新醅潑，老瓦盆邊笑呵呵。共山僧野叟閒吟和，他出一對雞，我出一個鵝，閒快活

(C)掛絕壁枯松倒倚，落殘霞孤鶩齊飛。四周不盡山，一望無窮水。散西風滿天秋意。夜靜雲帆月影低，載我在瀟湘畫裏

(D)黃蘆岸白蘋渡口。綠楊堤紅蓼灘頭。雖無刎頸交，卻有忘機友。點秋江白鷺沙鷗。傲殺人間萬戶侯。不識字煙波釣叟

(E)興亡千古繁華夢，詩眼倦天涯。孔林喬木，吳宮蔓草，楚廟寒鴉。數間茅舍，藏書萬卷，投老村家。山中何事，松花釀酒，春水煎茶

( )　22.《論語‧公冶長》：「禦人以口給，屢憎於人」，「屢憎於人」是「常常被人所憎」之意，屬於「被動句」。下列含有「於」的句子，也屬於「被動句」的選項是：

(A)鋤櫌棘矜，非銛於鉤戟長鎩也

(B)損民以益讎，內自虛而外樹怨於諸侯

(C)君子寡欲，則不役於物，可以直道而行

(D)晉侯、秦伯圍鄭，以其無禮於晉，且貳於楚也

(E)山川相繆，鬱乎蒼蒼，此非孟德之困於周郎者乎

( ) 23. 下列各選項畫底線的文句，是對其前面的文句（未畫底線者）進行「舉例說明」的是：

(A)詣太守，說如此，太守即遣人隨其往，尋向所誌，遂迷不復得路

(B)先帝知臣謹慎，故臨崩寄臣以大事也，受命以來，夙夜憂嘆，恐託付不效，以傷先帝之明

(C)風至，硫氣甚惡，更進半里，草木不生，地熱如炙，左右兩山多巨石，為硫氣所觸，剝蝕如粉

(D)文人相輕，自古而然，傅毅之於班固，伯仲之間耳，而固小之，與弟超書曰：武仲以能屬文，為蘭臺令史，下筆不能自休

(E)所以謂人皆有不忍人之心者，今人乍見孺子將入於井，皆有怵惕惻隱之心，非所以內交於孺子之父母也，非所以要譽於鄉黨朋友也

( ) 24. 在言談書寫中讚美對方，除了能讓受話的對方有好印象，也有助於達成交際目的。下列敘述，敘說者選用「讚美對方」的技巧的選項是：

(A)紅拂投奔李靖時對李靖說：「妾侍楊司空久，閱天下之人多矣，未有如公者。絲蘿非獨生，願託喬木，故來奔耳。」

(B)張良對項羽說：「沛公不勝桮杓，不能辭。謹使臣良奉白璧一雙，再拜獻大王足下；玉斗一雙，再拜奉大將軍足下。」

(C)劉姥姥遇見賈惜春時說：「我的姑娘！你這麼大年紀兒，又這麼個好模樣兒，還有這個能幹，別是個神仙托生的罷。」

(D)孟嘗君對馮諼說：「文倦於事，憒於憂，而性懧愚，沉於國家之事，開罪於先生。先生不羞，乃有意欲為收責於薛乎？」

(E)蘇轍在給韓琦的信中說：「轍之來也，於山見終南、嵩、華之高，於水見黃河之大且深，於人見歐陽公，而猶以為未見太尉也！」

第貳部分：非選擇題（佔45分）

說明：本大題共有二題，請依各題指示作答，答案務必寫在「答案卷」上，並標明題號。

一、文章解讀（18分）

　　閱讀框線內的文字，並根據你對《楚辭‧漁父》和屈原的了解，說明文中如何描述屈原的外貌？這些描述凸顯了屈原性格上的何種特徵？請以200字～250字加以說明。

　　（漁父）睡了一覺，下午的日光還是一樣白。

　　他一身汗，濕津津的，恍惚夢中看到一個人。

　　一個瘦長的男人吧，奇怪得很，削削瘦瘦像一根枯掉的樹，臉上露著石塊一樣的骨骼。眉毛是往上挑的，像一把劍，鬢角的髮直往上梳，高高在腦頂綰了一個髻，最有趣的是他一頭插滿了各種的野花。

　　杜若香極了，被夏天的暑氣蒸發，四野都是香味。這男子，怎麼會在頭上簪了一排的杜若呢？

　　漁父仔細嗅了一下，還不只杜若呢！這瘦削的男子，除了頭髮上插滿了各種香花，連衣襟、衣裾都佩著花，有蘼蕪，有芷草，有鮮血一樣的杜鵑，有桃花，柳枝。漁父在這汨羅江邊長大，各種花的氣味都熟，桂花很淡，辛夷花是悠長的一種香氣，好像秋天的江水……

　　「你一身都是花，做什麼啊？」

　　漁父好像問了一句，糊裡糊塗又睡著了。

（蔣勳〈關於屈原的最後一天〉）

二、作文（27分）

　　生活中總會碰到一些料想不到的事，面對意外之事，該如何處理，處理之後可以讓人獲得什麼樣的體悟？請以「應變」為題，寫一篇結構完整的文章，議論、敘事、抒情皆可，文長不限。

100年指考（指定考試）

題型分析

類型	字音	字形	字詞義	文法修辭	成詞語	應用文	國學常識	閱讀理解
題號	1	2	4	18、22	3、6		8、10、11、21	7、13、19（白話文） 5（文言文，文句排序） 9、16-17、23、24（文言文） 12、14-15、20（古典詩）

第壹部分：選擇題（佔55分）

一、單選題（34分）

說明：第1至第17題，每題4個選項，其中只有1個是最適當的選項，畫記在答案卡之「選擇題答案區」。各題答對得2分，未作答、答錯或畫記多於1個選項者，該題以零分計算。

(　　) 1.下列「」內的字，讀音相同的選項是：
甲、三審定「讞」／望之「儼」然　乙、率爾操「觚」／酒「酤」於市
丙、羽扇「綸」巾／爲國「掄」才　丁、兄弟「鬩」牆／「翕」然從風
戊、「巽」與之言／鐘鼓「饌」玉
(A)甲乙　　　　　　　　　　　(B)乙丁
(C)甲乙丁　　　　　　　　　　(D)甲丙戊

(　　) 2.下列文句沒有錯別字的選項是：
(A)連用數計，不能得聘，他已力乏技窮，最後只能甘心認輸
(B)他連番殺人劫財，祜惡不悛，當處以極刑，免得再貽害社會
(C)這條蟒蛇晝伏夜出，極端狡猾，如今入吾殼中，再也不能作怪
(D)阿里山賞櫻活動，如火如荼地展開；人群紛至沓來，擠得水洩不通

(　　) 3.閱讀下文，選出□內依序最適合填入的詞語，正確的選項是：
傳說的生長，就同滾雪球一樣，越滾越大；最初只有一個簡單的故事作個中心的「母題」（Motif），你添一枝，他添一葉，便像個樣子了。後來經過眾口的□□，經過平話家的□□，經過戲曲家的□□結構，經過小說家的□□，這個故事便一天一天的改變面目：內容更豐富了，情節更精細圓滿了，曲折更多

了，人物更有生氣了。（《胡適文存‧三俠五義序》）

(A)傳説／敷演／剪裁／修飾 　　(B)宣揚／扮演／推敲／潤色

(C)闡發／排演／增刪／歸納 　　(D)傳播／演義／虛擬／節制

（　　）4.《論語‧鄉黨》「沽酒市脯，不食」中的「市」意為「買」，《宋史‧太祖本紀》「市二價者，以枉法論」中的「市」則意為「賣」，前後「市」字意義不同。下列各組語詞「」中的字，前後意義不同的選項是：

(A)物傷其「類」／出「類」拔萃 　　(B)折衝「樽」俎／移「樽」就教

(C)「去」職數年／「去」國懷鄉 　　(D)「疾」惡如仇／大聲「疾」呼

（　　）5.以下為一段古文，請依文意選出排列順序最適當的選項：

「道之於心也，

甲、中宧深室，幽黑無見，

乙、此則火之燿也，非目之光也，

丙、及設盛燭，則百物彰矣。

丁、猶火之於人目也。

而目假之，則為己明矣。」（王符《潛夫論‧讚學》）

(A)甲丙丁乙 　　(B)乙丙丁甲

(C)丙乙甲丁 　　(D)丁甲丙乙

（　　）6.閱讀下文，依照前後文意的連貫關係，選出適合填入的文字，正確的選項是：

廢墟是古代派往現代的使節，經過歷史君王的 (甲)。廢墟是祖輦曾經發動過的壯舉，會聚著當時當地的 (乙)。碎成齏粉的遺址也不是廢墟，廢墟中應有歷史最 (丙)。廢墟能提供破讀的可能，廢墟散發著讓人 (丁)的磁力。（余秋雨《文化苦旅‧廢墟》）

(A)甲可填入「流連盤桓」 　　(B)乙可填入「挑剔和篩選」

(C)丙可填入「強勁的韌帶」 　　(D)丁可填入「團結和凝聚」

（　　）7.閱讀下文，選出敘述正確的選項：

那一棵四季桂，是十九年前我們移居舊宅時種植於大門右側的。樹由幼苗而茁壯成比一個人更高，春夏秋冬皆開花，是名副其實的四季桂。不久後，捷運系統將在那一帶建設車站。我們搬離舊宅，移入踩不到泥土的公寓。我和妹妹商量，把桂樹移植到她住的公家宿舍庭內。有泥土、有水和陽光和關愛，桂樹必能在另一個庭園內四季開花、散播清香的罷。雖然公家宿舍終不免有易換屋主之時，我們的四季桂定能繼續堅強地活下去。我想起日本平安時代，菅原道真在貶謫離鄉時，曾對庭中梅樹詠成一首和歌：「東風吹習習，猶未見梅放。莫謂主人離，等閒把春忘。」他日懷念舊宅的四季桂，我或者也會有這樣的心情

罷。（林文月〈散文陸則 —— 擬《東坡志林》）

(A)「東風吹習習，猶未見梅放」意指春風和暢，梅花尚未飄落

(B)四季桂僅在春季開花，所以作者取用菅原道眞詠梅和歌的詩意

(C)「莫謂主人離，等閒把春忘」這兩句詩是採用描摹形象的寫作技巧

(D)對於舊宅四季桂的心情，作者表現出「江山風月，本無常主」的態度

（　　）8. 清代《四庫全書》分古書爲經史子集四部，下列敍述，正確的選項是：

(A)屈原作品收錄於《楚辭》，故〈漁父〉須查集部

(B)《左傳》以魯史爲中心，編年記事，故列於史部

(C)《道德經》爲道家最重要的經典，可在經部查閱

(D)孟子爲先秦諸子之一，故《孟子》一書列於子部

（　　）9. 閱讀下文，推斷文意，選出最適切的選項：

龍嘘氣成雲，雲固弗靈於龍也。然龍乘是氣，茫洋窮乎玄間，薄日月，伏光景，感震電，神變化，水下土，汩陵谷，雲亦靈怪矣哉。雲，龍之所能使爲靈也。若龍之靈，則非雲之所能使爲靈也。然龍弗得雲，無以神其靈矣。失其所憑依，信不可歟。異哉！其所憑依，乃其所自爲也。《易》曰：「雲從龍。」既曰龍，雲從之矣。（韓愈〈雜説一〉）

(A)龍與雲可用以比喻君臣之遇合　　(B)雲並非因龍的翻騰才變化靈怪

(C)龍與雲主輔相依的關係不明確　　(D)龍須靠雲來主宰才能靈變莫測

（　　）10. 以下爲兩首唐詩：

甲、江城如畫裏，山晚望晴空。兩水夾明鏡，雙橋落彩虹。人煙寒橘柚，□色老梧桐。誰念北樓上，臨風懷謝公。（謝公：南朝齊詩人謝朓）

乙、十年離亂後，長大一相逢。問姓驚初見，稱名憶舊容。別來滄海事，語罷暮天鐘。明日巴陵道，□山又幾重。

綜合二詩判讀，下列敍述正確的選項是：

(A)均爲五言古詩

(B)均表達憶舊惜別的情感

(C)皆採取「由景入情」的表現手法

(D)□中皆填入「秋」字，較符合詩境

（　　）11. 以下四副對聯，依序對應之建築，正確的選項是：

甲、四面湖山歸眼底

　　萬家憂樂到心頭

乙、可託六尺之孤，可寄百里之命，君子人與？君子人也

　　隱居以求其志，行義以達其道，吾聞其語，吾見其人

丙、大明湖畔，趵突泉邊，故居在垂楊深處
　　漱玉集中，金石錄裏，文采有後主遺風
丁、天下名山僧占多，還須留一二奇峰棲吾道友
　　世上好話佛說盡，又誰知五千妙論書自尊師
(A)岳陽樓／關帝廟／劉鶚紀念館／莊子廟
(B)鸛雀樓／陶潛祠／劉鶚紀念館／觀音殿
(C)岳陽樓／武侯祠／李清照紀念館／老子廟
(D)黃鶴樓／關帝廟／蒲松齡紀念館／老子廟

12-13為題組

閱讀下列短文，回答12-13題

> 　　登上這亭，在平日是可以近瞰西湖，遠望浙江，甚而至於縹緲的滄海的，可是此刻卻不能了。離庵不遠的山嶺，僧房，竹樹，尚勉強可見，稍外則封鎖在茫漠的煙霧裏了。
>
> 　　空齋躡壁臥，忽夢溪山好。朝騎禿尾驢，來尋雪中道。石壁引孤松，長空沒飛鳥。不見遠山橫，寒煙起林杪。（雪中登黃山）
>
> 　　我倚著亭柱，默默地在咀嚼著漁洋這首五言詩的□□；尤其是結尾兩句，更道破了雪景的三昧。但說不定許多沒有經驗的人，要妄笑它是無味的詩句呢。文藝的真賞鑑，本來是件不容易的事，這又何必咄咄見怪？自己解說了一番，心裏也就釋然了。（鍾敬文〈西湖的雪景〉）
>
> 　　　　　　　　　　　　　　　　　　　　　　　　　　　　三昧：借指奧祕。

(　　) 12. 文中「我倚著亭柱，默默地在咀嚼著漁洋這首五言詩的□□」，空格當填入的詞語，正確的是：
(A)清妙　　　　　　　　　　(B)雄渾
(C)悲慨　　　　　　　　　　(D)典雅

(　　) 13. 依題意所述，下列選項正確的是：
(A)文藝鑑賞之難，是因為讀者欠缺移情想像的能力
(B)作者登亭而不能近瞰西湖，遠望滄海，是由於日暮
(C)「石壁引孤松，長空沒飛鳥」，是作者登亭所見之景
(D)作者認為雪景之美，在寒煙籠罩樹梢，遠近一片朦朧

14-15為題組

閱讀下列詩歌，回答14-15題

> 　甲、杜甫〈哀江頭〉：憶昔霓旌下南苑，苑中萬物生顏色。昭陽殿裡第一人，同輦隨君侍君側。輦前才人帶弓箭，白馬嚼齧黃金勒。翻身向天仰射雲，一箭正墜

雙飛翼。明眸皓齒今何在？血污遊魂歸不得。清渭東流劍閣深，去住彼此無消息。

乙、白居易〈長恨歌〉：驪宮高處入青雲，仙樂風飄處處聞；緩歌謾舞凝絲竹，盡日君王看不足。漁陽鼙鼓動地來，驚破霓裳羽衣曲，九重城闕煙塵生，千乘萬騎西南行。翠華搖搖行復止，西出都門百餘里。六軍不發無奈何，宛轉蛾眉馬前死。

（　　）14. 關於兩段以「安史之亂」為背景的詩歌，敘述不正確的選項是：
(A)兩詩均透過唐玄宗、楊貴妃的人生轉變，寓託唐朝國運由盛而衰
(B)兩詩對於玄宗赴蜀避難、貴妃死於兵變一事，均有或明或暗的敘述
(C)「昭陽殿裡第一人，同輦隨君侍君側」與「緩歌謾舞凝絲竹，盡日君王看不足」，都是寫楊貴妃受唐玄宗寵幸的情形
(D)「憶昔霓旌下南苑，苑中萬物生顏色」與「九重城闕煙塵生，千乘萬騎西南行」，都是寫戰亂發生、王室倉皇逃離的情形

（　　）15. 關於兩段詩歌的寫作，敘述不正確的選項是：
(A)兩詩基本上都是以回顧過去的手法抒發心中情感
(B)兩詩主要都是以音樂、聲響表現戰亂前後的轉變
(C)「輦前才人帶弓箭，白馬嚼齧黃金勒」，由壯盛華麗的出遊行列襯托國勢強大
(D)「漁陽鼙鼓動地來，驚破霓裳羽衣曲」，點出戰亂的發生出乎唐玄宗意料之外

16-17為題組
閱讀下文，回答16-17題

衛靈公問於史鰌曰：「政孰為務？」對曰：「大理為務！聽獄不中，死者不可生也，斷者不可屬也，故曰：大理為務。」少焉，子路見公，公以史鰌言告之。子路曰：「司馬為務！兩國有難，兩軍相當，司馬執枹以行之，一鬥不當，死者數萬。以殺人為非也，此其為殺人亦眾矣。故曰：司馬為務。」少焉，子貢入見，公以二子言告之。子貢曰：「不識哉！昔禹與有扈氏戰，三陳而不服，禹於是修教一年，而有扈氏請服。故曰：去民之所事，奚獄之所聽？兵革之不陳，奚鼓之所鳴？故曰：教為務也。」（劉向《說苑・政理》）

（　　）16. 下列政府單位中，最接近「大理」的選項是：
(A)法院　　　　　　　　　　(B)監獄
(C)調查局　　　　　　　　　(D)警察局

（　　）17.依文中所示，下列文句與子貢的主張最接近的選項是：

(A)攻城爲下，心戰爲上

(B)故遠人不服，則脩文德以來之

(C)俎豆之事，則嘗聞之矣；軍旅之事，未之學也

(D)不教而殺謂之虐，不戒視成謂之暴，慢令致期謂之賊

二、多選題（占21分）

說明：第18至第24題，每題有5個選項，其中至少有1個是正確的選項，選出正確選項畫記在答案卡之「選擇題答案區」。各題之選項獨立判定，所有選項均答對者，得3分；答錯1個選項者，得1.8分，答錯2個選項者，得0.6分，所有選項均未作答或答錯多於2個選項者，該題以零分計算。

（　　）18.許達然〈稚〉：「從你含淚微笑的刹那，我覺得橫在我們之間的牆已除去。」以具體的「牆」，代替抽象的「疏離冷漠」。下列同樣使用以具體代替抽象手法的選項是：

(A)即使是朋友，也好像隔了一面玻璃

(B)將心敞開，好迎接一隻遠方的青鳥

(C)老骨頭晚歸，總受不了被攔截的驚恐

(D)人如果無意於築橋，心靈將無法向外敞開

(E)因爲他向我借打火機，才把彼此之間的冰塊打破

（　　）19.閱讀下文，選出符合文意的選項：

我常愛中國古人的田園詩，更勝過愛山林詩。田園、山林，同屬自然。但山林更自然，田園則多羼進了人文，故田園更可供大眾多數人長期享受，山林則只供少數人在特殊情況下暫時欣賞。伊尹耕於有莘之野，而樂堯舜之道。耕田鑿井人，易於在其心生有大天地。許由逃於箕山之下，洗耳不迭，反而心胸狹了。論許由所居住，似其外圍天地比伊尹的更大，實則比伊尹的轉小。養以大天地，其所生氣自大，養以小天地，則使人困限在小氣中。故要由養體進而懂得養氣。居住本只爲蔽風雨，但孟子指出「居移氣」一番道理，實是一極大啓示。（錢穆《雙溪獨語》）

(A)作者愛田園詩更勝過愛山林詩，主要關鍵在人文因素

(B)許由隱遁於箕山下，擺脫名利富貴，心胸較伊尹寬闊

(C)伊尹耕於田野中，人文與自然結合，故更能擔負經世濟民重任

(D)作者認爲生活天地的大小，足以決定其心胸氣度，而與抱負、涵養無關

(E)作者質疑孟子「居移氣」的說法，認爲住所即使簡陋，仍不礙其胸懷壯志

（　）20.風花雪月等景物，作者都可藉之寄情，以表達思念愛悅之意，曹植〈七哀〉「願爲西南風，長逝入君懷」即是其例。下列文句，運用相同寫作手法的選項是：

(A)白露橫江，水光接天，縱一葦之所如，凌萬頃之茫然

(B)海水夢悠悠，君愁我亦愁，南風知我意，吹夢到西洲

(C)霪雨霏霏，連月不開，陰風怒號，濁浪排空，日星隱耀，山岳潛形

(D)然後知是山之特出，不與培塿爲類，悠悠乎與灝氣俱，而莫得其涯

(E)玉戶簾中卷不去，搗衣砧上拂還來，此時相望不相聞，願逐月華流照君

（　）21.下列敘述正確的選項是：

(A)唐代「李杜」齊名，前有李白、杜甫，後有李商隱、杜牧

(B)漢魏之際「三曹」父子與「建安七子」形成盛極一時的文學集團

(C)《三國演義》、《西遊記》、《水滸傳》皆依據史實敷衍，情節斑斑可考

(D)南唐後主李煜和南宋女詞人李清照，語言風格皆爲典雅古奧，好用史事入詞

(E)西漢司馬遷撰《史記》，東漢班固著《漢書》，並稱史家雙璧，爲斷代正史之典範

（　）22.下列文句「」中的文字，結構爲「動詞＋名詞」的選項是：

(A)《齊民要術》：其樹大者，以「鋸鋸」之

(B)《史記》：陛下不能將兵，而善「將將」

(C)《荀子》：無「惛惛」之事者，無赫赫之功

(D)《左傳》：庸勳、「親親」、昵近、尊賢，德之大者也

(E)《三國志》：二十年，孫權以先主已得益州，「使使」報欲得荊州

（　）23.以下每個選項皆含前後兩段引文，後文與前文觀點、意涵截然不同的選項是：

(A)《孟子》：民爲貴，社稷次之，君爲輕／黃宗羲〈原君〉：古者以天下爲主，君爲客，凡君之所畢世而經營者，爲天下也

(B)《莊子》：天下莫大於秋毫之末，而大山爲小；莫壽於殤子，而彭祖爲夭／王羲之〈蘭亭集序〉：固知一死生爲虛誕，齊彭殤爲妄作

(C)《老子》：天道無親，常與善人／司馬遷〈伯夷列傳〉：或擇地而蹈之，時然後出言，行不由徑，非公正不發憤，而遇禍災者，不可勝數也

(D)《論語》：君子博學於文，約之以禮，亦可以弗畔矣夫／《荀子》：木受繩則直，金就礪則利；君子博學而日參省乎己，則知明而行無過矣

(E)《韓非子》：明主之國，無書簡之文，以法爲教；無先王之語，以吏爲師／劉歆〈移書讓太常博士〉：至于暴秦，焚經書，殺儒士，設挾書之法，行是古之罪

（　　）24.下列引文，在言談中表現出斥責對方語氣的選項是：

(A)大母過余曰：「吾兒，久不見若影，何竟日默默在此，大類女郎也？」

(B)宰予晝寢，子曰：「朽木不可雕也，糞土之牆不可杇也，於予與何誅！」

(C)燭之武對秦伯：「越國以鄙遠，君知其難也，焉用亡鄭以陪鄰？鄰之厚，君之薄也！」

(D)孟子對齊宣王：「賊仁者謂之賊，賊義者謂之殘，殘賊之人謂之一夫。聞誅一夫紂矣，未聞弒君也！」

(E)左光斗對史可法：「庸奴！此何地也，而汝來前！國家之事，糜爛至此，老夫已矣！汝復輕身而昧大義，天下事誰可支拄者？」

第貳部分：非選擇題（占45分）

說明：本大題共有二題，請依各題指示作答，答案務必寫在「答案卷」上，並標明題號。作答務必使用筆尖較粗之黑色墨水的筆書寫，且不得使用鉛筆。

一、文章解讀（占18分）

閱讀框線內文章，回答問題，文長限200字～250字（約9行～11行）。

> 　　途中是認識人生最方便的地方。車中、船上同人行道可說是人生博覽會的三張入場券，可惜許多人把他們當作廢紙，空走了一生的路。我們有一句古話：「讀萬卷書，行萬里路。」所謂行萬里路自然是指走遍名山大川，通都大邑，但是我覺得換一個解釋也可以。一條路你來往走了幾萬遍，湊成了萬里這個數目，只要你真用了你的眼睛，你就可以算懂得人生的人了。俗語說道：「秀才不出門，能知天下事。」我們不幸未得入泮（入泮：就學讀書），只好多走些路，來見見世面罷！對於人生有了清澈的觀照，世上的榮辱禍福不足以擾亂內心的恬靜，我們的心靈因此可以獲得永久的自由；所怕的就是面壁參禪，目不窺路的人們，他們不肯上路，的確是無法可辦。讀書是間接地去了解人生，走路是直接地去了解人生，一落言詮，便非真諦，所以我覺得萬卷書可以擱開不念，萬里路非放步走去不可。（改寫自梁遇春〈途中〉）

　　雖然古人說：「讀萬卷書，行萬里路。」梁遇春卻主張：「萬卷書可以擱開不念，萬里路非放步走去不可。」他的理由何在？請你解讀他的看法，並加以評論。

二、作文（占27分）

　　吳寶春十五歲開始當麵包學徒，經過二十多年各領域、多方面不斷地努力學習、嘗試、創新，終於在2010年，運用臺灣本土食材，以「米釀荔香」麵包獲得「世界麵包大師賽」冠軍殊榮。他說他以後仍會用「很寬很深」的方法繼續研發創作；「很寬」是指學習更多領域，「很深」是指加強基本功。這是吳寶春對寬與深的看法。請你依照自己的體會或見聞，以「寬與深」為題寫一篇文章，議論、記敘、抒情皆可，字數不限。

94～100年指考（指定考試）解答

94年指考（指定考試）解答

題號	1	2	3	4	5	6	7	8	9	10	11	12
答案	D	A	D	C	D	C	B	B	D	B	D	A
題號	13	14	15	16	17	18	19	20	21	22	23	24
答案	C	A	C	B	C	BC	AD	ADE	BCDE	ABCD	CDE	ADE

95年指考（指定考試）解答

題號	1	2	3	4	5	6	7	8	9	10	11	12
答案	C	D	A	A	B	B	A	A	C	C	D	D
題號	13	14	15	16	17	18	19	20	21	22	23	24
答案	C	B	D	D	B	BDE	BCDE	ACE	CDE	BCDE	DE	ABDE

96年指考（指定考試）解答

題號	1	2	3	4	5	6	7	8	9	10	11	12
答案	C	B	B	C	B	D	A	A	D	C	B	D
題號	13	14	15	16	17	18	19	20	21	22	23	24
答案	D	A	C	D	C	BC	ABC	AD	ACDE	BCE	ABDE	ABDE

97年指考（指定考試）解答

題號	1	2	3	4	5	6	7	8	9	10	11	12
答案	B	D	D	D	A	B	C	B	A	C	C	D
題號	13	14	15	16	17	18	19	20	21	22	23	24
答案	D	B	C	B	A	ABC	BCDE	BCE	ABD	BCD	ABCD	AD

98年指考（指定考試）解答

題號	1	2	3	4	5	6	7	8	9	10	11	12
答案	A	D	A	D	B	D	D	B	A	B	B	B
題號	13	14	15	16	17	18	19	20	21	22	23	24
答案	A	C	C	D	B	BDE	ADE	ACE	BDE	CDE	BCD	ACD

99年指考（指定考試）解答

題號	1	2	3	4	5	6	7	8	9	10	11	12
答案	B	D	C	B	D	B	B	A	A	C	C	B
題號	13	14	15	16	17	18	19	20	21	22	23	24
答案	B	C	C	A	D	ADE	ABE	ABC	AB	CE	DE	ACE

100年指考（指定考試）解答

題號	1	2	3	4	5	6	7	8	9	10	11	12
答案	B	D	A	D	D	C	D	A	A	D	C	A
題號	13	14	15	16	17	18	19	20	21	22	23	24
答案	D	D	B	A	B	ABDE	AC	BE	AB	BDE	BCE	BE

94～100指考（指定考試）詳解

94年指考（指定考試）

第壹部分：選擇題

一、單選題

1. (A)ㄒㄧㄢ／ㄑㄧㄢ／ㄐㄧㄢ。
   (B)ㄍㄨㄟ／讀音ㄒㄧ，語音ㄑㄧˊ／ㄎㄨㄟˇ。
   (C)ㄌㄨㄛˋ／ㄌㄨˋ／ㄌㄨㄛˋ。
   (D)ㄐㄧˋ／ㄐㄧˋ／ㄐㄧˋ。

2. (A)意外獲得的、僥倖。選項引文出自《史記‧留侯世家》：「……漢六年正月，封功臣。良未嘗有戰鬥功，高帝曰：『運籌策帷帳中，決勝千里外，子房功也。自擇齊三萬戶。』良曰：『始臣起下邳，與上會留，此天以臣授陛下。陛下用臣計，幸而時中，臣願封留足矣，不敢當三萬戶。』乃封張良為留侯，與蕭何等俱封。」翻譯如下：在漢六年正月，漢高祖分封有功大臣。張良沒有帶兵打仗的戰功，漢高祖劉邦說：「人在軍營帳中籌劃計策，就能在千里以外的戰場上贏得勝利，這就是你的功勞。自己選個像齊國三萬戶那麼大的地方吧。」張良說：「當初我從下邳起兵（響應陳勝），與皇上您在留縣相遇，這是老天把我交給陛下。您用了我的計策，很僥倖地能合於時用；我希望分封給我留縣就足夠了，實在不敢承當三萬戶那麼大的封地。」於是封張良為「留侯」，並將張良、蕭何等人一起加以分封。
   (B)希冀、盼望。選項引文出自王禹偁〈黃岡竹樓記〉，翻譯如下：這前後四年期間，我忙於奔走轉換，不知道明年又會身在何處，我哪裡還怕竹樓容易朽壞呢？希望後來的人能和我有共同志趣，繼承且補修竹樓，或許這座竹樓就不會朽壞了。
   (C)希冀、盼望。選項引文出自《三國演義‧用奇謀孔明借箭》，翻譯如下：周瑜說：您（指孔明）「大江之上，以弓箭為先」的見解，和我的心意十分吻合。但是現在軍中正缺箭矢，煩請先生監督製造十萬枝箭，做為應付敵人的兵器。這是公事，希望您不要推辭。
   (D)希冀、盼望。選項引文出自《史記‧項羽本紀》，翻譯如下：（漢王劉邦率領部隊渡過黃河，在西廣武紮營，就近取食敖倉的糧食；項王東擊彭越，在東廣武與漢軍隔著廣武澗紮下營來，兩軍各自堅守，持續了好幾個月。）就在這個時候，彭越幾次往返梁地，斷絕了楚軍的糧食補給，項王深感憂慮，他做了張高腳桌，把漢王劉邦的父親（劉太公）放在上面，向漢王宣告說：「現在你如果不立刻投降，我就把太公煮死。」漢王說：「我和項羽是一起接受懷王的命令作為臣子，我們曾宣誓相約結為兄弟，所以我的父親也就是你的父親；如果你一定要煮死你的父親，則希望能分給我一杯肉湯。」（項王大怒，要殺劉太公。項伯說：「天下事還沒有定論，再說要奪天下的人不會顧及家人，即使殺了他也不會有什麼好處，只是增加禍患罷了。」於是項王聽從了項伯的勸告。）
   常考有關「幸」字的解釋有：
   ⑴名詞：表福分。例：「榮幸」、「三生有幸」。
   ⑵副詞：①意外獲得的。如：「萬幸」②多虧。如：「幸蒙厚愛」
   ⑶動詞：①高興。如：「慶幸」、「幸災樂禍」②希冀、盼望③舊稱帝王皇族親臨某地。如：「巡幸」、「臨幸」。

3. (A)「治」，名詞，盛世；「亂」，名詞，亂世。選項引文出自《史記‧屈原賈生列傳》：「屈

原者，名平，楚之同姓也。爲楚懷王左徒。博聞彊志，明於治亂，嫻于辭令。入則與王圖議國事，以出號令；出則接遇賓客，應對諸侯。王甚任之。」翻譯如下：屈原，名平，與楚王室同姓。在楚懷王身邊任職左徒。學識淵博，記憶力強，明白治世亂世興亡的道理，熟習外交辭令。在朝廷內與楚懷王商議國家大事，決定號令；對外接待諸侯賓客，外交應對。楚懷王十分信任他。

(B)「間」，ㄐㄧㄢˋ，副詞，私下的、偷偷的、不公開的；「步」，動詞，步行。選項引文出自《史記·魏公子列傳》：「公子聞趙有處士毛公藏於博徒，薛公藏於賣漿家。公子欲見兩人，兩人自匿，不肯見公子。公子聞所在，乃間步往，從此兩人遊，甚歡。」翻譯如下：魏公子（魏無忌）聽說趙國有兩位有才學而隱居不做官的人，一位是毛公，藏身於賭徒間；另一位是薛公，藏身於賣酒的人家。魏公子很想見這兩個人（與其交遊），但這兩個人卻躲藏起來不肯見面。魏公子打聽到他倆藏身的地方，就私下步行前往（和這兩個人交往），後來相處、交遊地很融洽。

(C)「見」，助詞，用在動詞前，表示被動；「辱」，動詞，侮辱。選項引文出自蘇軾〈留侯論〉，翻譯如下：在常情中有不能容忍的事情，常人被侮辱時，就會拔出劍來，挺身和人決鬥，但這不能算是勇敢。

(D)「指」，名詞作動詞用，用手指；「目」，名詞作動詞用，以目視。選項引文出自柳宗元〈答韋中立論師道書〉，翻譯如下：只有韓愈不理會世俗的風氣挺身而出，冒著被嘲笑羞辱，招收後進，並寫〈師說〉，神色嚴肅地當起老師。世人果然群聚起而責怪屬罵，或以手指點、或以眼視，且加油添醋地指點批評。

4. (A)「臣妾」，動詞，自居於低下之臣妾地位。這是蘇軾舉句踐之例說明忍的重要性，而不是「以示自我謙抑」。選項引文出自蘇軾〈留侯論〉，翻譯如下：越王句踐被吳圍困在會稽山後向吳投降，到吳國做奴僕，三年也沒有露出倦意。

(B)「東道主」，東出行道的主人。這是燭之武遊說秦伯不要攻打鄭國時的說詞：留著鄭國的友誼，可做爲秦國向東發展時，進出路途上的接待處。因此沒有「以示自我謙抑」的任何意涵。選項引文出自《左傳·燭之武退秦師》，翻譯如下：如果捨棄不攻打（鄭國，而）將鄭國做爲您往東出行道時的居停主人，那麼當貴國外交使節來往時，（鄭國）可以供應他們日常生活所缺乏的一切，這對您也沒有害處。

(C)「駑鈍」，喻才能低劣。這是諸葛亮對後主陳述心志時的自謙之詞。選項引文出自諸葛亮〈出師表〉，翻譯如下：現在南方已經平定，軍隊的武器也已充足，應該要獎勵率領軍隊，去北伐平定中原，希望能竭盡臣下我低劣遲鈍的才能，來排除消滅奸惡的曹魏，復興漢朝，還都洛陽。

(D)「不羞」，不以此爲恥辱，即不介意、不見怪之意。這是孟嘗君請馮諼代爲收債前，對之前待客疏忽致歉並稱揚馮諼寬宏大量的說詞。選項引文出自《戰國策·馮諼客孟嘗君》，翻譯如下：（孟嘗君）道歉著說：「我（孟嘗君，姓田名文）被一些瑣事煩擾而疲累不堪，因憂慮而心煩意亂，而且生性懦弱愚昧，整天忙於國家大事，因此得罪了您。承蒙您不介意，還有意爲我到薛地收債嗎？」

5. (甲)「孩子幼小時□在你腳尖上」，「繫」字不恰當，故可刪去(C)。

(乙)「老炭文火，靜靜□著他的世界」、「慢慢□熟」，表示細火慢燉，但是選項中提供的字辨識別較弱，所以「烘」、「燜」、「烤」、「燉」皆可。

(丙)「屋裡□滿……蜜味」、「火山岩漿□出窗縫……從陽臺電梯流瀉直下灌滿寓樓」，從「岩漿」一詞判別是液體、由文意判斷是表示十分多，而且是多到滿出來的境地，所以(D)是最佳選項，可以刪去(A)(B)(C)。

6. 說明

在考文句重組的試題中，必然有前後邏輯性或因果關係，故可根據上下文中關鍵字、連接詞或文意口氣等線索加以判斷。下列將相關字詞以「」標記，並簡要說明句意於後，請仔細體會上下文意的連貫性。

首句：「看哪，這樣的雲彩和天色！

戊、第一眼你可能會認為黑暗處就是深的地方

說明：在「看哪」的呼喚之後，正是「第一眼」的視覺感觸描寫，所以題幹之後應接 (戊)，可刪去 (A)(B)(D)。

甲、過一會你才明白

說明：(甲) 在 (戊) 之後，是因時間序的關係，所以可刪去 (D)。

丙、黑暗的柔軟的只是雲彩

乙、宇宙的深處乃在這山狀雲彩的邊緣及狹灣處——純潔與秩序的至高無上之象徵

丁、其實，宇宙的神祕與深度不是雲彩與黑暗可以表現出來的

說明：本句重點寫「宇宙的神祕與深度」，下一句即應自此處接續說明神祕或深度，所以排列在末句之前是恰當的位置，可刪去 (A)(D)。

末句：深度只有在光明、寧靜的地方才能找到。」

7. 首先將詩排列成原作的樣貌，這樣更可觀察出其意涵：

打開自己珍藏的詩稿　發現只有無題詩三首

一首我拿起來　一口一口吃下

一首拿給妻　為冬日的生活點火

另一首　我想，只有寄給你」

說明

(A)「稿」，指未完成或已完成的文字、圖畫等；可見這是詩人自己所寫的詩作。

(B)詩人在處理這三首詩的作品時，第二行寫留給自己一口口吃下，可見以具象「吃」的動作，寫抽象地細細咀嚼回味，但這個回味呼應題目「淒涼」，可見是沒人能懂，只有孤芳自賞的淒涼。

(C)「一首拿給妻　為冬日的生活點火」，寫「給妻」為換來「點火」這冬日的溫暖，可見詩人是為了能度過冬日的生活，只有把詩拿給妻子去「換現」，這種不得不為應付現實生活而低頭的心境。

(D)在這麼艱困的生活中，除為生活所需，留下的作品只給自己和你，可見「你」應是詩人心目中極重要的一個人。

8. 翻譯

孔子闡揚王道思想，求見了七十餘位國君，都未被重視採用，便往西考察周王朝，研究史籍、傳聞軼事，以魯國為主來編次《春秋》。自魯隱公寫到魯哀公獲得瑞獸麒麟為止。……（孔子的）七十幾位高徒弟子，以口授相傳地解說書中要旨大義，但是因為孔子隱諱了褒貶的文辭，沒有明白呈現。魯國君子左丘明，怕孔子弟子因各人看法不同，各有見解，失去了孔子的本意。因此依據孔子所編史籍《春秋》，詳細探討書中記載，寫成《左氏春秋》。

說明

(A)文中以左丘明「懼弟子……各安其意，失其真，故……具論其語，成《左氏春秋》」，可見《左氏春秋》頗能闡釋《春秋經》的旨意。

(B)「史記」本史書的通稱（即泛指古代史書，對孔子的著述而言則指《春秋》），司馬遷所著的史書，原稱《太史公書》，漢人或稱《太史公記》，魏晉以後，才以「史記」為司馬遷書

的專稱。

(C)子曰：「攻乎異端，斯害也已。」（《論語‧為政》）孔子說：「去攻擊那些有不同立場或意見的人與事，是一種有害的行為。」此處孔子所說的「異端」是指不同的立場、理想或意見；而左丘明所懼弟子人人「異端」，是指左丘明因懼弟子不明孔子深意而各有「不同見解」，造成失真的情況。《漢書‧藝文志》亦曰：「丘明恐弟子各安其意，以失其真，故論本事而作傳，明夫子不以空言說經也。」左丘明深懼《春秋》於傳誦過程中失其真意，因而作《左傳》，詳述歷史事件之原委與過程。

(D)文中「為有所刺譏褒諱挹損之文辭，不可以書見也」，可用以說明孔子著《春秋》，其「微言大義」的特色，而非「述而不作（纂述前人舊聞而不創作新說）」的觀念。

9. 說明

「對聯」是指字數相同，用字互相對仗的兩個句子；上聯最後一字為仄聲，下聯最後一字則為平聲。

本題若從「字數相同」的條件看，則選不出錯誤的選項；但若從「上下聯最後一字」的平仄聲來觀察，則 (D) 是錯誤的選項，因為下聯最後一字「限」不符合平聲的條件。另以下從「用字互相對仗」的條件來做觀察，以再次確定 (D) 是錯誤的選項。

(A)「風」、「月」，「涼」、「明」，「經松」、「映水」，「越峭」、「逾清」，均各自對仗。選項引文翻譯：風原本便清涼，但吹過松樹林後更覺涼爽；月原本就明亮，但映照水面上則更顯光潔。

(B)「非關」、「不計」，「因果」、「科名」，「方」、「始」，「為善」、「讀書」，均各自對仗。選項引文翻譯：無關於因果報應（的行善），才是真正的行善；不計較科舉功名（的讀書），才是真正的讀書。

(C)「海納百川」、「壁立千仞」，「有容乃大」、「無欲則剛」，均各自對仗。選項引文翻譯：大海能容納各式涓涓細流，有了度量才能顯出廣闊的偉大；山崖能堅毅挺立幾千尺高，有了堅定的信念不存慾念便能剛毅不搖。

(D)「韓侯一將壇」、「功名紙半張」和「諸葛三分漢」、「富貴十年限」的上下聯，並沒有形成對仗，故 (D) 是錯誤的選項。翻譯時則需調整語序為「韓侯一將壇，富貴十年限；諸葛三分漢，功名紙半張」，文意方見順暢。選項引文翻譯：韓信拜將後，不過享有十年封王封侯的富貴（最後還是被殺）；諸葛亮定下三分天下的計策，其功業名聲，不過是死後換得半紙（歷史上的）記載而已。

10. (A)本詩性質屬田園詩，由與田園生活相關的關鍵字「午雞聲」、「桑葉」、「看蠶生」等可看出。選項引文出自范成大〈春日田園雜興〉十二首之一，翻譯如下：柳花紛飛的幽深長巷，在春日午後傳來雞啼；桑樹尖新的嫩葉還沒轉成綠意。我坐著打盹，醒來無事可做，窗外陽光照耀的滿窗明亮，我悠閒地看著蠶寶寶的新生。

(B)本詩傳達的既非丈夫遠行或良人征戍在外的思念之情，也沒有孤獨遲暮的怨懟之情，所以不屬於閨怨詩。選項引文出自朱慶餘〈近試上張籍水部〉，翻譯如下：昨夜洞房中燒著高高的紅蠟燭，待到天亮後，就要到堂屋拜見公婆。（新娘子）化好妝後低聲問夫婿，眉樣顏色深淺是否合時宜。

(C)本詩性質屬邊塞詩，由與邊塞景物相關的關鍵字「烽火」、「羌笛」、「關山月」等可看出。選項引文出自王昌齡〈從軍行〉七首之一，翻譯如下：在烽火城西邊百尺高的瞭望臺上，獨坐黃昏裡，荒寂原野上從瀚海吹來了陣陣秋風。突然傳來羌笛吹奏〈關山月〉離情依依的悲涼曲調，無奈那萬里外的家中妻子，應也（同我一般思念著對方而）愁苦萬分。

(D)本詩性質屬詠史詩，由與歷史感慨相關的關鍵字「南朝四百八十寺」、「多少樓臺煙雨中」等可看出。選項引文出自杜牧〈江南春〉，翻譯如下：千里遼闊的江南，處處黃鶯啼唱，綠

樹紅花，在水邊的村莊，倚山的城牆，到處可見酒旗迎風。南朝時代興建的大量佛寺，現在還有多少樓臺掩映在濛濛春雨中。

11. 說明

「竹枝詞」的特色，表現在格律、用語與內容上，本題從「內容」檢視，是較快的解題方法。各選項解析如下：

(A)寫山桃紅花、蜀江春水、郎意如花謝易逝、妹情似水流無限，為由景入男女豔情且具民歌情調的詩歌。選項引文出自劉禹錫「竹枝詞」九首之一，翻譯如下：紅色的桃花開滿山頭，蜀江的春水拍打著山腳流過。盛開的紅花很快就凋謝了，就像郎君的心意，不盡的流水滔滔無限，好比我的情思。

(B)寫梅雨季節、端午包粽、女孩打扮的民間節慶風土，為具民歌情調的詩歌。選項引文出自田泰斗「竹枝詞」，翻譯如下：在梅雨季節中端午節也近了，家家戶戶連夜忙著用竹葉包粽子。髮上簪著一朵榴花、兩枝艾草，大戶人家的女孩正學著新裝扮。

(C)寫春水漲、色碧綠、釣香魚、賞春光的民間生活風情，為具民歌情調的詩歌。選項引文出自連橫「竹枝詞」，翻譯如下：新店溪因春天源源而漲了起來，蓄為深潭如翠綠的玻璃。臨流釣上三寸長的香魚，帶著一瓶酒、兩顆柑橘，一起去聽黃鶯唱歌。

(D)由「經年別遠公」、「憶西峰」等關鍵詞，寫作者懷念朋友高僧住一師。因風格不像前三首寫風土民情，故判斷不是「竹枝詞」。選項引文出自李商隱〈憶住一師〉，翻譯如下：雖然悠閒沒特別的事，卻與高僧住一師分隔多年，我在京城，聽到晨鐘便想起在西峰寺（的他）。香爐的煙霧漸散，寒冬的燈火也漸暗，僮僕晨起打開門，只見松樹上白雪靄靄。

12. 翻譯

甲、西楚霸王項羽，漢高祖劉邦，這兩人龍爭虎鬥的經過無數場戰場上的廝殺。爭著誰弱誰強，老天要讓誰喪誰亡，成功失敗哪裡是普通事？一個（指劉邦）是福分讓他先進了咸陽，一個（指項羽）是氣數衰頹終在烏江自殺。不管如何，江山依舊寂寞，再豪華宏偉的宮殿也成廢墟。請你細想，一切都只是一場短促而虛幻的夢。

乙、登上高樓向北遙望，我想起了（不得志的）王粲；隱居家中，我想起了（隱居東山的）謝安；心思苦悶時，就想起（寄食孟嘗君門下的）馮諼，（他彈鋏而歌有人聽，）但是我能向誰去彈呢？當年那能射猛虎的李廣將軍，如今又在哪裡？只剩下霜雪侵凌的冷清河岸。

說明

(A)甲之「都一枕夢黃粱」，是用「黃粱一夢」的典故，而不是「南柯一夢」的典故。雖然兩個典故的寓意相似，但是內容、出處均不相同。

「黃粱一夢」的典故出自於《太平廣記》。盧生在邯鄲旅店遇見道士呂翁，盧生自嘆窮困，呂翁便取出青瓷枕讓他枕著睡覺，這時店主人正在蒸黃粱。當盧生從享盡榮華富貴的夢境中醒來，黃粱卻尚未蒸熟。比喻富貴榮華如夢一般，短促而虛幻；亦比喻慾望落空。

「南柯一夢」的典故出自於唐李公佐〈南柯太守傳〉。廣陵人淳于棼（ㄈㄣ✓）在夢中被大槐國國王招為駙馬，當了南柯郡太守，歷盡人生窮通榮辱；醒來後發現躺在大槐樹下，而一切的夢境均發生於樹旁之蟻穴。比喻人生如夢，富貴得失無常。

(B)乙之「高臥東山」，所憶的對象是謝安。「高臥東山」的典故出自於《世說新語》，是晉人謝安隱居東山，不肯出任官職的故事；後比喻隱居不仕。

(C)乙之「悶來長鋏為誰彈」，用「馮諼客孟嘗君」的典故。在〈馮諼客孟嘗君〉一文中，有馮諼三次歌曰：「長鋏歸來乎！食無魚！」、「長鋏歸來乎！出無車！」和「長鋏歸來乎！無以為家！」，因此(C)選項正確。

(D)乙之「射虎將軍」，指漢代名將李廣。「射虎將軍」的典故出自於《史記・李將軍傳》，是

西漢名將李廣，在藍田南山射獵，將草中石頭誤爲老虎而射，竟一箭射入石中的故事；後用以形容功夫深湛，勇猛過人。

13.(A)大唐將軍「薛丁山征西」，後與樊梨花結爲連理，樊梨花不是「大唐公主」，而是「西梁公主」。

(B)「梁祝故事」中梁山伯、祝英台兩人並未結爲夫妻。故事敘述梁山伯、祝英台由同窗而生情，意欲結爲夫妻，卻因祝英台的家長反對並安排將祝英台另嫁他人，而雙雙殉情化蝶。

(D)《紅樓夢》中王熙鳳、薛寶釵兩人並沒有聯手施計，挑撥離間；賈寶玉也未修道成仙。故事敘述賈寶玉與表妹林黛玉眞心相愛，卻因薛寶釵深得賈母、王夫人的歡心，而被促成與賈寶玉成親，致使林黛玉憂憤成疾，香消玉殞，寶玉則看破紅塵，出家當和尚。

> 順治間，滕、嶧之區，十人而七盜，官不敢捕。後受撫，邑宰別之爲「盜戶」。凡值與良民爭，則曲意左袒之，蓋恐其復叛也。後訟者輒冒稱盜戶，而怨家則力攻其僞，每兩造具陳，曲直且置不辨，而先以盜之眞僞，反復相訐，煩有司稽籍焉。適官署多狐，宰有女爲所惑，聘術士來，符捉入瓶，將熾以火。狐在瓶內大呼曰：「我盜戶也！」聞者無不匿笑。（《聊齋志異·盜戶》）

翻譯

順治年間，滕縣、嶧縣地區，十人中有七人作盜匪，官府不敢緝捕。後來盜匪接受朝廷招撫（歸順爲平民，不再爲盜作亂），縣令將他們的戶口（和良民）區別開來稱「盜戶」。（官府）只要碰到盜戶和良民發生糾紛衝突，則違反本意而袒護盜戶，是因擔心他們再次反叛。後來打官司興訟的人常冒稱自己是盜戶，而結怨的對方則盡力揭露他不是盜戶，往往雙方詳細陳述，官府先擱置不辨事件本身的是非曲直，而是先以盜戶身分的眞假，反覆質問，還勞煩官吏去查明戶籍。正好官府中有很多狐妖，縣令的女兒也被狐妖迷惑了，請來法師，用符咒把狐妖捉入瓶中，準備以火燒死。狐妖在瓶中大叫說：「我是盜戶啊！」聽到的沒有人不暗自偷笑。

14.(A)對盜戶的招安優撫，可反應在「凡值與良民爭，則曲意左袒之，蓋恐其復叛也」，實即反映出官府的腐敗昏聵。

(B)由「凡值與良民爭，則曲意左袒之」且「曲直且置不辨」之句，可知官府對爭訟的雙方，是不問明是非曲直。

(C)文中的狐只是模仿人類的謊稱「盜戶」以求避禍。

(D)常人爲想取得訴訟勝算，因此在訴訟時，多謊稱是「盜戶」，官吏爲查明身分還得先「煩有司稽籍焉」。

15.(C) 聞者匿笑於狐被捉後，竟在瓶內大呼：「我盜戶也！」。

> 甲、王太尉不與庾子嵩交，庾卿之不置。王曰：「君不得爲爾！」庾曰：「卿自君我，我自卿卿；我自用我法，卿自用卿法。」（《世說新語·方正》）
>
> 乙、王安豐婦，常卿安豐。安豐曰：「婦人卿婿，於禮爲不敬，後勿復爾！」婦曰：「親卿愛卿，是以卿卿；我不卿卿，誰當卿卿？」遂恆聽之。（《世說新語·惑溺》）

翻譯

甲、王太尉不想跟庾子嵩來往交友，庾子嵩卻總是不停地以「卿（你，爲暱稱）」稱他。王太

　　尉說：「君（你，對人的尊稱）不要用這種稱呼。」庾子嵩說：「卿儘管稱我為『君』，我儘管稱你為『卿』。我用我的叫法，你用你的稱法。」

乙、王安豐的妻子，常稱他為「卿」。王安豐說：「妻子稱丈夫為『卿』，就禮儀上來說不敬，以後不要再這樣稱呼了！」妻子說：「我是因親你愛你，所以才以『卿』稱你；我不以『卿』稱你，還有誰能以『卿』稱你？」於是之後王戎就任憑她這樣稱呼了。

16. 這一題主要在測驗同學是否能辨別轉品修辭，只要在閱讀上略懂文意，再加上課本中曾習得「親親而人民」、「老吾老以及人之老，幼吾幼以及人之幼」中，關於「親親」、「老」、「幼」等轉品字詞的認知，應可做出判斷。

(A)所有「卿」字的詞性，依序分析如下：

甲、王太尉不與庾子嵩交，庾卿（1.動詞，以「卿」稱之）之不置。王曰：「君不得為爾！」庾曰：「卿（2.名詞，稱對方『你』）自君我，我自卿（3.動詞，以『卿』稱之）卿（4.名詞，稱對方「你」）」；我自用我法，卿（5.名詞，稱對方「你」）自用卿（6.形容詞）法。

乙、王安豐婦，常卿（7.動詞，以「卿」稱之）安豐。安豐曰：「婦人卿（8.動詞，以「卿」稱之）婿，於禮為不敬，後勿復爾！」婦曰：「親卿（9.名詞，稱對方「你」）愛卿（10.名詞，稱對方「你」），是以卿（11.動詞，以「卿」稱之）卿（12.名詞，稱對方「你」）；我不卿（13.動詞，以「卿」稱之）卿（14.名詞，稱對方「你」），誰當卿（15.動詞，以「卿」稱之）卿（16.名詞，稱對方「你」）？」遂恆聽之。

(B)「庾卿之不置」的「卿」，是動詞，表以「卿」稱之；「卿自君我」的「君」字，是動詞，表以「君」稱之。兩者詞性相同。

(C)文中所有「卿卿」的第一個「卿」字都是動詞，第二個「卿」字都是名詞，當賓語。

(D)「庾卿之不置」的「之」字，當賓語（受詞）「他（指王太尉）」；「誰當卿卿」的第二個「卿」字，當賓語（受詞）「你（指王安豐）」。

17. (A)魏晉時期稱呼對方為「卿」，是一種同輩間的暱稱。

(B)庾子嵩與王太尉彼此間的稱謂，既沒有任何因果關係，也沒有所謂的堅持。

(C)「惑溺」表迷惑沉溺，可見對篇中各段文字裡的人物表現不以為然。

(D)甲段文字在庾子嵩說完話後戛然而止，無法得知王太尉接受與否的態度。乙段則因末句「遂恆聽之」，看出王安豐的態度，已由反對轉為接受。

二、多選題

18. (A)「玄」疑→懸　(D)不甘「勢」弱→示　(E)「嬌」揉造作→矯。

「玄、懸」兩字易於混淆，要特別區分清楚，今略分別造詞如下：

(1)玄：玄妙、玄黃、玄奘（ㄗㄤˋ）、玄之又玄、玄機妙算、玄關妙理、玄天上帝、玄妙莫測、玄祕塔碑、故弄玄虛、鉤玄提要、天地玄黃、賣弄玄虛。

(2)懸：懸殊、高懸、懸臂、懸瀑、懸浮、懸吊、懸宕、懸想、懸念、懸掛、懸空、懸缺、懸車之年、懸車致仕、懸壺濟世、懸河注水、懸梁刺股、懸燈結彩、虛堂懸鏡、相去懸殊、解民倒懸、口若懸河、掛印懸牌、勒馬懸崖、頭懸目眩、秦鏡高懸、命若懸絲、明鏡高懸、飽瓜空懸、懸針垂露。

19. (B)「高山仰止」，比喻崇高的德行，令人景仰。適用於輓師長或老年男喪。

(C)「齒德俱尊」，比喻年紀與品德均令人尊崇；荀子曾因齒德俱尊而三為祭酒。適用於賀男壽。

(E)貨殖，指財貨、商品；「貨殖流芳」適用於輓商界。

20. 請注意題幹的要求是「古今語詞意義轉變」，而且是「由正面轉為負面」。

　　(A)「技倆」指本事；具正面的意義。選項引文出自俞文豹《吹劍錄》：讀書人生於這個時代，沒有別的成就，所有的本事，全表現在詩的創作。／「技倆」指（不正當的）手段；具負面的意義。前後項正符合題幹「古今語詞意義轉變」，且「由正面轉為負面」的要求。

　　(B)「消息」意為榮枯盛衰；乃屬中性的意義。選項引文出自《易經・豐卦》，翻譯如下：太陽到了正午接著就開始向西傾斜（昃，ㄗㄜˋ），月圓之後接著就會開始缺損，天地的榮枯盛衰均隨著時節而改變。／「消息」指音信、訊息；屬中性用詞。前後項僅符合題幹「古今語詞意義轉變」的要求，但並沒有「由正面轉為負面」。

　　(C)「故意」指朋友的情意；屬於中性的用詞。選項引文出自杜甫〈贈衛八處士〉：「人生不相見，動如參與商。今夕復何夕？共此燈燭光。少壯能幾時？鬢髮各已蒼。訪舊半為鬼，驚呼熱中腸。焉知二十載，重上君子堂。昔別君未婚，兒女忽成行。怡然敬父執，問我來何方。問答乃未已，驅兒羅酒漿。夜雨剪春韭，新炊間黃梁。主稱會面難，一舉累十觴。十觴亦不醉，感子故意長。明日隔山岳，世事兩茫茫。」

　　翻譯如下：人生就如參星與商星，兩者一沉一現無法相遇般難得相見。今天是什麼日子呢？我們竟然再度重逢對坐一室。年輕時光究竟能有多久？如今我倆都已白髮蒼蒼。探訪老友訊息但大都已過世，使我內心驚訝又悲傷。誰知闊別二十年後，還能再次來到府上。從前我倆分手時，你還沒結婚，如今已是兒女滿堂。他們很愉快地來問候我這父輩的朋友，問我從哪來？問答尚未完，你催促著孩子去打酒。夜裡屋外下著雨，你摘來春韭為菜，廚房中傳來陣陣黃梁飯的香氣。你感嘆見面的不容易，舉杯一口氣就喝了十大杯。十杯也沒醉，我感受到老朋友你的情意深長。明天我又得出發離開，世事的變遷、彼此的消息，又將渺茫不可知了！／「故意」指存心、有意；屬於負面用詞。前後項僅符合題幹「古今語詞意義轉變」的要求，但並沒有「由正面轉為負面」。

　　(D)「變節」泛指改變舊有的志向或作為；具正面的意義。選項引文出自高仲武《中興間氣集》，翻譯如下：（蘇渙）後來覺悟自己行為錯誤，便開始改變作為，努力向學，參加科舉鄉試中第，一直做官做到御史。／「變節」指投降敵人，喪失氣節；屬負面的用詞。前後項正符合題幹「古今語詞意義轉變」，且「由正面轉為負面」的要求。

　　(E)「打手」指精通武技，勇敢善戰的人；具正面意義。選項引文出自魏禧〈兵蹟〉，翻譯如下：四處去教人的這種人，精通各種武藝及各種殺法，稱做「打手」。如果能招募聘請他們來效力，則他們不只能作戰，並且還能教人打仗。／「打手」指受人僱用、幫人打架的人；為負面用詞。前後項正符合題幹「古今語詞意義轉變」，且「由正面轉為負面」的要求。

21. (A)徐志摩：字又中，號志摩。為新月詩派的創始人之一，其詩和散文，具備了華麗的詞藻、豐富的聯想、奔放的情感等特色。著作類別豐富，有詩集、散文集、小說、戲劇、書簡等，今合編為《徐志摩全集》。

　　朱自清：號秋實，為民國初年「五四運動」時期文學研究會中堅人物。早年以新詩成名，後興趣轉向散文創作，其文筆秀麗，描寫生動細膩、富詩意，極受文壇推崇，在文學批評及語文教學方面貢獻亦大。著作上有散文《背影》、《蹤跡》、《歐遊雜記》等，文學批評有《精讀指導舉隅》、《國文教學》、《經典常談》等。

22. (E)這四篇皆屬「抒寫山水名勝」，茲分述於下：

　　范仲淹〈岳陽樓記〉：寫岳陽樓或晴或雨的勝景。實則借事抒「先天下之憂而憂，後天下之樂而樂」的情懷。

　　歐陽脩〈醉翁亭記〉：寫滁州醉翁亭的山水之美及作者與民同樂的襟懷。

柳宗元〈始得西山宴遊記〉：記始得西山遊覽之勝景，以寄託「與萬化冥合」的物我兩忘情懷。

袁宏道〈晚遊六橋待月記〉：以特殊欣賞的觀點，寫西湖春景的朝煙、夕嵐與月夜，並興讀者期待之味。

23.(A)十天干：甲乙丙丁戊己庚辛壬癸；十二地支：子丑寅卯辰巳午未申酉戌亥。因此若去年為甲申年，今年則為乙酉年，明年是丙戌年。

(B)

地支	子	丑	寅	卯	辰	巳	午	未	申	酉	戌	亥
生肖	鼠	牛	虎	兔	龍	蛇	馬	羊	猴	雞	狗	豬
時辰	23時-1時	1時-3時	3時-5時	5時-7時	7時-9時	9時-11時	11時-13時	13時-15時	15時-17時	17時-19時	19時-21時	21時-23時

子時是夜裡十一點至凌晨一點，所以通稱為「子夜」。

24.請注意選項標準是找出「原住民的神話傳說與精神意蘊」。

(A)由「獵首歸來的勇士」、「黥面的印記」，可知符合原住民的神話傳說與精神意蘊。選項引文出自瓦歷斯‧諾幹〈關於泰雅‧給你一個名字〉。

(B)詩句中找不到任何符合原住民神話傳說與精神意蘊的字詞。選項引文出自余光中〈長城謠〉。

(C)詩句中找不到任何符合原住民神話傳說與精神意蘊的字詞。選項引文出自鄭愁予〈山居的日子〉。

(D)由「百步蛇」、「項鍊和歌聲」、「尾雉的尾羽」，可知符合原住民的神話傳說與精神意蘊。選項引文出自陳黎〈在島上〉。

(E)由「往上跳又向下頓步」、「飛魚穿過海浪」、「如尾鰭」、「像山豬」、「邪靈」，可知符合原住民的神話傳說與精神意蘊。選項引文出自詹澈〈勇士舞〉。

第貳部分：非選擇題

一、簡答

> 　　子之武城，聞弦歌之聲，夫子莞爾而笑曰：「割雞焉用牛刀？」子游對曰：「昔者，偃也聞諸夫子曰：『君子學道則愛人，小人學道則易使也。』」子曰：「二三子！偃之言是也，前言戲之耳。」（《論語‧陽貨》）

翻譯

孔子前往武城，聽到樂聲飄揚，孔子微笑著說：「殺雞哪需要用到殺牛的大刀（言下之意是：這麼小的地方，哪裡需要以這麼雅正的禮樂來教化呢？）？」子游回答說：「以前，我曾聽過老師您說：『在上位者學習了禮樂（則因受教化而心思歸正）就能愛人，人民學習了禮樂（則涵養道德而存心良善）就容易役使。』」孔子說：「學生們！偃偃說的話是對的，我剛才只是開開玩笑罷了。」

解析

1.「君子」所指為在上位者。「小人」則指在下位者。「道」是指禮樂。

2. 下筆前先需確認本題的提問有三：子游答話前孔子的態度、子游答話後孔子的反應、子游回答的意涵何在。

行文時盡量依序回答，或以一、二、三的標號標示清楚，以利閱卷。

　　一、子游答話前孔子的態度：從文中孔子「莞爾而笑」，可知其態度是輕鬆愉快的。孔子「聞弦歌之聲」時，一則想到禮樂治民的理想竟真能實踐，再者面對學生實踐所學時，做老師頓時心中的無限寬慰感，這都是孔子態度上輕鬆愉快的原因。

　　二、子游答話後孔子的反應：孔子本是在輕鬆愉快的心情下半開玩笑地說「割雞焉用牛刀」，但發現學生子游是認真在看待所學、努力地實踐所學後，趕快轉而嚴肅起來，以「前言戲之耳」一句，不但是對學生的道歉，也表達了贊許學生的行為。

　　三、子游答話的意涵：子游牢記老師「君子學道則愛人，小人學道則易使也」的教誨並服膺實踐，可見他體認到禮樂在政治中的重要性。深深了解到：禮儀制度，將端正體現於外表；禮樂則可潛移默化、教化人心、撥亂反正，將端正體現於人們的內心。

二、作文（36%）

> **思路小提醒**

1. 下筆前先確認自己想寫與「回家」相關性的議題為何？可能對於大部分考生的書寫內容而言，都是自身十七、八歲年紀的單純經驗。既然內容單純，便需放大細節加以描述，方能具渲染力進而生動感人。

2. 在回家的議題上，有盼望回家、不太想回家、怕回家等種種情緒。如果描述某一事件的故事情節，則只需寫一種情感並清晰生動的描述內容，使回家的情感強烈而使讀者能感同身受。

　　例如：學校生活的緊張，令你感到鬱悶窒息，那麼回家便是內在一種強烈的渴望，這時可在兩者的描述上凸顯其情緒上的極大差異性，因反差造成渴望的強度，正可凸顯主題。

　　又例如：學校生活有同學如手足般嬉鬧有趣並一起共度難關，團體活動中亦有同學彼此相互支持、鼓舞的力量；然而回家之後，因父母忙於工作日日晚歸，身為獨生子女面對空屋的落寞感、無人分享情緒的孤獨感，都造成你不想回家、不願回家的情緒。這兩者皆需要將衝突的力量、情感上的落差表現出來，借以深化主旨。

3. 若沒有辦法將一事件聚焦細描至六百字以上，亦可以各段分別呈現不同的回家情緒，例如：補完習後的寒冬深夜，想到媽媽會燉好一碗精心調製的拿手好湯，在騰騰熱氣中等待晚歸的你；這時的回家，是親情母愛的召喚，是迫不及待的心情。考試前忙於社團成發，以致考得一蹋糊塗，捧著剛出爐的成績單，因「無顏見江東父老」而感到卻步時，回家成了世界上最痛苦、困難的事情。也可能家中的氣氛因長輩生病而凝窒，又或者因父母的冷戰而如冰窖一般令人難耐。同學可針對回家這件事，在各段細加描述自己的心裡感受，將事件本身當作陪襯（太偏重描述事件始末，反會離題），把重心放在描述主角我對「回家」的所思所想所感，越能描寫得深刻細膩，才能成為一篇佳作。

95年指考（指定考試）

第壹部分：選擇題

一、單選題

1. (A)ㄐㄧㄝ／ㄎㄨㄛ／ㄎㄨㄛˋ。
   (B)ㄧˊ／ㄧˊ／ㄅㄞˋ。
   (C)ㄅㄧㄝˊ／ㄅㄧㄝˊ／ㄅㄧㄝˊ。
   (D)ㄋ／ㄧㄣ／ㄋˋ。

2. (A)「以」意爲「因爲」。選項翻譯如下：晉文公和秦穆公圍攻鄭國，因爲鄭文公曾對晉國無禮（晉文公層流亡經過鄭國，但鄭文公卻不加以禮遇），又（對晉國不忠心，）和楚國友好。
   (B)「以」意爲「因爲」。選項翻譯如下：不因爲外物而感到開心喜悅，不因爲個人遭遇而感到悲哀憂傷。（如果）身居朝廷要職，便替人民設想、爲人民憂慮；（如果）被貶在野，便替國君設想、爲國君憂慮。
   (C)「以」意爲「因爲」。選項翻譯如下：文王在他被囚禁時推演《易》卦，周公在顯達後仍制定《周禮》；不因爲不得志而荒廢著述，不因爲生活安樂而改變寫作的想法。
   (D)「以」意爲「用來」。選項翻譯如下：我推想王先生的心意，應該是愛惜他人的優點，即便只是一項才藝成就也不讓它埋沒，便因此連帶表彰他留下的故跡吧？或者是以推崇王羲之的（臨池苦學）事蹟用來勉勵求學的人吧？

3. 此題型旨在測驗同學是否懂得特定的古文文法，這類題型多半會在題幹中舉例並清楚說明文法的組合方式，建議同學遇到類似題型時，只需照題幹的說明試著依樣拆解選項，即可了解正確答案爲何。各選項解析如下：
   (A)「煙籠寒水月籠沙」意爲「煙」、「月」籠罩著「寒水」和「沙」，爲「互文足義」。
   (B)「鴻雁在雲魚在水」意爲「鴻雁在雲」及「魚在水」，爲兩個個別獨立的意義單位。
   (C)「梨花淡白柳深青」意爲「梨花淡白」及「柳深青」，爲兩個個別獨立的意義單位。
   (D)「力彊者勝怯者敗」意爲「力彊者勝」及「怯者敗」爲兩個個別獨立的意義單位。

4. 題幹的引文說明元曲的特色在於使用襯字，而襯字的特色則在於能表現俗語和狀聲詞。各組空格應填詞語解析如下：
   第一組空格：「顫巍巍」一詞，表示物體搖曳、顫動的樣子，在此用來形容竹影晃動。
   第二組空格：「絮叨叨」一詞表示說話繁瑣不止的樣子，在此將促織兒（即蟋蟀）擬人化，形容昆蟲叫聲不停。
   第三組空格：「痛煞煞」表示無比痛楚的樣子，在此用來形容別離的感傷之情。

5. 本題題旨主要希望同學了解「頂真法」的使用，即用上一句的結尾作爲下一句的起頭，讓句子頭尾聯接。解析如下：
   由丙句的結尾「玫瑰」可連結同樣以「玫瑰」開頭乙句，再由乙句的結尾「黎明」可連結同樣以「黎明」開頭甲句，而丁句的結尾「呼喚」則爲戊句的開頭，故答案符合上述排序的是 (B) 選項。

6. 甲：由「暄（溫暖的）氣初消」、「未陷入凜冽蕭瑟氣態」的氣候特徵，及關鍵詞「蟹肥」、「桂花」，可知此選項所描寫的季節爲「初秋」；選項出自林語堂〈秋天的況味〉。
   乙：由「溫暖爛漫」、「明媚千萬里」的氣候特徵，及關鍵詞「李花」，可知此選項所描寫的季節爲「春季」。

丙：由「熱得實在看不到什麼了」、「蒙在一層黃膽色的空氣的背後」的氣候特徵，可知此選項所描寫的季節爲酷熱的「盛夏」；選項出自黃春明〈兒子的大玩偶〉。

丁：由氣候特徵「陰沉沉地布滿厚重的破棉絮似的雲」的天，及「連綿到三四天」的雨，及關鍵詞「黃梅天（指五月）」，可知此選項所描寫的季節爲「仲夏（春末夏初）」；選項出自吳組緗〈黃梅時節〉。

戊：由「霜月」、「蕭瑟」的氣候特徵，及關鍵詞「松濤」，可知此選項所描寫的季節爲「冬季」；選項出自夏丏尊〈白馬湖之冬〉。

故選項的排列順序爲(B)乙(春季)、丁（春末夏初）、丙（盛夏）、甲（初秋）、戊（冬季）。

7. 對仗的主要原則爲：同樣位置的字需平仄相對，詞性相同（如律詩的頷聯和頸聯，亦即中間兩聯，共四句）。判讀小提示：同學可以用最容易分辨的動詞和名詞爲基準，以此判讀詩句是否對仗工整。以此原則，選項解析如下：

(A)本詩中「少婦」對「征人」、「城南」（長安城南的住宅區）對「薊北」（泛指戍守的邊疆）、「欲斷腸」對「空回首」，上下兩句不但詞性、詞意、平仄相對，連方位也對仗工整；選項出自高適〈燕歌行〉。

(B)本詩中「洛陽」和「黃河」雖詞性相同，但一爲地名一爲河川名，且平仄未相對；「游絲」和「春冰」、「百丈連」及「千片穿」則皆詞性雖相同，但平仄未相對。選項出自庾信〈燕歌行〉。

(C)「不見」與「寧聞」雖詞性相同，但平仄未相對；「柏梁」和「古時」、「銅雀上」和「清吹音」，詞性與平仄皆未相對。選項出自鮑照〈擬行路難〉其一。

(D)「紅泥」和「碧流」雖詞性相同，但平仄未相對；「亭子」和「環轉」、「赤欄干」和「青錦端」詞性與平仄皆未相對。選項出自李白〈魯郡堯祠送竇明府薄華還西京〉。

8. (A)由「鐘磬聲」、「聲聲自在」及「色色皆空」可知應爲寺廟所使用的對聯。選項出自明末東林黨首領顧憲成所作的〈南京——永濟寺對聯〉，是名聯「風聲、雨聲、讀書聲，聲聲入耳；國事、家事、天下事，事事關心」的重要參考依據。

(B)此聯典出觀音《般若波羅多心經》：「觀自在菩薩，行深般若波羅蜜多時，照見五蘊皆空，度一切苦厄。舍利子，色不異空，空不異色，色即是空，空即是色，受想行識亦復如是。舍利子，是諸法空相，不生不滅、不垢不淨、不增不減」，可知應爲觀音祠所使用的對聯。選項出自〈張芥航題觀音大士祠聯〉。

(C)由地點「南陽」：諸葛亮曾隱居在南陽的臥龍崗（見〈出師表〉：「臣本布衣，躬耕於南陽」）；「羽扇綸巾（一種用絲織成的頭巾）」的外型：傳說諸葛亮曾「服綸巾，執羽扇，指揮軍事」，故綸巾也稱作諸葛巾；再由「忠貞扶季漢；澤周西蜀」的事蹟，可知應爲諸葛亮祠所使用的對聯。選項出自〈成都武侯祠二門對聯〉。

(D)由「道友」（道教中人互稱），及「五千妙論」（道教奉爲始祖的老子所作的《老子》一書共約五千言），可知應爲道觀所使用的對聯。選項出自李漁〈廬山簡寂觀聯〉。

9. (A)本選項採直接描寫美女的面容特徵。翻譯如下：外有明朗鮮紅的嘴唇，內有鮮明潔白的牙齒。

(B)本選項採直接描寫美女的身形、外在特徵。翻譯如下：神態嬌豔、心思高潔脫俗，賢淑而純真不做作，皮膚細嫩且光滑，身材勻稱而適中。

(C)借由側寫旁人「胡中美女多羞死」的反應，襯托明妃（王昭君）的美貌。翻譯如下：一天明妃（王昭君）往西進入胡地，當地的美女多半（因見到王昭君的美貌）感到羞慚欲死。

(D)本選項採直接描寫美女走路時飾品晃蕩的樣子。翻譯如下：手腕搖晃讓金手鐲叮噹作響，步履婀娜讓玉環發出輕悅的碰撞聲音。

10. 甲、「秋水」爲《莊子》的篇名，「測得出一尾魚的體溫／想想莫非自得其樂」是暗喻莊子和惠子在濠水上「魚樂之辯」（又稱「濠梁之辯」）的爭論。而「泥塗之龜／畢竟要比供奉楚廟活得自由」則典出《莊子・秋水》中神龜寧可在泥濘中活著，也不願死亡並被供奉在廟堂中的故事。由以上三者可知空格内應填入「莊子」。選項出自羊令野〈秋興外一章〉之七。

　　乙、「汨羅」爲屈原自盡之處，「去洗洗足／去濯濯纓」典出屈原〈漁父〉：「滄浪之水清兮，可以濯吾纓；滄浪之水濁兮，可以濯吾足」；且文中實已明確點出「屈原」之名，故答案爲同樣典出〈漁父〉的「滄浪」。選項出自瘂弦〈我的靈魂〉。

　　丙、由關鍵詞「卦象」（指《易經》六十四卦個別象徵的意義）可知空格中應填入「《易經》」。選項出自鄭愁予〈書齋生活卷一・易經〉。

11. (D)李白號「青蓮居士」，是因爲幼時遷居綿州昌隆（今日的四川省彰明縣）青蓮鄉，所以以此地名爲號，並非因其偏愛蓮花。

12. (A)顯示劉姥姥願意自我戲謔以博眾人歡笑的豁達心態。
　　(B)顯現范增因計策失敗且可預知未來必敗，那又氣又怒的樣子。
　　(C)顯現齊王低聲下氣請求孟嘗君重新回國爲相的態度。

13. 題幹的選文出自爲何其芳〈黃昏〉，主要設計爲測驗「聽覺與視覺」間轉化的移覺修辭法。各選項解析如下：
　　(A)由「船便如一支沒羽箭」一句，可知視覺意象「劍」所形容的是視覺上的「船」，而非聽覺上的「鼓聲」，不屬於「聽覺與視覺」間轉化的移覺修辭法；選項出自沈從文〈湘行散記──箱子岩〉。
　　(B)由「燈語明滅如淚珠」一句可知視覺意象「淚珠」所形容的是視覺上的「燈光」，而非聽覺上的「語言」，不屬於「聽覺與視覺」間轉化的移覺修辭法；選項出自蕭乾〈珍珠米──歎息的船〉。
　　(C)由「讀舊日友人書」的視覺意象」轉化爲有如「眾多管弦之音」的聽覺意象，屬於「聽覺與視覺」間轉化的移覺修辭法，符合題幹要求。
　　(D)由「那紅的煙火，就越紅了，好像一朵小花似的」一句，可知視覺意象「小花」所形容的是視覺上的「煙火」，而非聽覺上的「語言」，不屬於「聽覺與視覺」間轉化的移覺修辭法；選項出自蕭紅〈魯迅先生記〉。

14. (B)由「這種好沒趣的遊戲」及「我呢，卻把我的時間與力氣都浪費在那些我永不能得到的東西上」等句，可知作者懊悔自己因專注於金錢遊戲，而忘了童稚時的純眞心態。

15. 翻譯
　　邊韶，字孝先，陳留浚儀（今河南開封）人。他善於寫作，門下有幾百個學生。邊韶口才極好，有一次他在白天打瞌睡，學生私底下嘲諷他說：「邊孝先，肚子大，懶得讀書只想睡覺。」邊韶聽到這番話，立刻回答說：「邊爲姓，孝爲字。我肚子大，是因爲肚中裝著五經的書箱（形容自己極有學問）。小睡片刻，是爲了思考經籍學問。睡夢中可以和周公相會，安靜時能和孔子有相同的心意（典故出自《論語》子曰：「甚矣吾衰也！久矣吾不復夢見周公」意爲「我衰老得屬害，好久都沒有再夢見周公」，表現出孔子對先王、聖賢之道已衰的悲哀感慨）。可以嘲笑老師，這規矩又是出自哪部經典呢？」嘲笑邊韶的學生聽了後非常羞愧。
　　此段引文後爲成語「大腹便便」（形容肚子因肥胖或懷孕而大）、「出何典記」（指無稽之談）的出處。
　　(D)文中邊韶說「師而可嘲，出何典記」，目的在嘲弄學生遺忘儒家「尊師重道」的教訓，居然

嘲笑老師，而非為考核學生熟讀經典的能力。

16. 翻譯

趙襄主向王良（古時善御之人）學習駕車。過了不久便和王良比賽駕車，結果趙襄主換了三次馬但三次都落後。趙襄主說：「你教我駕車，但是並沒有把技術完全地教給我。」王良回答說：「技術已教完，只是你應用技巧並不恰當。駕車（所重視）的首要要訣，在於馬的身體（能否）合於你的車輛。人的心思要能和馬的行動配合、協調，然後才能追求更快的速度和更遠的距離。如今你一旦落後就想追趕我，若領先則又怕我追上。在路上奔馳，不是領先就是落後。然而不論是領先或落後你的心思都繫在我身上，你又怎麼能調整馬的表現呢？這就是你落後我的原因。」

解析

(A)由「人心調於馬，而後可以進速致遠。」可知駕馭車馬絕非「快馬加鞭」即可成功地「進速致遠」。

(B)由「夫誘道爭遠，非先則後也。而先後心皆在於臣，上何以調於馬？」一句，可知趙襄主就是因為時時有競逐、先後心，才會落後。

(C)雖然「誘道爭遠」確實應抱著「非先則後」得從容心態，但文中強調駕馭車馬的最重要要訣亦有「調於馬」，需調合人與馬的步調，並非全無計較即可致遠。

(D)由「凡御之所貴，馬體安於車，人心調於馬，而後可以進速致遠」和「夫誘道爭遠，非先則後也」兩句可知文中以學習駕馭車馬為例，主要為闡明人只有和周遭配合，並不計較一時的輸贏，「調御自如，忘懷得失」，才能致遠、成功。

17. (A)「筆、字」是寫信給晚輩的用法，對主管、長輩，應用「謹上、敬啓」等結尾語方為恰當。

(C)提及自己的父母時，應用「家父」、「家母」，對於對方的父母，則用「令尊」、「令堂」。

(D)「台啓、大啓」是寫信給平輩的用法，寫信給老師時，應用「鈞啓、道啓」。

二、多選題

18. (A)閒「瑕」→閒「暇」。

(C)「鍛」羽而歸→「鎩」羽而歸。

19. (A)此選項中的「斗」有「大」的意思，「斗膽直言」指不畏怯地向對方直接說明自己的意見。

(B)「斗」在此為計算容量的單位量詞，有「小」的意思，此選項符合題幹要求。「海水不可斗量」，指廣大無邊的海水，不可以用小小的斗作為衡量的基準。

(C)「斗」在此為指「狹小」的意思，此選項符合題幹要求。「斗室」即為狹小的房間。

(D)「斗」在此為指「狹小」的意思；「筲」，音ㄕㄠ，是一種容一斗二升的竹器，此選項符合題幹要求。「斗筲之人」一詞用來比喻肚量狹小、學淺才疏之輩，選項出自《論語・子路》。

(E)「斗」在此為指「微薄（極少）」的意思，此選項符合題幹要求。「升斗之祿」一詞用來指極微薄的俸祿（薪水），選項出自《漢書・梅福傳》。

20. (A)此選項前者涉及史實，專指「長江」，後者則泛指「江水」，符合題幹「詞義由小而擴大」的要求。

選項翻譯如下：項羽帶著八千名江東（因長江在安徽境內向東北方向斜流，因此「江東」和「江西」的分界即以此為標準；文中「江東」指現今蘇南、浙江，以及皖南的部分地區。）出生的子弟兵渡過長江往西進軍；選項出自《史記・項羽本紀》。／一個披著簑笠的老翁在

一般小船上，獨自在大雪紛飛的清冷江面上垂釣；選項出自柳宗元〈江雪〉。

(B)前者爲「已經燒過的土製器具的統稱」，後者專指「瓦片」，詞義由大而轉小，不符合題幹要求。

　　選項翻譯如下：瓦器，是已經燒過的土製器具的統稱。／每個人只管各自灑掃門前的積雪，不要管別人家屋頂瓦片上的冰霜。

(C)前句中的「航」指「船行於水面」，後句中的「航」則擴大爲「船行於水面」和「飛機飛行於空中」，符合題幹「詞義由小而擴大」的要求。

　　選項翻譯如下：誰說江面廣大無邊，一般小船即可航行於水面；選項出自曹丕《至廣陵於馬上作》。／後句中「航」海的「航」，指「船行於水面」；「航」空的「航」，則指「飛機飛行於空中」。

(D)前句中的「朕」指所有人的自稱，後句中的「朕」則縮小爲皇帝的自稱，詞義由大轉小，不符合題幹要求。

　　選項翻譯如下：「朕」，就是指「我」，在古代這個詞語不分尊貴、卑微、富貴、卑賤的身分，所有人皆可使用。／臣下（指自己）等人斗膽建議皇上尊貴的名號爲「泰皇」，差遣稱爲「制」，發布號令稱爲「詔」，皇上自稱自己爲「朕」。

(E)前句中的「荒」特指瓜果沒有成熟的現象，後句中的「荒」則泛指各項資源不足的現象，符合題幹「詞義由小而擴大」的要求。

　　選項翻譯如下：穀類沒有成熟是「饑」，蔬果沒有成熟是「饉」，瓜果沒有成熟是「荒」／選項中的「荒」，所指爲糧荒、水源、石油等各項不足的現象。

21.(A)蘇軾是宋詞中的重要革新者，在詞史上具有極爲重要的地位。他的創作提高了宋詞原有的詞品、擴大了原本婉約纖細的詞境，亦改變了宋詞的詞風。但蘇東坡「以詩爲詞」，他的作品常不協宋詞的音律，也沒有創製長調慢詞（柳永和張先才是創作長調、慢詞的慢詞之祖）。

(B)李清照和其夫趙明誠兩人結婚之初確實夫妻恩愛、人生美滿。但隨著金兵南下，兩人顚沛流離，後趙明誠更病死。因此李清照的詞風整體而言雖細膩婉約，然創作前期確實洋溢幸福之感，後期卻多悲嘆與感傷。

22.(A)選項中「不死藥（長生不老藥）」和「蓬瀛（蓬萊、方丈、瀛洲是傳說位於渤海的三座神山）」皆屬於道教思想而非佛教。「涅槃」是指「滅、滅度、寂滅」的佛教境界，指當佛教徒能超脫一切貪、瞋、癡的心境，才可追求超脫輪迴生死的最高境界。選項翻譯如下：哪裡能得到長生不老仙丹，讓我騰空高飛往神州仙島；選項引文出自李白〈遊泰山六首〉。

(B)「生滅原知色即空」一句，典出〈般若波羅蜜多心經〉中的「色不異空，空不異色，色即是空，空即是色」，表達出因諸行無常，而對萬物不執著、不強求的佛教思維。選項翻譯如下：出生、死亡之間早已明白萬象都是一場空，眼看著春天的花朵（「傾國」原指美女，在此借代指花朵）已交付給東風」；選項引文出自陳寶琛〈落花詩〉。

(C)選項中的「忘言」典出《莊子‧外物》(莊子爲道家重要代表人物)：「筌（音ㄑㄩㄢ，捕魚的竹器）者所以在魚，得魚而忘筌，言者所以在意，得意而忘言」，此句後成爲成語「得魚忘筌」的出處，比喻領悟眞理的人會忘記外在的形骸；選項引文出自陶潛〈飲酒〉。《人間詞話》認爲此詩已進入「無我之境」，確實表達出言不盡意、得意忘言的道家思想。選項翻譯如下：這之中有著眞淳的意境，我想要表達、說明時卻已忘記如何以言語表達。

(D)選項的語句流露出推己及人，希望天下寒士皆展露歡顏的儒家仁愛之心。選項翻譯如下：怎麼才能得到千萬棟高大寬廣的房子，爲全天下的貧寒之士遮風擋雨使他們展露歡樂的表情；選項引文出自杜甫〈茅屋爲秋風所破歌〉。

(E)由「三山更五湖」與「世外」，可知此選項所表達的是追求與自然萬物合一的道家思想。選

項翻譯如下：希望回到三山五湖（大自然）之中，從俗世之外處追尋到眞淳的自己；選項引文出自〈盧生祠戲題〉。

23. (A)《昭明太子集》爲昭明太子個人之作，《惜抱軒全集》爲姚鼐個人之作，然《古文辭類纂》是清代桐城派大師姚鼐所編選的選集，而不是全集。

(B)由「讀者的讀選本，自以爲是由此得了古人文筆的精華的，殊不知卻被選者縮小了眼界」及「選本既經選者所濾過，就總只能喫他所給與的糟（釀酒時濾下的酒渣）或醨（薄酒，非好酒）」，可知作者認爲選本必有作者主觀認定的偏狹，仍應閱讀全集。

(C)由「即以《文選》爲例罷，沒有嵇康〈家誡〉，使讀者只覺得他是一個憤世嫉俗，好像無端活得不快活的怪人」一句，可知作者認爲讀者若是讀過嵇康〈家誡〉，便會對他有所改觀。〈家誡〉爲嵇康寫給他兒子的文章，文章中嵇康教導兒子如何揚長避短，順應時勢，表現出爲人父謹愼且溫柔敦厚的一面。

(D)由「讀者的讀選本，自以爲是由此得了古人文筆的精華的，殊不知卻被選者縮小了眼界」一句以及文中的舉例，可知作者確實認爲編選者的主觀意見，會導致讀者對作家的認知偏狹且有所侷限。

(E)由「凡選本，往往能比所選各家的全集更流行……讀者想從一個有名的選家，窺見許多有名作家的作品」，可知選集往往比全集流行，原因之一就是讀者想藉由編選者的眼光閱讀歷代名作。

24. 題幹的測驗重點在於了解同學是否熟悉古文中的「婉曲」代稱，各選項解析如下：

(A)「見」爲指示性代詞，此處的作用爲稱代自己；「背」指拋棄，「見背」意爲「棄我而去」，即「婉曲」的指稱家人過世；選項出自李密〈陳情表〉。

(B)「仙逝」即爲「婉曲」的指稱過世之意；選項出自曹雪芹《紅樓夢》第二回。

(C)「婉曲」法一般用於指不祥事物，而「富貴有餘」則不屬於此範疇，是屬於「諧音雙關」，取「魚」和「餘」的諧音；選項出自吳敬梓《儒林外史》第二十七回。

(D)從行文中因「諱住」、「諱翻」和「諱離散」而將「箸」、「幡布」與「梨」改稱的作法，可知「快（筷）兒」、「抹布」與「圓果」皆爲「婉曲」的指稱；選項出自明代陸容《菽園雜記》卷一。

(E)由「諱說『癩』以及一切近於『賴』的音，後來推而廣之，光也諱，亮也諱，再後來，連燈、燭都諱了」一句，可知文中所描述的亦爲因避諱進而需採取「婉曲」代稱。選項出自魯迅《阿Q正傳》。

第貳部分：非選擇題

一、簡答

> 孟子曰：「君子有三樂，而王天下不與存焉。父母俱存，兄弟無故，一樂也；仰不愧於天，俯不怍於人，二樂也；得天下英才而教育之，三樂也。君子有三樂，而王天下不與存焉。」（《孟子‧盡心上》）

翻譯

孟子説：「讀書人有三項樂事，然而稱霸天下並不在其中。父母皆健在，兄弟沒有遭受災難、禍患，是第一件樂事；抬頭對上天問心無愧，低頭沒有對任何人事感到慚愧（怍，ㄗㄨㄛˋ，慚愧的意思），是第二項樂事；能夠得到全天下優秀的人才並且教育他們，是第三種樂事。讀書人有三項樂事，然而稱霸天下並不在其中。」

解析

此題有幾項答題技巧，請同學務必注意：

1. 此題非翻譯題，同學不需浪費時間將整段翻譯完整寫上。

2. 同學需格外注意各題所需回答的焦點，不需在引言上花過多篇幅。

　(1)第一題：同學回答時需注意，可將孟子對「王天下」的看法先放置一邊不加多談，專注在討論此三樂即可。可試著就孟子的儒家性格思考此三樂的意義，以及此三樂之間，是否有何關聯性。舉例如下：若以儒家「推己及人」的處事態度來連結「君子三樂」間的關聯性，此三項不外乎是圓滿人生的必需步驟：由個人至親人，最終乃至社會；從自己的修養與為人處事，以至親人的健康安適，再推及個人事業上的成就──教育天下英才，教育英才不但是士人應肩負的社會使命，更能進一步藉由這些未來的國家棟梁來影響社會。

　(2)第二題：同學在討論時，不需重複「君子三樂」，只需專心探究為何孟子需重複兩次強調「王天下」非君子之樂？「王天下」意即稱王天下，此詞本身帶有追求個人利益、價值的成分，不值得君子傾力追求，聖王堯、舜、禹等人正因能洞悉此點，所以才能得到不戀棧王位並傳賢的美名。

二、作文（27%）

思路小提醒

「想飛」，可以是想得到自由、想改變自己，或是想實現夢想，亦或是人類文明的進展；「想飛」，可以是一種心境，也可以是一種執著、信念，端看同學如何定位。此文題目範圍極大，因此同學在寫作前便需為你的「飛」設定一個明確的定義，再進而闡述。例如徐志摩的〈想飛〉一文，他筆下「飛」的定義，從自然生物的天性，寫至人們的童真，最終再至人類對文明的追求。以下節錄其中佳句，請同學參考名家是如何描寫建構專屬於他的「飛」。

節錄徐志摩〈想飛〉一文中可供參考的佳句如下：

「飛。其翼若垂天之雲……背負蒼天，而莫之夭閼者；」那不容易見著。我們鎮上東關廂外有一座黃泥山，山頂上有一座七層的塔，塔尖頂著天。塔院裡常常打鐘，鐘聲響動時，那在太陽西曬的時候多，一枝艷艷的大紅花貼在西山的鬢邊回照著塔山上的雲彩，──鐘聲響動時，繞著塔頂尖，摩著塔頂天，穿著塔頂雲，有一隻兩隻，有時三隻四隻有時五隻六隻蜷著爪往地面瞧的「餓老鷹」，撐開了它們灰蒼蒼的大翅膀沒掛戀似的在盤旋，在半空中浮著，在晚風中泅著，彷彿是按著塔院鐘的波蕩來練習圓舞似的。那是我做孩子時的『大鵬』？」

「啊！飛！不是那在樹枝上矮矮的跳著麻雀兒的飛；不是那湊天黑從堂匾後背衝出來趕蚊子吃的蝙蝠的飛；也不是那軟尾巴軟嗓於做集在堂簷上的燕子的飛。要飛就得滿天飛，風攔不住雲擋不住的飛，一翅膀就跳過一座山頭，影子下來遮得陰二十畝稻田的飛，要天晚飛倦了就來繞著那塔頂尖順著風向打圈圈做夢……聽說餓老鷹會抓小雞！

飛。人們原來都是會飛的。天使們有翅膀，會飛，我們初來時也有翅膀，會飛。我們最初來就是飛了來的，有的做完了事還是飛了去的，他們是可羨慕的。但大多數人是忘了飛的，有的翅膀上掉毛不長再也飛不起來，有的翅膀叫膠水給膠住了，融拉不開，有的羽毛叫人給修短了像鴿子似的只會在地上跳，有的拿背上一對翅膀上當鋪去典錢使過了期再也贖不回……真的，我們一過了做孩子的日子就掉了飛的本領。」

「是人沒有不想飛的。老是在這地面上爬著夠多厭煩，不說別的。飛出這圈子，飛出這圈子！到雲端裡去，到雲端裡去！那個心裡不成天千百遍的這麼想？飛上天空去浮著，看地球這彈丸在太空裡滾著，從陸地看到海、從海再看回陸地。凌空去看一個明白──這本是做人的趣味，做人的權威，做人的交代。這皮囊要是太重挪不動，就擲了它，可能的話，飛出這圈子，飛出這圈子！」

「人類最大的使命，是製造翅膀；最大的成功是飛！理想的極度，想像的止境，從人到神！詩是翅膀上出世的；哲理是在空中盤旋的。飛：超脫一切，籠蓋一切，掃蕩一切，吞吐一切。你上那邊山峰頂上試去，要是度不到這邊山峰上，你就得這萬丈的深淵裡去找你的葬身地！……但是飛？自從挨開拉斯以來，人類的工作是製造翅膀，還是束縛翅膀？這翅膀，承上了文明的重量，還能飛嗎？都是飛了來的，還都能飛了回去嗎？鉗住了，烙住了，壓住了，——這人形的鳥會有試他第一次飛行的一天嗎？……」

96年指考（指定考試）

第壹部分：選擇題

一、單選題

1. 六書，即爲六種漢字構成與使用方式的類型，在六書中，屬造字的基本法則者有象形、指事、會意、形聲四項，而此四者也正是各大考試中的常客，同學務必需對此具備清晰的概念和認識，最好能記下一些較常出現的選項，方便考試時的判讀。分別說明此四者的判讀方法如下：
   (1)象形：「象形者，畫成其物，隨體詰屈，日月是也。」象形是六書中最常出現在考試中的文字組成方式，顧名思義，象形即是古人直接依事物的外形繪成的形象。常見的象形字有：人、女、心、手、爪、目、口、犬、牛、羊、馬、木、禾、米、刀、冊、矢、夕、山、川、日、月、田等。
   (2)指事：「指事者，視而可識，察而見意，上下是也。」一般而言，指事字一部分結合象形的基礎，一部分則運用符號指出抽象的概念。常見的指示字有：上、下、一至十、刃、寸、曰、本、末、血、中。
   (3)會意：「會意者，比類合誼，以見指撝，武信是也。」會意字結合兩個或兩個以上的獨體字（多爲象形字或指事字）來表示一個完整的意義。常見的會意字有：森、從、武、信、友、休、公、龍。
   (4)形聲：「形聲者，以事爲名，取譬相成，江河是也。」形聲字佔中文字中極大的比例，由表意符號和表音符號組合而成；因此，要判讀一個字是否爲形聲字時，大致而言只需觀察字的結構之中是否有與整個字讀音相近的部分，即可判讀。常見的形聲字有：國、秧、閣、衰、慕、想、欣、攻、病、慫、闊、筐。
   另有「轉注」：建類一首，同意相授，考、老是也；「假借」：本無其字，依聲託事，令、長是也。
   各選項解析如下：
   (A)「刃、本」和「日」屬不同的分類。刃：指事字，在具象的刀型上加上符號「、」，指刀身最鋒利的地方。／本：指事字，在具象的木型上加上符號「一」，指樹木的根／日：象形字，象日之形。
   (B)「犬」、「下」和「公」屬不同的分類。犬：象形字，象狗之形。／下：指事字，在上方以具象的長橫「一」，下方以短橫符號「-」，來表示抽象的相對概念。／公：會意字，由「八」和「厶」組成。「厶」是「私」的本字，「八」則表示有所區別，兩者字意相組，表示和「私」有所區別、相違背者即爲「公」。
   (C)「慫、闊、筐」三者屬同一類別：形聲。慫：形聲字，「從」爲其聲符，表驚惶。／闊：形聲字，「活」爲其聲符，意爲疏通門內外。／筐：形聲字，「匡」爲其聲符，表竹製盛物之器。
   (D)「森、龍」和「國」屬不同的分類。森：會意字，多木叢聚爲「森」。／國：形聲字，從囗從或。「或」意爲有武力、可自衛的組織團體，「囗」則表示領土的界域。／龍：會意（兼省聲）字，「龍」字右半象龍之形，左下方從肉，補充其義，左上方爲「童」字之省形，屬聲符；此字亦有人認爲屬象形，雖有爭議但不妨礙正確答案的判讀。

2. (A)走「頭」無路→「投」。「走投無路」指人無路可走、處境窘困的樣子。
   (C)「一」口同聲→「異」。「異口同聲」指眾人不約而同說出一樣的見解。
   (D)爲之「挽（ㄨㄢˇ）」惜→「惋（ㄨㄢˋ）」。「惋惜」，指痛惜的意思。

3. (A)「荏」讀音為「ㄖㄣˇ」，軟弱的意思。「色厲內荏」指外表雖剛強凶悍，但內心軟弱，是一個語意有些負面的詞語，不宜用來誇獎內在溫柔的正直長官；語出《論語・陽貨》：「色厲而內荏，譬諸小人，其猶穿窬之盜也與！」。

(B)「矜」指憐憫、同情，「哀矜而勿喜」一詞指（看到他人犯錯、受過時）要心存憐憫而不要因此感到欣喜，詞語用法正確；語出《論語・子張》：「曾子曰：『上失其道，民散久矣；如得其情，則哀矜而勿喜。』」。

(C)「當仁不讓」一詞中，「當仁」有兩層意思：一為面對仁德，一為擔當實現仁道、行仁道的重責大任。現在一般指主動承擔事務而不推辭，屬正面意詞語，不適用在形容人侵吞款項的負面行為；語出《論語・衛靈公》：「子曰：『當仁不讓於師。』」

(D)「不恥下問」一詞指不因向身分低微、或是學問比自己淺陋的人請教而感到羞恥，選項中張生並非老師的長輩或上級，因此此選項語詞應用並不恰當，可改為「從師問學」、「執經問難」；語出《論語・公冶長》：「子貢問曰：『孔文子何以謂之「文」也？』子曰：『敏而好學，不恥下問，是以謂之「文」也。』」。

4. (A)質「的」張而弓矢至焉──翻譯為：箭靶設置好了，弓箭便會射來。「質」即為箭靶，「的」字音「ㄉㄧˋ」，意為「靶心、目標」，不是指「之」的意思。

(B)君子生非異也，善「假」於物也──翻譯為：君子並不是生來便具有與眾不同的專長，（只是）善於運用事物（來幫助自己）而已。「假」字意為「假借、運用」，不是指「偽裝、模仿」的意思

(C)淑人君子，其儀一兮。其儀一兮，心如「結」兮──翻譯為：善良的君子，行為專一而不偏邪。行為專一而不偏邪，心志才會如磐石般穩固、堅定。「結」用以形容心志的堅定，故此選項為正確解答。

(D)「青」，取之於「藍」，而「青」於「藍」──翻譯為：靛青色的染料是淬取自藍草中，而染料的顏色卻比藍草更加地藍。第一個「青」字指「靛青色的染料」，第一個和第二個「藍」字皆指「藍草」，兩者都是名詞；第二個「青」字指「更加地藍」，為「程度副詞」，並非皆為名詞。

5. (一)「布丁」即為「puddings」，屬純音譯（直接音譯）。

(二)「千瓦」即為「kilowatt」，屬「半音半意譯」。「kilo」意為千，故「千」字為意譯，「瓦」字則為「watt」的意譯。

(三)「卡片」即為「card」，屬「音譯加類名」。「卡片」兩字中的「卡」字取「card」的諧音，「片」字則為其類名「紙片」。

(四)「俱樂部」即為「club」，屬「音意兼譯」。「俱樂部」三字，由1.以意為一起、都、全的「俱」字；2.意為歡喜、愉悅的「樂」字；3.表示單位的「部」字所組成，除取「club」的諧音之外，也兼顧「club」一詞的意義：表示為達社交、休閒活動和娛樂等特殊目的而組織的社會團體及其所使用的場所。

瞭解了題幹中對外來詞組合方式的解釋後，進一步解析選項如下：

(1)「吉他」即為「guitar」，屬純音譯（直接音譯）。

(2)「華爾街」即為「WallStreet」，屬「半音半意譯」。「華爾街」三字中的「華爾」為「Wall」的音譯，「Street」意為街道，故「街」字為意譯。

(3)「啤酒」即為「beer」，屬「音譯加類名」。「啤酒」兩字中的「啤」字取「Beer」的諧音，「酒」字則為其類名。

(4)「嬉皮」即為「hippie」，屬「音意兼譯」。「嬉皮」兩字，以意為遊戲玩樂的「嬉」字，以及意為膚淺的「皮」字所組成，除取「hippie」的諧音，也兼顧「hippie」一詞的意義：為

反社會禮俗、政府控制，崇尚放任形態生活的青年集團。

6. 汗流浹背：「浹」指浸透的意思。汗流浹背指因驚恐、著急等狀態而汗流至濕透了背部；語出自《後漢書・伏皇后紀》。
心有餘悸：形容令人感到不安的事情雖然過去，但回想起來心裡仍感到恐懼與害怕。
趾高氣揚：形容人因驕傲自滿而得意忘形的樣子；語出自《左傳・桓公十三年》。
吐氣揚眉：形容原本被壓抑的情緒因得到舒展而快活如意的樣子。
甲、詞語的空格應填入形容人著急時狀態的詞語，故選擇「汗流浹背」。
乙、詞語的空格應填入形容現在想起過往的事情，仍會感到害怕的詞語，故選擇「心有餘悸」。
丙、從「一時的得意，往往是無數怨恨的種子」一語可推斷，詞語的空格應選擇帶有負面義的「趾高氣揚」。
丁、從「大權在握，成為一個了不起的人物」一語可推斷，反面的地方士紳人物——羅丁瑞在任日本職務前後的地方聲望應不相同，故詞語的空格應選擇語意中帶有今昔不同之意的「吐氣揚眉」。

7. 破解排序類型的題型時，同學首先需觀察各句的句意以及其間隱含的邏輯關係，各選項翻譯如下：
從前我稚嫩年少，
甲、所以我不再僅以文采耀目（炳炳：光彩照耀的樣子。烺烺：音ㄌㄤˇ，明亮的樣子。二者的連用表示雕琢詞藻、聲律工整等文章的外在形式。）
乙、等到（我）長大後
丙、寫文章力求將文字潤飾的精緻巧妙
丁、才知道文章應用於闡明道理
講究辭藻華麗，彰顯聲律和諧運用（的能力），便算是擅長寫作。
破解此題時，同學需注意文章中連接詞與轉折詞的使用，「始」意為「剛開始、從前」，後面通常會出現一個轉折詞表示現在的情況。在本文中的轉折詞為（乙）選項「及長」。而兩個轉折詞後面，皆應分別接有表述當時情形且互為對照的語句，也就是（丙）選項「為文章以辭為工」和（丁）選項「乃知文者以明道」；由（丁）選項中「乃知（才知道）」一語，可知（丁）選項應為後發生的情形。而（甲）選項中的「是固（所以）」一詞，顯然應出現在句末，用以統結全文。
因此，依照上述的排列邏輯，原文排序如下：始吾幼且少，（丙、）為文章以辭為工，（乙、）及長，（丁、）乃知文者以明道，（甲、）是固不苟為炳炳烺烺，務采色，誇聲音而以為能也。
原文翻譯如下：從前我稚嫩年少，寫文章力求將文字潤飾的精緻巧妙。等到（我）長大後，才知道文章應用於闡明道理，所以我不再僅以文采耀目，講究辭藻華麗，彰顯聲律和諧運用（的能力），便算是擅長寫作。

8. 此題從題幹劃線處所述，依句式解析如下：「講求句式整齊、句尾押韻」，可知第一句和第二句的句尾應和「衣」、「隱」二字兩字的韻尾「一」、「ㄣ」相互對照，選項中相應者僅「離」、「印」二字。
依詩作意象解析選項如下：遇到新詩時，同學可以用選項是否符合詩歌情境的角度來檢查選項。
第一個空格應填入形容野草生長情況的詞語，「離離」指草生長茂盛且綿延不絕的樣子，「緜緜」指細密悠長的樣子，「青青」指草木茂盛的樣子，而「瑟瑟」則指風聲。因此，可先刪除

(D)選項。

第二個空格藉由具象的草木生長，暗喻抽象的過往歲月。從第三句的「綵衣」一詞，可知過往應為美好的感受，應此可刪除(B)選項「憂愁」和(D)選項「創傷」。

第三個選項實際上直指的正是舊時腳印所代表的真正意涵，(C)選項「繽紛」和(D)選項「斑斕」，皆無法準確解釋本詩詩題所謂的「寂寞」究竟為何，唯有(A)選項的「青春」和(B)選項的「年少」，直指詩人心中因歲月逝去、過往不再所興起的感傷之情。

原詩全文如下：園中野草漸離離／托根於我舊時的腳印／給他們披青春的綵衣／星下的盤桓從茲消隱／日子過去／寂寞永存／寄魂於離離的野草／像那些可憐的靈魂／長得如我一般高／我今不復到園中去／寂寞已如我一般高／我夜坐聽風／晝眠聽雨／悟得月如何缺／天如何老。

9. 這一題在測驗同學是否熟讀課文，若熟讀者看一眼題目多半可立刻作答。〈醉翁亭記〉全文共使用了二十一個「也」字，使文章富有獨特、悠緩的韻律節奏。首句即以「也」字領起，全文透過「也」字，引領讀者逐層發現文章主軸和作者的生命情趣。

10. 解此類型題目時，同學應格外注意詩句中的關鍵字句，如甲詩的「羅帳」、「思君」，戊詩的「伴兒」等，即為重要的解題關鍵：

甲、從「羅帳」、「思君」等關鍵字詞，可推斷此詩為妻子思念遠行丈夫的閨怨詩作，屬於五個層次中的㈠「夫妻」。此詩為〈自君之出矣〉，翻譯如下：自從你出門後，絲織的帳幕只吹進聲如哽咽的秋風。我思念夫君的心情就像蔓生的草，連綿延續、無法窮盡。

乙、從「遊人」這種稱呼方式，可知彼此間的關係應為平行，再由分手贈劍，可知彼此的關係為五個層次中的㈣「朋友」。此詩為〈送朱大入秦〉，翻譯如下：遠遊的人（詩人的朋友朱大）即將要去長安，我手中的寶劍價值千金、十分貴重。離別時我將寶劍脫手相贈，代表我這生對朋友的一片真心。

丙、由「孤雁」和「念群」的對比關係，可知此詩描寫的正是五個層次中的㈤「群己」。此詩為〈孤雁〉，翻譯如下：孤雁不吃不喝，一邊飛翔一邊鳴叫透出（孤雁）對同伴的想念之情。有誰憐惜地孤單且渺小的身影，和雁群同伴在重重雲海間失散。望斷天空好像能看見雁群，（孤雁的）哀鳴聲彷彿代替了雁群的叫聲。野鴉沒有這樣的心情，兀自在旁聒噪地叫個不停。

丁、從「兒時對床」一句可知彼此間的關係應是五個層次中的「兄弟」之情。此兩首詩題為〈和仲弟〉十絕，上四句為十絕之五，下四句為十絕之九。翻譯如下：一整個春天屋簷間流下的雨滴從不曾停息，彷彿可以滴透了長滿青綠苔蘚的空寂階梯。正像幼年我們兄弟對床而臥時的窗外的雨聲，最可憐的是年紀老大時卻不能同處共聽。

〈和仲弟〉十絕之九：遠方雁子歸來，在我夢中卻未捎來你的音訊，喜鵲啾啾地叫著彷彿有著你的信息。忽然得到遠方的來信，我仔細地看過百遍，夜裡老眼昏花，我獨自起身剔去部分燈心，讓燈光更明亮一些。

戊、從「為伴孤兒課一經」一句，可知本詩應屬五個層次中的「親子」關係。此詩題為〈夜課〉，翻譯如下：燈火因天氣嚴寒而不明亮，忽然聽到雪花急促拍打著窗櫺的聲音。夜深了還不敢放下裁布的剪刀和直尺，只為了要陪伴孤獨的孩子再讀些經書。

11. 此幅圖中的元素有左下角的荷葉，和亭立在畫面中央初生的荷葉上的蜻蜓，畫面清新俏皮，展現靜態中的初夏生機與美感。各選項解析、翻譯如下：

(A)本詩旨在說明楊萬里自號「誠齋」的原因和心境，與畫作的意境並無關聯。翻譯如下：在涪溪拜見過紫巖先生（抗金名將張浚）後回家，在春風中儘管縱情地開懷大笑。不用向世人談起昨日的夢，只管叫我「誠齋」。註：張浚勉楊萬里應「正心誠意」，因此，楊萬里自名其書齋為「誠齋」，世稱其「誠齋先生」。

(B)此詩具有圖畫中的元素與意境；從關鍵語句「小荷纔露尖尖角，蜻蜓立上頭」，及詩境為初夏自然的靜態景象，即可判斷 (B) 選項為正確答案。翻譯如下：泉水悄然無聲地湧出細流，樹陰映照水面、晴日柔和，令人喜愛。小小的嫩荷才剛露出緊裹的葉尖，就早有蜻蜓站立在上頭。

(C)雖然本詩中也有「荷花」和「蜻蜓」，但詩中荷葉茂盛、蜻蜓亂飛，儼然一片盛夏時生機盎然的動態美景，不符合畫作中的初夏的情景及靜態美感。翻譯如下：四葉的青綠蘋草（水萍）點綴池塘，層層堆疊的荷葉掩蓋著紅豔的荷花。不見原本應在空中飛舞的蜻蜓，反倒在水波上迎面飛舞。

(D)本詩提出了楊萬里不同於一般人對秋天悲涼的看法，認為秋天亦有其可愛迷人之處，與畫作的意境與季節，都無關聯。翻譯如下：秋天未必然悲涼，略微寒涼正是宜人的天氣。在落盡紅花的綠色荷塘裡，如小銅錢般大小的荷葉依然生長。

12.(A)《西遊記》是借玄奘取經的史實改寫而成的神魔小說，並非歷史小說。

(B)歷史上的唐僧取經，只有玄奘一人，孫悟空、豬八戒、沙和尚和龍馬皆為虛擬人物。

(C)孫悟空喊出「皇帝輪流做，明年到我家。」這個口號，並非基於民主精神，只是出於驕傲自大心理下的想法。況且，此口號只表現了眾人皆想稱王的渴望，並不符合全民自主的民主精神。

13.(A)若收件者為長輩或不熟的對象，信封上應註明寄件者的全名，以表示對收件者的尊敬；即便收件為晚輩或熟人，仍至少應屬上姓氏以便收信者判斷。

(B)對他人稱呼自己的兄姊長輩時，才需使用「家」字。

(C)發信人的郵遞區號有助於郵差處理信件、快速分區傳遞，亦可方便收件者回信，不可省略。

14.翻譯

子華（公西赤）出使到齊國去，冉求代子華的母親向孔子請求接濟粟米。孔子說：「給她六斗四升。」冉求請求再增加多一些粟米，孔子說：「再給她二斗四升。」冉求最後卻給了她八百斗粟米。孔子說：「公西赤這次去齊國，乘坐的車輛以肥馬拉，穿著輕暖的皮袍。我聽說：君子周（通「賙」，救濟的意思）濟急難而非使富有的人更加富有。」

選項分析如下：

(A)「請益」是請求再增多之意。並非指冉子向孔子請教贈粟的多寡。

15.翻譯

子路這個人，有人告訴他有過失時，（子路）便會感到欣喜。夏禹聽見別人良善、中肯的建議時，便虛心地拜領接受。大舜又（比這兩個人）更偉大，行善時不分你我，拋棄原有成見而接受他人的正確意見，喜歡學習他人的長處來為善行。從耕種、燒窯、打漁直到當上帝王，沒有哪項不是採取別人的長處。採取別人的長處來為善，是勸助他人行善。所以君子的美德最偉大的便是幫助、勸戒別人行善。

選項分析如下：

(C)「耕稼陶漁」四字皆動詞，「耕稼」指耕種、「陶」指燒窯、「漁」打漁。朱熹注此句為：「舜之側微，耕於歷山，陶於河濱，漁於雷澤。」

16.此篇正是「坦腹東床」、「東床快婿」等成語的出處，題幹引文翻譯如下：太傅郗（音ㄔ）鑒在京口時，派遣門生送信給王丞相，請他幫忙找女婿。丞相對這門生（信使）說：「請你前往東廂房，隨意選擇吧。」門生回來，向郗太傅稟告：「王家的公子們，都很值得稱讚、嘉許，聽到（我）來找女婿，全都矜持、拘束了起來。只有一位公子露出肚子躺在東邊床上，就好像沒有聽到。」郗鑒說：「就是這個人好！」前去拜訪，原來是王羲之，於是便把女兒嫁給他。

各選項解析如下：

(A)「遣門生與王丞相書」，是指派遣門生送信給王丞相，並非指送書卷作為見面禮。

(B)「丞相語郗信」，是說丞相對太傅的門生（信使）說，並非指王丞相口授回信給郗太傅。

(C)「唯有一郎在牀上坦腹臥，如不聞」，「一郎」是指一位公子，並非特指王家的大少爺。

17.(C)文中對英國的評價是「比方英國民眾就是很沉滯頑劣的，然而在這種沉滯頑劣的社會中，偶爾跳出一二個性堅強的人，如雪萊，卡萊爾，羅素等」，而對日本的評價則是「路易鏗笛生曾批評日本，說她是一個沒有柏拉圖和亞理斯多德的希臘，所以不能造偉大的境界」。作者在文章開頭便說明自己認同的社會是浮淺卑劣的大眾中偶有一、兩個不凡之人，英國屬於作者認同的國家，但對日本的敘述，可以看出日本在作者的心目中並非如此，可見作者並未認為日本優於英國。

二、多選題

18.(A)行：將。選項翻譯如下：阿宣將要十五歲（子曰：「吾十有五而志於學」，志學即指十五歲），卻不喜愛讀書、寫作。

(B)行：實施。選項翻譯如下：實施仁政而稱王天下，則沒有誰能夠阻擋。

(C)行：實施。選項翻譯如下：（蘇秦）十次呈上書疏遊說秦王，但是遊說的內容都不得實施。

(D)行：流傳。選項翻譯如下：（如果）言談沒有修辭文采及條理，（言談內容）就不得流傳至很遠的地方，廣為人知。

(E)行：言行、作為。選項翻譯如下：孔子說：「大家以為我有什麼隱匿不說的事情嗎？我毫無隱瞞呀。我沒有任何言行是不向你們公開的。」

19.(A)此選項共運用四種感覺意象：「橘柚香」屬嗅覺意象，「江風引雨」的情景與「瀟湘月」屬視覺意象，「入舟涼」屬膚覺（觸覺）意象，「愁聽清猿」屬聽覺意象。選項翻譯如下：帶著酒意與你在（秋季）橘柚香氣瀰漫的江畔酒樓分別，秋風帶著雨點吹打入船中使人倍感涼意。想你現應身處在瀟水和湘水間的月夜裡，兩岸猿聲淒清的長嘯，讓我在夢中更添愁緒而睡不安穩。

(B)此選項共運用三種感覺意象：「霧失樓臺」、「月迷津渡」、「斜陽暮」屬視覺意象，「可堪孤館閉春寒」屬膚覺（觸覺）意像，「杜鵑聲」屬聽覺意象。選項翻譯如下：樓臺被濃厚的霧氣籠罩，濛濛月色遍灑河岸的渡口，極盡遠眺也無法看到那可供隱居的桃源仙境（典出陶淵明的〈陶花源記〉）。在客館中孤單一人難忍那料峭春寒，夕陽西下傳來聲聲淒清的杜鵑哀鳴聲。

(C)此選項共運用三種感覺意象：「棹歌」屬聽覺意象，「驚起睡鴛鴦」、「偎伴笑」、「競折團荷遮晚照」屬視覺意象，「遊女帶香」屬嗅覺意象。選項翻譯如下：乘坐著五彩畫船，逶迤穿過開滿蓮花的池塘，船夫行船時中所唱的歌曲使在池中睡眠的鴛鴦因驚嚇而飛起。滿身帶香的遊女們與遊伴依偎、嬉笑著，（那幅畫面彷彿）競爭著優雅美好，（姑娘們）紛紛嬉鬧地折下荷葉遮掩落日的餘光。

(D)此選項共運用二種感覺意象：「聽雨歌樓上」、「聽雨客舟中」、「聽雨僧廬下」、「斷雁叫西風」及「點滴到天明」皆屬聽覺意象，「紅燭昏羅帳」、「江闊雲低」「鬢已星星」屬視覺意象。選項翻譯如下：少年時在尋歡的歌樓上聽落雨的聲音，暈黃的紅燭讓紗織的圍帳裡昏暗不明。壯年時在遠赴他鄉的船上聽落雨的聲音，江面遼闊、雲層低懸，雁鴨的悲淒哀鳴聲伴隨著西風（秋風）。今日在寺廟的簡陋房舍下聽雨聲，我的鬢鬚已斑白。悲傷、歡樂、離別、團圓總是殘忍無情，任隨雨水點點滴滴敲打著臺階直到天明。

(E)此選項共運用二種感覺意象：「風飄飄，雨瀟瀟」、「秋蟬兒噪罷寒蛩兒叫」、「淅零零細

雨灑芭蕉」、「撲簌簌淚點拋」等句兼具聽覺與視覺意象。選項翻譯如下：秋風吹著，雨水淅瀝地下著，就算是陳摶（摶音ㄊㄨㄢˊ，陳摶字圖南，號扶搖子，宋代時先後隱於武當、九華山間，每次一睡便百餘日不起，人稱「睡仙」）也無法入睡，心中懊惱又悔恨。眼淚點點落下。秋蟬聒噪的鳴叫完後又換蟋蟀跟著叫，綿密細雨在芭蕉上敲打出淅瀝瀝的雨聲。

20. 本題題幹強調珍惜自身也是一種孝順之道，因此本題答案應選和自身身體髮膚有關的選項。

(A)本選項強調孝順之人不製造自身遇險的可能，符合題幹訴求。選項翻譯如下：孝順的人不攀爬高處，也不走到危險的地方。

(B)此選項旨在說明子女應銘記父母的年齡，與題幹訴求無關。選項翻譯如下：父母的年紀，不可以不清楚。一方面（因父母高壽）感到欣喜，一方面（因父母高壽）而憂慮、懼怕父母的衰老。

(C)此選項說明勸諫父母之道，與題幹訴求無關。選項翻譯如下：子女事奉長輩時遇父母有過應當委婉地數次規勸，若見父母的心意並不依從（子女的勸諫），做子女的依然要恭敬且不違抗父母（的想法），雖然憂愁、煩勞但不因此怨懟。

(D)本選項強調孝順之始在於珍重自己的身體髮膚，符合題幹訴求。選項翻譯如下：身體四肢、頭髮、肌膚，都是從父母親身上接受而來，不敢讓（自己的身體四肢、頭髮、肌膚）受到傷害、毀壞，這就是孝順的初始。

(E)此選項說明侍奉父母時應秉持的心境，與題幹訴求無關。選項翻譯如下：孝順的子女對父母的事奉，（在於）平日無事時表達子女敬謹的態度，奉養時表達子女（因可奉養父母而）欣喜的心理，父母病痛時子女要表達自己的憂慮，父母過世時要子女表達自己的哀戚，祭拜（父母）時子女要表現莊嚴肅敬。

21. (A)此詩抒發的是作者對年華老去卻無法在政務上得到揮發，從「空慚」、「不見政成歌」等句可知此詩為作者的悲嘆，絕非欣喜之情。選項翻譯如下：滿頭白髮的我看著樹上枯黃的葉子，感嘆往日的年輕容顏已不復存在。在棠樹下我空自慚愧，聽不到任何因自己政績建樹而被歌頌的聲音。（甘棠遺愛：典出《詩經》，指周召公因行德政，人民感念他而愛護召公曾在下憩息過的甘棠樹。後用來表示對賢官、廉吏的感念）。

(B)由「暖柳青青」、「春心滿洞庭」等句可知此詩內容為作者對春日的美好感受。選項翻譯如下：春天白日時間加長，風和日麗、柳色青綠，從北方歸回的燕子在空中不斷盤旋。岳陽樓上聽到吹笛的聲音，洞庭湖上洋溢著（我）因春天而快樂美好的愉悅心情。

(C)由「親朋無一字，老病有孤舟」、「憑軒涕泗流」，可知本詩內容為作者在欣賞風景之餘，因想起北方的戰事而感到悲傷與苦痛。選項翻譯如下：昔日聽聞他人提及洞庭湖，今天總算能上岳陽樓來親眼目睹。吳楚兩地被遼闊的湖面分割，日月沉浮在雄偉的景致中。沒有一點親戚、朋友們的音信，年老多病的我只能託身一葉小船。關山的北部還有戰爭，（想起此點）憑欄北望的我不禁眼淚、鼻涕縱橫滿臉。

(D)從「展轉念前途」、「天末去帆孤」、「誰同我，悠悠上帝都」等句，可知本詩的情緒屬「悲傷」之情。選項翻譯如下：我憑欄倚靠著岳陽樓，登高望遠，想起（自己的）前途仍遷徙、輾轉不定。深秋的楓葉染紅楚地，碧色的秋水匯入吳地。雲層間大雁急速地飛來，遠方地平線處一艘小舟遠行。明月下誰能與我一起滿懷憂思地前往京城長安？

(E)從「愁暮更蒼蒼」一句可知本詩為抒發「悲懷」之作。選項翻譯如下：自古以來巴陵天岳便戍守在此，洞庭湖面從此望去顯得格外深廣。問人（洞庭湖）水勢究竟有多麼大、多遼闊，令人憂愁的傍晚時（看洞庭湖）更感覺蒼茫。層層浪濤堆疊、翻滾時湖水彷彿天地未分前的混沌之境，湖水中央好似吞沒了太陽。孤子的船上有等待歸鄉的人，（船）將要抵達瀟水和湘水會流相交之處。

22.(A)此曲的語音近似今日所使用的中文（屬北方音系），皆沒有入聲，入聲字分別派進平、上、去三聲之中。

(D)曲的襯字大都在句首或句中，不在句尾。

23.(C)「不把自己的作品看作中國的正統文學」，不是因為白話小說的作者普遍有求變求新、自創新局的精神，而是因早期白話文的提倡，主要是為了政治和教育上的需要，並未想到要涉及文學的範疇。

24.　翻譯

公明宣在曾子的門下學習，三年間不曾讀書。曾子說：「宣，你在我門下，三年都沒學習，為何呢？」公明宣說：「怎敢不學習。我看見老師居處家裡，只要有長輩在，連對狗和馬都不曾發怒，我為此（曾子對待長輩的態度）感到喜悅，想仿效但還沒有能完全做到；我看老師接待賓客，恭敬簡約而從不懈怠、懶惰，我為此（曾子對待朋友的態度）感到喜悅，想仿效但還沒有能完全做到；我見老師在朝廷為官辦公，對下屬要求嚴格但卻不傷害、詆毀他們，我為此（曾子對待下屬的態度）感到喜悅，想仿效但還沒有能完全做到。」曾子離開座位向公明宣道歉說：「我比不上你，我只知道讀書而已。」

選項分析如下：

(C)曾子「避席謝之」，是因為他認為為公明宣對「學習」的認知比自己更為開闊。

第貳部分：非選擇題（佔45分）

一、語譯（18分）

　思路小提醒

在翻譯以前，先針對此篇寫作的動機與背景進行介紹：戰國時期的秦國，自秦孝公採商鞅變法以來，大量晉用各國人才，一躍成為亂世的強權。眼見秦國日益強大，鄰近的韓國因此備感威脅；因此，韓王決定採用韓非的「疲秦」策略，派遣名叫鄭國的水利工程師至秦國詐降，並成功說服秦王修築渠道（此渠道長約三百餘里，與都江堰同為當時的水利工程奇蹟，後世稱鄭國渠），藉以使其無力東伐。然而後來這項陰謀被揭發，引起秦國貴族的公憤，要求秦王下「逐客令」，將外國人士全數驅逐。本篇作者李斯（和韓非同為荀子的門生）亦在名單之列，因此他上呈此篇「諫逐客書」，希望秦王改變想法。後來秦王採納了這項意見，釋放鄭國、廣納各方策士，並重用李斯，果真在短短二十餘年間一統天下，而鄭國渠也成功興盛了關中地區的農業。

原文翻譯如下：因此，泰山不捨棄微小的土壤，所以才能夠成就它的高大宏偉；河川、海洋不揀選微細的水流，所以能夠形就它的深遠廣大；帝王不排斥、拒絕眾多庶民、百姓，所以能夠光大、彰顯他的美好德性。因此，土地不分東、西、南、北，百姓不分本國、外籍，四季都能充實富庶，鬼怪、神明都能賜與福澤，這便是五帝、三王能夠沒有敵手的原因啊！如今（秦國）竟然拋下黎民百姓而去幫助敵國，驅逐客卿去成就其他諸侯的功業，使普天之下的士人，都因此退縮不敢往西方前進，猶疑地停下腳步而不進入秦國，這就叫做借士兵給寇賊、送糧食給盜匪啊！

二、作文（27分）

　思路小提醒

探索指「搜尋、摸索與探求」，被探索的對象可以是你無法完全掌握、捉摸，但仍感到好奇的事物，也可能是一場未知的生命旅程。探索是一段尋找答案的過程，一般而言，探索的主

題普遍較大，因此同學在寫作時更應明確聚焦某一主題，避免內容空泛無物，並仔細描寫思考與摸索的經過。如果同學不知如何下筆，可以參考以下所建議的階梯作文黃金法則，在一次一次的練習之中，比較和自己原先寫作的差異，並從中找尋屬於你的寫作「手感」！

階梯作文黃金法則：

第一段：說明探索對你的意義，並藉此聚焦本文探索的焦點：是生命的旅程？亦或是求知的過程？或是生命的意義？

第二、三段：可以在此段運用較抒情的筆法描寫探索的過程，亦可以舉例的方式說明探索過程中的經驗。

第四段：具體說明自己在探索過程中所得到的收穫。

97年指考（指定考試）

第壹部分：選擇題

一、單選題

1. (A)「批」露→「披」露。
   (C)曠日「會」時→曠日「廢」時。
   (D)不「視」大體→不識大體，此詞意爲：人缺乏遠見，而無法掌握待人處世的重要道理。

2. (A)「濯濯」，形容乾淨的樣子，「童山濯濯」原指山上無草木，後常用來形容人禿頭無髮的樣子。雖選項中無一「髮」字，但其引申義確實與髮相關，符合題幹主旨「字面上雖無『髮』字，卻與『頭髮』密切相關」；選項出自《孟子·告子》。
   (B)「朝如青絲暮成雪」，意指早上時頭髮還是烏黑亮麗，至晚上時便轉眼變白，意指時間流逝飛快。雖選項中無一「髮」字，但「青絲」和「雪」皆直指頭髮，符合題幹主旨「字面上雖無『髮』字，卻與『頭髮』密切相關」；選項出自李白〈將進酒〉。
   (C)「首如飛蓬」形容頭髮散亂的像是飛散的蓬草，比喻人無心打扮的樣子；雖選項中無一「髮」字，但「飛蓬」實直指頭髮，符合題幹主旨「字面上雖無『髮』字，卻與『頭髮』密切相關」；選項出自〈詩經·衛風·伯兮〉。
   (D)「俯首甘爲孺子牛」中的「孺子牛」，出自《左傳》中的典故：春秋的一方霸主齊景公在與兒子嬉戲時，景公跪下叼著繩子佯裝牛馬，讓兒子牽著玩。這個愛子形象後被轉化爲「甘願爲社會、群眾服務」的意義，和「頭髮」完全無關；選項出自魯迅〈自嘲〉。

3. 本題的設計主要在測驗考生是否能準確掌握詩文的語境，本詩的重點在「夕陽」與「白鷺」，因此考慮答案時萬不可脫離此兩者的特色和主要特徵，各組空格的選填重點解析如下：
   第一組空格：詩文中割分畫面的是「尺直的地平線」，因此詩句中的畫面應包含空中的黃昏景色與漸趨轉暗的地面景致。據以上的分析，可包含空中和地面景物的「景色」一詞，明顯較僅指空中景致的「天空」一詞適切，據此可刪除 (A)(B) 兩選項。
   第二組空格：此句同學需格外注意，文中「點點飛揚的閃光／忽上忽下」所描寫的不是其他，正是白鷺，此點可由接在其後的詩句「啊，久違了／比翼群飛的白鷺」與題目「夕陽與白鷺」判斷出。因此，「音符」一詞最能準確勾勒「粗筆快墨」的黑色背景和「雪白」白鷺在視覺與聽覺上所共同呈現的形象，答案可據此鎖定 (D) 選項，相較之下，「火花」和「精靈」和前後詩句意象並不連貫，顯得有些不知所云。
   第三組空格：「演奏」一詞不但和前句的「音符」意象在畫面上強烈連結，更將白鷺鳴叫的聲音加入，賦予畫面是覺與聽覺的動感，據此可確認答案確實爲(D)。

4. (A)雖他稱沙皇爲兄弟，但他的用意在於強調貴族和農奴應皆平等，並非「民貴君輕」，因此 (A) 選項並非正確答案。
   (B)托爾斯泰僅「放棄爵位，放棄土地」，並未提及他捐助任何財產，因此 (B) 選項並非正確答案。
   (C)托爾斯泰的《復活》和《戰爭與和平》確實揭露了部分民生困苦的現象，但作者行文的主旨在說明「托爾斯泰給沙皇的信」是其偉大的原因，而信裡並未有「揭露民生困苦」的意圖，而是揭示了貴族與農奴的不平等，因此(C)選項並非正確答案。
   (D)從信中托爾斯泰放棄農莊、土地和爵位，只爲讓農奴們恢復自由人的身分，可知他悲天憫人的情懷以及對人間公義的追求，因此正確答案爲 (D)。

5. 此題同學不需自行做過多揣想，只需仔細閱讀文意即可得到答案。由祖父將小鳥附比如人一般

有兄弟姊妹會彼此擔心，且揣想小鳥從遠處飛來，需要有力氣在天黑前再飛回的心態，可知祖父「心懷惻隱，純眞溫厚」，因此正確答案爲(A)。

6. (B)「捨下」、「轉身」、「跑去」等動作，顯示兒子選擇逃避面對湯米的壓力與恐懼，並非開心釋懷。

7. 此題考驗同學對「對聯」內容的解析能力，若考試時部分對聯的意義無法確實把握，同學可以藉由選項一一互相配對的方式，選出最佳的答案。各聯解析如下：

　　(甲)「六禮未成轉眼洞房花燭／五經不讀霎時金榜題名」，指婚禮的儀俗未辦妥卻可完婚，不讀書卻可高中狀元；這是兩件在現實生活中不可能發生的事，唯有在「戲臺」上才可實現。

　　(乙)「飽德飫和眞福食／肴仁饌義即養生」，雖然對聯中的「德」、「和」、「仁」、「義」四字恐造成同學迷惑，但由主要動詞「飽」、「飫」（音ㄩˋ，飽食）、「肴」、「饌」與「福食」及「養生」等關鍵語詞，均與飲食有關，可知選項所指爲「廚房」。

　　(丙)「洗硯魚呑墨／烹茶鶴避煙」中的「硯」、「墨」爲書寫工具，而烹茶則爲文人雅士常進行的活動，故此對聯應置於「書房」。

　　(丁)「琴瑟春長在／芝蘭德自馨」中的「琴瑟」借兩種共同演奏的樂器比喻夫妻和合，而「芝蘭」則用以比喻美好的環境，故此對聯適用於「寢室」。

8. (A)「堤防缺了一塊燦爛的金色大口」描述因陽光過於閃耀，而讓人產生堤防彷彿缺了一角的錯覺。

　　(C)從「太陽剛爬起來」可以推斷「輕霧像一匹很長的紗帶，又像一層不在世上的灰塵」兩句，是比喻早晨薄霧的輕盈飄渺。

　　(D)從前後文便不難明白「踏著稻穗上串繫在珠絲上的露珠，而不教稻穗和露珠知道」兩句，是指薄霧在稻穗上飄移的樣子，和麻雀無關。

9. 翻譯

　　陳白沙說：「自夏、商、周三代以來，世間缺乏聖賢之輩，邪妄的學說一時興起，正道開始昏暗不明；人們因爲在七情六欲的炙烈交織下，欲望橫行流竄，正道開始無法運行。正道不彰明，即使每天朗誦、閱讀萬字的書籍、文章，廣泛閱覽各種典籍、學說，也不妨說他未曾學習；政道不能運行，即使賑濟普天下的蒼生百姓，一統天下，也不妨說這是他存有私心（而不是爲天下公義）。」

　　此題測驗目標，在於同學們是否能在閱讀之後，了解作者所要闡述的邏輯概念；此段文字強調「明道」、「行道」的優先重要性，因此：(A)由「道不明，雖日誦萬言，博極群書，不害爲未學」，可以明白陳白沙認爲博覽群書，未必能夠明道，故此選項有誤。

10. 此題旨在測驗同學是否能掌握各家思想的基本差異、概念，解析如下：

　　甲的發言：法家思想重法度，認爲刑律賞罰就是讓國家、君臣關係順利運作的根本。故可由句中「利害關係」、「獎賞」、「懲處」等關鍵詞，得知此爲法家思想；選項中韓非子、孟子、孔子、莊子中，只有韓非子是法家思想的重要代表人物，故甲爲韓非子。

　　乙的發言：此選項認爲善是靠後天努力形塑而成，是荀子的「性惡」思想。《荀子‧性惡》：「故聖人化性而起僞，僞起而生禮義，禮義生而制法度」。他認爲人的善性需後天襲成，因此認爲人需向學並遵從禮法，強調「尊師隆禮」的重要性；因此乙爲荀子。

　　丙的發言：由「活得自在」、「隨順本性，因任自然」等概念，可知丙必屬順應自然的道家思想；另由「無所成心地快意遨遊，融入天地不言的大美之中」句中的「逍遙遊」概念，可知丙爲莊子。

11. 翻譯

引文翻譯如下：累積土石而成高山，可以興起風雨；累積水流而成深潭，可以孕育蛟龍；累積善行以成就品德，自然得到靈明的心境，具備清明的心。所以不依次累積半步，就無法到千里之外；不聚集細小水流，就無法匯成江海。

由文意以及句子中對主要動詞「積」的強調，不難推知本段文字的主旨在強調積累的工夫，並說明其所「成」；「山」、「海」僅做為映襯主題的例證，「神明自得，聖心備焉」中的「神」、「聖」是積善後的所成，「不」、「無」是輔助例證強度的副詞，皆非重點所在。此段也是成語「積水成淵」的出處，比喻積少成多，做事需由小處漸進漸積而成。

12. 翻譯

本文出自《莊子・天道》。甲至丁各選項翻譯如下：

甲：但世人卻因為看重言語而流傳書籍，

乙：意義有所指涉。意義所指涉的（思想），不能用言語來傳達，

丙：世人雖然看重書籍，我還是認為並不可貴

丁：但是書籍不過是記載言語的工具。言語有其可貴之處。言語中最可貴之處，是它可表達意義。

解析

破解本題的選填重點，首先在於同學需明白此句的邏輯以及其層遞關係：語→意→意之所隨。首句「書不過語」，透露出下一句的重點應該在「語」，故接續（丁）；同樣的道理，「語之所貴者，意也」即表示下一句的重點應該在說明「意」，故層遞接續（乙）；接著，同學在排序（甲）、（丙）兩選項的先後順序時，應注意（甲）帶著轉折連結詞「而」，代表（甲）的句意應和前一句有矛盾之處，而和「世人因為看重言語而流傳書籍」有所矛盾者，顯然是說明「思想、意義雖然重要，卻無法用言語傳達」的（乙）選項。（丙）是總結式的語句，且內容主要是補充作者對（甲）句現象的看法。

排列後的原文如下：世之所貴道者，書也。書不過語，語有貴也。語之所貴者，意也，意有所隨。意之所隨者，不可以言傳也，而世因貴言傳書，世雖貴之，我猶不足貴也，為其貴非其貴也。

原文完整翻譯如下：現今世人認為道理的可貴，（是因為）書本，但是書籍不過是記載言語的工具。言語有其可貴之處。言語中最可貴之處，是它可表達意義，意義有所指涉。意義所指涉的（思想），不能用言語來傳達，但世人卻因為看重言語而流傳書籍，世人雖然看重書籍，我還是認為並不可貴，因為他們所看重的並非真正可貴的事物。

13. 從陳澧說法結尾的總結：「五倫之事備矣」，不難理解他前面所言正是指稱君臣、父子、夫婦、朋友及兄弟的五倫關係。對照文中描述，「為人孝弟（弟即悌）」孝悌指孝敬父親與友愛兄弟、「事君致身」指忠誠、敬愛君王，「朋友有信」指對朋友信實，剩下的「賢賢易色」自然是描述(D)「夫婦之道」。

> 　　其後，京兆尹將飾官署，余往過焉。委群材，會眾工。或執斧斤，或執刀鋸，皆環立嚮之。梓人左持引（長尺），右執杖（木杖），而中處焉。量棟宇之任，視木之能舉，揮其杖曰：「斧！」彼執斧者奔而右。顧而指曰：「鋸！」彼執鋸者趨而左。俄而，斤者斲，刀者削，皆視其色，俟其言，莫敢自斷者。其不勝任者，怒而退之，亦莫敢慍焉。畫宮於堵，盈尺而曲盡其制，計其毫釐而構大廈，無進退焉。既成，書於上棟曰：「某年某月某日某建。」則其姓字也，凡執用之工不在列。余圜視大駭，

> 然後知其術之工大矣。（柳宗元〈梓人傳〉）

翻譯

短文翻譯如下：後來，京城的行政首長即將要整修官署，我正好路過那裡。（地面上）堆積著各式木料，（這裡）聚集了許多工人。有的人手持斧頭，有的人拿著刀子、鋸子，大家都站著圍住並面向他（梓人）。梓人左手拿著長尺，右手拿著手杖，站在中央。他評估著房屋的可能承載，觀察著木材的承重力，揮著他的手杖說：「砍！」那個拿斧頭的就跑到右邊去。（梓人）回頭指著（指定的位置）說：「鋸！」那個拿鋸子的人就快步跑到左邊去。不久後，拿斧頭的人在砍（木料），拿刀的人在刮削（木料），都觀察著他的神情臉色，等候他的吩咐，沒有敢自作主張的人。對於不能勝任工作的人，（梓人）會發怒並斥退他，也沒有人敢對此有所抱怨。（梓人）把官署的（設計）藍圖畫在牆壁上，只有一尺見方的大小卻完全勾勒房屋的規格結構，測量精密且依照圖上的尺寸蓋成大廈，沒有一絲一毫的誤差。官署落成，梁柱上寫著：「某年某月某日某建。」寫的正是梓人的名字，其餘工人皆不列名。我環視官署而大吃一驚，這時才知道他技術的高超之處。

14. 甲、「彼執斧者奔而右」、「彼執鋸者趨而左」可知運斤執斧是其他工人的責任。
　　乙、由「斤者斲，刀者削，皆視其色，俟其言，莫敢自斷者」，可知梓人確實負責指揮工匠。
　　丙、由「畫宮於堵，盈尺而曲盡其制，計其毫釐而構大廈」，可知梓人確實負責設計藍圖。
　　丁、文中雖有「委群材」一句，並未特別提及貯藏建材為何人所為。
　　戊、梁棟上寫有梓人的名字，但這僅代表主要建築者是梓人，與題辭、匾額均無關。

15. (A)「委群材，會眾工」意指地面上堆積著各式木料，這裡聚集了許多工人，和「計算物料和工資，以求降低成本」無關。
　　(B)「皆視其色，俟其言，莫敢自斷者」，意指眾人都觀察著梓人的神情臉色，等候梓人的吩咐，沒有人敢自作主張。
　　(D)「計其毫釐而構大廈，無進退焉」，意為梓人的設計圖精密準確，沒有一絲一毫的誤差。

16. (A)文中先以「只有燈，一盞一盞的亮起，從山上的小廟一直亮到山腳的住宅」，先寫九份的山巒，接著「再亮到遠處的深澳海濱」，再寫九份的海濱。
　　(B)文中敘事從「暮色四合」的黃昏，到燈亮後的夜景，選項說明符合文中的書寫脈絡。
　　(C)文中「伊是老了，美人遲暮了」，指的是九份而非九份的居民。
　　(D)文中先以「荒涼殘破」的墓地、野草和碑石，描寫九份今日的略顯衰頹的樣子，接著再以昔日的稱號「小香港」側寫當年的榮景，並未先直接描寫昔日的盛況。

17. (B)「燈，一盞一盞的亮起」一句，是表現九份由暮色漸至夜晚來臨的景象。
　　(C)「洗盡了鉛華，卸下了彩衣」一句，比喻昔日的繁華已消逝，九份重歸山城的樸素、平淡。
　　(D)以「滴溜溜的流轉著拋起媚眼」的擬人手法來比喻「九份」的美景，與淘金者的慾望無關。

二、多選題

18. (A)「蘭心蕙質」比喻女子心地芳潔、品德高雅，「別具慧眼」指獨到的眼光或見解。因「蘭心蕙質」屬於非外在一眼即能看穿的內在美好特質，確實需要「別具慧眼」的有心人士細細品味，才能感受出它的魅力；本句詞語使用並無問題。
　　(B)「隨心所欲」形容完全順隨自己的心意而做。買書確實須衡量自己的閱讀速度以及閱讀習慣，想買就買只會成就書櫃的擺設，並不會對自己的心靈有實質上的多大助益；本句詞語使用並無問題。

(C)「朵頤稱快」形容人因飽食而痛快的樣子。本句以節錄本好比「速食」為喻，說明原汁原味的原著閱讀，才可令人感到滿足；本句詞語使用並無問題。

(D)「力有未逮」形容人的能力有所不及。若經濟能力不及，自然無法買書，詞語的使用錯誤，造成本句的邏輯前後矛盾。

(E)「寥若晨星」形容數量的稀少；「披沙揀金」形容去蕪存菁的選出其中的精選。既然印刷發達，書業蓬勃，書本數量又怎麼可能會「寥若晨星」？詞語的使用錯誤，造成本句的邏輯前後矛盾。

19.(A)選項意為「以地位低的人為師，就感到可恥，以官職高的人為師，便認為近於諂媚」。其中的「足」意即「感到」，詞性為副詞，選項出自韓愈〈師說〉。

(B)選項意為「獨自一個人聽音樂的快樂，和與他人一起聽音樂的快樂（相比），哪一種比較快樂？」其中的「樂」，ㄩㄝˋ，表「聽音樂」，名詞轉動詞，選項出自於《孟子‧梁惠王》。

(C)選項意為「孟嘗君因馮諼回來得如此迅速而感到奇怪，於是穿戴好衣帽接見他」，其中的「衣冠」即「穿戴衣帽」，名詞轉動詞，選項出自《戰國策‧馮諼客孟嘗君》。

(D)選項意為「不穿士服也不穿皮屨（只著便服便鞋），穿著皮衣和皮衣外面的長衣（指其未著正式服裝，衣著隨性），精神氣度光采奕奕，相貌與一般人不同」。「裼」原指皮裘外面的長衣，「裘」原指輕暖的皮衣，原為名詞，此處名詞轉動詞，指其「穿著裼、裘」。就古代服飾之禮而言，裼衣之外另有正服，不穿正服僅著裼、裘，表示其衣著的隨性；選項出自杜光庭〈虬髯客傳〉。

(E)選項意為「這樣做會使君臣、父子、兄弟丟棄追求利益而懷著仁義的心胸來相互對待，這樣做後還不能稱王天下的人，從來沒有過。」「王」，ㄨㄤˋ，原指名詞「君王」，在這裡轉成動詞「統治天下」。選項出自《孟子‧梁惠王》。

20.(A)作者特以眾人皆能想像的滿足感受：奶油塗在酥鬆的麵包上為喻，說明星期天的美好令人眷戀，並未特指詩人喜愛土司麵包。

(D)「烤得剛剛好」一句，主要為勾引讀者香氣和味覺上的美好記憶，題幹節錄的詩句中，並未顯露詩人內心有任何焦躁情緒。

21.(A)選項意為「如果滅亡鄭國對您有好處，那就值得煩勞您的左右屬下」。「執事」指為秦穆公辦事的僕從、官兵，在此表達「不敢當面進言，謹向位階較低的侍從報告」之意，借以尊指秦穆公。出自《左傳‧燭之武退秦師》。

(B)選項意為「我為追念先帝的特殊厚待，想要報恩於皇帝您身上。」「陛」指臺階、階梯，「陛下」一詞原指在宮殿階下待命的侍從，後用來借以尊稱天子，表達出「不敢當面進言，謹向位階較低的侍從報告」之意，符合題幹要求；選項出自諸葛亮〈出師表〉。

(C)選項意為「孟子離開齊國，充虞在路上問（他）說：看樣子您好像有些不愉快。」「夫子」是對年長而學問好的人或老師的尊稱，並沒有「因卑達尊」的思維；選項出自《孟子‧公孫丑》。

(D)選項意為「中軍將軍臨川王（蕭宏），德行清明而且是武帝的至親，主持這次北伐的重任。」「殿下」一詞原指在宮殿階下待命的侍從，後用來敬稱太子及諸王，表達出「不敢當面進言，謹向位階較低的侍從報告」之意，符合題幹要求；選項出自丘遲〈與陳伯之書〉。

(E)選項意為「宋牼要到楚國，和孟子在石丘相遇，孟子問他：先生（宋牼）準備要去哪裡？」「先生」是對年長有道德者、具專業技能者、或有學問者的尊稱，並沒有「因卑達尊」的思維；選項出自《孟子‧公孫丑》。

22.本題題型主要測知同學對句型結構的掌握能力。題幹中「有亭翼然臨於泉上者」到「有翼然臨

於泉上之亭」的句法翻轉，實際上便是要讓同學辨認翻轉前原爲「主語＋述語」的古文結構語式，只要明白辨別原則，則答案便立刻呼之欲出。各選項解析如下：

(A)選項譯爲：「有尚未通曉事理便動手去實做的人，但我並不會這樣做」，「有不知而作之者」意即「有尚未通曉事理便動手去實做的人」，此句屬於「述語（有不知而作之）＋主語（者）」的古文結構語式，不符合題幹要求；選項出自《論語・述而》。

(B)選項譯爲：「村子南邊有一對貧窮困苦的夫妻，妻子每天織布、紡紗，井邊取水、舂米，勤苦地伴隨著讀書的丈夫。」「有夫婦守貧者」意即「有一對貧窮困苦的夫妻」，此句屬於「主語（有夫婦）＋述語（守貧者）」的古文結構語式，符合題幹要求；選項出自周容〈芋老人傳〉。

(C)選項譯爲：「荊軻說：現在我有一席話，既可解除燕國的禍患又可替將軍您報仇，您認爲如何呢？」「有一言可以解燕國之患而報將軍之仇者」意即「現在我有一席話，既可解除燕國的禍患又可替將軍您報仇」，此句屬於「主語（有一言）＋述語（以解燕國之患而報將軍之仇者）」的古文結構語式，符合題幹要求；選項出自《戰國策》。

(D)選項譯爲：「從前（有一次），宋玉、景差伴著楚襄王到蘭臺宮遊玩時，吹來一陣颯颯作響的涼風，襄王敞開衣襟吹著風。」「有風颯然至者」意即「吹來一陣颯颯作響的涼風」，此句屬於「主語（有風）＋述語（颯然至者）」的古文結構語式，符合題幹要求；選項出自蘇轍〈黃州快哉亭記〉。

(E)選項譯爲：「如果有一個不喜歡殺人的國君，普天下的老百姓，都會伸長脖子期待著他的到來，如果真是如此，老百姓歸順於他，就會像水向下奔流一般，豐沛且不間斷的水流誰能阻擋呢？」「有不嗜殺人者」意即「有一個不喜歡殺人的國君」，此句屬於「敘語（有不嗜殺人）＋主語（者）」的古文結構語式，不符合題幹要求；選項出自《孟子・梁惠王》上。

23.(A)「玉衡」是北斗七星中的第五顆星，此選項符合題幹要求。選項翻譯如下：由玉衡、開陽、搖光三顆星所組成的斗杓，正指著孟冬，眾多的星辰更像明珠一般顯得極其璀璨；選項出自古詩十九首〈明月皎夜光〉。

(B)「參」是爲在西方的星宿，「商」則是位在東方的星宿，兩者並不會同時出現在天空上，此選項符合題幹要求。選項翻譯如下：人生在世卻不能相聚，就像是天上的參星和商星一般。

(C)「斗牛」指的是二十八星宿中的「斗宿」和「牛宿」，也可從關鍵詞「月亮」推斷「斗牛」兩字應爲天空中星體之名；此選項符合題幹要求。選項翻譯如下：月亮從東邊的山上升起，在斗、牛二個星宿間慢慢移動。

(D)「北辰」即爲北極星的別名，亦可由「眾星共之」一句推斷「北辰」應爲天空中星體之名；此選項符合題幹要求。選項翻譯如下：國君憑藉德性來推行政策。就好比北極星一般，安居在天的中央而眾星環繞著它。

(E)「玉漏」即玉製的漏，是古代以滴水來計時的工具，與天文星象無關。翻譯：全城的街道與市集，（都）擺放花燈相互爭豔，宵禁開放，人們都不受宵禁時間的限制。

24. 翻譯

我一生淡泊名利。雞隻不見，僕童無需著急。（反正）家家戶戶都有閒置的鍋灶，（雞隻）就隨他們烹煮燒烤。（把雞隻用來）煮湯的我就倒貼他三枚烤餅，（把雞隻用來）熱炒的我就送他一些胡椒，倒省卻我做主人設宴款待的麻煩。免去每個清晨報曉的雞啼聲，可以一直睡到太陽高掛天際。

解析

(A)一般而言，散曲押韻比較靈活，可以「平仄通押」。本曲中「焦」、「炰」、「燒」、「椒」、「高」為平聲韻，「灶」、「道」、「曉」則押仄聲韻，平聲韻與仄聲韻確實通押。

(B)本曲採第一人稱：被竊雞隻家主人的敘述觀點。

(C)「煮湯的貼他三枚火燒（一種烤餅），穿炒的助他一把胡椒」，是為了表現主人翁達觀的精神，並不是著重描述煮雞待客的細節。

(D)從「童子休焦」以及雞隻被竊後種種樂觀的看法，可知確實是為了寬慰童子因失雞而自責的心理。

(E)本曲以詼諧的語調塑造通俗的曲風，並非雅正蘊藉的曲風。

第貳部分：非選擇題（佔45分）

一、擴寫（18分）

思路小提醒

此題為指考試題中首見的擴寫題目，主要用意在考驗同學對古文的熟稔程度，以及能否流暢且精準的運用想像力渲染事件場景。本題的題幹強調「本題非翻譯題，請勿將原文譯成白話」，實際上意即不希望同學「只」翻譯而不另補充文中未明確描寫的部分；一般來說，「擴寫」仍需維持原文的時空、人事及場景，否則便成了「改寫」，因此同學仍須掌握原文的翻譯，並在此上另行添加內容。

因本文限制文長僅300～400字，並不算多，為求擴寫部分表現張力足夠，同學宜精選本文中一、兩個你認為可發揮的情節加以鋪寫，不宜胡亂添字。此外，人物說話時的神情、動作、語氣，或可能的心理想法，也是可供同學加以擴寫的極佳標的。

先翻譯題幹引文如下：

范增站起來，離開營帳，把項莊招來，跟他說：「君王（項羽）的為人仁厚（指其不忍對劉邦下手）。你進去營帳，上前祝酒，祝酒完後，請求以舞劍做為餘興活動，藉此將劉邦擊倒在座位上，殺了他。若不如此，我們都將會被他俘虜！」項莊依范增所言入內祝酒。祝酒完後，說：「大王和沛公飲酒，軍營裡沒有什麼餘興節目，請讓我來舞劍吧。」項羽說：「好。」項莊便拔出劍揮舞起來；項伯（見狀）也拔出劍一起揮舞，並常用自己的身體掩護劉邦；項莊始終沒有機會刺殺（劉邦）。」

以下標示出部分可擴寫的情節、場景以供同學參考、選用：

范增起（為何范增會走出營帳？他心裡在想什麼），出，召項莊，（講話時神情如何？是緊張？亦或是恐懼？）謂曰：「君王為人不忍。若入，前為壽，壽畢，請以劍舞，因擊沛公於坐，殺之。不者，若屬皆且為所虜！（為何不殺了劉邦以後他們都會被俘擄？是因為范增看出了劉邦的野心嗎？）（對話中可添加一些語氣助詞）」莊則入為壽。壽畢，曰：「君王與沛公飲，軍中無以為樂，請以劍舞。」項王曰（此處可稍加描寫項羽酒酣耳熱之際的神情）：「諾！」項莊拔劍起舞；項伯亦拔劍起舞，常以身翼蔽沛公（此處可著重描寫兩人刀光劍影的驚險場景）；莊不得擊。

二、引導寫作（27分）

思路小提醒

此種要求明確且簡明的題型，主要在考驗同學的邏輯、組織能力。「專家」一詞可以衍生出幾種不同層面的思考：首先，同學可試著自行對「專家」一詞展開討論並下定義，讓自己之後的論述得以更為明確；其次，為何有些人可以成為「專家」？「專家」一詞的背後，隱藏著嚴格自我要求下的專業堅持，更有一種以自身職業為傲的職業道德，同學可以在論述之餘可舉出實際例子，以讓論點更顯有力。

98年指考（指定考試）

第壹部分：選擇題

一、單選題

1. (A)ㄅㄧˋ。(B)ㄅㄨㄛˊ／ㄔㄨㄛˋ。(C)ㄓㄤˊ／ㄋㄧㄝˋ。(D)ㄑㄧˋ／ㄧ。

2. 以上的選項皆爲象形文字，故判別此題時應著重在字形和字義的對照。以上六個選項和現代所使用的漢字對照分別是：
    a、「月」：象初月之形。
    b、「目」：象眼睛之形。
    c、「龠」：象口吹排簫形。
    d、「明」：月光映照在窗上的形象。
    e、「冊」：用繩子編綴竹簡。
    f、「監」：一人低頭以器皿中的水映照臉龐。
    故答案選擇(D)冊＝e　明＝d　監＝f。

3. (B)無所「是」從→適。
    (C)事關全班「屬」害→利；應付「利」害的對手→屬。
    (D)往者「以」矣→已。
    故答案選擇(A)。
    請注意「利、屬」兩字，在使用上的區別：
    (1)利：便利、利率、利誘、牟利、福利、毛利人、伯利恆、本利比、本小利微、名利雙收、不計利害、大發利市、浮名虛利。
    (2)屬：惕屬、屬鬼、屬害、屬行、淒屬、淬屬、疾言屬色、暴屬恣睢、變本加屬、鋪張揚屬、秣馬屬兵、發揚踔屬、蹈屬奮發、雷屬風行、屬精圖治、凌屬攻勢、深屬淺揭、聲色俱屬、再接再屬、嚴詞屬色、外屬內荏。

4. (A)動詞，「讓……吃飯」。出自於《史記‧淮陰侯列傳》：有一位老婆婆因見韓信十分飢餓，便拿出飯菜給他吃。
    (B)動詞，意爲「養蠶」。出自於桓寬〈鹽鐵論〉：不下田耕種卻享用食物，不養蠶卻穿戴衣物。
    (C)動詞，意爲「面對」。出自白居易〈廬山草堂記〉：在一座面對山峰的寺廟側邊，建座草堂。
    (D)副詞，意指「在路上」。出自於《山海經‧海外北經》：夸父想到北方找大湖的水源以供飲用，但是還沒走到，就已在路上因過度口渴而死。（澤：水流匯聚處）

5. (A)「損害公家機關負面形象」一句語詞使用矛盾，應該改爲「損害公家機關的正面形象」，或「造成公家機關的負面形象」。
    (B)「委靡不振」指灰心喪志、士氣低落的樣子，此處用以形容不景氣下求職市場的冷清，語意並無矛盾，故答案選擇(B)。
    (C)「如喪考妣」一詞指人悲傷的彷彿失去了父母一樣，「如」字爲「譬如、就像」的意思。選項描述中的三子一女父母確實（而非「好像是」）雙亡，故詞語使用有誤。
    (D)「付之一炬」指被火焚燬。選項中描述的是颱風後淹水的災情，故詞語使用有誤。

6. (A)議論紛紛：眾人不停揣測、討論的樣子。／七嘴八舌：形容眾人議論紛呈的場面。／井然有

序：條理、秩序分明。／洶湧起伏：形容變化劇烈，有如浪潮高低起伏。

(B)言人人殊：指各人所言不同。／有志一同：指彼此看法、見解一致。／唯妙唯肖：指模仿得精細巧妙、逼真傳神的樣子。／千錘百鍊：指生鐵經鍛鍊而鑄成鋼的過程；即指文章經多次刪修、潤飾或人生所面對的眾多考驗。

(C)眾口鑠金：眾口所毀，雖金石猶可銷。引申為眾口同聲，積非成是的場景。／同聲附和：沒有自己的主見，只知附和眾人的意見。／別開生面：重新描繪舊畫像，使原本已褪色的面貌重新變得鮮明、生動。後多用以比喻開創新的風格、形式。／波瀾壯闊：比喻場面或氣勢的雄偉浩大。

(D)眾說紛紜：眾人的說法紛亂不一致。／異口同聲：形容眾口一詞，大家的意見皆相同。／栩栩如生：形容樣貌逼真，好像具有生命力一般。／千迴百折：形容過程的反覆曲折。

瞭解了以上成語的詞意後，各選項使用消去法破解如下：

(甲) 選項「這本名著的作者究竟是誰，一直 (甲)，莫衷一是」，應選擇和選項後「莫衷一是」語意相近者，故(A)的議論紛紛和 (B) 言人人殊與 (D) 眾說紛紜是可能的選項，可刪除選項(C)。

(乙) 選項「大家卻都 (乙) 加以推崇，毫無爭議」，應選擇和選項後「毫無爭議」語意相近者，故(B) 有志一同和(D) 異口同聲是可能的選項，可刪除選項(A)。

(丙) 選項「全書角色刻畫 (丙)」，應選擇形容作者角色刻劃巧妙的語詞，故 (B) 選項中指模仿巧妙的「唯妙唯肖」，並不適合用來形容文章中角色的活靈活現、生動細膩，可予刪除。

(丁) 選項「全書……情節發展 (丁)，具有令讀者愛不忍釋、廢寢忘食的魅力」，需選擇形容情節發展曲折離奇的詞語，因此「千錘百鍊」並不適用於此，可刪除(B) 選項。

7. (A)「追亡逐北」一詞中「追」與「逐」同指追擊，「亡」與「北」意為「敗亡」、「敗北」，同指敵軍戰敗而逃走，「北」一詞並非指北方。故此詞指秦軍大勝，追趕、驅逐敗逃的敵軍。

(B)「而君慮周行果」一詞指對方思慮周密、行為果決，其中的「果」字意指「果決」，而非「結果」。

(C)此句的主詞為蘇轍，句意為「在人才方面我已拜見了歐陽修，但卻認為還沒有見到太尉您（仍不算見過天下所有賢人）」，並無「歐陽脩以為……」之意。

8. 新詩填空的題型，多半適用刪去法。在選擇第一組空格的答案選項時，因前文中有「夜」，亦有「對燈獨坐」的形象，故「黑暗」或「寂寞」兩者皆可；選擇第二格選項時，因全篇未提及任何悲傷的往事，故不應選「創傷」，而應選擇 (B)(D) 與夜晚意象相關聯的「寒意」。當選擇最後一空格時，同學應著重在理解全詩的意境，透過對第二段「生生不息的宇宙」及「有熱，有光」等正面意象的理解，第三段若填入有棄世概念的「乘風歸去」，將產生文意上的矛盾；身處室內的他，聽到聲音後想「推窗出去」，才為合乎文意且是合理的舉動。故答案選擇 (B) 黑暗／寒意／推窗出去。

9. 第一組空格選項：從近體詩平仄規定與文意來分析，近體詩平仄一三五不論，二四六分明，所以第一組空格應為平聲字，以對應第一句的仄聲字「有」，故「驚」與「逢」兩字皆可。

第二組的空格選項：需從韻腳來分析，「新、蘋、襟」皆押「ㄣ」韻，故應選擇「春」，可據此刪除(B)、(C)兩選項。

第三組的空格選項：應從律詩的特性與詞意來分析，律詩中間兩聯平仄相對，因此空格應和「氣」的仄聲相對，故在格律上，「光」、「風」的平聲皆可。又此詩從「淑氣」（溫和怡人的氣息）、「梅」（梅花早春開放）、「綠蘋」（蘋葉轉綠）等關鍵詞，可以得知詩中的季節應為春天，故「南風」（夏天的風）的選項不宜，可據此刪除(D)選項。

本詩爲杜審言〈賀晉陵陸丞早春遊望〉，翻譯如下：只有仕宦在外、遠離家鄉的人，才會對季節的更迭格外敏感。當雲霞燦爛、旭日自海平面東昇之際，梅花和綠柳的春意已渡過江水，江南、江北一片綠葉紅花；溫和怡人的春氣催促著黃鶯啼叫，晴朗的陽光下蘋葉轉綠，大地一片回春的景象。這時，忽然聽見有人歌唱著舊時的古樸曲調，令我心中泛起歸鄉不得的愁思，不禁涕淚縱橫到幾乎沾濕衣襟。

10. 此詩的分析重點在於《詩經‧衛風‧伯兮》中「豈無膏沐，誰適爲容？」一句，翻譯：「我哪裡是沒有打扮可使用的香膏和髮油？（而是）有誰在我身旁，值得我爲他而打扮？」，意即女子的不打扮是因爲丈夫不在身旁；是一首丈夫久役不歸，在家的妻子思念遠人的抒情詩作；因此答案應選擇(B)丈夫。

11. 若要破解此種排序的題型，首先應注意詩文中提示的先後關係，並找尋出文意必然相連的文句。

「替老人家扣了安全帶，他沒說太緊／我們深深潛入月光，開車沿著濱海／我是鮭魚／→最後一句「我是鮭魚」，其後必然銜接「他也是鮭魚」，故應將「丙」置其後。

丙、骨灰罈子裡的父親，他也是鮭魚。

甲、我們一道游向宜蘭老家歸去／每遇到大轉彎就覺得父親要離我而去→題幹中的鮭魚有洄游的習慣，故「我」與「父親」的行動，自然是「我們一道游向宜蘭老家」。

乙、我側頭看看他／父親的回眸是大理石罈蓋濺過來的月光→由「甲」選項最末一句「每遇到大轉彎就覺得父親要離我而去」，可知作者應該會「側頭看看他」。

丁、銀色的世界風景連綿／這是我的世界，在公雞未啼的凌晨／更像是父親的世界→由「乙」選項月光可連接「丁」選項裡的銀色世界；且因題目裡詩文的最後一句爲「此刻正是我們父子共處對話」，故應選擇有「這是我的世界」與「更像是父親的世界」的「丁」選項以做呼應。而此刻正是我們父子共處對話／今天父親不再咳嗽，比往常沉默」。

12. 在選擇之前，首先需注意這些選項皆爲歷史人物「自述情懷」的歌辭，漢太祖高皇帝劉邦（前256年 —— 前195年6月1日），是中國歷史上第一位以平民出身稱帝者，亦是漢朝（西漢）的開國皇帝。在了解了劉邦的身分背景後，同學便不難理解爲何自傷自艾的歌詞不適合用來表現劉邦放眼天下的雄心及情懷，以及一位開國之君的身分了！

(A)此段是孔子傷心當時時局紛亂的感嘆之詞。語出《史記‧孔子世家》：泰山即將崩壞了！梁柱要摧折了啊！有品德的人將逝世了啊！

(B)歌辭中充滿著劉邦意氣飛揚的王者氣勢。語出《史記‧高祖本紀》中劉邦的〈大風歌〉：強風颳起啊！雲朵飛揚飄動，威鎮四海啊最後終歸故鄉。要如何得到驍勇善戰的將士啊以鎮守四方！

(C)是項羽絕命前的慨嘆，表現出一代霸主的英雄末路。語出《史記‧項羽本紀》中項羽在絕命前所唱的〈垓下歌〉：力量可拔起山峰啊，豪氣爲蓋世之冠；可惜時運不佳，騅馬無法前進；騅馬不前進，我又能如何呢？虞姬啊虞姬，妳說我能怎麼辦呢？

(D)爲伯夷無法勸阻武王後的傷心喟嘆。語出《史記‧伯夷列傳》：登上西山啊，採摘野菜爲食。以暴制暴，用殘暴手段取代前任暴君啊，卻不知道自己已犯下錯誤。神農氏、虞舜、夏禹（古代的賢者、聖君）的世道已快速的消逝了！天下哪裡還有我能夠安穩生活的歸宿呢？唉！可嘆要餓死於此啊，這就是衰薄的命運吧！

13. 解題前首先需注意各家學派的特色：

甲、文句中表現出道家特色：「虛靜恬淡、寂寞無爲」。語出《莊子‧外篇‧天道》：聖人的心境恬靜，就像是天地萬物的鏡子。空虛恬靜、寂寞無爲的人，就是天地間的準則、道德的極致。

乙、「入則孝，出則悌，守先王之道」，充分反映了儒家思想的觀點。語出《孟子・滕文公》下：假使現在有這樣一個人，在家裡能孝順父母，出外則能友愛兄弟（亦有「悌，順也」，順從長輩之意），嚴守先王所傳下來的大道，並以此傳授給後學，但卻無法在您的手下做事得到俸祿。您為何尊敬木匠、車工而輕視遵守仁義的人呢？

丙、從「守法術」、「守規矩」兩項線索中，可以直接得知此為法家思想。語出《韓非子・用人》：拋去可量裁尺寸的圓規方矩而妄以個人意念揣測，就算是奚仲（相傳是大禹的臣子，也是造車的始祖），也造不出一個車輪；廢棄量測工具而目測長短，即便是巧工王爾，也不能造出合乎一半標準的物品。讓資質、才能中等的君王遵守法律與治術治國，讓才能拙樸的工匠使用測量工具並遵守既定尺寸，反而會萬無一失。

14. (A)打錯電話時，的確應向對方致歉，但彼此非親非故，不應該詢問對方姓名。

(B)寫信給師長的時候，應該在信末署名部分寫上全名，以示對師長的尊重，也可避免師長因學生眾多而分不清來信者。

(D)信封應寫明寄信地址及署名，此舉不但是基本禮貌，也可避免郵差因無法投遞以致不能處理退件的窘境。

15. 此題主要想測驗學生對文學體裁特質的掌握，以及對重要作家的熟悉程度。

(A)唐代傳奇是指傳述奇聞異事的小說，明清傳奇則指戲曲。

(B)詞牌僅表示音樂的曲調，與內容並無直接關聯，故無法透過詞牌了解詞作的內容。

(D)《東坡樂府》並不是宋代新樂府的代表，而是蘇軾的詞集。

> 　　楚人居貧，讀《淮南》，方得「螳螂伺蟬自鄣葉可以隱形」，遂於樹下仰取葉。螳螂執葉伺蟬，以摘之，葉落樹下，樹下先有落葉，不能復分，別埽取數斗歸，一一以葉自鄣，問其妻曰：「汝見我不？」妻始時恆答言：「見。」經日乃厭倦不堪，紿云：「不見。」嘿然大喜，齎葉入市，對面取人物，吏遂縛詣縣，縣官受辭，自說本末，官大笑，放而不治。

翻譯

本文出自邯鄲淳《笑林》。有個家境貧困的楚國人，因為讀《淮南子》，得知「螳螂偷看蟬時用葉子來隱蔽自己」，於是便在樹下仰頭等待（拾取螳螂蔽身的葉子）。當他看到螳螂拿著葉子蔽身伺機捕蟬時，就伸手摘下那片樹葉，但一不小心葉子落到樹下，樹下原先便有落葉，因此他無法分辨哪一片是剛剛螳螂用以蔽身的那一片，於是他就掃了好幾斗地上的樹葉帶回家，用一片又一片的樹葉遮擋自己，並分別問妻子：「妳能不能看見我？」他的妻子剛開始一直回答：「看得見。」後來經過了一整天不斷詢問，感到厭倦又不耐煩，於是便哄騙他：「看不到了。」楚人心裡高興萬分，便帶著那片葉子到市集，當著眾人的面直接拿取別人的物品，官吏便逮捕綁縛他到官府。縣官審理時，聽到楚人說明事情經過後，哈哈大笑，便釋放他且不加以治罪。

16. (A)楚人是因為異想天開，想學螳螂隱形行竊，但卻並未如願隱形而被捕，並非因學藝不精。

(B)文中只描述縣官「大笑」的反應，並未言明縣官釋放楚人的原因。

(C)楚人失手被捕，是錯在異想天開以為人可以跟螳螂一樣，依靠葉片隱身，不在於拿錯樹葉。

17. (B)「齎」音ㄐㄧ，即「拿、持」的意思。

二、多選題

18. (A)音ㄑㄩ，事理不直之意。翻譯：不談能力好壞，不討論品德是否正直。／音ㄑㄩˇ，樂音之意。翻譯：樂歌曲調雖然一樣，節奏音律也許相同。

(B)意皆指返回。翻譯：如此眷戀難捨就是想要歸返家鄉的這份情感啊，誰能夠承受鄉愁的煎熬呢？／翻譯：歸返故鄉啊，家鄉的田園就要荒蕪了，怎能夠不回去呢？

(C)往、至之意。翻譯：即使讓身高僅有五尺的小孩子到市集中買物品，也沒有人會欺騙他。／享用之意。翻譯：（江上的清風與山間的明月）是創造萬物的自然所賜予我們的無盡寶藏，是我與你可以一起享受的（美好寶藏）。

(D)意皆指借。翻譯：借用船隻的人，雖然未必擅長游泳，但是依然可以借用船隻渡過江河。／面對王道被侵略凌辱的時刻，我願意借用仁義的旗幟，貢獻一己能力而成就功業。

(E)意皆指遨遊。翻譯：古代至德的人，有時借用仁道而行，有時託詞於義理（沒有一定的常跡），以此自在地遨遊在虛靜無常的世界之中。／翻譯：（西山的）廣闊無際與天地共存，而不知道它的終期。

19. 破解本題時，首先需注意題幹所描述的「歷史意義、時代精神」，因此選擇具有大時代背景的選項，便可符合此題的題幹要求。

(A)此段文字出自羅門的詩〈麥堅利堡〉，詩中所描寫麥堅利堡（Fort Mckinly），位於馬尼拉城郊，是一座紀念第二次大戰期間在太平洋地區戰亡的七萬美軍的巨大墓園；而本詩亦為詩人對特殊歷史背景——第二次世界大戰的感懷。

(B)此段文字出自周夢蝶的詩〈囚〉，詩作內容純粹為個人的情思，不符合題幹「歷史意義、時代精神」的要求。

(C)此段文字出自敻虹的詩〈海誓〉，內容著重勾勒男女間的情思，未涉及題幹「歷史意義、時代精神」的要求。

(D)此段文字出自瘂弦的詩〈紅玉米〉，詩人以一串吊掛的紅玉米，濃縮中國北方農民的經驗與自身的生命史，同學可由詩文中的時空場景，推斷本詩符合了題幹「歷史意義、時代精神」的要求。

20. 此題重點在測驗同學是否理解並能夠分析對比修辭法；簡要而言，對比就是以兩個必須具有某種程度關聯性的不同概念或事物，互相對照，各選項解析如下：

(A)「窮」與「只剩下錢」，同指經濟狀況，互相對比。

(B)「百年」為時間觀念，「孤寂」為心理活動，兩者無法相互對比。

(C)「過於喧囂」與「孤獨」皆為人的感受，互為對比。

(D)「又平又熱又擠」，屬類疊修辭，不是對比修辭法。

(E)「不能承受」與「輕」皆為重量感受，互為對比。

21. 此題同學需格外注意，雖然題幹要求兼顧「意義的正確」、「意境的掌握」與「可以呼應原文的優美」，然而此題為選擇題，且掌握意境與優美與否皆過於抽象，故實際上同學只需注意選項是否能「正確」符合原文的內容，即可判斷出正確答案。

(A)「上下天光」指「天光與水色」的相互輝映，並非湖面與山色相互輝映。

(C)「郁郁青青」指「香氣濃郁且生長茂盛的樣子」，並不是指「青春的色彩」。

故答案選擇 (B)(D)(E)。

錯誤選項改正後，請同學觀摩選項連結後完整的翻譯：至於春氣和暢、陽光明媚的日子，湖面波平浪靜，天光和水色相互輝映，一片碧綠，廣闊無邊；沙洲的鷗鳥時而飛翔、時而止息，美麗的魚兒悠然的游來游去；湖岸的芷草，沙洲的蘭花，香氣濃郁且生長茂盛。而有時瀰漫的霧

氣全部消散，皎潔的月光流瀉千里，隨波浮動的月光，彷彿是閃耀的黃金，靜靜倒映的月影，就像是沉落的璧玉，漁人的歌聲彼此唱和，這種快樂眞是無窮無盡！

22. 翻譯

起初，朱買臣被免了官，在等待天子詔書頒布新職之前，常在會稽太守府邸的看守人那兒借住、用飯。官拜太守後，朱買臣穿著舊衣服，將印綬藏在懷裡，走回會稽郡的官邸中，此時正好是地方官員向朝廷上呈文書的時候，會稽郡的官員都聚在此一起共飲，對朱買臣正眼也不看一眼。朱買臣走入室內，官邸的看守人仍舊跟他一起吃飯，等吃飽了之後，朱買臣才將他懷中官印上的絲帶稍微露出，看守人感到好奇，往前拉出那條絲帶，端詳後，發現那正是會稽太守的官印。看守人非常驚訝，趕快走出去告訴那些會稽郡的官員。當時那些官吏都已有醉意，大聲向看守人喊叫：「這太荒誕了！」看守人說：「你們可以過來看看。」有個向來輕視朱買臣的舊識走進去看，回頭跑出來，急忙叫喊著：「是眞的！」在座的眾人全都感到驚嚇駭怕，立刻呈報留守的主官，並相互推擠著爭相排列在中庭準備拜見朱買臣，此時朱買臣緩慢地走出室內。一陣子後，長安管理馬廄的官吏乘坐著四批馬拉的馬車前來迎接他，於是朱買臣便乘坐著這部車離開了。

同學可在瞭解了全文的語意後，再進行選項是否合理的推斷。各選項解析如下：

(A)朱買臣「衣故衣，懷其印綬，步歸郡邸」，是爲了故布疑陣，讓舊識們難堪，而不是爲了清廉不貪汙的形象。

(B)由當買臣「步歸郡邸……會稽吏方相與群飲，不視買臣」，可知其他官吏對朱買臣的輕視，並非因忙於應酬才不理會他。

(C)可由當買臣「步歸郡邸……會稽吏方相與群飲，不視買臣」，推斷出官吏們對朱買臣一向的輕視態度，而直覺地認爲朱買臣並沒有官拜太守的能耐，故此選項的推斷確屬合理。

(D)從「徐」字、全文的鋪陳和朱買臣有意讓他人驚訝的態度，此選項的推斷確屬合理。

(E)由朱買臣著舊衣回府，到後來「少見其綬」的故布疑陣，到他「徐出戶」的態度，不難推斷他極希望別人知道他已非昔日吳下阿蒙。（阿蒙，是指三國名將呂蒙。原來是不識字，但後聽從孫權勸說，篤學不倦，而成爲學識淵博之士）

23. 這題考同學對特定作家風格及文學體裁的認識，故需先具備對文學體裁的基本判別能力及對作家、時代風格的認識。

甲、唐代五言絕句，出自李商隱的〈登樂遊原〉：夕陽下的景色無限美麗，只可惜已經接近黃昏（轉眼間就將要消失）。

乙、唐代五言律詩，出自杜甫的〈春望〉：感傷時勢連花兒也落淚；悵恨別離讓鳥兒都會感到驚恐、害怕。

丙、唐代五言古體詩，出自李白的〈月下獨酌〉：我舉起酒杯邀請明月，對著月下自己的身影，就像是三人（月亮、詩人與詩人的影子）共飲一般。

丁、唐代七言律詩，出自杜甫的〈客至〉：這條長滿花木的小徑，從來不曾因爲客人的到來而被打掃；今天爲了你的到來，我才初次打開這扇簡陋的草門。

戊、宋代七言絕句，出自朱熹的〈觀書有感〉：如果問池水怎麼能夠如此清澈？因爲有源頭的活水不斷地注入所致。（表面看似論水，實際上朱熹是在討論讀書需長期積累）

己、宋代七言絕句，出自蘇軾的〈題西林壁〉：無法看清廬山的眞實面貌，是因爲自己正身處在廬山之中。

庚、唐代七言律詩，出自杜甫的〈聞官軍收河南河北〉：白天我要縱情歌唱、開懷痛飲，明媚的春光伴我一路返鄉。

了解選項的體裁、作者與風格後，再進一步分析題目：

(A)乙是唐詩，戊、己是宋詩。同學需注意，一般而言，比起唐詩，宋詩趨向議論哲理的理性風格，是爲哲理詩，考試時常用朱熹、蘇軾的詩篇爲題。

(B)甲、戊、己是絕句，乙、丁、庚爲律詩，丙是古體詩。

(C)乙丁庚確實皆爲對仗句。（對仗是指兩句平仄相對，詞性相同）

(D)乙丁庚三項爲杜甫的作品。

(E)甲是李商隱的作品，庚是杜甫的作品，只有丙是李白的作品。

24.(B)漢代古詩，徒誦不歌，是原本就不配樂、也不可歌的詩體。

　(E)雖然漢代獨尊儒術，罷黜百家，「四書」之名卻是宋代朱熹把儒家經典整理後才出現的名稱。

第貳部分：非選擇題（佔45分）

一、簡答（9分）

> **思路小提醒**
>
> 此處和選擇第二十二題一樣，考驗同學是否能在閱讀後，充分理解人物的心理與性格。需格外注意的是此種簡答題不需添加過多的個人想像與意見，亦不必過度迴避人物本身的負面形象。能在閱讀完以後，細膩並忠實地破解這篇文章中所呈現的人物性格者，方可獲得高分。同學在閱讀完全文之後，需依照題幹要求「分別說明三者的心態」，將此篇分析分成三部分進行：
>
> 1. 畫線處孟嘗君的心態：此處孟嘗君的「笑」，表達了他在聽到馮諼「無好」且「無能」後，略顯輕視的態度。而孟嘗君的坦然「受之」，則表現出他廣納食客的大度心態。
> 2. 畫線處左右之人的心態：左右之人的「笑」，顯然是針對馮諼的歌。延續前文中左右之人認爲孟嘗君輕視馮諼的心理，對「無好」且「無能」的馮諼居然還想要貪求物質上的享受時，這種「笑」，自然透露出旁人的鄙夷與輕蔑。
> 3. 畫線處馮諼的心態：前文已經爲馮諼塑造出「無好」且「無能」卻還「貪婪」物質需求的形象，在這裡，作者以他乘車揭劍，並向舊識誇耀的行徑，進一步爲馮諼添增了「愛好炫耀」的浮誇性格，徹底將他醜化。而也因這四層負面形象的營造，當馮諼發揮才能時，也才更令讀者感到驚奇；這正是先抑後揚筆法的展現。

二、作文（36分）

> **思路小提醒**
>
> 當題目引文簡短時，便代表著同學擁有廣闊的發揮空間；但也正是這種低侷限性的題型，同學反而更容易失去寫作的重心，讓文章看來空洞且漫無邊際。
>
> 以此題爲例，同學可先由自己的生活經驗開始思考：誠如引文，至聖孔子也年愈四十才感不惑，何況是正直青春年華的同學們呢？有疑惑是人之常情，替自己解惑更是天經地義，朋友間的誤會、爭執使人惶惑；學業與休閒活動如何取得平衡，亦讓人困惑；在未來填選志願時，如何爲自己設定未來人生方向，將更使人迷惑。同學可藉由具體事例，明確「惑」的方向。
>
> 其次，可以從對極思考出發，從正面與反面的不同立論，爲自己的疑惑展開一場論辯，再藉由「疑惑是什麼」、「爲何感到疑惑」、「應如何解惑」等具體步驟，有層次的進行論述。
>
> 然而需注意：內心辯證才是本文核心，千萬別舉過多事例而偏移了焦點。

99年指考（指定考試）

第壹部分：選擇題

一、單選題

1. 甲、一ㄝˊ／一ˋ。
   乙、ㄓㄨㄛˊ。
   丙、ㄓㄨㄟˋ／ㄔㄨㄢˊ。
   丁、ㄔˋ／ㄓˋ。
   戊、ㄍㄨˋ。
   己、ㄒㄧㄝˋ／ㄒㄩㄝˋ。

2. (A)絮絮「叨叨」→「叨叨」。絮絮叨叨：形容言語瑣碎囉嗦。
   (B)人文「繪」萃→「薈」。人文薈萃：人類文化所集中表現的地方；比喻傑出人物會聚的所在。
   (C)「夏」然而止→「戛」。戛然而止：形容突然停止。

3. 歷經滄桑：比喻經歷無數事故與變化。
   粉飾：有二義，一為敷粉妝飾，指作表面的裝飾打扮；另為僅具外觀，不求實際。
   紙醉金迷：本指絢爛奪目，後用以比喻奢華淫靡的享樂生活。
   披星戴月：形容早出晚歸，旅途勞累。
   玉砌雕欄：美玉堆砌、刻鏤華麗的欄杆；此指精美的建築。
   淡褪：顏色脫落或變淡。
   第二格：「剝蝕」了琉璃，「□□」了朱紅，「坍圮」了高牆→此三句排比都在描繪建築的毀損與沒落，故「淡褪」較「粉飾」更為恰當。
   第三格：剝蝕了琉璃，淡褪了朱紅，坍圮了高牆→此三句描述對象均為建築物，故下一句亦應填入同性質的詞彙：散落了「玉砌雕欄」。
   第一格：第二、三格判定後，倒推回第一格，古園「歷經滄桑」等了四百年。檢查文意無誤，故答案為(C)。

4. (A)並列。選項引文出自韓愈〈師說〉／牙齒。選項引文出自劉鶚〈明湖居聽書〉。
   (B)心靈。選項引文出自柳宗元〈始得西山宴遊記〉／選項引文出自歐陽脩〈醉翁亭記〉。
   (C)眼睛。選項引文出自荀子〈勸學〉／網的孔眼。選項引文出自連橫〈台灣通史序〉。
   (D)手指頭。選項引文出自方孝儒〈指喻〉／用手指示。選項引文出自方苞〈左忠毅公逸事〉。

5. 說明
   在考文句重組的試題中，必然有前後邏輯性或因果關係，故可根據上下文中關鍵字、連接詞或文意口氣等線索加以判斷，各選項解析如下：
   這闋詞鋪寫相思，婉轉言情。上片是男方的思念之情，下片從自身的相思，設想對方的心理，再反過來更增添了自身的相思，構成了錯落多姿的情韻。因此按照常人寫信的流程，即可判別出正確答案：丁、「寫遍……相思」的寫信→乙、「重重封卷」的封信→丙、「密寄書郵」的寄信→甲、「料到伊行，時時開看」的揣測對方收到信時必定會時時看信。
   題幹出處是蘇軾〈沁園春〉：「情若連環，恨如流水，甚時是休。也不須驚怪，沈郎易瘦；也不須驚怪，潘鬢先愁。總是難禁，許多魔難，奈好事教人不自由。空追想，念前歡杳杳，後會悠悠。　凝眸。悔上層樓。謾惹起、新愁壓舊愁。向彩箋寫遍，相思字了，重重封卷，密寄

書郵。料到伊行，時時開看，一看一回和淚收，須知道，這般病染，兩處心頭。」

解釋

(1)「潘鬢先愁」：晉代潘岳三十二歲即出現白髮。潘岳〈秋興賦序〉：「晉十有四年，余春秋三十有二，始見二毛。」後以此比喻時光易逝而無成就，或感嘆未老先衰。「白頭潘令」、「潘鬢成霜」、「潘岳白髮」、「潘岳二毛」、「二毛潘岳」等皆同義。

(2)「好事」教人不自由：此處指男女間歡會的情事。

翻譯

情像連環（互套且不可分開的環圈）不斷，恨如流水綿綿，無休無止。不需驚訝於沈約腰圍消瘦，也不需驚怪於潘岳鬢髮花白，這瘦與愁的原因，都是因為無法自主地時時惦記著我們相會的種種情事。此刻只能徒然追憶那杳無蹤跡的過往歡樂，期待那難以預料遙遙無期的會面。　　目不轉睛凝神遙望著，心裡後悔著登上這層高樓（怕追想往事，惹起舊愁）。徒然惹起無比新愁壓過舊愁又交織一起。我將彩色信紙上寫滿相思之情，再一層層彌封起來，祕密地傳寄給你，料想信到了你手上，定會時常打開來看，每看一次最後都會和著眼淚收起信箋，要知道，這種相思病的痛楚，可是會感染你我兩個人的心啊。

6. (A)唐代古文運動力求復古，杜甫創作詩歌則力求新奇變化；從題目句「唐代古文『雖』一直以復古為通變」，和選項句「詩『卻』從杜甫起多逕趨新變」中轉折語句的使用，可判斷此為正確選項。

(B)題目句「杜甫並不卑視齊、梁」，表示杜甫並不反對齊、梁時宮體詩的綺麗、浮華、柔弱；選項句「自從建安來，綺麗不足珍」，表示建安以來的齊、梁時宮體詩不值得珍視，文意前後矛盾。

(C)「遣辭必中律」是指杜甫作詩的特色，即是遣詞用字一定符合格律。

(D)「晚節漸於詩律細」是指杜甫晚年，漸趨追求格律的精緻細膩。

7. 解析

閱讀完全文，整理重點，脈絡如下：

(1)麥克・克萊頓《旭日東昇》，是以1990年代日本跨國企業為題材的小說，曾讓《紐約時報》周日書評找來兩位評論家，對「是否會挑起仇日情結？」代表正反意見。

(2)丹・布朗《達文西密碼》得到麥克・克萊頓的真傳，明白真正的驚悚，一定得讓故事中的爆點延燒到真實世界，讓讀者懷疑自己所存在的世界。

說明

(A)麥克・克萊頓的《旭日東昇》，不是《紐約時報》的周日書評；而是《紐約時報》的周日書評去評論麥克・克萊頓《旭日東昇》這本書。

(C)文中只提到《旭日東昇》是以1990年代日本跨國企業為題材的小說，未論及驚悚性質的《達文西密碼》的題材內容。

(D)真正的驚悚，一定得讓故事中的爆點延燒到真實世界，讓讀者懷疑自己所存在的世界。

8. (甲) 選項引文出自《老子》第四十七章，翻譯如下：聖人不必遠行外求，即能了解天下事物的道理；不用親見觀察，就能明瞭自然法則；不必人為造作，即可化成萬物。

題目句中「不行」、「不見」、「不為」，正是道家無為的精神。

(乙) 選項引文出自《韓非子・心度》。翻譯如下：聖人治理人民，法令隨著時間嬗遞而更改，禁令隨著百姓的智慧、能力而變動。

題目句中的「『法』與時移」、「『禁』與能變」，已經指出是「法律、禁令」，故推斷是法家。

(丙) 選項引文出自《荀子・性惡》。翻譯如下：聖人累積智慮，熟習人為事務，以建立禮義、

法度。

　　題目句「習『僞』故，以生『禮義』而起『法度』」，講人爲、禮義、法度，是荀子，屬於儒家。

(丁) 選項引文出自《墨子・尚同》。翻譯如下：聖人所以能經世濟民、成就事功，名聲永垂後世，沒有其他原因或特殊緣由，只是因爲能以共同標準、眞正的公平，來施政構築和諧的世界。

　　墨家主張「兼愛」、「非攻」、「尚賢」、「尚同」、「節用」、「節葬」、「非樂」等，題目句「以『尚同』爲政」，正是判斷的依據。

9. 翻譯

以前有人在晚上聽到有唱〈渭城〉的歌聲非常好聽，天大亮後循聲尋找，竟然是一位受雇在酒館工作的平民百姓，於是耗費很多錢（緡，ㄇㄧㄣ／，古以緡來串錢，後以一千文爲一緡）讓他去主持賣酒，一段時間後，他已不再能唱出好聽的〈渭城〉歌曲。近來有位江右的顯貴人士，年剛四十歲時，詩作風格頗爲清雅，等到顯貴之後，雖然作品篇章繁多，卻缺點叢生（坌，ㄅㄣ、，湧現）。人們不明其故，我說：「這和不能再唱出好聽〈渭城〉曲的情況一樣啊！」

解析

(A)平民從歌〈渭城〉甚佳到不復能歌，是因爲境遇的改變：在酒館幫傭至主持賣酒。

江右貴人從詩頗清淡至篇什日繁，而惡道坌出，也是因爲境遇的改變：既涉貴顯。

因此「心隨境遇而異」的選項，正是引文意旨所在。

10. 翻譯

身著彩衣的妳殷勤地捧起玉杯勸酒，當年的我甘願拚命痛飲而醉得一臉通紅，妳在翠柳圍繞的高樓中翩翩起舞，輕搖著繪有桃花的團扇下緩緩而歌，直到月落風止方歇。（此處空兩格稱爲「過片」）自從離別後，我時常想望能再相見，也多少次做夢與妳相聚。今夜我只管頻頻舉起銀燈照了又照，生怕這美好的相逢只是一場夢幻。

解析

(A)上片寫昔日舞榭歌臺中的共處歡樂。

(B)下片寫相憶並驚喜於重逢。

(D)下片以燈火燃燒，描述熱烈的情感、珍惜把握這如夢似幻的驚喜。

11. (A)選項句中「師道」、「哲人（賢者）」，較適用於師長。

(B)選項句中「手足」、「脊令」皆指兄弟，故適用於兄弟。《詩經・小雅》：「脊令在原，兄弟有難。」兄弟有難有如脊令（水鳥名）失所（本應在水邊如今卻在原野），故後以「脊令」指兄弟。

(C)題幹句「韓愈……與姪韓老成情如兄弟」，可知韓愈是叔叔。選項句「回首前塵忝居『父執』」，忝，自謙之詞；「父執」，泛稱父親的同輩。故由自稱「父執」，知是長輩對晚輩的口吻。

(D)選項句「當年『硯共芸窗』冰雪聰明推第一」，「共硯」、「共席」，都代表同學關係；「芸窗」，因書齋內有驅蟲的芸香，故又爲書齋的別稱。

12. 閱讀完全文，整理重點，脈絡如下：

(1)契可夫〈Misery〉是一篇小小說，以悲憫的眼睛，看人對他人悲傷的反應。

(2)駕車的老頭：在戲院門口載客，對搭車客人嘟嘟噥噥地訴說著獨生兒子的死亡。

(3)客人有六、七種不同的反應：

①大多數人都教他閉嘴，快趕路！

②甚至有人用皮靴踢他、罵他糟老頭。

③另有一兩個旅客表示關心，問了他兒子情況，不過，他們很快地忘了有這麼回事。

(4)車夫回家，牽著馬入馬廄時，說：這個世界上，只有你聽到我的話之後，還有一點同情的樣子。

説明

(A)「客人們就產生了六、七種不同的反應」，證明故事中的人物超過五個。

(C)以車伕一個晚上的經歷為故事主軸，採用順序手法：工作（反覆載客）→回家（牽馬入廄）。

(D)「最後回到他簡陋的屋子，牽著馬入馬廄時，他說……只有你聽到我的話之後……」，可見聆聽他說話的是那匹一起工作，載客拉車的馬。

13. 閱讀完全文，整理重點，脈絡如下：「這故事很簡單，敘述也沒甚麼花俏之處，研究生們會這麼重視它，令我頗覺得欣慰。」接著敘述欣慰的原因，是樂見學生能理解小說作者的悲憫情懷，「因為這個小小說完全講內心世界，呈現的是心境。……契可夫用他悲憫的眼睛，來看別人對他人悲傷的反應。」

14. 閱讀完全文，整理重點，脈絡如下：

(1)他出了門，站在門前的階梯上，伸手拿鑰匙，發現沒帶（想起放在脫下來的那件褲子裡）。

(2)心裡當下想：得去拿來；但基於下列理由：衣櫥會響怕打擾她、剛才她翻身時看起來睡得正香甜，而體貼地決定不拿。

(3)於是繼續動作：悄悄帶上大門，又拉緊一點……看起來是關緊了。

説明

(A)他出了大門，先發現沒帶鑰匙，思考後決定不回房拿鑰匙，才帶上並拉緊大門。

(B)「他站在門前的階梯上，伸手到褲子後口袋裡拿大門鑰匙。咦，不在這。在我脫下來的那件褲子裡。」可見他確定鑰匙是在褲子口袋裡。

(D)他擔心拿鑰匙會吵醒她，還是決定不拿鑰匙。

15. (C)第一次獨白是「咦，不在這。在我脫下來的那件褲子裡。得去拿來。那衣櫥老是嘰嘎作響，不好去打擾她。剛才她翻身的時候，睡得正香呢。」

第二次獨白是「反正到我回來前沒關係吧。」兩次獨白都是「他」的想法。

(D)文的兩段獨白，是為了呈現故事人物腦海中的思緒活動，讓讀者更貼近主人翁的思緒。

16. 翻譯

在滄州南邊有一座臨河而建的寺院，寺院的山門傾倒於河中，門旁的兩尊石獸也沉入了河中。過了十幾年，和尚募款重建，在河中尋找這兩尊石獸，竟然找不到，以為石獸已被河水順流沖走，便划著幾艘小舟，拖著鐵鈀（ㄅㄚˇ，農器或武器的一種），向下游找了十餘里也不見蹤跡。一位講學的人在寺中設帳授課，聽說這件事，笑著說：「你們不懂得窮究事物的原理。石頭不比木塊，哪會被暴漲的河水沖走？這是因石頭質地堅硬又沉重而沙質鬆軟，石頭被河沙埋沒後，應該會越沉越深，沿河往下游找，這不是太瘋狂了嗎？」大家都認為很有道理。但是有一名老河兵聽說此事，卻不以為然，笑著說：「凡是遺失石頭在河中，應該要到上游找石頭。因為石頭質地堅硬又沉重，沙質則鬆軟，水流沖不走石頭，被石頭阻擋的水流所激濺起的力量，必定會在石頭下端迎接水流激濺力量的地方，沖刷河沙形成坑洞。水流越沖坑洞越深，等到坑洞深度擴至石頭一半時，石頭便翻倒在坑洞裡，如此再沖刷，石頭再翻轉。反覆循環不停翻轉，石頭就逆流而上了。往下游尋找，固然瘋狂；在原地尋找，不是更瘋狂嗎？」果然如老兵所言，在數里外的上游處找到了。

17. 在這篇文章的最後，紀昀接續著提出看法：「然則天下之事，但知其一，不知其二者多矣！可據理臆斷歟？」（翻譯：天下之事，只知道從一個方向去推想，卻不知道還有其他可行之道的事太多了！我們怎麼可以固執著自以為是的道理去對事情妄下斷論呢？）

　(A)空言不如力行，強調親身實踐的重要性。

　(B)選項引文出自《孟子‧告子》：追求學問的方法，就在找回那放失在外的本心。

　(D)盱衡：觀察分析。僧人、講學家均單憑自己認為理所當然的想法去判斷事物，自失之偏。

二、多選題

18. 詩意說明

在時光與家事不斷的洗染下→點出了母親既為家庭付出，也隨著歲月年老

您的頭髮從黑洗到白，從白

又染成了灰，一如錯落的蘆葦→「頭髮……一如錯落的蘆葦」

髮浪一年一年逐漸後退

留下一道一道深陷的紋理→寫母親日漸年老，額頭漸禿，額紋漸深

在您曾經舒坦飽滿的額上

我從那紋理中站立起來→我在母親的青春歲月中成長茁壯

從春到秋，從玫瑰豔的清晨

到梅蕊香的黃昏──面對您的額紋→寫母親的一生，從春到秋、清晨到黃昏的歲月流逝，從玫瑰豔到梅蕊香的青春逝去。

選項說明

　(B)「髮浪一年一年逐漸後退」，是因母親日漸年老。

　(C)「我從那紋理中站立起來」，是因母親奉獻了青春，養育了我的成長。

19. (C)摔奏摺、撿奏摺再三重讀的動作，刻畫嘉靖皇帝既有面對事實真相的惱怒，又有佩服海瑞敢講真相勇氣的矛盾心態。

　(D)嘉靖皇帝有時把海瑞比作忠臣比干，有時又痛罵為「畜生」，可見嘉靖皇帝對海瑞是又愛又氣，內心矛盾。

20. (A)由「月景」、「趣味」等關鍵字，即可判別文句確實書寫因月景而興發愉悅之情。選項引文出自袁宏道〈晚遊六橋待月記〉，翻譯如下：月景尤其佳妙地無法用言語形容，花的嬌態柳的柔情，山的姿容水的意趣，都另有一種趣味。

　(B)由「三五之夜」、「明月」、「珊珊可愛」等關鍵字，即可判別文句確實書寫因月景而興發愉悅之情。選項引文出自歸有光〈項脊軒志〉，翻譯如下：在農曆十五的夜晚，明亮的月光照在半邊的圍牆上，桂花樹的樹影參差錯落，隨著晚風樹搖影動，輕盈多姿。

　(C)由「皓月千里」、「此樂何極」等關鍵字，即可判別文句確實書寫因月景而興發愉悅之情。選項引文出自范仲淹〈岳陽樓記〉，翻譯如下：有時候江面上的水氣雲煙全部消散，明月普照千里，月光浮動在湖面上閃爍著金色的光芒，明月倒影在湖中猶如下沉的璧玉，江面上漁人的歌聲相互應和，真是樂趣無窮啊。

　(D)此段引文只是寫一道士在夜飲時做法的情形，與月景完全無關。選項引文出自蒲松齡〈勞山道士〉，翻譯如下：於是道士將筷子丟擲到月亮中。只見一位美女，從月光中走了出來，剛開始身高不到一尺，等到落地，就和常人一般高了。細腰秀頸，輕盈愉快地跳起霓裳舞。

　(E)此段引文興發的是傷感寂寥的情感，而非愉悅之情。選項引文出自蘇軾〈水調歌頭〉，翻譯如下：我舉杯問蒼天：這天上明月是何時出現的。不知道天上那聳立的富麗宮殿，今夜是屬

於哪一年。我想乘著輕風回去，但只怕那高高在天精美華麗的神仙月宮，輕冷肅寒得令我無法承受。

21. 本題選擇判斷的關鍵在「文句直率、質樸、通俗化、口語化」，各選項解析如下：
　(A)引文文句符合本題「文句直率、質樸、通俗化、口語化」的判讀要求。選項引文出自白樸〈德勝樂‧冬〉，翻譯如下：獨自行走，踏成了一條路，卻白白走上了千萬次。能不能快一點稟報，不要耽擱延誤到天都亮了。
　(B)引文文句符合本題「文句直率、質樸、通俗化、口語化」的判讀要求。選項引文出自關漢卿〈四塊玉‧閒適〉，翻譯如下：老酒喝完了，就再倒出新酒，大夥在舊瓦盆邊暢飲歡笑。和山中僧人、鄉野老人一起悠閒自在地吟詩唱和，他殺兩隻雞，我宰一隻鵝，有鄰友、佳餚、開懷暢飲，真是閒適快活。
　(C)整首用字遣詞清麗典雅，又用典「落殘霞孤鶩齊飛」，不符「文句直率、質樸、通俗化、口語化」的散曲特色。選項引文出自盧摯〈沉醉東風‧秋景〉，翻譯如下：枯瘦的松樹倒掛在絕壁山崖上，孤單的野鴨隨著殘存的晚霞一起隱沒於天邊。四周有連綿不盡的山巒，一眼望去是無邊無際的水面。西風吹拂，天地間滿布秋意。夜晚靜悄，月影低垂，雲朵如風帆般，載著我徜徉在瀟湘山水如畫的美景裡。
　(D)整首用字遣詞清麗典雅、前兩句對偶、表達意在言外的高潔心志，不符「文句直率、質樸、通俗化、口語化」的散曲特色。選項引文出自白樸〈沉醉東風‧漁父〉，翻譯如下：長滿黃蘆葦的水岸邊，開滿白蘋花的渡口。翠綠楊柳搖曳在堤防旁，紅色蓼花綻放在沙灘上。雖然沒有捨命相交的知己，但卻有那忘卻心機的朋友：在秋天江面上輕飛點水的白鷺和沙鷗。鄙視俗世王公貴族的，是那垂釣江面不識字的老翁。
　(E)引文用字遣詞清麗典雅，又用各種意象表達恬淡的胸懷，不符「文句直率、質樸、通俗化、口語化」的散曲特色。選項引文出自張可久〈人月圓‧山中書事〉，翻譯如下：千古歷史的興亡正如一場繁華的美夢，浪跡奔走的詩人已看倦了世事滄桑。孔子墓地的樹木高大，春秋時的吳國宮宇是野草滋生，戰國時的楚國宗廟為烏鴉棲息。有幾間茅屋，萬卷藏書，讓我可安居終老。在山中可以做些甚麼事呢？用松花釀美酒，以春水煮茗茶。

22. (A)「於」，有「比」的意思，不屬於被動句。選項引文出自賈誼〈過秦論〉，翻譯如下：鉏耰棘矜（鉏耰，鋤頭柄；棘矜，棘木做的矛柄），不能比鉤戟長鎩（鉤戟，有鉤的兵器；長鎩，長矛）鋒利。
　(B)「於」，有「與、同」的意思，不屬於被動句。選項引文出自李斯〈諫逐客書〉，翻譯如下：損害了人民而有益於仇敵，對內使國力空虛，對外則與諸侯結怨。
　(C)「於」，有「被」的意思，屬於被動句。選項引文出自司馬光〈訓儉示康〉，翻譯如下：君子的欲望少，就不會被外物所役使，可以依照正道去做。
　(D)「於」，有「對於」的意思，不屬於被動句。選項引文出自《左傳‧燭之武退秦師》，翻譯如下：晉、秦兩國包圍鄭國，是因為鄭國對晉文公無禮，又對晉國不忠心（有貳心於楚國）。
　(E)「於」，有「被」的意思，屬於被動句。選項引文出自蘇軾〈赤壁賦〉，翻譯如下：山川繚繞，一片翁鬱，這不是當年曹操被周瑜所圍困的地方嗎？

23. (A)本題畫底線的文句，只是敘述漁人離開桃花源後的後續發展，並非對前面的未畫線文句作舉例說明。選項引文出自陶淵明〈桃花源記〉，翻譯如下：漁人前往拜見太守，報告有關桃花源的事，太守立即派人隨漁人前往，尋找先前所做的記號，竟然迷失找不到前往桃花源的路了。
　(B)本題畫底線的文句，只是諸葛亮表達自己盡忠國事的情懷，並非對前面的未畫線文句作舉例

說明。選項引文出自諸葛亮〈陳情表〉，翻譯如下：先帝知道我處事謹慎，故臨終時託孤給我，我自接受託付以來，從早到晚憂愁嘆息，擔憂託付的任務不能成功，會傷害先帝的知人之明。

(C)本題畫底線的文句，是以視覺描寫被硫磺侵蝕的特殊景象，並非對前面的未畫線文句作舉例說明。選項引文出自郁永河〈北投硫穴記〉，翻譯如下：一陣風吹來，帶來硫磺的惡臭味，再向前行半里路，四周已是不生草木，地面如火烤般炙熱，左右兩邊山上多巨大石塊，因被硫磺氣所侵蝕，如粉末般剝落。

(D)本題畫底線的文句，是以班固對傅毅的看法為例，說明前面未畫線（文人相輕的毛病）的文句。選項引文出自曹丕《典論・論文》，翻譯如下：文人相互輕視的情形，自古以來便是如此，例如傅毅相較於班固，才情不相上下，但是班固卻輕視他，寫給弟弟班超的信中說到：「傅毅因擅長寫作，擔任蘭臺令史的官職，但是一下筆便無法停筆。」

(E)本題畫底線的文句，是以舉例說明前面未畫線的文句（人皆有不忍人之心）。選項引文出自《孟子・公孫丑》，翻譯如下：每個人都有不忍的仁心，例如今天有人突然看見一個孩子即將掉入井中，必定都有驚惶恐懼憐憫同情的心情，所以會有這種心情，並不是為了用來結交孩子的父母，也不是為在鄰里朋友中博求美名。

24.(A)引文中紅拂女以「閱天下之人多矣，未有如公者」一句，讚美李靖才識過人。選項引文出自杜光庭〈虬髯客傳〉，翻譯如下：紅拂女夜半投奔李靖時對他說：「我侍奉楊司空已經很久了，看過很多天下才俊，沒有像你這般出眾。菟絲女蘿不能單獨生長，希望能依託大樹，所以我來投奔你。」

(B)引文中張良只是說明劉邦先行離去的理由，並交代致贈禮物一事，並未稱讚對方。選項引文出自司馬遷〈鴻門宴〉，翻譯如下：張良對項羽說：「沛公不勝酒力，不能親自向您辭行。謹派我奉上白璧一對，恭敬地獻給大王您；玉杯一對，恭敬地獻給大將軍。」

(C)引文中劉姥姥以「別是個神仙托生的罷」一句，稱讚賈惜春的外貌與能力。選項引文出自曹雪芹〈劉姥姥進大觀園〉，翻譯如下：劉姥姥遇見賈惜春時說：「姑娘，妳這麼小的年紀，又長得這麼漂亮，還這麼能幹會畫畫，恐怕是神仙投胎的吧。」

(D)孟嘗君只是對自己輕忽怠慢馮諼表達歉意，並未稱讚對方。選項引文出自《戰國策・馮諼客孟嘗君》，翻譯如下：孟嘗君對馮諼說：「我為瑣事而疲累，因憂慮而心煩意亂，個性又懦弱愚昧，忙於國家大事，而得罪了先生你。你不因此介意感到羞辱，竟願意替我到薛地收債嗎？」

(E)蘇轍以見過高山、河流之最，可惜未見太尉，即未見人才之最，給予韓太尉至高的讚美。選項引文出自蘇轍〈上樞密韓太尉書〉，翻譯如下：蘇轍在給韓琦的信中說：「我這次前來京城的路上，就山來說，看過終南山、嵩山、華山的高聳入雲；就水來說，看見了黃河的寬廣深邃；就人來說，見過歐陽公，但遺憾的是還沒見過太尉您啊！」

第貳部分：非選擇題（佔45分）

一、文章解讀（18分）

思路小提醒

一、削瘦枯槁：屈原內心的巨大苦痛，是因為君王不聽勸，且國家被秦國欺凌。可參考國文課本〈漁父〉作者介紹中，有關屈原因兩次被貶，眼看即將國破家滅卻無力作為而感到十分痛苦的內心，以及其枯槁孤單、消瘦落寞在河邊徘徊的外在形象。

二、堅毅不妥協：屈原心中的理想與堅持。可參考屈原與漁父之間關於「眾人皆醉我獨醒，

眾人皆濁我獨清」的意涵，並加以深論。

三、香氣：屈原高風亮節的芬芳品格。兩度被貶仍不與親秦派同流合汙，在戰國混亂的世局中更見顧炎武〈廉恥〉一課提及的「松柏後凋於歲寒，雞鳴不已於風雨」的君子風範。

二、作文（27分）

> 寫作小叮嚀

一、請注意引導文字中要求的三個重點：

（一）碰到哪些料想不到的事？

（二）碰到時，該如何處理？

（三）處理後，獲得何種體悟？

二、可按照要求，層次分明的敘述描寫：

（一）首先事件需為「料想不到」，才能凸顯後文「應變」能力的描述。

（二）其次寫處理過程時，要選擇或當下的心理反應，或轉念之間的心緒流動加以放大細寫，才能凸顯焦點，千萬不可只是平鋪直敘地說完整件事的歷程，因為徒有敘事不足以動人。

（三）「體悟」的內容至少佔全文比例三分之一，故不可以一筆帶過或三兩句草草做結。

100年指考（指定考試）

第壹部分：選擇題

一、單選題

1. 甲、括弧內的字前後兩者讀音不相同。「讞」音一ㄢˋ，指審判定罪。「三審定讞」指法律訴訟程序終結，法官確定最後判決結果。／「儼」音一ㄢˇ，在此指莊重、恭敬之意。「望之儼然」指遠看時使人感覺嚴肅。

   乙、括弧內的字前後兩者讀音同為ㄍㄨ。「觚」音ㄍㄨ，在此指古代書寫用的木簡。「率爾操觚」指文思敏捷，下筆即成文，後亦指草率寫作。／「酤」音ㄍㄨ，在此指買酒。「酒酤於市」指在市集裡買酒。

   丙、括弧內的字前後兩者讀音不相同。「綸」音ㄍㄨㄢ，在此指青絲，「羽扇綸巾」指手持鳥羽毛製成的扇子，頭上戴著青絲便巾。形容風度翩翩，瀟灑閑適的樣子。／「掄」音ㄌㄨㄣˊ，意為選擇。「為國掄才」指為國家選拔有為的人才。

   丁、括弧內的字前後兩者讀音同為ㄒㄧˋ。「鬩」音ㄒㄧˋ，指爭訟。「兄弟鬩牆」指家中兄弟姊妹不和睦。／「翕」音ㄒㄧˋ，意為和諧、順服。「翕然從風」指順服地追隨他人。

   戊、括弧內的字前後兩者讀音不相同。「巽」音ㄒㄩㄣˋ，意為順。「巽與之言」指委婉、謙恭的話語／「饌」音ㄓㄨㄢˋ，指菜餚、酒食。「鐘鼓饌玉」指從前富貴人家用餐時會鳴鐘擊鼓，享用珍饈美食的豪華生活。

2. (A)不能得「騁」→「逞」。「騁」音ㄔㄥˇ，意為奔跑，引申為施展。「逞」音ㄔㄥˇ，意為放縱。「得逞」一詞指目的達成，通常為負面意涵。

   (B)「祜」惡不悛→「怙」。「祜」音ㄏㄨˋ，意指福分。「怙」音ㄏㄨˋ，在此意為憑恃、依靠。「怙惡不悛」音ㄏㄨˋ　ㄜˋ　ㄅㄨˋ　ㄑㄩㄢ，意指有犯惡過錯卻不願悔改。

   (C)入吾「殼」中→「彀」。「殼」音ㄎㄜˊ，指堅硬的外皮。「彀」音ㄍㄡˋ，指弓箭的射程，後用來比喻勢力的範圍。「入吾彀中」指進入了我的圈套之中。

3. 第一個空格：傳說是透過眾人口耳相傳而漸漸成形，「闡發」一詞有弘揚發揮、說明事理的意思，不適合填入此空格中，可藉此刪除選項(C)。

   第二個空格：平話是一種講唱文學，在宋代最為盛行，內容主要是將前代的軼事渲染而成，故此空格應填入與講唱相關的形容詞語。「敷演」指陳述說明且加以發揮，「演義」指詳細敘述事件的經過與道理，可填入本空格中；而「扮演」指裝扮、表演與自己不同的形象，「排演」指正式上演前的練習，兩詞皆比較適合戲劇類的角色，而不適合用來形容藉由說唱來表演，未配合動作的講唱文學，可藉此刪除(B)(C)。

   第三個空格：本空格的四個選項：剪裁、增刪、推敲、虛擬皆可形容戲曲家對傳說所做的增減與改變，故皆適合填入此空格中。

   第四個空格：「節制」意指限制不使過度，「歸納」意為歸類，此兩詞不適合用來形容小說家對傳說的改編與增減，故可藉此刪除(C)(D)。

4. 翻譯

   《論語·鄉黨》：「買來的酒與乾肉，不吃」；「脯」音ㄈㄨˇ，指乾肉。／《宋史·太祖本紀》：「賣東西時有兩種價格者，視同違反法律」。

   解析

   (A)前後兩者字義相同。「類」：同類。「物傷其類」指動物會為同類的死亡而傷心。／「類」：同類。「出類拔萃」指人才能出眾、優秀傑出。

(B)前後兩者字義相同。「樽」：酒杯；「俎」音ㄗㄨˇ，割肉所用的砧板。「樽」、「俎」兩字皆指稱宴會。「折衝樽俎」指在宴會間運用外交的手段取勝。／「樽」：酒杯。「移樽就教」指端著酒杯挪動到到他人席前以便請教，比喻向他人求教。

(C)前後兩者字義相同。「去」：離開。「去職數年」指辭去職務已多年。／「去」：離開。「去國懷鄉」指離開國都但心中仍懷念著家鄉。

(D)前後兩者字義不同。「疾」：憎恨。「疾惡如仇」指憎恨壞人惡事如同憎恨仇敵一般。／「疾」：急速。「大聲疾呼」指大聲且急促的呼喊聲，比喻公開呼籲或大力支持。

5. 說明

此題的選項主要是王符根據墨子「目以火見」的光學概念，說明學習能為人們帶來「點燃」智慧的力量與成果。

排列組合的題型，首先應分析句法，找出是否有承接關係的連接詞或句法相同的上下語句。「道之於心也」一句與丁選項中的「火之於人目也」句法相同，且「猶」一字為極明顯的承接語，故第一句應選擇「丁」；其次，「丙」選項中的「及」字，表明了此句應為承接語句的下句，「設置火光後萬物就會為之光明」的上句自然應接上火光點燃後的景象，即甲選項「中窴深室，幽黑無見」。乙選項中的「此則」一字，表明了乙選項應為總結前言的語句，且乙選項「此則火之燿也，非目之光也」正和最後一句「而目假之，則為已明矣」互相補充說明，故正確的排序為：丁甲丙乙。

選項原文：「道之於心也，猶火之於人目也。中窴深室，幽黑無見，及設盛燭，則百物彰矣。此則火之燿也，非目之光也，而目假之，則為已明矣。」翻譯如下：道對人心，就像是火光和人眼的關係。陷阱中與幽深的房間裡，一片幽暗漆黑，什麼也看不到（「中窴」指阱井穴洞。窴，同「阱」）。等到設置明亮盛大的火炬以後，各種事物就能看得清楚明白了。這是因為火光的閃耀明亮，而不是眼睛本身發出光亮，然而眼睛借用火光，就能成為自身眼中明亮清晰（的世界）了。

6. (A)「廢墟是古代派往現代的使節」一句意為因廢墟承載了許多未被今人了解的古代符碼，就像是負責傳遞、聯繫兩國關係的使節。「經過歷史君王的」一句意為廢墟經歷從古至今的汰換過程，因此不宜填入表示徘徊、觀望的「流連盤桓」。

(B)「廢墟是祖輩曾經發動過的壯舉，會聚著當時當地的……」，「壯舉」表示偉大、壯烈的行為舉動。既為古人精神的精華所在，因此其後自不宜填入表示從眾多對象中淘汰選擇的「挑別和篩選」。

(C)「碎成齏粉的遺址也不是廢墟，廢墟中應有歷史最……」，齏：音ㄐㄧ，表粉碎之意。此句指出遺址雖「碎成齏粉」，但其實仍是文化精粹的重要結晶，因此可填入和脆弱的「碎成齏粉」意象相對的「歷史最強勁的韌帶」。

(D)雖然「磁力」一詞有可能會讓同學誤認可填入「團結和凝聚」，但實際上此文沒有一處提到遺跡具有凝聚眾人的力量，因此「團結和凝聚」一詞並不適宜填入此處。

原文如下：廢墟是古代派往現代的使節，經過歷史君王的挑別和篩選。廢墟是祖輩曾經發動過的壯舉，會聚著當時當地的力量和精粹。碎成齏粉的遺址也不是廢墟，廢墟中應有歷史最強勁的韌帶。廢墟能提供破讀的可能，廢墟散發著讓人留連盤桓的磁力。

7. (A)「東風吹習習，猶未見梅放」一句指梅花仍未綻放，而非梅花開放後仍未飄落。整首和歌翻譯如下：「春風暖暖地吹拂，卻仍未見梅花綻放。（梅花）別認為主人將要離開（比喻將無人欣賞），就忘卻了春意（指不再開花）。」

(B)由「桂樹必能在另一個庭園內四季開花、散播清香的罷」一句以及「四季桂」之名，可知四季桂春夏秋冬皆會開花，並非僅在春季開花。菅原道真為日本平安時代的學者，被後人尊稱

爲「學問之神」。

(C)「描摹」指依樣形象摹寫、繪畫。「莫謂主人離，等閒把春忘」一句並非使用純寫景的描摹法，而是使用將梅花擬人的轉化法。

(D)「江山風月，本無常主」一句出自蘇軾的《東坡志林·臨皋閒題》，原文中「江山風月，本無常主，閒者便是主人」，指自然景觀本來便不爲人們所占有，只要能細加欣賞的便是景物的主人。而對於舊宅的四季桂，作者認爲「雖然公家宿舍終不免有易換屋主之時，我們的四季桂定能繼續堅強地活下去」、「他日懷念舊宅的四季桂，我或者也會有這樣的心情罷」，雖然屋主可能會換人，但作者相信桂花必然仍會依自然節令繼續開放，確實表現出對景物豁然達觀的精神。

8. 《四庫全書》是中國史上規模最龐大的叢書，整套共約八億字，收錄了從先秦到清代大部分的重要著作，幾乎涵蓋了所有學術的領域。選項解析如下：

(B)《左傳》爲《春秋》三傳其中之一，列於經部而非史部。春秋三傳即爲註釋《春秋》的書，分別是：《左傳》、《公羊傳》、《穀梁傳》。

(C)《道德經》爲道家的重要思想經典，列於子部（諸子百家的學說）；經部是以儒家經典爲主。

(D)《孟子》爲十三經之一，列於經部。十三經爲十三部儒家重要著作，分別爲《詩經》、《尚書》、《禮記》、《周易》、春秋三傳（《左傳》、《公羊傳》、《穀梁傳》）、《周禮》、《儀禮》、《論語》、《孝經》、《爾雅》、《孟子》。

9. 翻譯

龍吐出的氣體凝聚成雲，雲本來不會比龍更爲神奇靈怪。但是龍駕馭著雲氣，窮盡（翱翔於）廣闊玄妙的世界，逼近太陽與月亮，遮蔽了光影，激起了雷電，變化神妙，（激起）雨水降入土地，流浸山中谷地，雲也因此而神奇靈怪啊。雲，因龍的能力使它變得靈奇神妙。而龍的神妙靈奇，則不是雲讓它變得具有靈氣。但是龍若沒有雲，也就無從發揮它（龍）的神妙靈奇。失去了所憑藉的東西，實在不行。多麼奇怪啊！它所憑藉、依存的事物，是它自己所造成。《易經》說：「雲跟隨龍。」既然名爲龍，就必然有雲的跟隨。

解析

(A)龍創造雲，卻亦需要雲，兩者互相需要，確實可用以比喻君臣間的關係。

(B)從「雲，龍之所能使爲靈也」一句，可知雲確實是因爲龍的翻騰才能變化靈怪。

(C)由「雲，龍之所能使爲靈也」、「龍弗得雲，無以神其靈矣」句，可明確看出龍爲主，雲爲輔的主輔相依關係。

(D)從「雲，龍之所能使爲靈也」一句可知雲須靠龍來主宰，並非龍須靠雲來主宰。

10. 翻譯

甲、江水環繞的城鎮（宣城）美如畫裡的風景，山色向晚時我登上高樓遠望晴朗的碧空。夾城而流的兩條河水澄澈如鏡，兩座橋好似自天上飛落人間的彩虹。炊煙裊裊升起讓橘、柚（深秋的植物）顯得寒意逼人，深秋的景色讓梧桐顯得蒼老。有誰能想到這北樓上，我正迎著冷瑟的秋風懷念著謝公（謝脁）呢？此詩爲李白的〈秋登宣城謝脁北樓〉。

乙、經歷了十年的流離、戰亂，長大的我們才終於再度相見。初次見面的兩人在互相詢問姓氏時吃了一驚，等說起名字時我才回憶起舊時的面容。離別後世事變化莫測（滄海桑田乃比喻世事變化無常），兩人長談直到寺廟敲響暮鐘。明日你將登上巴陵古道（即將離開），不知我們又要相隔多少座滿是秋色的山頭。此詩爲李益的〈喜見外弟又言別〉。

解析

(A)五言古詩→五言律詩。古詩平仄韻皆可使用，且句數不限。律詩則一、三、五字不論，二、

四、六字需平仄相對，且中間兩聯需對仗，句數亦有所限制。由此詩八句，且頷聯、頸聯皆平仄對仗，可以看出兩首詩皆為五言律詩。

(B)甲詩有憶舊之情，但無惜別之感；乙詩則確實表達憶舊、惜別的情感。

(C)甲詩由景入情，「江城如畫」、「望晴空」、「明鏡」水、「彩虹」橋→「懷謝公」。乙詩則是先敘事再寫景，「十年離亂」、「長大相逢」、「問姓稱名」、話「滄海事」→明日「巴陵道」、「山幾重」。

(D)甲詩中藉「橘柚」、「梧桐」等句，直指此詩的季節為秋季；乙詩寫十年才見到一面卻又立將離別的不捨淒涼心境，故「秋」字皆符合詩中蕭瑟的氛圍。

11. 甲、由「四面湖山歸眼底」一句可知指稱的對象建築在湖面上，而「萬家憂樂」則直接呼應范仲淹的〈岳陽樓記〉中「先天下之憂而憂，後天下之樂而樂」一句，故與甲選項對應的建築為「岳陽樓」。

乙、「可託六尺之孤」、「可寄百里之命」兩句是指劉備在過世前，將孩子劉禪（六尺之孤）和國家蜀漢（百里之命）託付給諸葛孔明。「隱居以求其志」一句是指諸葛孔明在未遇劉備以前隱居南陽，而「行義以達其道」是指諸葛孔明為蜀國鞠躬盡瘁的奉獻精神，此對聯中的典故引用《論語・泰伯》：「可以託六尺之孤，可以寄百里之命，臨大節而不可奪也。君子人與？君子人也」及《論語・季氏》：「隱居以求其志，行義以達其道。吾聞其語矣，未見其人也」。故與乙選項對應的建築為「武侯祠」。

丙、「大明湖畔，趵（ㄅㄠˋ）突泉邊」是山東省濟南市內的名景，這附近也是李清照故居所在，這副楹聯正來自於此泉北邊的李清照紀念館。《漱玉集》是李清照的詞集名，名稱因此地另一名泉「漱玉泉」而來；而《金石錄》則為李清照的丈夫趙明誠所著。李清照詞風在早期委婉清麗，避難江南後多淒苦之情，與李後主（李煜）相近，故與丙選項對應的建築為「李清照紀念館」。

丁、「道友」暗指道教、「五千妙論」則指僅五千餘字，簡短精妙的老子《道德經》，故與丁選項對應的建築為「老子廟」。

12. 題幹引用王漁洋的詩作〈雪中登黃山〉，以「清遠」、「妙悟」的筆調寫意趣清妙的朦朧雪景。本詩並非書寫雄渾的場景或悲慨的情緒，因此(B)(C)兩選項並不適合填入文中；以此詩而言，全詩以文人高雅的生活情趣寫雪景的雅致清麗，(A)選項「清妙」明顯較(D)選項「典雅」（端莊雅正）適合形容本詩的意境，故應選(A)。

翻譯

在空曠寂寥的書齋中，我靠著牆壁且躺下就寢，忽然夢到美好的溪水山林。一早起來我就立刻騎著禿尾的驢子出發，到黃山尋找雪中的小徑。石壁上只有一棵瘦長的松樹，天空中飛鳥的蹤影瞬間隱沒、消逝。（因雪景）看不見橫列遠方的群山，只有寒冷的白煙在林間的樹梢升起。

13. (A)由「但說不定許多沒有經驗的人，要妄笑它是無味的詩句呢。文藝的真賞鑑，本來是件不容易的事，這又何必咄咄見怪？」一句可知作者認為文藝鑑賞的困難在於讀者缺乏實際體驗，而非移情想像。

(B)由題名〈西湖的雪景〉與其所引用的詩作〈雪中登黃山〉，再由「封鎖在茫漠的煙霧裡了」的文句和「不見遠山橫，寒煙起林杪」的詩句景況相同，登亭而不能近瞰西湖，只能遠望滄海，是因為大雪而非日暮。

(C)「石壁引孤松，長空沒飛鳥」是王漁洋登黃山所見，而非作者在西湖登亭所見。

(D)由作者認為「不見遠山橫，寒煙起林杪」兩句「道破了雪景的三昧」，可知作者認為雪景之美，在於寒煙籠罩樹梢，遠近一片朦朧。

> 甲、杜甫〈哀江頭〉：憶昔霓旌下南苑，苑中萬物生顏色。昭陽殿裡第一人，同
> 輦隨君侍君側。輦前才人帶弓箭，白馬嚼齧黃金勒。翻身向天仰射雲，一箭
> 正墜雙飛翼。明眸皓齒今何在？血污遊魂歸不得。清渭東流劍閣深，去住彼
> 此無消息。
>
> 乙、白居易〈長恨歌〉：驪宮高處入青雲，仙樂風飄處處聞；緩歌謾舞凝絲竹，
> 盡日君王看不足。漁陽鼙鼓動地來，驚破霓裳羽衣曲，九重城闕煙塵生，千
> 乘萬騎西南行。翠華搖搖行復止，西出都門百餘里。六軍不發無奈何，宛轉
> 蛾眉馬前死。

翻譯

甲、回憶昔日皇帝的彩旗、儀仗駕臨南苑，苑裡的所有事物頓時彷彿皆煥發著七彩光芒。昭陽
殿裡的第一美人，同車（輦，音ㄋㄧㄢˇ，指皇帝的座車）隨侍在皇帝的身旁。車前宮中
的女官攜帶弓箭，白馬銜著金製的絡頭。一仰身弓箭朝天上的白雲射去，一箭射落了雙飛
的一對鳥兒。眼眸明亮、牙齒潔白的美人如今在哪兒呢？（楊貴妃自縊後）沾著血漬、四
處飄蕩的魂魄無法歸回。（馬嵬坡旁）清澈的渭水不斷東流，四川的劍閣（玄宗的去處）
高聳深遠，生死離別從此斷絕了所有音信。

乙、驪宮（皇帝避暑之地）高聳入雲，宮中的仙樂隨風飄至四處；絲弦簫管演奏出舒緩的曲調
伴著（楊貴妃）美妙的舞姿，即使欣賞了整日皇上總嫌看不夠。漁陽（今日薊縣附近）反
叛的戰鼓聲驚天動地傳來，中斷了霓裳羽衣曲，京城陷入戰亂，成千上萬的軍士（隨唐玄
宗）在滾天塵土中逃向西南。楊貴妃車駕前的翠羽旗飾搖晃，走了又停，從西方的城門出
來約一百多里（到馬嵬坡）。軍隊不肯前進令人無奈，只好讓楊貴妃委屈地死在馬蹄之
前。

14.(A)甲詩和乙詩皆將焦點聚焦在唐玄宗、楊貴妃兩人身上，由盛世時華貴的器物、兩人恩愛的情
景轉至叛亂的戰火讓楊貴妃自縊、唐玄宗逃難，寓託唐朝國運由盛世轉而衰敗的變化。

(B)甲詩：「明眸皓齒今何在？血污遊魂歸不得。清渭東流劍閣深，去住彼此無消息」的暗指，
乙詩：「九重城闕煙塵生，千乘萬騎西南行。翠華搖搖行復止，西出都門百餘里。六軍不發
無奈何，宛轉蛾眉馬前死」的明寫，皆為描述玄宗赴蜀避難、貴妃死於兵變一事。

(C)由「昭陽殿裡第一人」的地位，「同輦隨君侍君側」這可與君王同車的待遇，與「盡日君王
看不足」的愛戀態度，可知楊貴妃確實極受唐玄宗寵幸。

(D)「九重城闕煙塵生，千乘萬騎西南行」，確為描寫戰亂發生、王室倉皇逃離的情形，但「憶
昔霓旌下南苑，苑中萬物生顏色」一句卻是寫大唐國勢仍強盛時，玄宗和貴妃至南苑遊玩的
景況。

15.(B)乙詩以「仙樂風飄處處聞；緩歌謾舞凝絲竹」一句中歌舞昇平的場景，描寫戰亂前的太平盛
世；以「漁陽鼙鼓動地來，驚破霓裳羽衣曲」一句，中驚天動地的戰鼓，與華美歌舞的中
斷，描寫戰亂的發生，借由音樂、聲響表現戰亂前後的轉變。但甲詩中只是藉由場景鋪陳表
示戰亂前後的轉變（如戰亂後「血污遊魂歸不得。清渭東流劍閣深，去住彼此無消息」），
其中並無音樂、聲響的描寫。

> 　　衛靈公問於史鰌曰：「政孰爲務？」對曰：「大理爲務！聽獄不中，死者不可生也，斷者不可屬也，故曰：大理爲務。」少焉，子路見公，公以史鰌言告之。子路曰：「司馬爲務！兩國有難，兩軍相當，司馬執枹以行之，一鬥不當，死者數萬。以殺人爲非也，此其爲殺人亦眾矣。故曰：司馬爲務。」少焉，子貢入見，公以二子言告之。子貢曰：「不識哉！昔禹與有扈氏戰，三陳而不服，禹於是修教一年，而有扈氏請服。故曰：去民之所事，奚獄之所聽？兵革之不陳，奚鼓之所鳴？故曰：教爲務也。」（劉向《説苑‧政理》）

翻譯

衛靈公問史鰌：「施政要以哪件事爲首要任務？」史鰌回答説：「掌刑法的官是最重要的事務。審判訟案時如果不中立、懇切，（行刑以致）死亡的人民不能復活，（遭刑罰懲處）被切斷的部位不能再連接。所以我説：掌刑法是（施政）最重要的事務。」過了一陣子，子路晉見衛靈公，衛靈公告訴子路史鰌的話。子路説：「掌管軍務的長官是（施政）最重要的任務。兩國交戰時，軍力相當，掌管軍務的長官拿著鼓槌（以鼓聲）指揮作戰，如果用兵失當，死傷的人數動輒數萬。如果你把殺人當作是錯事的話，這種失誤造成的死傷也很眾多。所以我説：掌管軍務是（施政）最重要的任務。」又隔一陣子，子貢入宮晉見衛靈公，衛靈公把兩人説的話告訴子貢。子貢説：「（他們）真是不了解啊！從前大禹和有扈氏作戰，打了三場仗對方都未降服，於是大禹就在民間推行一年教化，而有扈氏便來請求歸順。所以我認爲：（教化可以）使人民擺脱爭執、紛擾，哪還有訟案需要審理？（教化可以使）戰器不擺出（指不發生戰爭），進軍的鼓聲爲何需要敲響？所以我説：教化是（施政）最重要的任務。」

16.「大理」即爲古代掌刑法的官，由「聽獄不中，死者不可生也，斷者不可屬也」一句，可知當今政府單位中最接近「大理」者應爲(A)法院。

17. 由「大理爲務」的主張，可知史鰌認爲「謹慎裁決」的司法系統是施政的首要目標；由「司馬爲務」的主張，可知子路認爲「謹慎用兵」的軍事系統是施政的首要目標；而由「教爲務也」的主張，可知子貢認爲正確的教育體系是施政的首要目標。各選項解析如下：
(A)此選項主張戰爭應以心理戰爲主，和教化人民並無相關。翻譯如下：圍攻城牆是最下等的作戰策略，而心理戰則是最上等的作戰策略。選項出自《三國志‧蜀書‧馬良傳》：「用兵之道，攻心爲上，攻城爲下，心戰爲上，兵戰爲下」。
(B)此選項主張以教化來招徠遠方的人，和子貢的主張最爲接近。翻譯如下：所以當遠方的人不順服的時候，就應藉由教化文明、德性以招徠他們。選項出自《論語‧季氏》。
(C)此選項主要説明孔子重「禮樂」輕「干戈」的主張與想法，和教化人民的相關性沒有(B)選項高。「俎」音ㄗㄨˇ，「俎豆」爲古代祭祀、宴饗時盛裝祭品的兩種禮器，此處借指禮樂之道。翻譯如下：禮樂之道的事，我曾經聽説過（謙指自己了解這項事物）；軍隊征戰的事，我就不曾學習過了。選項出自《論語‧衛靈公》。
(D)此選項旨在説明錯誤的施法即是一種暴虐的行爲，和教化人民的相關性沒有(B)選項高。翻譯如下：不教育人民（但人民一旦犯法）卻殺害他，這叫作「虐」；不警戒人民在先而要立刻看到成果，這叫作「暴」；拖延下令的時間卻令人民限期內完成，叫作「賊」。選項出自《論語‧堯曰》。

二、多選題

18. 此詞旨在測驗同學是否了解以具體代替抽象的轉化法，解題關鍵在於同學需找出選項中具體並且同時帶有抽象意義的名詞，各選項解析如下：

(A)具體的「一面玻璃」同時帶有「彼此間隔閡」的抽象意義，因此選項符合題幹的要求。

(B)具體的「一隻遠方的青鳥」同時帶有「幸福」的抽象意義，因此選項符合題幹的要求。

(C)「老骨頭」即指老人，此名詞並不具有抽象的概念。

(D)具體的「橋」同時具有「溝通管道」的抽象意義，因此選項符合題幹的要求。

(E)具體的「冰塊」同時具有「指彼此間冷漠關係」的抽象意義，因此選項符合題幹的要求。

19. (A)由「我常愛中國古人的田園詩，更勝過愛山林詩。……但山林更自然，田園則多攙進了人文」一句，不難明白作者愛田園詩更勝過山林詩，主要關鍵確實在人文因素。

(B)由「許由逃於箕山之下，洗耳不迭，反而心胸狹了」與「論許由所居住，似其外圍天地比伊尹的更大，實則比伊尹的轉小」等句，可知作者認為許由的心胸較伊尹狹窄。

(C)「伊尹耕於有莘之野，而樂堯舜之道。耕田鑿井人，易於在其心生有大天地。」「有莘之野」和「耕田鑿井」皆為人文與自然的結合；作者舉伊尹為例，說明在此種環境利於人們「於心中生有大天地」，進而理解、思考聖王之道，自然更能擔負經世濟民重任。

(D)「養以大天地，其所生氣自大，養以小天地，則使人困限在小氣中。故要由養體進而懂得養氣。」以在小田園中生活的伊尹與大山林中生活的許由為例，說明生活天地的大小雖和心胸氣度有關，然而抱負、涵養，亦是決定心胸氣度大小的關鍵。

(E)由作者舉田園詩和山水詩為例，說明居所對詩風造成的影響，以及結尾「居住本只為蔽風雨，但孟子指出『居移氣』一番道理，實是一極大啟示」一句，可知作者肯定孟子「居移氣」的看法。「居移氣」一句出自《孟子·盡心上》：「居移氣，養移體，大哉居乎」。「居移氣，養移體」指一個人的居所、地位會改變其氣度，飲食供養會改變其體質，強調居所環境對人的影響。

20. 題幹引用曹植〈七哀〉中「願為西南風，長逝入君懷」一句，借自然景物的「西南風」，表達自己願為受人喜愛的溫暖微風，被對方擁入「君懷」（表面看似男女愛情，實則指自己和兄長——魏文帝曹丕之間的兄弟關係）。此種「寓情於景」的題型，同學只需判斷自然景物中是否有寄託「思念愛悅」的情感，未必需要作者以景物自我比擬。各選項解析如下：

(A)由「縱一葦之所如，凌萬頃之茫然」可知作者在「白露橫江，水光接天」的景色中，所寄託的情感當屬「自由放縱」，而非「思念愛悅」。翻譯如下：秋天晚上水霧寒氣籠罩著整片江面，（在明月映照下）水色天光一片明亮。任憑一艘小舟隨意的順水飄流，乘駕在這無邊的江面上；選項出自蘇軾〈赤壁賦〉。

(B)由「夢悠悠，君愁我亦愁」、「知我意，吹夢到西洲」等表達內心思念愛慕的詩句，可知作者在「海水」、「南風」的景色中所寄託者，確實屬於「思念愛悅」的情感。翻譯如下：無邊的海水就像我悠長的夢，你愁苦我亦愁苦（因兩人在現實中不得相見而引起的愁思），南風了解我的心意，把我（因思念你而起）的夢吹向（你所住的）西洲；選項出自南朝樂府〈西洲曲〉。

(C)選項純寫自然的景色，並沒有作者個人「思念愛悅」的情感寄託。翻譯如下：久雨綿密不間斷，一連數月都不放晴，陰冷的風如怒吼般呼嘯著，渾濁的浪濤推向天際，太陽、星星都隱藏了它們的光芒，山岳也都潛藏了它們的形體；選項出自范仲淹〈岳陽樓記〉。

(D)由「悠悠乎與灝氣俱，而莫得其涯」可知作者透過「山之特出，不與培塿為類」的景色，寄託「物我合一」，超脫過往自我侷限的生命情懷，而非「思念愛悅」之情。翻譯如下：於是我知道這座山的獨特出眾，不和小土堆（指旁邊較矮小的山丘）同類，在悠遠的歲月中與自

然同生並存，而不知它始自何時；選項出自柳宗元〈始得西山宴遊記〉。

(E)由「願逐月華流照君」一句，可知作者在「月華」的景色中所感受的，是屬於「思念愛悅」對方的情感。翻譯如下：窗內的月光即便捲上窗簾也捲不走，（月光）照在搗衣的砧上，伸手拂去又返來，這時後兩人彼此思念卻不能相見，只希望能隨著月光一起在你的身邊照耀；選項出自張若虛〈春江花月夜〉。

21.(C)《三國演義》的內容雖依據正史《三國志》，但仍有作者主觀、虛構不與正史相符的部分；《西遊記》屬神怪小說，極大程度地悖離史實；而《水滸傳》雖部分主角確有其人，但書中情節仍大多為作者據傳聞渲染、想像而成，故選項敘述有誤。

(D)南唐後主李煜和南宋女詞人李清照的語言風格皆清新自然、直抒胸臆，少用史事典故，亦非典雅古奧。

(E)西漢司馬遷所撰的《史記》，是通史、正史，始自黃帝，終至漢武帝太初年間，並非斷代史；僅《漢書》為斷代正史。

22.(A)選項中「鋸鋸」的結構為「名詞＋動詞」，指「以鋸子鋸斷樹木」。翻譯如下：比較大的那棵樹，用鋸子來鋸斷它；選項出自《齊民要術》，為後魏賈思勰所撰寫的農事書籍。

(B)選項中「將將」的結構為「動詞＋名詞」，指「統帥眾將軍」。翻譯如下：陛下雖然不擅長統帥兵士，卻擅長統帥眾將軍；選項出自《史記・淮陰侯列傳》中韓信和劉邦的對話。

(C)選項中「惛惛」為疊字形容詞，亦即結構為「形容詞＋形容詞」，表示「專心致志」。翻譯如下：無法專心致志學習的人，就不能獲取顯赫的功業；選項出自《荀子・勸學》。

(D)選項中「親親」的結構為「動詞＋名詞」，指「親愛家人」，「庸勳、親親、昵近、尊賢」四組皆為相同的結構。翻譯如下：酬庸有功之人，親愛自己的家人，親近和自己關係密切的人，尊重賢能之人，這就是最偉大的德行；選項出自《左傳・僖公二十四年》。

(E)選項中「使使」的結構為「動詞＋名詞」，指「派遣使者」。翻譯如下：建安二十年，孫權認為蜀漢先主（劉備）已獲得益州，便派遣使者告知（劉備）自己想要討回荊州；選項出自《三國志・蜀書・劉備傳》。

23.(A)《孟子》和〈原君〉兩段文字皆談論民本思想，前文與後文觀點、意涵近似。《孟子》引文翻譯如下：人民最為尊貴，國家社稷是其次，而君王則最為不重要。／〈原君〉引文翻譯如下：古代的人把天下百姓當作主人，君王則當作客人，所有君王一生所經營的事業，都是為了天下黎民。

(B)《莊子》的此段文字表示出莊子對於既有價值觀的反對，他認為世界是相對論，而非絕對論，因此在這種觀點下，若以不同的角度而論，死與生之間也並沒有世人現今既有認知中的巨大差別；而〈蘭亭集序〉則把莊子的此種論點當作荒謬、虛妄的想法，前文與後文觀點、意涵截然不同。《莊子》引文翻譯如下：天下最巨大的事物是鳥獸在秋天新生細毛的末端，而泰山則為最小；最長壽者莫過於早夭的孩子，而彭祖（傳說享年八百歲）則是最短命的人。／〈蘭亭集序〉引文翻譯如下：因此我了解到把生死看成一致是虛妄不實的想法，把彭祖和天兒齊觀亦是荒謬的想法。

(C)《老子》的引文認為上天會保佑善人，但〈伯夷列傳〉的引文卻認為好人會面臨災禍，前文與後文觀點、意涵截然不同。《老子》引文翻譯如下：天道並沒有特別偏私，但常常會在善良之人的左右。／〈伯夷列傳〉引文翻譯如下：有人小心謹慎地選擇正確的地方來走，在適當的時機發言，走正道不走羊腸小路（指人行為正直），只會為公理正義而憤怒發聲，但因此卻遭遇災難禍害的人，不計其數。

(D)《論語》和《荀子》皆認同博學和自我約束，前文與後文觀點、意涵近似。《論語》引文翻譯如下：君子廣博地學習文獻典籍，以禮儀制度自我約束，就可以不悖離正道了。／《荀

子》引文翻譯如下：木頭經過繩墨的比量加工就能筆直，金屬經過磨石的研磨會變得鋒利，君子廣博地學習而且每日自我反省，就能知識清明而且言行不致犯錯了。

(E)《韓非子》的引文強調談法家不重前人經典，而注重法律、權術的政治概念；劉歆〈移書讓太常博士〉則站在尊崇儒術的觀點，非議秦朝因屬行法家「無先王之語，以吏爲師」的概念，而行一系列暴政，前文與後文觀點、意涵截然不同。《韓非子》引文翻譯如下：明君所治理的國家，不憑藉書籍簡冊，而是憑藉法律教導人民；不用先王的言行，而是以官吏爲老師。／劉歆〈移書讓太常博士〉引文翻譯如下：至於殘暴的秦國，焚燒經書，坑殺文人，設置禁止私人藏書的法令，施行若推崇古人、非議今人便獲罪的刑罰。

24. (A)引文中語句流露出祖母關懷又略帶調侃的口吻。引文翻譯如下：祖母前來看我並說：「孩子啊！好久不見你的身影，怎麼整天自己一人靜默在此，就像個女孩子呢？」選項出自歸有光〈項脊軒志〉。

(B)引文中語句表現出孔子對學生深切的斥責。引文翻譯如下：宰予在白天睡覺，孔子說：「爛掉的木頭不能雕刻，用穢土築成的牆無法粉刷，對於宰予你，我又有什麼好責備！（意即宰予就像朽木和糞土之牆，難以教育）」；選項出自《論語·公冶長》。

(C)引文中語句表現出燭之武振振有詞的說理語氣。引文翻譯如下：燭之武對秦伯說：「越過他國（晉國）而以遠地（鄭國）爲國家的邊邑，您知道這很困難，爲什麼要滅亡鄭國來讓鄰國（晉）坐收漁翁之利呢？鄰國增強實力，就等於削弱您的國力！」選項出自《左傳·燭之武退秦師》。

(D)引文中語句表現出孟子據理力爭的說理語氣。引文翻譯如下：孟子對齊宣王說：「戕害仁的人叫作賊，傷害義的人叫作殘，毀仁害義的人叫作獨夫。我只聽說周武王誅殺了獨夫紂，沒聽說周武王殺害君王。」選項出自《孟子·梁惠王下》。

(E)引文中語句表現出左光斗憤怒懇切的斥責語氣。引文翻譯如下：左光斗對史可法說：「庸碌的奴才！這是什麼地方，你竟然前來！國家大事已敗壞到這種地步，我已經不會有未來了！你還輕忽自己的生命而違背大道，那麼天下大事又有誰可以支撐起呢？」選項出自方苞〈左忠毅公軼事〉。

第貳部分：非選擇題（占45分）

一、文章解讀（占18分）

> **思路小提醒**
>
> 面對「文章解讀」的題型，同學需明白此題型包含「解讀」、「評論」兩個層次。「解讀」代表同學需依循作者的看法，而不要擅自妄加做過多揣測、或將解讀誤爲「抒發己見」；其次，「評論」的部分則須緊扣自己對作者意見的解讀。
>
> 由本文中「讀書是間接地去了解人生，走路是直接地去了解人生」一句，可以了解作者認爲途中即爲眾人人生的眞實展演，梁遇春的創見在於他認爲「行萬里路」的眞諦，不在於非走遍萬里不同的道路，而在於同條路走上萬次（如同學上學、放學必經之路），用心觀察便會發現其中有許多不同的人、事、物正在上演著情節豐富的故事。一個人一輩子不一定有機會周遊列國，但必定有自己熟悉的地域，如果能夠細心觀察、仔細思考，他人的人生際遇必將成爲你自己判斷、依循的重要準則，而這也才正是脫離了書本後，眞正親身體驗的可貴之處。同學可就這層解讀具體抒發自己的想法，亦可自己另行解讀，唯需注意「解讀」的部分，需扣緊作者在文中表達的意見，而非逕自做過多延伸。

二、作文（占27分）

思路小提醒

「寬」與「深」兩者的關係，是同學審題時首先需思考的問題，這是學習時的兩種向度，彼此相輔相成。以題幹行文中吳寶春做麵包的過程而言，「很寬」是指學習更多領域，方才能有異於他人的創意；「很深」是指加強基本功，若沒有基本功夫，遑論創意有多麼出眾，一樣無法做成可口美味的麵包。若依照同學「自己的體會或見聞」而言，大部分同學多半會把觀察的焦點鎖定在兩個方向：學習與生命探索。

若以學習過程而論，胡適認為：「為學當如金字塔，要能廣大要能高」，「很寬」應指「學習不同領域」，如文組的學生也應嘗試了解理科的基本知識、理科的學生也應該要具備基礎人文素養，美術、音樂等陶冶性靈的領域更應涉獵；而「很深」則應指對單一學科的深入認知、理解。若是以生命探索而論，「很寬」便應指「開拓自己的生活領域」，認識不同領域的朋友、勇於挑戰自己未知的領域，都是讓自己開展心靈視野、圓融性格的良方；而「很深」則應指找尋自己所熱愛的事物，並積極追求，選你所愛、愛你所選，唯有熱衷的工作、領域，才能讓你發揮所長、展現自己，方才不失為精彩的一生。簡而言之，無論在各種情形下，「寬」與「深」皆缺一不可，只是比例有所不同而已。同學可依循此段引導具體抒發自己的想法，亦可自行為「寬」與「深」另下定義並加以闡述。

學測（學科能力測驗）

（94～100年學測）

94 年學測（學科能力測驗）

題型分析

類型	字音	字形	字詞義	文法修辭	成語詞	應用文	國學常識	閱讀理解
題號	1	2	3、4、10 16、18	17			6、20 21	8（輓聯） 14、15（現代詩） 7（白話文） 22、23（白話題組） 9（白話文，文句排序） 5、19（文言文） 12、13（文言題組） 11（古典詩）

第一部分：選擇題（佔54分）

壹、單選題（佔30分）

說明：第1題至第15題，每題選出一個最適當的選項，標示在答案卡之「選擇題答案區」。每題答對得2分，答錯不倒扣。

（　　）1.下列各組「」內的字，讀音完全相同的選項是：
(A)「狙」擊／崩「殂」
(B)結「痂」／「袈」裟
(C)標「籤」／一語成「讖」
(D)「溽」暑／深耕易「耨」

（　　）2.下列文句，完全沒有錯別字的選項是：
(A)板橋地方法院的檢察官日前受理一起兄弟鬩牆案，由於是公訴案件，所以雙方沒有和解的轉還空間
(B)中華職棒牛獅激戰，高潮疊起，在球員們咬牙力拚下，興農牛擊敗統一獅，奪下創隊以來首次總冠軍
(C)部分餐館以廉價牛肉充當高級牛排，媒體揭發之後，業者卻以「拼裝牛排」強加辯解，此種塘塞卸責之說詞，令人無法苟同
(D)南亞海嘯造成重大傷亡，無情巨浪吞噬數十萬人的生命，倖存的災民除遭親人離散之痛，尚得面對滿目瘡痍的家園，處境極為艱難

（　　）3.下列各組詩歌中，前後都各有一含「來」字的語詞，其中「來」字意義不同的選項是：
(A)年皆過半百，來日苦無多／往者不可諫，來者猶可追

(B)別來春半，觸目愁腸斷／古來聖賢皆寂寞，唯有飲者留其名

(C)微雨從東來，好風與之俱／無邊落木蕭蕭下，不盡長江滾滾來

(D)歸來彷彿三更，家僮鼻息已雷鳴／爾來四萬八千歲，不與秦塞通人煙

( ) 4.「（曹植）善屬文，太祖嘗視其文，謂植曰：『汝倩人邪？』植跪曰：『言出為論，下筆成章，顧當面試，奈何倩人？』」「倩人」一詞，從上下文意推敲，其意應為：

(A)請人代筆 　　　　　　　　(B)模擬他人名作

(C)文章講求漂亮詞藻 　　　　(D)文章有女性陰柔之美

( ) 5.儒家著重德行、理想的追求，反對物質生活的耽溺，下列《論語》引文中，並非陳述此種意旨的選項是：

(A)君子憂道不憂貧

(B)士而懷居，不足以為士矣

(C)奢則不孫，儉則固；與其不孫也，寧固

(D)士志於道，而恥惡衣惡食者，未足與議也

( ) 6.下列引文，依文意推敲，＿＿＿＿＿＿內最適宜填入的選項是：

「我客居在＿＿＿＿＿＿的詩裡／金箔映照著西風中的翠鳥與玉樓／失火的絳唇冷去，轔轔的／兵車乍醒如戲／在一片澄黃的語字的景色裡／長安，是不能逼迫太甚的玻璃器皿／客來，借酒／春到，看花／群鷗日日的＿＿＿＿＿＿也好像是廣廈千萬了。」

(A)王先生（王維）／輞川 　　(B)杜先生（杜甫）／草堂

(C)李先生（李白）／青蓮鄉 　(D)孟先生（孟浩然）／終南山

( ) 7.斟酌下列引文的文意脈絡，□□中最適合填入的選項是：

「禮是天理與人事之節文與儀則。同理，『藝術是聲和色的節文與儀則。』小貓爬到了洋琴的鍵盤上，各種聲音都有，但不成為樂曲。畫家的調色板上，各種顏色都有，但不成為畫。何以故？因為只有聲色而沒有節文與儀則的原故。故可知『□□』是造成藝術的一個重要條件。」

(A)自由 　　　　　　　　　　(B)摹擬

(C)節制 　　　　　　　　　　(D)趣味

( ) 8.(甲) 一飯尚銘恩，況曾裸抱提攜，只少懷胎十月

千金難報德，即論人情物理，也當泣血三年

(乙) 為人如等邊矩形，處世若一次曲線，哭吾師竟至無窮遠點

授業有強磁在身，解惑燃乙炔於夜，願先生風範長留人間

從上述甲乙二輓聯文意判斷，聯中所悼輓的對象分別應是：

(A)母親／啟蒙教師　　　　　　　　(B)乳母／數理教師

(C)祖母／啟蒙教師　　　　　　　　(D)父親／數理教師

（　）9.下引文字，依文意排列，順序最恰當的選項是：

「屋子裡沒有燈火，

(甲)沒有線條，也沒有顏色的大輪廓

(乙)橫順的在黑暗裡爬

(丙)老人的眼淚在他有縐紋的臉上爬

(丁)黑暗是一個大輪廓

(戊)他的眼淚變成了無數的爬蟲子

個個從老人的內心出發」（蕭紅〈小城三月〉）

(A)甲丁戊乙丙　　　　　　　　　　(B)乙甲丙丁戊

(C)丙乙戊甲丁　　　　　　　　　　(D)丁甲丙乙戊

（　）10.斟酌下列文句，□□中最適合填入的選項是：

(甲) 夏夜，柳絲是些溫寂垂懸的□□，在月光裡睡著（司馬中原〈如歌的行板〉）

(乙) 許多美的人和美的事，錯綜起來像一天□□，而且萬顆奔星似的飛動著，同時又展開去，以至於無窮（魯迅〈好的故事〉）

(丙) 我看到紅色羽毛和黃色羽毛的朱鸝鳥，啄著葡萄架上的青葡萄。美麗的朱鸝鳥常常成群的飛進院子裡來……一粒粒的青色葡萄在往地上跌落，跌出碎細的□□（蕭白〈六月的眸光〉）

(A)簾幕／霧靄／耳語　　　　　　　(B)簾幕／雲錦／珍珠

(C)睫毛／雲錦／耳語　　　　　　　(D)睫毛／霧靄／珍珠

（　）11.「馬穿山徑菊初黃，信馬悠悠野興長。萬壑有聲含晚籟，數峰無語立斜陽。棠梨葉落胭脂色，蕎麥花開白雪香。何事吟餘忽惆悵？村橋原樹似吾鄉。」

下列有關本詩的分析，不正確的選項是：

(A)從形式上看，本詩應屬律詩

(B)詩中所描寫的景色屬於秋景

(C)全詩句句寫景亦兼寫情，自首至尾流露濃厚的秋之愁緒

(D)詩人行遊所見，彷彿故鄉景物，所以勾起他惆悵的思鄉情懷

12-13為題組

請先閱讀下列短文，然後回答以下問題：

龐恭與太子質於邯鄲，謂魏王曰：「今一人言市有虎，王信之乎？」曰：「不信。」「二人言市有虎，王信之乎？」曰：「不信。」「三人言市有虎，王信之乎？」

王曰：「寡人信之。」龐恭曰：「夫市之無虎也明矣，然而三人言而成虎。今邯鄲之去魏也遠於市，議臣者過於三人，願王察之。」龐恭從邯鄲反，竟不得見。

( ) 12. 下列文意解釋，正確的選項是：
　　　(A)龐恭從邯鄲反，意謂龐恭在邯鄲造反
　　　(B)今邯鄲之去魏也遠於市，意謂邯鄲距離市集很遠
　　　(C)三人言而成虎，意謂三人言詞機智，實有眞知灼見
　　　(D)龐恭與太子質於邯鄲，意謂龐恭與太子在邯鄲作人質

( ) 13. 龐恭所要向魏王闡述的論點是：
　　　(A)君子不以人廢言　　　　　　　(B)人言可畏，眾口鑠金
　　　(C)三人行，必有我師焉　　　　　(D)街談巷議，語多可採

14-15為題組
請先閱讀下列詩歌，然後回答以下問題：

你如果 / 如果你對我說過 / 一句一句 / 眞純的話 / 我早晨醒來 / 我便記得它
年少的歲月 / 簡單的事 / 如果你說了 / 一句一句 / 淺淺深深 / 雲飛雪落的話
關切是問 / 而有時 / 關切 / 是 / 不問
倘或一無消息 / 如沉船後靜靜的 / 海面，其實也是 / 靜靜的記得
倘或在夏季之末 / 秋季之初 / 寫過一兩次 / 隱晦的字 / 影射那偶然 / 像是偶然的 /
落雨──也是記得

( ) 14. 依上引詩歌的詩意判斷，下列敘述正確的選項是：
　　　(A)詩人藉反覆「記得」，訴說自然無常、世事多變的感傷
　　　(B)詩人藉反覆「記得」，描寫由少至今沉浮起落的哀怨記憶
　　　(C)詩人藉「記得」的不斷強調，表達對一段情緣的深刻懷念
　　　(D)詩人藉「記得」的不斷強調，流露對年少輕狂時耽溺孽緣的懊悔

( ) 15. 下列歌詞的詞意，與上引詩中詩人內心深處的情感最為近似的選項是：
　　　(A)你不曾眞的離去 / 你始終在我心裡 / 我對你仍有愛意 / 我對自己無能為力
　　　(B)兩個人一輩子不分離 / 你問我好在哪裡 / 不是你不期待永恆的戀曲 / 你說
　　　　最美的愛情叫作回憶
　　　(C)記得要忘記 / 忘記 / 我提醒自己 / 你已經是人海中的一個背影 / 長長時光
　　　　/ 我應該要有新的回憶
　　　(D)親愛的你 / 我知道你會哭泣 / 面對回憶 / 我們還擁有過去 / 不要問我為什
　　　　麼 / 我們承認吧 / 我們的愛情已遠離

貳、多選題：（占24分）

說明：第16題至第23題，每題的五個選項各自獨立，其中至少有一個選項是正確的，選出正確選項標示在答案卡之「選擇題答案區」。每題皆不倒扣，五個選項全部答對者得3分，只錯一個選項可得1.5分，錯兩個或兩個以上選項不給分。

（　　）16. 下列各組文句，「」內字義相同的選項是：

　　(A)不貪於財，不「苟」於利／「苟」非其人，道不虛行

　　(B)闔門懸車，不「豫」政事／凡事「豫」則立，不豫則廢

　　(C)攜朋挈儔，去故「就」新／望之不似人君，「就」之而不見所畏焉

　　(D)超然而上，「薄」乎雲霄，而不以為喜也／今者「薄」暮，舉網得魚，巨口細鱗，狀似松江之鱸

　　(E)猶之用人，非畜道德者，「惡」能辨之不惑，議之不徇／夫上以至誠行之，而貴者知避上之所「惡」矣

（　　）17. 陶淵明〈歸去來辭〉一文中，「策扶老以流憩」的「扶老」一詞是指「柺杖」，「扶」是動詞，「老」是名詞，「扶老」為一動賓（即動詞＋受詞）結構，但是整個詞結合起來作為名詞用。下文「」中的語詞，也具有同樣語法結構的選項是：

　　(A)不惜歌者苦，但傷「知音」稀

　　(B)正是江南好風景，「落花」時節又逢君

　　(C)「屏風」有意障明月，燈火無情照獨眠

　　(D)喉間猶是哽咽，心上還是亂跳，「枕頭」上已經溼透，肩背身心，但覺冰冷

　　(E)有了「靠山」做主，就是八隻腳的螃蟹一般，豎了兩個大鉗，只管橫行將去

（　　）18. 「流行」一詞本有各種不同的意義，今日則最常用於說明某些人、事、物在一個特定時期與地區之中，受到眾人共同喜好、關注的程度，例如「流行歌」、「流行服飾」等。下列文句中「流行」一詞，與上述意義相同的選項是：

　　(A)天災流行，國家代有。救災、恤鄰，道也。行道有福

　　(B)習慣如自然，則莫非天理之流行而仁熟矣。聖賢同歸

　　(C)孔子曰：「德之流行，速於置郵而傳命。」當今之時，萬乘之國行仁政，民之悅之，猶解倒懸也

　　(D)劉兄……在任逾歲，職修人治，州中稱無事。頗復增飾，從子弟而遊其間；又作二十一詩以詠其事，流行京師，文士爭和之

(E)時世粧，時世粧，出自城中傳四方。時世流行無遠近，顋不施朱面無粉。烏膏注唇唇似泥，雙眉畫作八字低。妍蚩黑白失本態，粧成盡似含悲啼

( ) 19. 儒家認爲一個人的外在行止不唯與其內在修養相符相應、相生相成，抑且是禮義之道的開端，所以儒家極重視外在行止的講求。下列文句表現儒家此種觀點的選項是：

(A)外貌斯須不莊不敬，而易慢之心入之矣

(B)禮義之始，在於正容體，齊顏色，順辭令

(C)學有所得，不必在談經論道間，當於行事動容周旋中禮者得之

(D)臨民之時，容止可觀，進退可度，語言和謹，處事安詳，則不失其禮體矣

(E)君子所貴乎道者三：動容貌，斯遠暴慢矣；正顏色，斯近信矣；出辭氣，斯遠鄙倍矣

( ) 20. 下列關於「經」、「傳」的敘述，正確的選項是：

(A)孔子的著作稱「經」；仲尼弟子的著作稱「傳」

(B)《詩經》中的《雅》、《頌》是「經」；《國風》是「傳」

(C)《春秋》是「經」；《左氏》、《公羊》、《穀梁》是「傳」

(D)六經亦稱「六藝」，指《詩》、《書》、《禮》、《樂》、《易》、《春秋》六部經典

(E)《論語》、《孟子》本非「經」，後世才升格爲「經」，可見經、傳的地位並非固定不變

( ) 21. 下列作品、作家、時代及體裁，對應完全正確的選項是：

(A)〈虯髯客傳〉／元稹／唐人傳奇小說

(B)《水滸傳》／施耐庵／宋人話本小說

(C)《老殘遊記》／劉鶚／清代章回小說

(D)《聊齋誌異》／蒲松齡／清代志怪小說

(E)《世說新語》／劉義慶／南朝宋志人小說

22-23為題組

請先閱讀下列引文，然後回答以下問題：

　　讓我們用比較跳躍的方式來想像「出版」這種複雜活動的起源吧。

　　大約二百萬年前，你知道那時直立原人已經躍上地球大舞臺了，而且懂得用火來烹煮獵物或燒烤一封情書（那自然是一支鹿茸或樹枝之類的）。有一天，一個發情頻率甚高、酷愛張開長臂奔跑的原人發現了隱在灌木雜樹之間的一塊大草坡；第一次，他癡情地深呼吸起來，青草的芳香使他忘記必須在日落之前捕獵責任額內的獵物以繳交國庫（或族庫）。更要命的是，他的命運被草坡西邊一朵在風中顫抖的小花兒改變了。接

著，他第一次感受到肢體流竄一股跟食慾無關的熱情，這使他陷入半癲半狂的狀態，於是拔腿奔跑起來，他必須找人傾訴那奇妙的體驗以免暈厥在起伏不定的情緒裡。很幸運地，他遇見另一位躺在樹蔭下思索有沒有比狩獵更重要的事的原人，他氣喘吁吁地拉起那位冥思中的原人，以當時僅有的粗糙語言加上手舞足蹈加上以物喻意，傾訴了他的情感。那位冥思原人盯著地上由枯枝、石片、土塊拼組成的「文字」，他終於瞭解激情原人要說的是：「草地，西邊，小花兒，美。」這是第一次他看到跟狩獵活動、工具製作以及遷徙決策無關的文字。他的命運也被改變了，微風拂動他那多毛的軀體，儘管幾隻小蟲爬上他那張扁平的臉引起癢意也不能阻止一滴無比清澈的淚水自眼眶溢出，那滴淚是文明的源頭，所有乾燥的內在都將因這顆淚珠而得以滋潤。他說：「我要，它（他指了指石片、土塊、枯枝組成的文字），走，很遠，很多人，看！」

　就這樣，他攜帶那組文字行走天涯，拼給每一個他遇到的原人看，傳播草坡西邊一朵美麗小花兒的故事。他成為第一個出版人。

（　　）22.文中的「激情原人」發現小花兒的美麗，內心激動，於是用枯枝、石片、土塊拼組成文字，這就是「創作」的開始。下列文字說明創作的起源與「激情原人」情形相似的選項是：

(A)言氣質，言神韻，不如言境界。有境界，本也；氣質、神韻，末也，有境界而二者隨之矣

(B)春秋代序，陰陽慘舒，物色之動，心亦搖焉。……歲有其物，物有其容；情以物遷，辭以情發

(C)夫街談巷說，必有可采；擊轅之歌，有應風雅。匹夫之思，未易輕棄也。辭賦小道，固未足以揄揚大義，彰示來世也

(D)氣之動物，物之感人，故搖蕩性情，形諸舞詠。……若乃春風春鳥，秋月秋蟬，夏雲暑雨，冬月祁寒，斯四候之感諸詩者也

(E)文以氣為主，氣之清濁有體，不可力強而致。譬諸音樂，曲度雖均，節奏同檢，至於引氣不齊，巧拙有素，雖在父兄，不能以移子弟

（　　）23.下列關於引文中兩種「原人」的說明，正確的選項是：

(A)「冥思原人」的行為無異於剽竊「激情原人」的文學情懷，據為己有，這樣的海盜行為實為出版人之恥

(B)「激情原人」的癡情與癲狂，見證了人類有一種超越衣食慾望的需求，那種需求是人類美好的本質之一

(C)「冥思原人」屬於統治階級，和「激情原人」不同，不需要狩獵，因而有閒暇可以思考創作與出版的問題

(D)「冥思原人」能欣賞「美」，並且努力的將其傳播給更多的人──這隱然揭示了一個出版人應有的心懷與責任

　　㈥文中說「冥思原人」的「那滴淚是文明的源頭」，可以滋潤「所有乾燥的
　　內在」，表現了出版事業對文明發展與文化傳承的重大意義

第二部分：非選擇題（共三大題，佔54分）

說明：請依各題指示作答，答案務必寫在「答案卷」上，並標明題號一、二、三。

一、判讀（佔9分）

　　穴烏（jackdaw）如果找到了一個將來可以造窩的小洞，牠就會兇狠狠地把其他穴烏
一齊趕走，不管來搶地盤的鳥地位多高，牠是再也不肯讓步的。同時牠會用又高又尖的
調子，不停地喊出「即刻，即刻，即刻」通知牠看中的雌鳥，新房子已經準備好了。穴
烏的這種鳥類呼喚伏窩（孵卵）的儀式在秋天裡特別頻繁，每逢秋高氣爽的天氣，這些
鳥兒就會出來找窩，同時會對求偶的活動特別感興趣，「即刻、即刻」之聲幾乎不絕於
耳。到了二月、三月，大白天裡「即刻」的聲音幾乎不曾間斷；三月最後幾天裡，牠們
的情緒到了最高潮，「即刻」合唱在某個牆壁的凹窪處更是格外響亮。就在這時，從凹
窪處響出來的音色變了，換成一種比較深沈而豐富的調子，聽起來像是「也卜、也卜、
也薗」。愈唱到後來，節拍愈快，再往後，就成了一串急不可辨的連音了。於是興奮的
穴烏從各個方向一齊都擠到這個小洞的旁邊，牠們把身上的羽毛抖了開來，分別擺出威
嚇的架勢，一齊加入「也薗」大合唱。

　　這到底是什麼意思呢？我花了好久的時間才找出原因：原來牠們這套儀式完全是在
對付社會的罪人時才有的表現。穴烏因為適宜造窩的小洞實在太少，競爭非常劇烈。有
時一隻非常強壯的鳥為了爭地盤，會無情的攻擊一隻比牠弱小得多的同伴，這時「也
薗」反應就產生了。受侮的穴烏又急又憤，牠的「即刻」之聲逐漸提高加快，最後終於
變成「也薗」了。如果牠的妻子當時不在場，得了牠告急的訊號，就會蓬鬆了身上的羽
毛趕來助戰。如果這個挑釁者這時還不逃走，就會引起難以置信的後果，所有聽見牠們
「也薗」的穴烏都會憤怒地趕到現場，於是原先「一觸即發」的戰事在一陣愈叫愈響，
愈喊愈急的「也薗」聲中立刻化為烏有。趕來管閒事的鳥經過這樣的一頓發洩之後，就
又散開了，留下原來的地主在牠重得和平的家裡，靜靜地「即刻、即刻」。

　　通常出來主持公道的鳥數目都不少，足夠使一場爭端平息。最古怪的是原來的挑釁
者也會參與「也薗」大合唱，旁觀的我們如果把人的想法投射在鳥的身上，會以為這隻
生事的鳥兒，是為了轉移大家的注意力才跟著喊「捉賊」的。事實上無論是那隻穴烏，
一聽到「也薗」的叫聲就會不由自主的加入行列。生事的鳥兒根本就不知道自己是引起
哄鬧的原因，所以當牠「也薗」的時候，牠也和別的鳥兒一樣，一邊轉，一邊東張西望
地找嫌疑犯。雖然旁觀的我們會覺得荒唐，但牠的每一個動作可都是誠心誠意的。（改
寫自勞倫茲《所羅門王的指環》）

二、闡述（佔18分）

　　對上文中生事的穴烏也跟著叫「也蒭」，你有什麼感想或看法？而看到穴烏集體的「也蒭」行為，再對照人類在類似情況下的反應，你又有什麼感想或看法？請分別加以闡述，文長不限。

三、命題寫作（佔27分）

　　人生難免「失去」：我們有時沉浸在失去的感傷中；有時因失去才學會珍惜；有時明明已經失去，卻毫不自覺；而有時失去其實並非失去……

　　請根據自己的體驗，以「失去」為題，寫作一篇首尾俱足、結構完整的文章，文長不限。

95 年學測（學科能力測驗）

題型分析

類型	字音	字形	字詞義	文法修辭	成詞語	應用文	國學常識	閱讀理解
題號		1	2、3、4、5、11	6、12			9、13、17、18、19	20、23（古典詩詞） 10（文言文，文句排序） 7、8、14、21、22（文言文） 15、16（白話文）

第一部分：選擇題（佔54分）

壹、單選題（佔30分）

說明：第1題至第15題，每題選出一個最適當的選項，標示在答案卡之「選擇題答案區」。每題答對得2分，答錯不倒扣。

( ) 1.下列文句中，有關「生」與「身」二字的使用，完全正確的選項是：
(A)小林的父母在那場空難中幸運身還，遭遇了終生難忘的經歷
(B)在二次大戰中，不少猶太人為了人身安全，不得不隱瞞自己的生世
(C)雖然出身不佳，他仍努力向上，終於獲得許多人畢生難求的工作機會
(D)老李誤信算命而自怨身不逢時，久久抑鬱難平，竟因此輕生，令人惋惜

( ) 2.漢字的部首具有表意的功能，例如「示」部的字多與神靈概念有關，下列針對「示」部字意義的敘述，錯誤的選項是：
(A)祖、祇、神、社等字與神祇之意有關
(B)祝、祈、禱、祠等字與祭祀之意有關
(C)福、祥、禎、祿等字與福祉之意有關
(D)禍、祟、祆、禁等字與災禍之意有關

( ) 3.下列各組文句中，「」內連用數字的表達意義方式，前後不同的選項是：
(A)「什一」，去關市之徵，今茲未能／持戟百萬，秦得「百二」焉
(B)只嫌「六七」茅竹舍，也有兩三雞犬聲／四鄰何所有，「一二」老寡妻
(C)鬢毛「八九」已成霜，此際逢春只自傷／溪回山石間，蒼松立「四五」
(D)美人「二八」顏如花，泣向花前畏花落／非復「三五」少年日，把酒償春頰生紅

（　　）4.下列各組文句中，「」內的語詞意義相同的選項是：

(A)「小人」有母，皆嘗小人之食矣，未嘗君之羹／「小人」姓張名青，原是此間光明寺種菜園子

(B)姊妹弟兄皆列土，「可憐」光彩生門戶／與其說我的話打動了他，倒不如說是我那副「可憐」相令人同情吧

(C)君子無終食之間違仁，「造次」必於是，顛沛必於是／寶玉自知這話說的「造次」了，後悔不來，登時臉上紅脹起來，低著頭不敢則一聲

(D)桓公與莊公既盟於壇上，曹沫執匕首劫齊桓公，桓公「左右」莫敢動／妖王笑道：那包袱也無什麼值錢之物，「左右」是和尚的破褊衫、舊帽子，背進來拆洗做補襯

（　　）5.「阿堵」是六朝以來習見的稱代詞，猶如現代所說的「這個」。《世說新語》記載雅尚玄遠的王衍不屑講「錢」字，而稱之「阿堵物」，因此後世文人多以「阿堵物」稱代錢。下列文句中，「阿堵」所稱代的對象<u>不是</u>「錢」的選項是：

(A)世情看冷暖，人面逐高低。任是親兒女，還隨「阿堵」移

(B)莼絲老盡歸不得，但坐長饑須俸錢。此身不堪「阿堵」役，寧待秋風始投檄

(C)秀才竊喜，自謂暴富，頃之，入室取用，則滿室「阿堵」物皆為烏有，惟母錢十餘枚寥寥尚在

(D)顧長康畫人，或數年不點目精。人問其故？顧曰：四體妍蚩，本無關於妙處；傳神寫照，正在「阿堵」中

（　　）6.下列文句「」中的語詞，屬於偏義複詞的選項是：

(A)痛「母子」之永隔，哀伉儷之生離

(B)昭陽殿裏「恩愛」絕，蓬萊宮中日月長

(C)凡周「存亡」，不三稔矣！君若欲避其難，其速規所矣，時至而求用，恐無及也

(D)故為人君者，正心以正朝廷……正萬民以正四方。四方正，「遠近」莫敢不壹於正

（　　）7.子曰：「吾與回言終日，不違如愚。退而省其私，亦足以發。回也，不愚。」下列有關《論語》這一章的詮釋，敘述正確的選項是：

(A)文中「發」字，意指顏回發憤向學，樂以忘憂

(B)「省其私」，乃指顏回時時反省自己有無過失偏私之處

(C)從孔子曾說「剛毅木訥，近仁」，可知孔子欣賞顏回「不違如愚」的表現

(D)由「回也，不愚」看出，孔子認為顏回不像表面上的唯唯諾諾，而是既能知，且能行

（　　）8.下列《論語》文句，解釋正確的選項是：

(A)「子食於有喪者之側，未嘗飽也」，反映孔子哀人之哀、傷人之傷的懷抱

(B)「古之學者為己，今之學者為人」，意謂古之學者心存一己，今之學者心存社稷

(C)子貢問「君子亦有惡乎？」孔子答以「有惡。惡稱人之惡者」，可知孔子討厭那些稱惡為善、是非不分的人

(D)「君子篤於親，則民興於仁。故舊不遺，則民不偷」，後兩句意謂人民珍惜故舊之物，則可免於因匱乏而淪為盜賊

（　　）9.㈠ 萬古丹心盟日月，千年義氣表春秋

㈡ 未劈曹顱千古恨，曾醫關臂一軍驚

㈢ 天意欲興劉，到此英雄難用武

人心猶慕項，至今父老尚稱王

㈣ 由仁居義，傳堯舜、禹湯、文武、周孔之道

知言養氣，充惻隱、羞惡、恭敬、是非之心

上引對聯各詠一歷史人物，若依序排列，正確的選項是：

(A)關羽／扁鵲／項羽／孔子　　　(B)關羽／華佗／項羽／孟子

(C)文天祥／華佗／劉邦／孔子　　　(D)文天祥／扁鵲／劉邦／孟子

（　　）10.下引文字，依文意排列，順序最恰當的選項是：

「若迤升於高，以望江山之遠近，

㈠ 吾亦不能言也

㈡ 凡工之所不能畫者

㈢ 嬉於水而逐魚鳥之浮沉

㈣ 其物象意趣，登臨之樂，覽者各自得焉

其為我書其大概焉。」（歐陽脩〈眞州東園記〉）

(A)甲丁乙丙　　　　　　　　　　(B)乙甲丁丙

(C)丙丁乙甲　　　　　　　　　　(D)丁甲乙丙

（　　）11.斟酌下列文句，□□中最適合填入的選項是：

㈠ 上海的衖堂，條數鉅萬，縱、橫、斜、曲，如入迷魂陣，每屆盛夏，溽暑□□，大半個都市籠在昏赤的炎霧中（木心〈從前的上海人〉）

㈡ 食堂裡面的燈光從上半截的玻璃透過來，映著棕紅色油漆的邊框，和食堂裡的霧氣，□□成一片悶悶的光暈，是那樣的縹緲又虛幻（羅蘭〈燈的隨想〉）

㈢ 飢餓的滋味他還是第一次嘗到。心頭有一種沉悶的空虛，不斷地□□著他，鈍刀鈍鋸磨著他。那種痛苦是介於牙痛與傷心之間（張愛玲《秧

　　　　　歌》）

(A)燻炙／迷濛／折騰　　　　　　(B)蒸騰／氤氳／咬囓

(C)侵凌／交織／糾纏　　　　　　(D)襲人／雜揉／煎熬

（　　）12. 《知音——古典吉他入門》一書之命名，巧妙結合「音」之「知」與「古典吉他入門」的關係，令人印象深刻。下列書籍命名手法與此相似的選項是：

(甲) 《露骨——X射線檔案》

(乙) 《談天——宇宙若比鄰》

(丙) 《阿里山——永遠的檜木霧林原鄉》

(丁) 《狂風暴雨——颱風、颶風、龍捲風》

(戊) 《拈花惹草——簡易實用的插花技巧》

(A)甲丙丁　　　　　　　　　　　(B)甲乙戊

(C)乙丙丁　　　　　　　　　　　(D)乙丁戊

（　　）13. 斟酌下引文字，□中最適合填入的選項是：

六經者非他，吾心之常道也。是故，□也者，志吾心之陰陽消息者也；《書》也者，志吾心之紀綱政事者也；□也者，志吾心之歌詠性情者也；□也者，志吾心之條理節文者也；□也者，志吾心之欣喜和平者也；《春秋》也者，志吾心之誠偽邪正者也。（王陽明〈尊經閣記〉）

(A)易／詩／禮／樂　　　　　　　(B)易／樂／禮／詩

(C)詩／禮／易／樂　　　　　　　(D)詩／樂／易／禮

（　　）14. 下列詩文中，作者面對「青山」時，有濃厚歲月之感的選項是：

(甲) 滿眼青山未得過，鏡中無那鬢絲何

(乙) 青山不減年年恨，白髮無端日日生

(丙) 杳杳天低鶻沒處，青山一髮是中原

(丁) 眼看青山休未得，鬢垂華髮摘空頻

(戊) 我見青山多嫵媚，料青山、見我應如是

(A)甲乙丁　　　　　　　　　　　(B)甲丙戊

(C)乙丙丁　　　　　　　　　　　(D)乙丁戊

（　　）15. 關於下引文字，敘述正確的選項是：

三十年代的時候，魯迅曾與梁實秋展開多次筆戰。有一回，梁實秋說魯迅把一切主義都褒貶得一文不值。魯迅則反駁：「你究竟在說『褒』還是在說『貶』？褒就是褒，貶就是貶，什麼叫作褒貶得一文不值？」梁實秋無詞以對，只是解釋回應說，按北京人的用法，褒貶就是指貶。當年這場筆戰似乎魯迅了佔上風，然而陳之藩總無法信服魯迅之說，卻也說不出具體的理由。

後來在香港，一位四川籍教授給他看一幅鄧小平的題字：「歷盡劫波兄弟在，相逢一笑泯恩仇」，落款有「錄魯迅詩」字樣，陳不禁為之大笑，原來他發現魯迅自己也有與梁實秋類似的用法，陳之藩因而評論魯迅：泯恩仇指的當然是泯「仇」，「恩」為什麼要泯它呢？（改寫自陳之藩《一星如月‧褒貶與恩仇》）

(A)梁實秋心知魯迅的反駁是對的，所以無詞以對

(B)陳之藩評論魯迅，可謂是「以其人之道，還治其人之身」

(C)鄧小平題字，頗有希望魯、梁二人筆戰「一笑泯恩仇」之意

(D)魯迅事後自覺強詞奪理，所以作詩有「兄弟在」、「泯恩仇」之語

貳、多選題（佔24分）

說明：第16題至第23題，每題的五個選項各自獨立，其中至少有一個選項是正確的，選出正確選項標示在答案卡之「選擇題答案區」。每題皆不倒扣，五個選項全部答對者得3分，只錯一個選項可得1.5分，錯兩個或兩個以上選項不給分。

（　　　）16.下文取自網路新聞，文中連接詞運用不當的選項是：

不論季後賽壓力龐大，王建民仍然「泰山崩於前而色不改」，6日對天使之戰投得虎虎生風，完全不見菜鳥球員的稚嫩生澀。撇開七局下失投不談，王建民先發6又2／3局只有1分責失的強勢演出，讓隔海加油的國內球迷與有榮焉。然後阿民沒能拿下季後賽首勝，成為「亞洲第一人」，而且從賽後隊友、教練的反應，可以確定的是，只要洋基能一路挺進世界大賽，阿民不愁沒有上場機會。但是阿民的菜鳥球季還能創造多少「驚奇」？值得期待。

(A)「不論」季後賽壓力龐大

(B)「然後」阿民沒能拿下季後賽首勝

(C)「而且」從賽後隊友、教練的反應

(D)「只要」洋基能一路挺進世界大賽

(E)「但是」阿民的菜鳥球季還能創造多少驚奇

（　　　）17.針對下列古文名篇內容，敘述正確的選項是：

(A)蘇洵〈六國論〉藉論六國賂秦之弊，諷諭宋朝屈辱求和的政策

(B)蘇軾〈前赤壁賦〉藉變與不變之辯證，表現作者通達的人生觀

(C)韓愈〈師說〉藉贈文李蟠的機會，批判時人一味崇尚佛老的風氣

(D)柳宗元〈始得西山宴遊記〉藉「始得」二字，表現作者初次尋得心靈寄託的喜悅感受

(E)顧炎武〈廉恥〉藉論「士大夫之無恥，是謂國恥」，寄寓作者對易代之際，士人變節的感慨

（　　）18.近年知性之旅甚為流行，或依據作家生平經歷、作品內容規劃文學之旅；或
依據歷史掌故、地理環境規劃古蹟之旅。下列藝文之旅的主題，與作品內容
相關的配對選項是：
(A)右軍書藝之旅——曾鞏〈墨池記〉
(B)遊園賞花之旅——陶淵明〈桃花源記〉
(C)農田酒鄉之旅——歐陽脩〈醉翁亭記〉
(D)民俗曲藝之旅——劉鶚〈明湖居聽書〉
(E)赤壁泛舟之旅——蘇轍〈黃州快哉亭記〉

（　　）19.漢代與唐代同為中國歷史上文治武功皆有可觀的時期，下列關於漢唐文學的
說明，敘述正確的選項是：
(A)漢代散文的代表是《史記》，唐代散文的代表是傳奇
(B)〈古詩十九首〉出現於漢末，代表五言詩的正式成熟
(C)漢代樂府詩富有寫實精神，唐代新樂府運動亦關注社會現實
(D)近體詩完成於唐代，形式精整，表現古典詩的對稱美、聲律美
(E)高適、岑參為唐代邊塞詩的代表作家，王維、孟浩然為自然詩的代表作家

（　　）20.下列詩句表露詩人心中悠然自得之樂的選項是：
(A)雲淡風輕近午天，傍花隨柳過前川。時人不識余心樂，將謂偷閒學少年
(B)渺渺孤城白水環，舳艫人語夕霏間。林梢一抹青如畫，應是淮流轉處山
(C)昔日齷齪不足誇，今朝放蕩思無涯。春風得意馬蹄疾，一日看盡長安花
(D)中歲頗好道，晚家南山陲。興來每獨往，勝事空自知。行到水窮處，坐看
雲起時。偶然值鄰叟，談笑無還期
(E)劍外忽傳收薊北，初聞涕淚滿衣裳。卻看妻子愁何在，漫卷詩書喜欲狂。
白日放歌須縱酒，青春作伴好還鄉。即從巴峽穿巫峽，便下襄陽向洛陽

（　　）21.關於下引文字，敘述正確的選項是：
曾子之妻之市，其子隨之而泣，其母曰：「女還，顧反為女殺彘。」妻適市
來，曾子欲捕彘殺之，妻止之曰：「特與嬰兒戲耳。」曾子曰：「嬰兒非與
戲也！嬰兒非有知也，待父母而學者也，聽父母之教。今子欺之，是教子欺
也。母欺子，子而不信其母，非所以成教也。」遂烹彘。（《韓非子·外儲
說左上》）
(A)「其母」指曾子之母
(B)曾子認為：即便是對待孩童也要遵守諾言
(C)從「女還，顧反為女殺彘」一句，可知嬰兒當為女嬰
(D)「曾子之妻之市」，前後兩個「之」的詞性、意義皆相同
(E)「今子欺之，是教子欺也」，前後兩個「子」字所稱對象不同

（　）22.關於下引文字，敘述正確的選項是：

至幕府，廣謂其麾下曰：「廣結髮與匈奴大小七十餘戰，今幸從大將軍出接單于兵，而大將軍又徙廣部行回遠，而又迷失道，豈非天哉！且廣年六十餘矣，終不能復對刀筆之吏。」遂引刀自剄。廣軍士大夫一軍皆哭。百姓聞之，知與不知，無老壯皆為垂涕。（《史記·李將軍列傳》）

(A)「結髮與匈奴大小七十餘戰」，是李廣自嘆年事已高，卻仍須與匈奴多次作戰

(B)「豈非天哉」，是李廣慨歎既奉命繞遠路，竟又迷路，一切命中注定，無可奈何

(C)「不能復對刀筆之吏」，是李廣自謂難以再次面對掌管刑法律令的官吏，承受屈辱

(D)「一軍皆哭」，意謂全軍上上下下皆痛哭，表現李廣在軍中深孚眾望，極受士卒愛戴

(E)「知與不知」，是指有受教育與未受教育者；「無老壯」，是指不分老少，二句都表現李廣深得民心

（　）23.關於下列兩首王安石詩，敘述正確的選項是：

沈魄浮魂不可招，遺編一讀想風標。何妨舉世嫌迂闊，故有斯人慰寂寥。
（〈詠孟子〉）

自古功名亦苦辛，行藏終欲付何人？當時黮闇猶承誤，末俗紛紜更亂真。
糟粕所傳非粹美，丹青難寫是精神。區區豈盡高賢意？獨守千秋紙上塵。
（〈讀史〉）

(A)「何妨舉世嫌迂闊」二句，顯示了王安石自比孟子，目空一切的自傲心理

(B)「遺編一讀想風標」之情懷、語意與「風簷展書讀，古道照顏色」大抵近似

(C)「行藏」一詞，意指進退出處，語出《論語·述而》：「用之則行，舍之則藏」

(D)〈讀史〉一詩，表達了王安石對史書記載及其論斷功過是否真切、允當的質疑

(E)二詩都流露出王安石的孤寂、無奈，也流露出自身理想、信念、行事、人格不被了解、缺少知音的感慨

第二部分：非選擇題（共三大題，佔54分）

說明：請依各題指示作答，答案務必寫在「答案卷」上，並標明題號一、二、三。

一、語文修正（佔9分）

　　　語文的使用需要注意場合、對象的分別，不同的場合、不同的對象，都有它不同的語文表達方式。例如上台演講和平日死黨之間說話便大不相同，而寫作文章和口語敘述也絕不應該完全沒有差別。下面是一篇題為「運氣」的中學生作文，即使暫不考慮文字的優美與否，其中除了以下說明文字的範例之外，尚有九處應予修正——或使用了不當的俗語、口語、外來語，或犯了語法上的錯誤，或是受媒體、網路流行用語誤導，或以圖案代替文字，請加以挑出，並依序標號（1、2、3……9）改正之。

　　【說明】例如文中「3Q得Orz」即為不當用法，3Q意指「thank you」，Orz則藉三字母表示「跪拜在地」之狀。改正之方式如下：

　　　3Q得Orz → 感謝得五體投地

　　　今天我們班的運氣實在有夠衰，開朝會時被學務主任點名，說我們班秩序不良而且教室環境髒亂。我們班導師氣到不行，回到班上嚴辭訓斥大家一頓，問我們究竟安什麼心？林大同立刻舉手發言說，我們一定會好好做反省的動作。衛生股長漲紅著臉幾乎快 ::>_<:: 了，他拜託大家每天確實打掃，他一定3Q得Orz。王明問班上的星座達人到底我們班為何如此時運不濟，接二連三被挨罵受罰。更慘的是，班上的蒸飯箱莫名其妙又壞了，害得全班只好吃冷便當。偶氣ㄅ要死，媽媽昨天為我準備的便當，本來粉不錯吃滴，卻變成難以下嚥的冷飯。想不到今天這麼倒楣，昨天真不該聽信風紀股長的話，到學校理髮部去理一顆一百塊的頭，今天還不是一樣諸事不順！

二、議論評述（佔18分）

　　　請閱讀下列資料後，分別針對老師甲、家長、吳生的觀念、態度，各寫一段文字加以論述。

　　　㈠老師與家長的對話

　　老師甲：「吳茗士同學是我們班最優秀的學生，天資聰穎，不但有過目不忘的記憶力，數理推論與邏輯能力也出類拔萃，任何科目都得心應手。更可貴的是，他勤勉好學，心無旁騖，像大隊接力、啦啦隊等都不參加。我想，他將來不是考上醫學系，就是法律系，一定可以為校爭光！」

　　家長：「我們做家長的也是很開明的，只要他專心讀書、光耀門楣就好，從來不要他浪費時間做家事。老師認為他適合什麼類組，我們一定配合，反正醫學系、電機系、法律系、財金系都很有前途，一切就都拜託老師了！」

（乙）A同學疑似偷竊事件

A生：「老師，我沒有偷東西！吳茗士當值日生也在場，可以為我作證！」

吳生：「我不知道，我在算數學，沒有注意到。」

老師乙：「吳茗士，這關係到同學的清白，請再仔細想想，你們兩人同在教室，一定有印象的！」

吳生：「我已經說了我在算數學，哪會知道啊！而且，這干我什麼事？」

（丙）生物社社長B與吳同學的對話

B生：「你不是不喜歡小動物嗎？為什麼要加入生物社呢？」

吳生：「我將來如果要申請醫學系，高中時代必須有一些實驗成果，而且社團經驗也納入計分，參加生物社應該很有利。」

B生：「我們很歡迎你，但是社團成員要輪值照顧社辦的小動物喔！」

吳生：「沒有搞錯嗎？我是參加生物社來做實驗的，又不是參加寵物社！」

（丁）同學C的描述

「吳同學功課好好，好用功喔！不但下課時間不和我們打屁聊天，而且對課業好專注，只讀課本和參考書呢！像我愛看小說，他就笑我無聊又浪費生命。唉，人各有志嘛！我想他將來一定會考上很好的大學吧！」

三、情境寫作（佔27分）

下面是一篇未完成的文章，請以「雨季的故事」為題，設想情境，接續下列文字，鋪寫成一篇完整的散文，文長不限。

雨季來時，石頭上面長了些綠絨似的苔類。雨季一過，苔已乾枯了，在一片未乾枯苔上正開著小小藍花白花，有細腳蜘蛛在旁邊爬。河水從石罅間漱流，……

【注意】寫作時，為求文章完整呈現，上列引文務請抄錄，否則扣分。

96 年學測（學科能力測驗）

題型分析

類型	字音	字形	字詞義	文法修辭	成詞語	應用文	國學常識	閱讀理解
題號	1	2	8、15	6、12、16	3		11、20、21	19（古典詩詞） 23（現代詩） 5（白話文，文句排序） 4、7、9、10、14、17、18（文言文） 13（白話文） 22（章回小說）

第一部分：選擇題（佔54分）

壹、單選題（佔30分）

說明：第1題至第15題，每題選出一個最適當的選項，標示在答案卡之「選擇題答案區」。每題答對得2分，答錯不倒扣。

（　）1. 下列文句「」內文字的字音，依序與哪一選項文字的字音完全相同？

星期日中午，健民到餐廳點了清炒「莧」菜、糖醋「鯛」魚片這兩樣他最喜歡的菜。健民正吃得開心，沒想到一不留神，魚肉掉在褲子上，留下一片污「漬」。儘管如此，他還是覺得美味的佳餚令人「吮」指回味。

(A)件／稠／眥／楯
(B)件／凋／嘖／允
(C)現／稠／嘖／允
(D)現／凋／眥／楯

（　）2. 下列文句中，有關「齒」、「恥」二字的使用，正確的選項是：

(A)謙虛的人能不齒下問，驕傲的人總自以為是
(B)高舉公理正義的大旗做傷天害理的事，最令人不恥
(C)他公然說謊卻絲毫不覺歉疚，難怪會被批評為無齒
(D)有些人只寫過幾篇小文章就自號才子，真是讓人齒冷

（　）3. 下列文句「」內成語的運用，正確的選項是：

(A)李大華的爸爸和媽媽身材都很高大，稱得上是「椿萱並茂」
(B)他把子女教養得很好，對子女而言，真可說是「無忝所生」了
(C)小李經常花大錢買漂亮的衣服送給父母，不愧是「彩衣娛親」的孝子
(D)陳先生提早退休，全心照顧年邁的母親，「烏鳥私情」的孝行，令人感動

（　）4.閱讀下列詩句，選出最符合作者人生態度的選項：

賦命有厚薄，委心任窮通。通當爲大鵬，舉翅摩蒼穹。窮則爲鷦鷯，一枝足自容。苟知此道者，身窮心不窮。（白居易〈我身〉）

(A)人生多艱，宜苦中作樂，自求安慰

(B)人生在世，難免遭遇挫折，當積極解決困境

(C)人生際遇不同，宜順應自然，使心不困滯於外境

(D)生命苦短，享樂宜先，不求爲大鵬，唯願成鷦鷯

（　）5.下列是小說中的一段文字，請依文意選出排列順序最恰當的選項：

餐廳建築在濱海的山崖上，從落地玻璃窗望出去，

(甲)海獸呼吸了一陣，　(乙)便是粼光閃爍的海洋，

(丙)光滑的背脊沾滿綠油油的燐光，背上一排呼吸孔開闔著噴出灰霧，

(丁)餐廳裡並沒有多少人留意海獸出沒，　(戊)又緩緩沉入海底，

(己)這時正有一頭巨大的海獸緩緩從海中浮現，

只有端菜來的侍者不經意提了一句。　（張系國〈傾城之戀〉）

(A)乙丁甲戊丙己　　　　　　　　(B)乙己丙甲戊丁

(C)己丙甲乙丁戊　　　　　　　　(D)己丁甲丙戊乙

（　）6.古代漢語有一種用來表示「認爲某（人、事、物）是……的」的用法，例如《戰國策·齊策》：「吾妻之美我者，私我也」，句中的「美我」即是「認爲我是美的」之意。下列文句「」內文字屬於此一用法的選項是：

(A)《論語·里仁》：唯仁者能「好人」，能惡人

(B)魏徵〈諫太宗十思疏〉：將有作，則思知止以「安人」

(C)《孟子·盡心》：孔子登東山而「小魯」，登泰山而小天下

(D)司馬光〈訓儉示康〉：小人寡欲，則能謹身節用，遠罪「豐家」

（　）7.下列《孟子》文句，說明「學習成效受客觀環境所限制」的選項是：

(A)離婁之明，公輸子之巧，不以規矩，不能成方圓

(B)人之所不學而能者，其良能也；所不慮而知者，其良知也

(C)一齊人傅之，眾楚人咻之，雖日撻而求其齊也，不可得矣

(D)人之有德慧術知者，恆存乎疢疾。獨孤臣孽子，其操心也危，其慮患也深，故達

（　）8.文天祥〈正氣歌〉：「鼎鑊甘如飴，求之不可得」，句中的「鼎鑊」一詞，是由可各自獨立的「鼎」與「鑊」所構成，且「鼎」與「鑊」意義平行對等，不互相修飾。下列文句「」內的詞，與「鼎鑊」構成方式相同的選項是：

(A)《論語·爲政》：五十而知「天命」

(B)《論語・衛靈公》：「俎豆」之事，則嘗聞之矣

(C)蘇軾〈赤壁賦〉：寄蜉蝣於天地，渺「滄海」之一粟

(D)顧炎武〈廉恥〉：教其鮮卑語及彈「琵琶」，稍欲通解

(　) 9.閱讀下文，選出敘述正確的選項：

昔有雄雌二鴿，共同一巢。秋果熟時，取果滿巢。於其後時，果乾減少，唯半巢在。雄瞋雌言：「取果勤苦，汝獨食之，唯有半在！」雌鴿答言：「我不獨食，果自減少！」雄鴿不信，瞋恚而言：「非汝獨食，何由減少？」即便以嘴啄雌鴿，殺。未經幾日，天降大雨，果得濕潤，還復如故。雄鴿見已，方生悔恨：「彼實不食，我妄殺他！」（《百喻經・一鴿喻》）

(A)雄鴿多疑固執，闖禍而不知悔悟

(B)雄鴿未察真相，以至於誤殺雌鴿

(C)雌鴿吃了果子，卻寧死不肯承認

(D)雌鴿沒吃果子，果子是被偷走的

(　) 10.閱讀下文，選出最符合全文主旨的選項：

周秦間諸子之文，雖純駁不同，皆有箇自家在內。後世為文者，於彼於此，左顧右盼，以求當眾人之意，宜亦諸子所深恥歟！（劉熙載《藝概・文概》）

(A)周秦諸子主張各異，互不相服

(B)為文宜廣納眾說，以求左右逢源

(C)文章當求表現自我面目，不可一味迎合世俗

(D)後世為文者多慎選諸子的論述，印證自己的見解

(　) 11.先秦諸子的思想與文章各有其特色，請推斷下列敘述中的甲、乙、丙、丁各指何人？

甲、強調民貴君輕，其文表現出氣勢浩然的風格。

乙、主張以嚴刑峻法治國，筆鋒峻峭犀利，論說透徹精闢。

丙、強調教育和禮法的作用，善於運用排偶句法議論，邏輯周密。

丁、追求逍遙的境界，善於寓哲理於寓言之中，想像玄妙，說理高超。

	甲	乙	丙	丁
(A)	莊子	孟子	韓非子	荀子
(B)	孟子	韓非子	荀子	莊子
(C)	莊子	孟子	荀子	韓非子
(D)	孟子	韓非子	莊子	荀子

12-13為題組

閱讀下列短文，回答12-13題。

　　多年前，我獨自站在杳無人煙的鄉間路旁等候公路局巴士。無風之夏，炎熱中藏著一股詭奇的安靜，像千萬條火舌欲□一塊冰，卻嚥不下。我站得腳痠，忍不住蹲著，因而感覺那股安靜漸漸往我身上□來，即將形成威脅，彷彿再近一步，會把我給粉碎了。忽地，樹蟬驚起，霎時一陣帶刀帶槍的聲浪框住了人間。

　　就在這時，站牌後那排蓊藹老樹無緣無故□下一截枝葉，不偏不倚掉在我面前，著實叫人一驚。我抬頭，樹上無人；低頭審視，不過是尋常的斷枝殘葉罷，應屬自然律支配下無需問為什麼也不必尋覓解答的自然現象。多少草木之事，斷就斷，枯就枯了，落就落，腐就腐了，若苦苦逼問「何以故」就顯得長舌。這道理我懂，只是在驚魂未定之時觀看那截枝葉，心思不免忙起來：頓覺枝非枝，葉非葉，必定有什麼深不可測的天諭包藏其間。是一段枯萎青春還是遺失的記憶？象徵死生與共的戀情或是老來彌堅的諾言？我蹲在那兒發愣，掐一葉仔細瞧，看不到喋喋不休的天機倒瞧見了蟲嚙，覺得人生沒有解答，只有各自感受。（簡媜〈閒閒無代誌〉）

（　　）12.上文三個□若均使用「擬人化」的動詞，且須兼顧前後文的呼應連貫，則□
　　　　　內最適合填入的選項是：
　　　　　(A)吞／欺／扔　　　　　　　　(B)舔／溜／打
　　　　　(C)融／游／挽　　　　　　　　(D)嚐／飄／捻

（　　）13.「觀看那截枝葉，心思不免忙起來；頓覺枝非枝，葉非葉，必定有什麼深不
　　　　　可測的天諭包藏其間」，這一段文字所描述的經驗，實為文學形成過程中的
　　　　　一種心靈活動。下列敘述，與此活動最相近的選項是：
　　　　　(A)睹物興思，感物興情　　　　　(B)虛靜其神，清和其心
　　　　　(C)想像鮮活，翻空出奇　　　　　(D)摹寫景物，如在目前

14-15為題組

閱讀下列短文，回答14-15題。

　　山公（山濤）與嵇（康）、阮（籍）一面，契若金蘭。山妻韓氏，覺公與二人異於常交，問公，公曰：「我當年可以為友者，唯此二生耳。」妻曰：「負羈之妻[1]亦親觀狐、趙，意欲窺之，可乎？」他日，二人來，妻勸公止之宿，具酒肉。夜穿墉以視之，達旦忘反。公入曰：「二人何如？」妻曰：「君才致殊不如，正當以識度相友耳。」公曰：「伊輩亦常以我度為勝。」（《世說新語》）

───────────────

註1　負羈之妻亦親觀狐、趙：春秋時，晉公子重耳流亡曹國，曹國大夫僖負羈之妻觀重耳身邊的狐偃、趙衰。

（　　）14. 下列關於山濤及其妻的敘述，正確的選項是：

(A)山濤之妻有識人之明

(B)山濤之妻善妒而好猜忌

(C)山濤自認才能不輸嵇、阮

(D)山濤之才極受嵇、阮肯定

（　　）15. 文中畫底線的「契」、「覺」、「以」、「勝」四個詞，各與下列選項「」內相同的詞比較，意義相同的選項是：

(A)戰國策〈馮諼客孟嘗君〉：馮諼曰：願之。於是約車治裝，載券「契」而行

(B)柳宗元〈始得西山宴遊記〉：意有所極，夢亦同趣，「覺」而起，起而歸

(C)連橫〈臺灣通史序〉：苟欲「以」二三陳編而知臺灣大勢

(D)蘇軾〈留侯論〉：其平居無罪夷滅者，不可「勝」數

貳、多選題（佔24分）

說明：第16題至第23題，每題的五個選項各自獨立，其中至少有一個選項是正確的，選出正確選項標示在答案卡之「選擇題答案區」。每題皆不倒扣，五個選項全部答對者得3分，只錯一個選項可得1.5分，錯兩個或兩個以上選項不給分。

（　　）16. 下列文句「」內的比喻詞語，運用恰當的選項是：

(A)眾溪是海洋的「手指」，索水於大山

(B)他們像一群「螃蟹」，在地方上橫行

(C)憂愁似「鹽巴」，少許可以提味，吃多倒盡胃口

(D)煙囪就像是建築物的「眼睛」，能為房子帶來光明

(E)書正如同「藥」，善讀可以醫愚，不善讀恐受其害

（　　）17. 古典詩詞常有「時」、「空」對舉的文句，藉時、空的廣遠寄寓內心的慨歎。下列詩詞，使用此一表現方式的選項是：

(A)玉界瓊田三萬頃，著我扁舟一葉

(B)九天閶闔開宮殿，萬國衣冠拜冕旒

(C)萬里悲秋常作客，百年多病獨登臺

(D)三十功名塵與土，八千里路雲和月

(E)世態十年看爛熟，家山萬里夢依稀

（　　）18. 孔子認為，良好的道德修養具有普世價值，不受族群、地域的局限。下列《論語》文句，強調此一道理的選項是：

(A)天下有道則見，無道則隱

(B)言忠信，行篤敬，雖蠻貊之邦行矣

(C)十室之邑，必有忠信如丘者焉，不如丘之好學也

(D)君子敬而無失，與人恭而有禮，四海之內皆兄弟也

(E)孔子於鄉黨，恂恂如也，似不能言者；其在宗廟朝廷，便便言，唯謹爾

(　) 19.下列李白詩句畫線處，詮釋恰當的選項是：

(A)「見說蠶叢路，崎嶇不易行。山從人面起，雲傍馬頭生」，形容山勢陡峻，行路窘迫

(B)「浮雲遊子意，落日故人情。揮手自茲去，蕭蕭班馬鳴」，意謂友情如浮雲、落日，難得易逝

(C)「抽刀斷水水更流，舉杯銷愁愁更愁。人生在世不稱意，明朝散髮弄扁舟」，強調滿腔憂鬱，揮之不去

(D)「越王勾踐破吳歸，義士還鄉盡錦衣。宮女如花滿春殿，只今惟有鷓鴣飛」，表達盛衰無常，繁華成空

(E)「雲想衣裳花想容，春風拂檻露華濃。若非群玉山頭見，會向瑤臺月下逢」，盛讚殿宇富麗，宛如天庭

(　) 20.下列敘述，說明作家的作品風格與作家氣質相關的選項是：

(A)陶淵明閑靜少言，崇尚自然，其詩樸質無華，真淳恬淡

(B)韓愈耿介堅毅，敢於直諫，其散文雄渾剛健，氣勢磅薄

(C)劉基博通經史，為明朝開國功臣，其散文筆致駿邁，意旨閎深

(D)蘇軾器度恢弘，樂觀曠達，其散文汪洋恣肆，豪放詞尤獨具一格

(E)王安石為北宋神宗時宰相，推行新法，其散文風格峭拔，結構謹嚴

(　) 21.國文課堂上討論「宋代貶謫文學」，範圍為范仲淹〈岳陽樓記〉、歐陽脩〈醉翁亭記〉、蘇轍〈黃州快哉亭記〉，則下列敘述，正確的選項是：

(A)三篇文章雖皆流露遭逢貶謫的感慨，仍不忘對時局提出諍言

(B)三篇文章的敘寫次序皆為：登高望遠→遙望京城→抒發感懷→物我合一

(C)歐陽脩〈醉翁亭記〉認為官運難卜，應該及時享受與民同遊共飲的快樂

(D)范仲淹〈岳陽樓記〉認為儘管仕途受挫，知識分子仍當以百姓安樂為念

(E)蘇轍〈黃州快哉亭記〉認為心胸坦然，超越人生的缺憾，才能擁有自在的生命

(　) 22.章回小說多由說書人的底本增潤而成，情節敘述往往摻雜說書人的解釋或評論。下列文句，具有此一特色的選項是：

(A)玄德訪孔明兩次不遇，欲再往訪之。關公曰：「兄長兩次親往拜謁，其禮太過矣。想諸葛亮有虛名而無實學，故避而不敢見。兄何惑於斯人之甚也？」

(B)巨靈神回至營門，徑見托塔天王，忙哈哈跪下道：「弼馬溫果是神通廣大！末將戰他不得，敗陣回來請罪。」李天王發怒道：「這廝剉吾銳氣，推出斬之！」

(C)孔明曰：「亮夜觀天象，劉表不久人世；劉璋非立業之主，久後必歸將軍。」玄德聞言，頓首拜謝。只這一席話，乃孔明未出茅廬，已知三分天下。眞萬古之人不及也

(D)當時林沖扳將過來，卻認得是本管高衙內，先自手軟了。高衙內說道：「林沖，干你甚事！你來多管！」原來高衙內不認得他是林沖的娘子，若還認得時，也沒這場事

(E)八戒道：「哥哥說得有理。你去，你去。若是打敗了這老妖，還趕將這裡來，等老豬截住殺他。」好行者，一隻手提著鐵棒，一隻手拖著死虎，徑至他洞口。正是：法師有難逢妖怪，情性相和伏亂魔

(　　) 23.閱讀下列現代詩〈我不和你談論〉，選出敍述正確的選項：

我不和你談論詩藝／不和你談論那些糾纏不清的隱喻／請離開書房／我帶你去廣袤的田野走走／去看看遍處的幼苗／如何沉默地奮力生長

我不和你談論人生／不和你談論那些深奧玄妙的思潮／請離開書房／我帶你去廣袤的田野走走／去撫觸清涼的河水／如何沉默地灌溉田地

我不和你談論社會／不和你談論那些痛徹心肺的爭奪／請離開書房／我帶你去廣袤的田野走走／去探望一群一群的農人／如何沉默地揮汗耕作

你久居鬧熱滾滾的都城／詩藝呀！人生呀！社會呀／已爭辯了很多／這是急於播種的春日／而你難得來鄉間／我帶你去廣袤的田野走走／去領略領略春風／如何溫柔地吹拂著大地

(A)詩的第三段，末句的「沉默」與前兩句的「談論」相對照，暗示與其爭辯不休，不如默默耕耘

(B)作者不和「你」談詩藝、人生、社會，「你」代表腳踏實地而常來鄉間的都市知識份子

(C)作者認爲，到「廣袤的田野」比在「書房」更能眞切體會生活的內涵與生命的意義

(D)詩中藉奮力生長的幼苗、灌漑田地的河水、揮汗耕作的農人等，展現田野的生命力

(E)這首詩間接呈現作者喜歡玄思妙想的性格，以及追求華麗辭藻、艱深隱喻的寫作態度

第二部分：非選擇題（共三大題，佔54分）

　說明：請依各題指示作答，答案務必寫在「答案卷」上，並標明題號一、二、三。

一、文章分析（佔9分）

　　仔細閱讀框線內的文章，分析作者如何藉由想像力，描述搭火車過山洞時所見的景象與感受。文長限100～150字。

> 　　鄉居的少年那麼神往於火車，大概因為它雄偉而修長，軒昂的車頭一聲高嘯，一節節的車廂鏗鏗跟進，那氣派真是懾人。至於輪軌相激枕木相應的節奏，初則鏗鏘而慷慨，繼則單調而催眠，也另有一番情韻。過橋時俯瞰深谷，真若下臨無地，躡虛而行，一顆心，也忐忐忑忑吊在半空。黑暗迎面撞來，當頭罩下，一點準備也沒有，那是過山洞。驚魂未定，兩壁的迴聲轟動不絕，你已經愈陷愈深，衝進山嶽的盲腸裏去了。光明在山的那一頭迎你，先是一片幽昧的微熹，遲疑不決，驀地天光豁然開朗，黑洞把你吐回給白晝。這一連串的經驗，從驚到喜，中間還帶著不安和神祕，歷時雖短而印象很深。（余光中〈記憶像鐵軌一樣長〉）（96年學測國文科）

二、闡釋與表述（佔18分）

　　閱讀框線內的對話，先依對話內容的象徵意涵，闡釋「玫瑰」與「日日春」分別抱持哪一種處世態度，再依據自己提出的闡釋，就玫瑰與日日春「擇一」表述你較認同的態度，並說明原因。文長限300～350字。

> 　　玫瑰說：「我只有在春天開花！」
> 　　日日春說：「我開花的每一天都是春天！」（杏林子《現代寓言》）

三、引導寫作（佔27分）

> 　　或許你有過類似的經驗：熟悉的小吃店正在改裝，即將變成服飾店；路旁的荒地整理之後，成為社區民眾休閒的好所在；曾經熱鬧的村落街道，漸漸人影稀疏，失去了光采。……
>
> 　　這些生活空間的改變，背後可能蘊藏許多故事或啟示。請你從個人具體的生活經驗出發，以「走過」為題，寫一篇文章，內容必須包含：生活空間今昔情景的敘寫、今昔之變的原因、個人對此改變的感受或看法，文長不限。

97 年學測（學科能力測驗）

題型分析

類型	字音	字形	字詞義	文法修辭	成詞語	應用文	國學常識	閱讀理解
題號	1	2	4、20	16、18	17	22（書信）	8	21（古典詩詞） 3（現代詩） 5（白話文，文句排序） 9、10、11（文言文） 12-13、14-15（文言題組） 6、7、23（白話文） 19（白話文，作家風格）

第一部分：選擇題（佔54分）

壹、單選題（佔30分）

說明：第1題至第15題，每題選出一個最適當的選項，標示在答案卡之「選擇題答案區」。每題答對得2分，答錯不倒扣。

（　　）1.下列各文句「」內的字，讀音相同的選項是：

(A)白髮「皤」皤的老者向西王母祈求「蟠」桃，以期延年益壽

(B)看到遍地餓「莩」，讓人不由心生寄「蜉」蝣於天地的感慨

(C)阿郎誤蹈法網，身陷囹「圄」，面對年邁的父母，只能慚惶不「語」

(D)小麗婚禮的「筵」席，山珍海味應有盡有，看了真令人垂「涎」三尺

（　　）2.下列各文句□內應填入的字依序是：

甲、讀書人除了追求豐富的知識之外，更重要的是涵養胸襟□識。

乙、他的才華、道德、學問和能力都出類拔萃，不是一般人所能□及。

丙、這兩位網球選手搭配雙打的時間已經很久，因此培養出絕佳的默□。

(A)氣／契／器　　　　　　　　(B)契／企／器

(C)氣／器／契　　　　　　　　(D)器／企／契

（　　）3.詩人常借用動物的特徵為喻。下列甲詩中的「兒子」和乙詩中的「我」所喻指的動物，依序最可能是：

甲、兒子說／「爸爸，新年快到了／我要買新鞋子。」／爸爸說／「你要我的老命是不是？」

乙、我來了，一個光耀的靈魂／飛馳於這世界之上／播散我孵育的新奇的詩的

卵子／但世界是一盞高燃的油燈／雖光明，卻是無情／啊啊，我竟在惡毒的燃燒中死去……

(A)蜘蛛／飛蛾　　　　　　　　　　(B)蜈蚣／飛蛾

(C)蜘蛛／蝙蝠　　　　　　　　　　(D)蜈蚣／蝙蝠

（　　）4.閱讀下文，□內依序最適合填入的選項是：

鳳凰樹別有情懷，抖盡一身花葉，換來一掛掛的長刀，帶刀的枝枒□□□地挺立著，□□指向灰陰的天空，似乎完全不記省軀體上曾經附著過一排排的□□，應說是倔強罷，就算北風狂起，它也不肯低頭。（阿盛〈嘉南平原四題・鳳凰樹〉）

(A)興沖沖／欣然／火柴　　　　　　(B)空盪盪／傲然／火種

(C)靜悄悄／竟然／火星　　　　　　(D)懶洋洋／凜然／火炬

（　　）5.下列是一段現代小說，請依文意選出排列順序最恰當的選項：

平安戲院前面的場地空蕩蕩的，不是散場時間，也沒有三輪車聚集。

甲、一回頭卻見對街冉冉來了一輛，

乙、老遠的就看見把手上拴著一隻紙紮紅綠白三色小風車，

丙、她正躊躇間，腳步慢了下來，

丁、車夫是個高個子年輕人，在這當口簡直是個白馬騎士，

見她揮手叫，踏快了大轉彎過街，一加速，那小風車便團團飛轉起來。

（張愛玲〈色・戒〉）

(A)甲丙丁乙　　　　　　　　　　　(B)乙甲丙丁

(C)乙丙丁甲　　　　　　　　　　　(D)丙甲乙丁

（　　）6.閱讀下文，推斷作者認為進行歷史研究時，對「研究結果」最具關鍵影響力的選項是：

我的研究方法，總是在一個固定的時點上切一橫斷面，在下一個時點上再切一個橫斷面，然後比較這兩個橫斷面相異之處，再在其中尋求變動的主因及變化的現象。因此我這工作最重要的是選時點，而選時點則往往取決於個人的主觀意識，甚至帶有冒險性的意味，有時也可能因為原選的橫切面不恰當而導致觀察錯誤。因此，歷史研究的主觀性使歷史學無法成為精密的科學。（許倬雲《中國古代文化的特質》）

(A)歷史事件發生的時間　　　　　　(B)研究者的選擇與判斷

(C)一套精密的科學方法　　　　　　(D)冒險蒐集材料的勇氣

（　　）7.閱讀下文，選出與本文作者見解最相符的選項：

人的意識像一座冰山，表面看得到的部分只有一點點，下面是龐大的潛意識，安靜地累積並成長。當我們從事創意工程時，像是從冰山的頂端鑽洞下去探測

並採取那下面的一切，重要的是下面的組成成分是什麼，以及自己鑽洞探索的技術如何。（賴聲川《賴聲川的創意學》）

(A)年齡越長，越適合從事創意工程

(B)創作應破除冰冷虛偽，展現熱情

(C)擴充內在的儲存，有助於啟發創意

(D)潛心鑽研知識，是藝術創作的起點

(　) 8.沈德潛《說詩晬語》：「性情面目，人人各具。讀□□詩，如見其脫屣千乘；讀□□詩，如見其憂國傷時。」□□中的二位詩人，與下列選項所論詩人相同的是：

(A)子美不能為太白之飄逸，太白不能為子美之沉鬱

(B)讀柳子厚詩，知其人無與偶；讀韓昌黎詩，知其世不能容

(C)王右丞如秋水芙蓉，倚風自笑；孟浩然如洞庭始波，木葉微落

(D)子瞻以議論作詩，魯直（黃庭堅）又專以補綴奇字，學者未得其所長，而先得其所短

(　) 9.閱讀下列改編自《莊子‧讓王》的漫畫，選出最適合形容原憲品德修養的選項：

> 1 原憲居魯，環堵之室，茨以生草，蓬戶不完，桑以為樞而甕牖。
>
> 2 子貢乘大馬，軒車不容巷，往見原憲。
>
> 3 嘻！先生何病？
>
> 憲聞之：無財謂之貧，學而不能行謂之病。今憲貧也，非病也。
>
> 4 子貢逡巡而有愧色。

(A)能見其過而內自訟者

(B)敏而好學，不恥下問

(C)衣敝縕袍，與衣狐貉者立而不恥者

(D)惡衣服，而致美乎黻冕；卑宮室，而盡力乎溝洫

(　) 10.閱讀下文，選出敘述正確的選項：

閩越人高荔子而下龍眼，吾為評之。荔子如食蟳蚎大蟹，斫雪流膏，一噉可飽。龍眼如食彭越石蟹，嚼齧久之，了無所得。然酒闌口爽，厭飽之餘，則呫啜之味，石蟹有時勝蟳蚎也。戲書此紙，為飲流一笑。（蘇軾〈荔枝龍眼說〉）

> 蟳蚎：ㄐㄧㄡ ㄇㄡˊ，蟳。
> 彭越：蟛蜞，小蟹。
> 呫：吮吸。

(A)荔枝宜單獨食用，龍眼則宜配酒而食

(B)荔枝勝在飽滿多汁，龍眼的滋味則在呫啜之間

(C)荔枝、龍眼風味有異，是由於種植地勢高低不同

(D)荔枝、龍眼如搭配蝤蛑、石蟹一起吃，風味最佳

（　）11.寫作常使用「借事說理」的技巧，以提高道理的可信度。下列文中所述「市集人潮聚散」的事例，最適合用來證明哪一選項的道理？

君獨不見夫趣市朝者乎？明旦，側肩爭門而入；日暮之後，過市朝者掉臂而不顧。非好朝而惡暮，所期物忘其中。（《史記‧孟嘗君列傳》）

(A)富貴多士，貧賤寡友，事之固然也

(B)彼眾昏之日，固未嘗無獨醒之人也

(C)君子寡欲，則不役於物，可以直道而行

(D)諺曰：「千金之子，不死於市」，此非空言也

12-13為題組

閱讀下列短文，回答12-13題。

臘月既望，館人奔告玉山見矣！時旁午，風靜無塵，四宇清澈。日與山射，晶瑩耀目，如雪、如冰、如飛瀑、如鋪練、如截肪。顧昔之命名者，弗取玉韞於石，生而素質，美在其中而光輝發越於外？臺北少石，獨萃茲山，山海之精，醞釀而象玉，不欲使人狎而玩之，宜於韜光而自匿也。山莊嚴瑰偉，三峰並列，大可盡護邑後諸山，而高出乎其半。中峰尤聳，旁二峰若翼乎其左右。二峰之凹，微間以青，注目瞪視，依然純白。俄而片雲飛墜中峰之頂，下垂及腰，橫斜入右，峰之三，頓失其二。游絲徐引諸左，自下而上，直與天接。雲薄於紙，三峰勾股摩盪，隱隱如紗籠香篆中。微風忽起，影散雲流，蕩歸烏有，皎潔光鮮，軒豁呈露。蓋瞬息間而變幻不一，開閉者再焉。過午，乃盡封之以去。（陳夢林〈望玉山記〉）

> 香篆：焚香時，煙縷曲折繚繞，有如篆文。

（　）12.下列敘述，與本文作者對玉山的認識與觀感最相符的選項是：

(A)玉山終日霧鎖，每日只能在下午才有機會望見

(B)玉山匯聚天地精華，蘊藏豐富玉石，值得開採

(C)玉山終年冰雪，猶如美人冰肌玉骨，嫵媚動人

(D)玉山美而難見，猶如君子沉潛修養，光華內斂

（　）13.上文自「俄而……」以後，藉由雲的變化，呈現玉山的動態之美。下列關於「雲」的狀態摹寫，最正確的次序是：

(A)雲自天降→濃雲伸展→游雲上移→薄雲朦朧→風吹雲散

(B)雲自天降→游雲上移→薄雲朦朧→濃雲伸展→風吹雲散

(C)濃雲伸展→薄雲朦朧→游雲上移→雲自天降→風吹雲散

(D)濃雲伸展→薄雲朦朧→雲自天降→游雲上移→風吹雲散

14-15為題組

閱讀下列南宋朱熹《朱子語類》兩則短文，回答14-15題。

> 甲、近日學者病在好高，讀《論語》，未問「學而時習」，便說「一貫」；《孟子》，未言「梁王問利」，便說「盡心」。
>
> 乙、或問：「孟子說『仁』字，義甚分明，孔子都不曾分曉說，是如何？」曰：「孔子未嘗不說，只是公自不會看耳。譬如今沙糖，孟子但說糖味甜耳。孔子雖不如此說，卻只將那糖與人吃。人若肯吃，則其味之甜，自不待說而知也。」

( ) 14.下列閱讀《論語》、《孟子》的方法，與上引朱熹言論最相符的選項是：

(A)欲去好高之病，宜先求「一貫」，再求「盡心」

(B)無論讀《論語》或《孟子》，皆應循序漸進，踏實研讀

(C)《論語》說理平易，適合略讀；《孟子》說理詳盡，適合精讀

(D)《孟子》較《論語》義理分明，宜先讀《孟子》，再讀《論語》

( ) 15.上文朱熹以「吃糖」為喻，目的是希望讀書人明白：

(A)在教學方法上，孔子的身教優於孟子的言教

(B)孔子說理直截了當，語重心長；孟子辯才無礙，得理不饒人

(C)孔子雖少講理論，實教人透過生活實踐以體悟道理

(D)「仁」因孟子的解釋分曉，才得以確立為儒家學說的核心

貳、多選題（佔24分）

說明：第16題至第23題，每題的五個選項各自獨立，其中至少有一個選項是正確的，選出正確選項標示在答案卡之「選擇題答案區」。每題皆不倒扣，五個選項全部答對者得3分，只錯一個選項可得1.5分，錯兩個或兩個以上選項不給分。

( ) 16.現代漢語有一種名詞詞組，是名詞加上名詞組合而成，後面的名詞為量詞，對前面的名詞具有補充說明的作用，例如：車輛。下列選項中，二者均屬於上述組成方式的是：

(A)米粒，麵條　　　(B)雪花，汗珠　　　(C)書本，紙張

(D)人口，心扉　　　(E)馬匹，槍枝

( ) 17.教完柳宗元〈始得西山宴遊記〉、范仲淹〈岳陽樓記〉、歐陽脩〈醉翁亭記〉、蘇洵〈六國論〉、蘇軾〈赤壁賦〉等課之後，老師要求同學掌握課文中詞語的原意練習造句。下列符合要求的選項是：

(A)芒果冰滋味甜美、清涼解渴，在炎熱的夏天吃一碗，真是令人「心凝形釋」，暑氣全消

(B)她的音質好，又肯努力練習，因此加入合唱團沒多久就「水落石出」，受到大家的讚賞

(C)中秋夜晚皎潔的月光映照在屏東大鵬灣的海面上，一片「浮光躍金」的景象，真是美不勝收

(D)老師把自己的薪水捐出來，幫助那些沒有錢繳午餐費的學童，真是具有「抱薪救火」的情操

(E)參加推薦甄試面談或口試的時候，與其「正襟危坐」，緊張嚴肅，不如放鬆心情，從容自然

( ) 18. 在「寒冷將靈魂凍結／我卻還不肯熄滅」這句歌詞中，作詞者運用「化虛為實」的技巧，將抽象的「靈魂」化為具象的水，可以被「凍結」，看似無理卻饒富妙趣。下列歌詞「」內的兩個詞語間，使用相同手法的選項是：

(A)就算整個世界被「寂寞」「綁票」／我也不會奔跑

(B)時光隧道裡／我「擺渡」著「憂愁」／孤獨疲憊的我／又將再流浪

(C)「釉色」「渲染」仕女圖／韻味被私藏／而妳嫣然的一笑如含苞待放

(D)當所有的花都遺忘了你睡著的臉／「群星」在我等速飛行時驚呼「墜落」

(E)有一個地方叫做故鄉／它留些「記憶」叫我「遺忘」／卻總在淚濕枕巾的午夜哦盪漾。

( ) 19. 閱讀下列二段文字，依據文中訊息選出對二位作家敘述正確的選項：

甲、楊牧，早年筆名葉珊，新詩、散文都以抒情典麗著稱。三十二歲改筆名為楊牧，在鄉土、社會的觀察中，注入濃厚的人文關懷，使作品在原有特質之外，兼具冷靜含蓄、厚實深沉的內蘊。

乙、鄭愁予，早期詩作語言純淨，意象華麗，性情奔放，內容時見流浪情懷。後期作品溫婉依舊，但歲月的感觸增多，人生的體悟益深，舉凡書齋的小見聞、無常的生命觀等，都能隨意揮灑，入於化境。

(A)楊牧擅長冷峻批判現實

(B)鄭愁予擅長刻畫風俗民情

(C)兩人早期作品多抒寫個人情懷

(D)兩人後期作品都追求語言的華麗

(E)兩人因社會關懷或人生歷練，後期作品更趨成熟

( ) 20. 下列各組文句「」內的字，意義相同的選項是：

(A)聽寒「更」，聞雁遠，半夜蕭娘深院／莫辭「更」坐彈一曲，為君翻作琵琶行

(B)「俟」案子查明，本府回明了撫台，仍舊還你／君子居易以「俟」命，小人行險以徼幸

(C)臣「聞」求木之長者，必固其根本／文靜素奇其人，一旦「聞」有客善
　相，遽致使延之

(D)無何天寶大徵兵，戶有三「丁」點一丁／明兒有了事，我也「丁」是丁，
　卯是卯的，你也別抱怨

(E)僕自到九江，已涉三載，形骸且健，方寸「甚」安／夫子房受書於圯上之
　老人也，其事「甚」怪

(　　) 21. 地理上具有分界意義的山岳、河海、城關，有時也是內心感覺的分野。人們
　常想像：分界的此邊，是熟悉而心安的家園；分界的彼邊，則是令人陌生而
　憂懼的荒遠地域。下列選項「」中的詞語，在詩中亦具有此種感覺分野意義
　的是：

(A)黃河遠上白雲間，一片孤城萬仞山。羌笛何須怨楊柳，春風不度「玉門
　關」

(B)渭城朝雨浥輕塵，客舍青青柳色新。勸君更盡一杯酒，西出「陽關」無故
　人

(C)卑南覓近「秀孤巒」，欲訪桃源在此看。菊有黃華能結實，山多青子可加
　餐

(D)「重洋」遠渡度重陽，載酒尋花花正黃。文苑連朝開霽色，春臺九月著羅
　裳

(E)東南一脈枕「高山」，岧崒雲端不可攀。山外海天知何處，舟楫從無此往
　還

> 岧崒，ㄉㄧㄠˋㄗㄜˋ，高大險峻貌。

(　　) 22. 楊中偉（地址：台中市東區新秀街11號）要寫信給他任職公司的副理陶青盈
　（地址：台北市南港區星光路22號），右圖橫式信封的書寫方式，符合今日
　規範的選項是：

(A)寄件人地址的位置
(B)收件人地址的位置
(C)收件人的姓名與稱呼
(D)啟封詞
(E)寄件人姓名的位置

> 40101
> 台中市東區新秀街11號
> 　　　　　　　11501
> 　　　台北市南港區星光路22號
> 　　　陶女士青盈副理　安啟
> 　　　　　　　　　　楊中偉寄

(　　) 23. 閱讀下列短文，選出敘述正確的選項：
　土地一向是農人最根本的信靠，祖先留給他們的，他們據以耕植和養育子
　女，因此，一塊土地的好壞端看它的酸鹼程度與會否浸水而定。但由於時勢
　的發展，有些人已變得只關心它是不是能蓋房子，並且把他人和整個社會看
　成賺取的對象。當金錢成為最高目的時，耕作當然成了笑柄，誠實和辛勤不
　再是美德，生活當中的一些原應重視的價值棄置一旁，而貪婪的心則無限伸

張。這些人表現於外的是全然的粗鄙：新建的樓房內外貼滿磁磚、壁上掛的全是民意代表贈送的匾額，濫飲聚賭，耽溺於坐享其成。傳統農村中溫厚的長者遠了，他們則儼然成了村子裡的新興士紳和道德裁判者。

這些事實在是很使人洩氣的。但我也知道，我該深記且應頻頻回顧的，乃是更多的那些默默為自己和下一代努力不懈的人。人的存在若有任何價值的話，並不是因為他們活著，吃喝睡覺，而後死去，而在於他們的心中永遠保有著一個道德地帶。（陳列〈地上歲月〉）

(A)以往農人在乎的是土地是否適合耕種，現在所有人則只關心土地酸鹼程度與會否浸水

(B)新建的樓房內外貼滿磁磚，壁上掛滿民意代表贈送的匾額，是由於當前農村經濟繁榮與文化水準的提升

(C)傳統農人保有誠實和辛勤的美德，現代農村有些人則顯得貪婪粗鄙，濫飲聚賭，耽溺於坐享其成

(D)作者認為，人的存在若有價值的話，不是因為他們的金錢、權勢，而在於他們心中永遠保有道德地帶

(E)本文反映了傳統農村價值觀的轉變，由原來的誠實辛勤專心耕作，轉變為維護正義，以期躋身新興士紳

第二部分：非選擇題（共三大題，佔54分）

說明：請依各題指示作答，答案務必寫在「答案卷」上，並標明題號一、二、三。

一、文章解讀（佔9分）

閱讀框線內的文章，請簡要歸納作者對文化與藝術的觀點，並從日常生活中舉例，印證作者的觀點。文長限150～200字。

> 每個人生命中都有豐富的文化因素與美感經驗，有來自先天的主體脈絡，也有包容、吸納外來經驗的空間與環境。文化、藝術並非特定菁英份子的專利與責任，每個人的文化意涵不因富貴貧賤而有高低多寡之別，體認藝術的社會本質與文化的基礎，也與學歷、族群、性別沒有太大關係，更不需要高深的理論。（邱坤良〈非關文化：移動的觀點〉）

二、應用寫作（佔18分）

閱讀下文，試以楚國、齊國或第三國記者的身分，擇一立場報導此事件，不必擬新聞標題。文長限250～300字。

晏子使楚，以晏子短，楚人為小門于大門之側而延晏子。晏子不入，曰：「使狗國者，從狗門入；今臣使楚，不當從此門入。」儐者更道，從大門入，見楚王。王曰：「齊無人耶，使子為使？」晏子對曰：「齊之臨淄三百閭，張袂成陰，揮汗成雨，比肩繼踵而在，何為無人？」王曰：「然則何為使子？」晏子對曰：「齊命使，各有所主，其賢者使使賢主，不肖者使使不肖主。嬰最不肖，故宜使楚矣。」

三、引導寫作（佔27分）

雖然時光一去不返，但人們偶爾還是會想像回到過去。

有人想像回到從前去修改原先的決定；有人想像回到事故現場阻止意外事件的發生；有人想像回到古埃及時期，影響當時各國間的局勢；有人想像回到戰國時代，扭轉當時的歷史……

請以「如果當時……」為題（刪節號處不必再加文字），寫一篇文章，從自己的生命歷程或人類的歷史發展中，選擇一個你最想加以改變的過去時空情境，並想像那一個時空情境因為你的重返或加入所產生的改變。文長不限。

98 年學測（學科能力測驗）

題型分析

類型	字音	字形	字詞義	文法修辭	成詞語	應用文	國學常識	閱讀理解
題號	1	2	16、19	20（詞性）	18	17（題辭）	11、23	3、6、21、22（白話文） 4、5、8（文言文） 12、13（文言題組） 7（古典詩詞） 9（文言文，文句排序） 10（現代詩） 14、15（白話題組）

第壹部分：選擇題（佔54分）

一、單選題（佔30分）

說明：第1題至第15題，每題選出一個最適當的選項，標示在答案卡之「選擇題答案區」。每題答對得2分，答錯不倒扣。

（　　）1.下列文句「」內字音相同的選項是：
(A)呆了半晌，他才從打碎花瓶的震「懾」中回過神來，「躡」著腳步逃開
(B)家屬們難掩悲「愴」，踉踉「蹌」蹌地步入追思會場，悼念王永慶先生
(C)這位部長具專業能力卻缺乏政治手「腕」，以致黯然下臺，令人「惋」惜
(D)奶粉含有毒物質被「揭」發後，政府急謀對策，「遏」止相關製品流入市面

（　　）2.下列文句□內依序應填入的字，完全正確的選項是：
甲、突然聽到這項意外消息，大家面面相□，一時之間不知如何回應
乙、昨天大伙一連吃了三碗刨冰，仍覺得意□未盡，相約明天再去吃冰
丙、球隊苦練多年，原本志在奪牌，沒想到遭遇其他強勁對手，竟□羽而歸
丁、當香噴噴的紅燒肉一端上桌，大伙便顧不得形象爭相挾取，準備大□朵頤
(A)覷／猶／鍛／快　　　　(B)歔／猶／鎩／塊
(C)覷／尤／鎩／快　　　　(D)歔／尤／鍛／塊

（　　）3.閱讀下文，根據文中的情境，選出依序最適合填入　甲　、　乙　的選項：
清光四射，天空皎潔，　　甲　　，坐客無不悄然！舍前有兩株梨樹，等到月

升中天，清光從樹間篩灑而下，＿＿＿乙＿＿＿，此時尤為幽絕。直到興闌人散，歸房就寢，月光仍然逼進窗來，助我淒涼。（梁實秋〈雅舍〉）

(A)四野無聲，微聞犬吠／地上陰影斑斕

(B)蒼然暮色，自遠而至／地上浮光躍金

(C)竹枝戲蝶，小扇撲螢／樹下芳草鮮美

(D)風雲開闔，山岳潛形／樹下燈焰幢幢

（　）4. 閱讀下文，選出敘述正確的選項：

夫盜亦人也，冠履焉，衣服焉；其所以異者，退遜之心，正廉之節，不常其性耳。（羅隱〈英雄之言〉）

(A)一般人比盜匪更注重衣服、鞋帽的端正整齊

(B)一般人和盜匪一樣，都很容易見利忘義、見財思得

(C)盜匪和一般人的區別，在於他們無法保有謙讓、廉潔的善性

(D)盜匪總是利用人性貪圖物質享受的弱點，引誘一般人迷失善性

（　）5. 閱讀下文，選出最符合全文主旨的選項：

文必本之六經，始有根本。唯劉向、曾鞏多引經語，至於韓、歐，融聖人之意而出之，不必用經，自然經術之文也。近見巨子動將經文填塞，以希經術，去之遠矣。（黃宗羲〈論文管見〉）

| 巨子：泛稱某方面 |
| 　　的權威物。 |
| 希：求。 |

(A)批評當世文人只知徵引經文，而不能融通聖人之意

(B)強調為文者唯有出入經史，方能與韓、歐等大家齊名

(C)分析劉向、曾鞏、韓愈、歐陽脩等人引用經術文字之優劣

(D)說明援經入文的兩種方法：一為多引經語，一為融聖人之意

（　）6. 閱讀下文，選出最符合全文主旨的選項：

當藝術即表現時，吾人所能思考的只有表現了什麼和如何表現，表現了什麼不能脫離如何表現而存在，如何表現亦不能脫離表現了什麼而存在；表現了什麼是表現了的內容，如何表現是表現的形式，是一個問題的兩面，嚴密相關而形成藝術品的整體的和諧。當吾人思考表現了什麼時無可避免地要涉及藝術美的以外的因素，包括倫理的、哲學的、社會的種種問題，當吾人思及如何表現時則必然要思及藝術美本身的因素，兩者之間完全不能加以割裂。（姚一葦《藝術的奧祕》）

(A)從事藝術創作，需要縝密的思維

(B)好的藝術品，講求形式與內容的和諧

(C)藝術品必須反映倫理、哲學、社會的種種問題，才有價值

(D)藝術鑑賞方法雖多，但總以表現了什麼為主，如何表現次之

（　　）7.閱讀下列甲、乙二詩，選出敘述正確的選項：

甲、三月正當三十日，風光別我苦吟身。共君今夜不須睡，未到曉鐘猶是春。

（賈島〈三月晦日贈劉評事〉）

乙、節物相催各自新，癡心兒女挽留春。芳菲歇去何須恨？夏木陰陰正可人。

（秦觀〈三月晦日偶題〉）

(A)二詩均藉由描寫景物的變化，具體呈現季節的交替、轉換

(B)二詩均藉由自己和他人態度的差異，深化面對春盡的感傷

(C)甲詩以「猶是春」表示只要心中有春，即令春去亦無須傷感

(D)乙詩以「何須恨」表示四季各有其美，當豁達迎接夏天到來

（　　）8.作者敘事寫人時，常藉由動作的描繪，讓讀者體會言外之意。關於下列文句畫底線處動作描繪的說明，正確的選項是：

(A)〈桃花源記〉：（桃花源居民）問今是何世？乃不知有漢，無論魏、晉！此人（漁人）一一為具言所聞，<u>皆嘆惋</u>。——藉嘆惋表達桃花源居民對漁人見多識廣的欣羨

(B)〈左忠毅公逸事〉：廡下一生（史可法）伏案臥，文方成草。公（左光斗）閱畢，<u>即解貂覆生</u>，為掩戶。——以左光斗毫不猶豫地解下貂裘相贈，暗示左光斗家境優渥，出手大方

(C)〈明湖居聽書〉：那彈弦子的，亦全用輪指，忽大忽小，同她（王小玉）那聲音相和相合；有如花塢春曉，好鳥亂鳴，<u>耳朵忙不過來，不曉得聽那一聲的為是</u>。——藉聽眾在弦音和說書聲之間難以選擇，既凸顯彈弦子者的技藝高超，更以之烘托王小玉說書的精妙

(D)〈劉姥姥〉：便伸著筯子要夾（鴿子蛋），哪裡夾得起來，滿碗裡鬧了一陣，好容易撮起一個來，才伸著脖子要吃，偏又滑下來滾在地下，<u>忙放下筯子要親自去撿</u>，早有地下的人撿了出去了。——以下人搶先一步撿蛋，點出賈府平日待下人苛刻吝嗇，故下人遇美饌則爭食

（　　）9.下列是一段古文，請依文意選出排列順序最恰當的選項：

古之善攻者，不盡兵以攻堅城，善守者，

甲、<u>盡兵以守敵衝，則兵不分，而彼間行襲我無備，</u>

乙、<u>夫盡兵以攻堅城，則鈍兵費糧而緩於成功，</u>

丙、<u>故攻敵所不守，</u>

丁、<u>不盡兵以守敵衝，</u>

守敵所不攻。（蘇洵〈攻守〉）

(A)甲丙丁乙　　　　　　　　　(B)甲丙乙丁

(C)丁乙丙甲　　　　　　　　　(D)丁乙甲丙

10-11為題組

閱讀劉大白〈西湖秋泛〉，回答10-11題。

蘇堤橫亙白堤縱：

橫一長虹，縱一長虹。

跨虹橋畔月朦朧：

橋樣如弓，月樣如弓。

青山雙影落橋東：

南有高峰，北有高峰。

雙峰秋色去來中：

去也西風，來也西風。

厚敦敦的軟玻璃裡，

倒映著碧澄澄的一片晴空：

一疊疊的浮雲，

一羽羽的飛鳥，

一彎彎的遠山，

都在晴空倒映中。

湖岸的，葉葉垂楊葉葉楓：

湖面的，葉葉扁舟葉葉篷：

掩映著一葉葉的斜陽，

搖曳著一葉葉的西風。

（　　）10.下列關於本詩的敘述，錯誤的選項是：

(A)新詩格律自由，未必押韻；本詩則明顯押韻

(B)本詩深具文人雅士傷春悲秋、感時憂世的情懷

(C)本詩善用疊字，句型亦多排比複沓，富節奏感與韻律感

(D)本詩將蘇堤與白堤喻為長虹，將湖水喻為軟玻璃，視覺意象鮮明

（　　）11.民國早期剛發展的新詩，曾出現多種不同寫作路線的嘗試。上引劉大白（西元1880-1932）的詩作，最適合做為何種寫作路線的例證？

(A)文字樸素無華，重視反映社會現象

(B)詩意朦朧恍惚、神秘幽晦，頗難理解

(C)句式、押韻均近於詞曲，頗具古典氣息

(D)題材、語言均受西洋文學影響，異於傳統

12-13為題組

閱讀下列短文，回答12-13題。

　　吾官鎮遠，嘗睹於物，得三戒焉。虎性饞，不擇肉而食，有羊牧崖上，虎攫之，羊負痛墮地死，虎隨之；虎墮地，不死而重傷焉，竟為鄉人所斃。蝎虎亦性饞，蝎虎緣壁行，入燕巢以食其雛，雛負痛墮地，蝎虎隨之；雛在地飛躍，家人為送入巢，蝎虎不能動，雞食之。蟻亦性饞，凡物有大於己者，皆負致以行，務入其穴乃止，有蚓出穴，蟻群喙之，蚓負痛，宛轉泥沙中，卒莫能制蚓；鴨出欄，并食之。

　　夫虎貪食羊，不知羊死而身斃；蝎虎貪食燕雛，不知燕雛得全而己不免；蟻貪食蚓，不知與蚓并為鴨所食。嗟夫！利者，害之所伏也；得者，喪之所倚也。為饞不已者，可以戒矣！（周瑛〈饞戒〉）

> 蝎虎：又名守宮、壁虎。
> 蝎亦作「蠍」。

（　　）12.下列關於本文內容的敘述，正確的選項是：

(A)文中所稱的三戒，即以羊、蝎虎、螞蟻爲戒

(B)羊原本在崖上吃草，後來被老虎撲攫、吃掉

(C)蝎虎爬進燕巢想吃雛燕，結果反被母燕吃掉

(D)螞蟻想吃掉蚯蚓，卻和蚯蚓一起被鴨子吃掉

（　　）13.下列關於本文的鑑賞分析，錯誤的選項是：

(A)本文結構是先敘事後說理，藉動物故事論理，顯得更具體生動

(B)本文敘事部分是先分述，後總結；說理部分則是先總說，後分論

(C)本文敘事說理緊扣篇題，以「饞」字貫串全文，以「戒」字前後呼應

(D)本文目的在警惕人們不要只看到眼前的利與得，而忽略了潛藏的危險

14-15為題組

閱讀下列短文，回答14-15題。

　　認識糖尿病的人，一定都知道胰島素的重要。這個激素幫助細胞儲存醣類和脂肪以提供能量。當身體不能產生足夠的胰島素（第一型糖尿病）或者對它有異常反應（第二型糖尿病），就會發展成許多循環系統和心臟方面的疾病。但最近的研究顯示，胰島素對大腦也很重要——胰島素異常和神經退化性疾病有關，如阿茲海默症（Alzheimer's Disease）。

　　長久以來，科學家相信只有胰臟會製造胰島素，而中樞神經系統完全沒有參與。到了1980年代中期，幾個研究團隊在大腦發現了胰島素。顯然這個激素不僅可以通過血腦障壁，大腦本身也能少量分泌。

　　接下來，科學家又發現胰島素對於學習和記憶很重要。例如：受試者在注射或吸入胰島素之後，對於回憶故事情節和其他記憶能力馬上增強了；而擅長空間記憶測試的大鼠比起慣於靜止的大鼠，腦部也含有較多的胰島素。

　　這些觀察結果讓美國布朗大學的神經病理學家蒙特（Suzanne de la Monte）和同事聯想到：大腦的胰島素是否和阿茲海默症有關？因爲阿茲海默症會造成嚴重的記憶喪失。他們比較了健康者和阿茲海默症患者腦中胰島素的含量，發現和學習以及記憶有關的神經區域中，健康者的胰島素平均含量高了四倍。

　　根據這個結果，蒙特認爲：「阿茲海默症患者也可能有一般糖尿病的問題」，她甚至把阿茲海默症當成是「第三型糖尿病」。因爲有血腦障壁的連通，大腦胰島素的含量，其實也反映了身體其他部位的含量，故2002年一份關於糖尿病患者的研究報告更進一步指出：＿＿＿＿＿＿＿＿＿，這些患者的記憶與學習問題也比較多。（改寫自Melinda Wenner著，林雅玲譯，〈大腦也會得糖尿病〉）

( )14. 依據上文，自1980年代中期至神經病理學家蒙特這段期間，關於胰島素的科學研究進程是：

甲、發現大腦會分泌胰島素

乙、發現糖尿病導因於胰島素分泌異常

丙、發現阿茲海默症患者的大腦胰島素含量低

丁、發現記憶力好壞與大腦胰島素分泌多寡有關

(A)甲→乙→丁　　　　　　　　　(B)甲→丁→丙

(C)乙→甲→丁　　　　　　　　　(D)乙→甲→丙

( )15. 在1980年代中期以降的科學研究基礎上，文末所述2002年關於糖尿病患者的研究報告，基於「大腦胰島素的含量，其實也反映了身體其他部位的含量」，獲得的結論（即文末＿＿＿＿＿＿＿內）最可能是：

(A)糖尿病患者的症狀，可以透過胰島素注射獲得改善

(B)糖尿病患者的症狀，無法透過胰島素注射獲得改善

(C)糖尿病患者罹患阿茲海默症的機率，比一般人來得低

(D)糖尿病患者罹患阿茲海默症的機率，比一般人來得高

二、多選題（佔24分）

說明：第16題至第23題，每題的五個選項各自獨立，其中至少有一個選項是正確的，選出正確選項標示在答案卡之「選擇題答案區」。每題皆不倒扣，五個選項全部答對者得3分，只錯一個選項可得1.5分，錯兩個或兩個以上選項不給分。

( )16. 中文「量詞」如「一輛車」、「一棵樹」的「輛」、「棵」，通常置於數詞之後、名詞之前，不單獨使用。但有些詞原本不是量詞，如「一杯水」、「一碗飯」中的「杯」、「碗」，原為名詞，卻借用為量詞。下列選項「」內的詞，何者屬於名詞借用為量詞？

(A)一「葉」扁舟　　(B)一「艘」軍艦　　(C)一「頭」霧水

(D)一「盞」熱茶　　(E)一「床」棉被

( )17. 閱讀下列章君雅、柯學面的對話，選出填入＿＿＿＿內正確的選項：

> 章君雅說：我弄璋囉，恭喜我吧！
>
> 柯學面說：弄璋？那麼古典！就說 (A) 不就好了！
>
> 章君雅說：喂！你是國文老師耶！好像還有更古典的，叫夢什麼？
>
> 柯學面說：叫 (B)。現在很少用這個詞了。

章君雅說：我的朋友後天開演奏會，我叫花店在花籃上寫「彤管流芳」可
　　　　　　好？

柯學面說：(C)！

章君雅說：那(D)呢？

柯學面說：嗯，不錯啦，但何必賣弄呢？用「演出成功」就好啦！

章君雅說：唉！以前學一堆題辭，拿來用一下嘛！

柯學面說：那就用明白大方的吧！像結婚紅包寫「珠聯璧合」是很有水準
　　　　　　啦，但寫(E)也不錯啊！

(A)生兒子　　　　　　(B)夢熊　　　　　　(C)很好啊
(D)「餘音繞梁」　　　(E)「百年好合」

(　　) 18. 下列文句畫底線處的成語，運用恰當的選項是：
　　(A)一顆鑽石鑲在這樣精緻的名錶上面，果然如<u>白圭之玷</u>般耀眼
　　(B)合歡山的皚皚積雪在陽光的照射下，閃耀著<u>陽春白雪</u>般的晶瑩
　　(C)這位舉重選手一次就舉起兩百公斤的重量，不愧是能<u>白手起家</u>的大力士
　　(D)人的一生短暫如同<u>白駒過隙</u>，因此，對於名利得失，實在不必斤斤計較
　　(E)當年他財產上百億，如今卻負債累累，唉！世事真如<u>白雲蒼狗</u>，變化難測

(　　) 19. 下列各組文句「」內的詞，前後意義相同的選項是：
　　(A)歸來視幼女，零淚「緣」纓流／「緣」溪行，忘路之遠近
　　(B)行到水窮處，「坐」看雲起時／到則披草而「坐」，傾壺而醉
　　(C)名「豈」文章著？官應老病休／然則臺灣無史，「豈」非臺人之痛歟
　　(D)下馬飲君酒，問君何所「之」／聖人「之」所以為聖，愚人之所以為愚
　　(E)亮無晨風翼，「焉」能凌風飛／古之聖人，其出人也遠矣，猶且從師而問「焉」

(　　) 20. 下列文句「」內的詞語，前後詞性相同的選項是：
　　(A)《論語‧子罕》：吾誰「欺」？「欺」天乎
　　(B)《論語‧季氏》：「樂」節禮「樂」，樂道人之善，樂多賢友
　　(C)《孟子‧萬章》：天之生此民也，使先知覺後知，使先「覺」覺後「覺」也
　　(D)《論語‧學而》：夫子至於是邦也，必聞其政。求之「與」？抑「與」之與
　　(E)《孟子‧梁惠王》：是不為也，非不能也。故「王」之不「王」，非挾太
　　　　山以超北海之類也

(　　) 21. 閱讀下文，推斷該文作者認為電影《海角七號》容易引起觀眾共鳴的原因為
　　何？

　　「你看《海角七號》了沒？」近來成了全國性的見面問候語。在電影中，導

演魏德聖很贊同且體恤鄉下小民那些充滿漏洞、微有破碎的生活調調，像騎機車不戴安全頭盔，像與交警一言不合可以互練摔角，像郵件送不完竟堆置在家裡。而能妙手偶得這樣的情節，導演便需天然具備這種「容許」的氣質——茂伯（戲中的老郵差）執意擔任臺上一名樂手，他容許；水蛙（戲中的機車行員工）暗戀老闆娘，他容許；友子（女主角）在阿嘉（男主角）家裡住一晚，輕手輕腳下樓梯，阿嘉的媽媽瞧見了，笑了，導演讓這個媽媽也容許。若有一件創作，可以帶著大家去犯一些不傷大雅的小錯，那麼這創作的欣賞者或參與者必定很踴躍，並且參加之後猶很感激。（改寫自舒國治〈為什麼全臺灣瘋《海角七號》〉）

(A)導演揭露鄉下小民遭受不平等待遇的辛酸

(B)演員們以充滿漏洞、製造笑料的方式演出

(C)全片由破碎而不連貫的劇情串接，新奇有趣

(D)劇中鄉下小民偶有小錯的生活小節，得到包容與諒解

(E)觀眾對隨興生活的憧憬，透過劇中人物的生活調調暫得滿足

(　　) 22. 寫作時，將某一種感官的感覺描寫，代之以另一種感官的感覺描寫，這種感覺轉移的手法，往往可以強化表達效果。如洛夫〈西貢夜市〉：「嚼口香糖的漢子／把手風琴拉成／一條那麼長的無人巷子」，即以視覺上「狹長空蕩的巷子」，來描寫「手風琴」彈奏的聲音。下列文句畫底線處，也採用上述感覺移轉手法的選項是：

(A)對著這細雨的黃昏／靜靜的城角／兩排榕樹掩映下的小街道

(B)他把今年在對面山上／裝進錄音機的蟬聲／拿出來／讓孩子們／烤火

(C)軟泥上的青荇／油油的在水底招搖／在康河的柔波裡／我甘心做一條水草

(D)走在春日喧囂的山林小徑上，耳畔清靜，蹲下來，卻能看見熱鬧鼎沸的聲音

(E)在西峰入口，那兒有一叢早開的野牡丹，正挺著四、五朵紫紅的花，精神奕奕地迎向北方，異常豔麗

(　　) 23. 下列關於古代士人在其文章中展現襟抱的敘述，正確的選項是：

(A)范仲淹〈岳陽樓記〉以「遷客騷人」和「古仁人」對照，顯示自我「先天下之憂而憂，後天下之樂而樂」的胸懷

(B)歐陽脩〈醉翁亭記〉以「人知從太守遊而樂，而不知太守之樂其樂也」，陳述個人不以貶謫為意，而能樂民之樂

(C)蘇轍在〈上樞密韓太尉書〉中認為「文者，氣之所形」，故歷覽名山大川，求謁賢達，藉以充養其氣，宏博其文

(D)蘇軾在〈赤壁賦〉中藉「蘇子」與「客」討論水與月的「變」與「不

變」，申明其濟世之志絕不因憂患而改易的態度

(E)顧炎武〈廉恥〉藉顏之推「不得已而仕於亂世」的自警自戒，與「闇然媚於世者」對比，寄託自我處身明清易代之際的選擇

第貳部分：非選擇題（共三大題，佔54分）

說明：請依各題指示作答，答案務必寫在「答案卷」上，並標明題號一、二、三。

一、語譯（佔9分）

請將框線內的文言文譯為語體文，並注意新式標點的正確使用。

> 宮中府中，俱為一體，陟罰臧否，不宜異同。若有作姦犯科，及為忠善者，宜付有司，論其刑賞，以昭陛下平明之理，不宜偏私，使內外異法也。（諸葛亮〈出師表〉）

二、意見闡述（佔18分）

請綜合框線內的兩個事例，提出你的看法。文長限250字～300字。

> (一)蘇麗文在北京奧運跆拳道銅牌爭奪賽中，強忍左膝受傷之痛，十一次倒下仍奮戰到底，令全場動容。回國後，數所大學爭取她擔任教職。
>
> (二)邱淑容參加法國18天超級馬拉松賽，途中腳底破皮受傷，仍堅持跑完全程。送醫後，因細菌感染引發敗血症，右腳截肢，左腳腳趾摘除。

三、引導寫作（佔27分）

> 人生有如一條長遠的旅途，其間有寬廣平坦的順境，也有崎嶇坎坷的逆境。你曾經遭遇到什麼樣的逆境？你如何面對逆境，克服逆境？請以「逆境」為題，寫一篇文章，可以記敘、論說或抒情，文長不限。

99 年學測（學科能力測驗）

題型分析

類型	字音	字形	字詞義	文法修辭	成詞語	應用文	國學常識	閱讀理解
題號	1	2	10	5、17（因果句）、18（反問句）、19（倒反）	6	8（書信）	22、23	3（現代詩） 4、11（文言文） 7（文言文，文句排序） 9、16、21（白話文） 12、13（白話題組） 14、15（白話題組） 20（古典詩詞）

第壹部分：選擇題（佔54分）

一、單選題（佔30分）

說明：第1題至第15題，每題選出一個最適當的選項，標示在答案卡之「選擇題答案區」。每題答對得2分，答錯不倒扣。

（　）1.下列各組「」內的字，讀音相同的選項是：
(A)堂「廡」之上／言之「憮」然
(B)「胯」下之辱／「刳」木爲舟
(C)政治「庇」護／夫妻「仳」離
(D)「倭」寇入侵／江水「逶」迤。

（　）2.下列文句，沒有錯別字的選項是：
(A)學問貴在實用，因此，知識理論和實務經驗兩者應該要相輔相乘，不可偏廢
(B)由於家當全被土石流掩埋，又沒有受到良好照顧，災民餐風宿露，苦不堪言
(C)這本書的內容兼容並敘，又能在寫實之外，留有如幻似眞的餘韻，誠屬難得
(D)本屆牛肉麵大胃王比賽，在高額獎金的誘惑之下，大家驅之若鶩，爭相報名。

（　）3.閱讀下列甲、乙、丙三詩，並推斷每一首詩所吟詠的對象依序應是：
甲、秋天，最容易受傷的記憶／霜齒一咬／噢，那樣輕輕／就咬出一掌血來
乙、我不算博學／但我很多聞／從開始就聽／唇槍舌劍／竊竊私語／口沫橫飛／滔滔不絕

丙、夜夜，在夢的邊緣飛行／在耳朵的銀行存入／比金幣、銀幣還響亮的／聲
　　音的陰影

(A)楓葉／電話／蚊子　　　　　　　(B)蚊子／電話／風鈴

(C)楓葉／電視／蚊子　　　　　　　(D)蚊子／電視／風鈴

（　　）4. 古人常藉「水」的意象比喻人生道理。下列文句，藉由「水」的意象比喻「天
下之事，常發於至微，而終為大患」的選項是：

(A)壞崖破巖之水，源自涓涓

(B)抽刀斷水水更流，舉杯銷愁愁更愁

(C)觀於海者難為水，遊於聖人之門者難為言

(D)日與水居，則十五而得其道；生不識水，則雖壯，見舟而畏之

（　　）5. 「飛魚季」、「天才夢」兩個詞，是由「飛魚＋季」、「天才＋夢」所構成，
「飛魚」對「季」、「天才」對「夢」都具有限制和界定作用。下列選項中，
兩者皆屬於上述構詞方式的是：

(A)錯誤：下棋　　　　　　　　　　(B)種地瓜：談友誼

(C)問候天空：再別康橋　　　　　　(D)荷塘月色：蕃薯地圖

（　　）6. 閱讀下文，選出□□□□內依序最適合填入的成語：

在光天化日、□□□□之下，歹徒竟公然持刀搶劫銀行，行員們一時都嚇得手
足無措。這時警騎及時趕到，只見刑警□□□□，閃過歹徒的襲擊，將他制伏
在地，令所有在場民眾□□□□。

(A)千夫所指／有板有眼／大謬不然　(B)千夫所指／眼明手快／人心大快

(C)眾目睽睽／有板有眼／大謬不然　(D)眾目睽睽／眼明手快／人心大快

（　　）7. 下列是一段古文，請依文意選出排列順序最恰當的選項：

是故國有賢良之士眾，

甲、則國家之治薄，　　　乙、賢良之士寡，

丙、故大人之務，　　　　丁、則國家之治厚，

將在於眾賢而已。（《墨子‧尚賢》）

(A)甲乙丁丙　　　　　　　　　　　(B)甲丙乙丁

(C)丁乙甲丙　　　　　　　　　　　(D)丁丙乙甲

（　　）8. 請依下列各組人物的關係，選出正確的書信「提稱語」的用法：

(A)蘇軾寫信給蘇洵，可使用「左右」

(B)李白寫信給杜甫，可使用「大鑒」

(C)曾鞏寫信給歐陽脩，可使用「知悉」

(D)左光斗寫信給史可法，可使用「鈞鑒」

（　　）9.閱讀下文，選出敘述正確的選項：

《宣和遺事》一書把許多零散的水滸故事編綴起來，成為《水滸傳》的雛形。所謂水滸故事，大致有兩個主要的內容，一是行俠仗義，濟困扶危的故事；二是上山落草，反抗政府的故事。這些故事並非產生於同一時間，而是宋代、元代、明代都有。說書人把這些故事都編織到北宋（徽宗）宣和年間去，所以北宋的史書上就查不到有關史料。（改寫自史式《我是宋朝人》）

(A)水滸故事可彌補北宋史書中缺少的史料

(B)《宣和遺事》是以《水滸傳》為底本綴輯成書

(C)《水滸傳》的素材是由不同時代的說書人匯集而成

(D)《宣和遺事》記錄北宋至明代許多俠義人物反抗政府的史事

10-11為題組

閱讀下列短文，回答10-11題。

自東漢以來，道喪文弊，異端並起，歷唐貞觀、開元之盛，輔以房（玄齡）、杜（如晦）、姚（崇）、宋（璟）而不能救。獨韓文公起布衣，談笑而麾之，天下靡然從公，復歸於正，蓋三百年於此矣。文起八代之衰，道濟天下之溺。忠犯人主之怒，而勇奪三軍之帥。此豈非參天地，關盛衰，浩然而獨存者乎？（蘇軾〈潮州韓文公廟碑〉）

（　　）10.下列文句「靡」的意義，與上文「天下靡然從公」的「靡」意義相近的選項是：

(A)「靡」衣玉食以館於上者，何可勝數

(B)眾人皆以奢「靡」為榮，吾心獨以儉素為美

(C)起自隋代，終於割讓，縱橫上下，鉅細「靡」遺

(D)於是張、孔之勢，薰灼四方，大臣執政，亦從風而「靡」

（　　）11.下列關於本文的解說，正確的選項是：

(A)蘇軾贊揚韓愈「文起八代之衰，道濟天下之溺」，句中的「文」是指駢文，「道」是指道家學說

(B)蘇軾以「道」、「文」總括韓愈的文學成就，以「忠」、「勇」表彰韓愈文武雙全的從政勳業

(C)文中兩用「獨」字，既凸顯韓愈早年孤獨無依的身世，也感慨韓愈在古文運動中孤立無援的處境

(D)在蘇軾看來，儒道的發揚與古文的提倡，對國家均有深遠的影響，韓愈的貢獻是「道」與「文」兩者兼具

12-13為題組

閱讀下列短文，回答12-13題。

許多作家我們都先讀他的作品，再讀他的小傳，梭羅對《湖濱散記》那種雋永，抒情的優美文體給我極深的印象，從觀察自然的細微抒發為文，他居住在華爾騰湖畔小屋中，過著耕讀的生活，小木屋是他自己造的，用泥粉塗抹室內，還造了壁爐以備嚴冬時取暖，他種地出售自己收成的豆子、玉米、蕃茄，維持最基本的物質生活，以達成追求精神生活的願望，梭羅極反對人為物質金錢所桎梏。

羅馬詩人荷瑞斯表示他最後所希望的生活是有足夠的書籍與食物以維持自己不陷入精神與物質的貧乏。人不能為金錢所腐化，成為物質的奴役，但像文學天才愛倫坡、夏特頓連溫飽都沒有，尤其是少年天才夏特頓不幸在貧病中自殺，如果天假以年，以他十七歲就能寫出最嚴謹的《仿古詩》的才華，必能將文學這片園地耕耘成繁花之園，貧病為天才敲起喪鐘，當人們追悼這位早逝的天才，輓歌的聲調中含有無比的惋惜。

美國當年在新大陸開創天地，脫離君主政治的約束，並不意味絕對的自由，如果人面對生活絕境經濟上燃眉之急，一家人沒有溫飽，那是另一種生的桎梏，談不上尊嚴自由。英國詩人華茲華斯得享天年，創作源源不斷，逍遙湖上，靠友人的贈款與政府印花稅的收入得以維持生活的尊嚴，終於被戴上英國詩人的桂冠，在夏特頓與華茲華斯之間，後者更令人羨慕。

莎士比亞說：「富有昇平餵養懦夫，堅苦是意志之母」。但生為現代人既不能渾渾噩噩，淪為物質的奴僕，也不能為了理想不顧生計，如何選擇一個精神與物質都不貧乏的局面，不錦衣玉食，能有棲身之所，維持生計，進一步追求精神的富足，這樣的社會才能達到安居樂業的尺度。（呂大明〈精神與物質〉）

（　　）12. 依據上文，符合作者觀點的選項是：
(A)強調有志於道而不恥惡衣惡食，才是真自由
(B)認同梭羅、華茲華斯之先得溫飽再從事創作
(C)對荷瑞斯的看法、莎士比亞的名言均不以為然
(D)推崇愛倫坡、夏特頓於貧困中不改其樂的精神

（　　）13. 下列敘述，最能總括全文意旨的選項是：
(A)貧困可以淬鍊人的意志，進而充實作品的內涵
(B)安穩的物質生活與富足的精神生活，應兼顧並重
(C)寧可物質生活匱乏，也不能放棄精神生活的追求
(D)生計問題容易解決，改善精神生活則有賴長期努力

14-15為題組

閱讀下列短文，回答14-15題。

> 　　以提洛爲首的腓尼基人的城市，一直飽受亞述帝國的威脅。但因擁有充沛的財物，腓尼基城市才得於亞述人的屢次席捲後倖存。自此，腓尼基人專注於交易買賣，他們的目標不是危機四伏的內陸，而是地中海，他們的貿易據點一個一個出現在地中海沿岸。西元前814年，提洛的公主伊莉莎逃到北非建立迦太基王國，想必是認爲：與其戰戰兢兢地留在危險區域，不如到一個不受侵擾的地方繼續經營。畢竟對一個商業國家來說，能安心從事商業的環境才是最重要的。
>
> 　　希臘人與迦太基人一樣很會做生意，但狹窄的希臘無法容納因生活富裕而大增的人口，於是便展開殖民活動。地中海東邊，有強大的亞述帝國擋道，只好轉向與義大利半島相鄰的西西里島。但在西元前七世紀希臘進出西西里島東部之前，迦太基早已把該島西部視爲重要的貿易基地了。這兩個民族在此鷸蚌相爭，日後引來羅馬這個漁翁。
>
> 　　希臘人在島的東邊不斷擴增殖民城市，他們一旦落腳，除了做生意之外，也蓋神殿、劇場、競技場等，將希臘文化根植在那裡。迦太基人在島的西邊也有幾處地盤，但迦太基人不建設城市，因爲他們厭煩佔領之後的瑣碎雜事，這些城市只是得到財富的據點，只要有進出船隻的港口、修理船隻的船塢、堆放商品的倉庫就夠了。因此希臘人不但認爲迦太基人的城市無聊透頂，甚至形容他們是「爲了搬運燒洗澡水的木柴而弄得灰頭土臉，卻始終沒去洗澡的驢子」。（改寫自森本哲郎《一個通商國家的興亡》）

（　　）14.依據上文，下列關於迦太基的敘述，正確的選項是：
   (A)建國前飽受亞述帝國侵擾，建國後征服希臘與羅馬
   (B)殖民策略捨棄當時慣用的武力侵略，改採文化收編
   (C)專注於海上貿易據點的擴張與運用，藉以累積財富
   (D)發揮強大的商業實力，不斷在地中海沿岸建設城市

（　　）15.依據上文，希臘人眼中的迦太基人是：
   (A)賺取財富，卻不懂得享受
   (B)被人賣了，還替人數鈔票
   (C)貪婪奢侈，卻對別人一毛不拔
   (D)寅吃卯糧，賺五毛錢花一塊錢

二、多選題（佔24分）

說明：第16題至第23題，每題的五個選項各自獨立，其中至少有一個選項是正確的，選出正確選項標示在答案卡之「選擇題答案區」。每題皆不倒扣，五個選項全部答對者得3分，只錯一個選項可得1.5分，錯兩個或兩個以上選項不給分。

（　　）16. 閱讀下文，選出敘述正確的選項：

生命無常、人生易老本是古往今來一個普遍命題，魏晉詩篇中這一永恆命題的詠嘆之所以具有如此感人的審美魅力而千古傳誦，也是與這種思緒感情中所包含的具體時代內容不可分的。從黃巾起義前後起，整個社會日漸動盪，接著便是戰禍不已，疾疫流行，死亡枕藉，連大批的上層貴族也在所不免。「徐（幹）、陳（琳）、應（瑒）、劉（楨），一時俱逝」（曹丕〈與吳質書〉），榮華富貴，頃刻喪落，⋯⋯。既然如此，而上述既定的傳統、事物、功業、學問、信仰又並不怎麼可信可靠，大都是從外面強加給人們的，那麼個人存在的意義和價值就突出出來了，如何有意義地自覺地充分把握住這短促而多苦難的人生，使之更為豐富滿足，便突出出來了。它實質上標誌著一種人的覺醒，即在懷疑和否定舊有傳統標準和信仰價值的條件下，人對自己生命、意義、命運的重新發現、思索、把握和追求。（李澤厚《美的歷程》）

(A)生命無常、人生易老的命題，於魏晉詩篇中首開其端

(B)魏晉詩人處於戰禍不已、疫疾流行的年代，更能感受生命的短暫與脆弱

(C)魏晉詩篇的美感魅力，來自即使自知生命微渺，仍積極尋求生命豐富滿足之道

(D)由於無法再以外在的功名事業肯定自己，使魏晉詩人進一步探索個人存在的意義

(E)既定的傳統和信仰全被否定，新的存在價值又尚未建立，遂使魏晉詩人流於荒誕頹廢

（　　）17. 對於因果關係的敘述，下列文句屬於「先果後因」的選項是：

(A)余時為桃花所戀，竟不忍去湖上

(B)（項脊）軒凡四遭火，得不焚，殆有神護者

(C)及郡下，詣太守，說如此。太守即遣人隨其往

(D)孟嘗君為相數十年，無纖介之禍者，馮諼之計也

(E)前者呼，後者應，傴僂提攜，往來而不絕者，滁人遊也

（　　）18.一般疑問句需要回答，但「反問句」雖採疑問形式，卻是無疑而問，不需對方回答，而是藉由提問引起對方思考，屬於特殊的疑問句。下列文句畫底線處，屬於「反問句」的選項是：

(A)瑜問孔明曰：即日將與曹軍交戰，<u>水路交兵，當以何兵器為先</u>

(B)世界還是時時在裝扮著自己的。<u>而有什麼比一面散步一面聽蟬更讓人心曠神怡</u>

(C)做戲有什麼好笑？我金發做一世人的戲，辛辛苦苦把一大群兒女養得好漢，<u>這有什麼好笑</u>

(D)他（黑妞）的好處，人學得到；白妞的好處，人學不到。你想幾年來好玩耍的，<u>誰不學他們的調兒呢</u>

(E)人世間，<u>什麼是愛，什麼是恨呢</u>？母親已去世多年，垂垂老去的姨娘，亦終歸走向同一個渺茫不可知的方向

（　　）19.對於內心的真實想法，刻意改用相反的語彙來形容，以達到諷刺或嘲謔的效果，在修辭手法上稱為「倒反」，例如：「你的眼力真好啊！居然把『十』看成『千』！」下列文句中畫底線處，屬於此種表達方式的選項是：

(A)這時候，武則天才知道大家多麼痛恨她用了好多年的走狗人物。為了表明態度，她下令將來俊臣抄家滅門，「以息民怨」。來俊臣是凶手，<u>武則天是為民除害的大法官哩</u>

(B)他故意氣她道：「我以為妳養了個姘頭。」這是極大的侮辱，她卻抱手笑道：「<u>那是承你看得起</u>。連你熊應生都不要我，還有人會要我嗎？」這一來連守帶攻，把熊應生也貶低了

(C)地下的人原不曾預備這牙箸，本是鳳姐和鴛鴦拿了來的，聽如此說，忙收了過去，也照樣換上一雙烏木鑲銀的。劉姥姥道：「去了金的，又是銀的，<u>到底不及俺們那個伏手</u>。」

(D)范進向他作揖，坐下。胡屠戶道：「我自倒運，把個女兒嫁與你這現世寶、窮鬼，歷年以來，不知累了我多少。<u>如今不知因我積了什麼德，帶挈你中了個相公，我所以帶個酒來賀你。</u>」

(E)我洗臉的時候，把皮球也放在臉盆裡用胰子（肥皂）洗了一遍，皮球是雪白的了，盆裡的水可黑了。我把皮球收進書包裡，這時宋媽走進來換洗臉水，她「喲」了一聲，指著臉盆說：「<u>這是你的臉？多乾淨呀！</u>」

（　　）20.閱讀甲、乙、丙三則敘寫古代女性的詩句，選出詮釋符合詩意的選項：

甲、越女顏如花，越王聞浣紗。國微不自寵，獻作吳宮娃。

乙、自倚嬋娟望主恩，誰知美惡忽相翻。黃金不買漢宮貌，青塚空埋胡地魂。

丙、旌旗不整奈君何，南去人稀北去多。塵土已殘香粉豔，荔枝猶到馬嵬坡。

(A)三詩主角的命運皆與政治相關

(B)三詩中呈現的空間變動，亦代表三詩主角際遇的轉變

(C)甲、乙二詩以「順時」方式敘述事件，丙詩則以「逆時」方式敘述事件

(D)甲、乙二詩皆言及主角本身形貌之美，丙詩則藉「香粉豔」暗示主角之美

(E)甲、丙二詩以「作者」的第三人稱觀點敘述，乙詩則以「作者化身主角」的第一人稱觀點敘述

（　）21. 閱讀下文，選出敘述正確選項：

振保的生命裡有兩個女人，他說的一個是他的白玫瑰，一個是他的紅玫瑰。一個是聖潔的妻，一個是熱烈的情婦——普通人向來是這樣把節烈兩個字分開來講的。也許每一個男子全都有過這樣的兩個女人，至少兩個。娶了紅玫瑰，久而久之，紅的變了牆上的一抹蚊子血，白的還是「床前明月光」；娶了白玫瑰，白的便是衣服上沾的一粒飯黏子，紅的卻是心口上一顆硃砂痣。

（張愛玲〈紅玫瑰與白玫瑰〉）

(A)以玫瑰帶刺象徵振保對愛情的畏懼

(B)「床前明月光」一方面呈現潔淨的美感，一方面寓託思慕嚮往之情

(C)「蚊子血」、「飯黏子」分別由「紅」、「白」聯想取譬，表達礙眼生厭之感

(D)以「普通人把節烈兩個字分開來講」諷刺男人要求女人從一而終，自己卻拈花惹草

(E)「娶了紅玫瑰，……；娶了白玫瑰，……」的排比句，描述既「喜新」又「戀舊」的矛盾人性

（　）22. 閱讀下列秦國君臣的對話，選出敘述正確的選項：

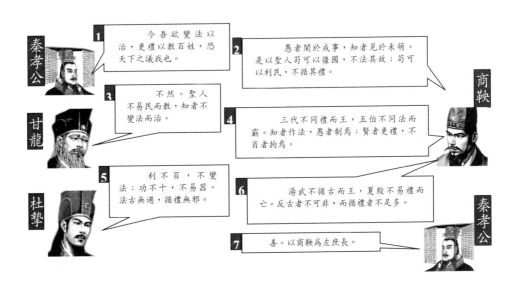

秦孝公　1　今吾欲變法以治，更禮以教百姓，恐天下之議我也。

商鞅　2　愚者闇於成事，知者見於未萌。是以聖人苟可以彊國，不法其故；苟可以利民，不循其禮。

甘龍　3　不然。聖人不易民而教，知者不變法而治。

商鞅　4　三代不同禮而王，五伯不同法而霸。知者作法，愚者制焉；賢者更禮，不肖者拘焉。

杜摯　5　利不百，不變法；功不十，不易器。法古無過，循禮無邪。

商鞅　6　湯武不循古而王，夏殷不易禮而亡。反古者不可非，而循禮者不足多。

秦孝公　7　善。以商鞅為左庶長。

(A)商鞅與秦孝公意見一致，杜摯與甘龍立場相同

(B)秦孝公原有意變法，但經朝廷大臣討論後決定暫停變法

(C)商鞅、甘龍、杜摯各自援引前代興亡史實，以強化論辯依據

(D)甘龍的看法近於「照老路走不會錯」，杜摯的看法近於「請用利益說服我」

(E)商鞅的觀點是：拘泥舊制是「愚」、「不肖」，變更舊制才是「智」、「賢」

(　　) 23. 下列引用《論語》文句詮釋經典名篇的敘述，正確的選項是：

(A)諸葛亮於〈出師表〉中，充分展現「其行己也恭，其事上也敬」的行事態度

(B)蘇轍於〈上樞密韓太尉書〉中，表述基於「仕而優則學」的體悟，進京求師

(C)韓愈〈師說〉中舉孔子師郯子、萇弘、師襄、老聃等人為例，寓有「三人行，必有我師焉」之意

(D)蘇軾〈赤壁賦〉「哀吾生之須臾，羨長江之無窮」的心理，等同於「未知生，焉知死」的生死觀

(E)〈燭之武退秦師〉中，燭之武深知「及其壯也，血氣方剛，戒之在鬥；及其老也，血氣既衰，戒之在得」的道理，故向鄭伯委婉推辭曰：「臣之壯也，猶不如人；今老矣，無能為也已。」

第貳部分：非選擇題（共三大題，佔54分）

說明：請依各題指示作答，答案務必寫在「答案卷」上，並標明題號一、二、三。

一、文章解讀（佔9分）

　　閱讀框線內王家祥〈秋日的聲音〉中的一段文字，說明：㈠作者對「悲秋」傳統有何看法？㈡作者認為萬物的心境與四季的轉換有何相應之處？㈢「真正的聲音」從何而來？答案必須標明㈠㈡㈢分列書寫。㈠、㈡、㈢合計文長限150字～200字。

> 　　其實季節是萬物心境的轉換；秋日的天空時常沒有欲望，看不見一抹雲彩，秋高氣爽似乎意味著心境的圓滿狀態。春日的新生喜悅，叨叨絮絮到夏日的豐盈旺盛，滿溢狂瀉；風雨之後，秋日是一種平和安寧的靜心，內心既無欲望也就聽不見喧囂的聲音，此時真正的聲音便容易出現了；秋天似乎是為了靜靜等待冬日的死亡肅寂做準備，曠野上行將死亡的植物時常給我們憂鬱的印象，所以誤以為秋天是憂傷的季節。也許秋天的心境讓我們容易看見深層的自己，彷彿這是大地的韻律，存在已久，只是我們習於不再察覺。

二、文章分析（佔18分）

答案必須標明㈠㈡㈢分列書寫。㈠、㈡、㈢合計文長限250字～300字。

> 《五代史‧馮道傳》論曰：「『禮、義、廉、恥，國之四維；四維不張，國乃滅亡。』善乎！管生之能言也！禮、義，治人之大法；廉、恥，立人之大節。蓋不廉則無所不取，不恥則無所不為。人而如此，則禍敗亂亡，亦無所不至；況為大臣而無所不取，無所不為，則天下其有不亂，國家其有不亡者乎？」
>
> 然而四者之中，恥尤為要，故夫子之論士曰：「行己有恥。」孟子曰：「人不可以無恥。無恥之恥，無恥矣！」又曰：「恥之於人大矣！為機變之巧者，無所用恥焉！」所以然者，人之不廉而至於悖禮犯義，其原皆生於無恥也。故士大夫之無恥，是謂國恥。（顧炎武〈廉恥〉）

三、引導寫作（佔27分）

> 2009年8月，莫拉克颱風所帶來的驚人雨量，在水土保持不良的山區造成嚴重災情，土石流毀壞了橋樑，掩埋了村莊，甚至將山上許多樹木，一路衝到了海邊，成為漂流木。
>
> 請想像自己是一株躺在海邊的漂流木，以「漂流木的獨白」為題，用第一人稱「我」的觀點寫一篇文章，述說你的遭遇與感想，文長不限。

100年學測（學科能力測驗）

題型分析

類型	字音	字形	字詞義	文法修辭	成詞語	應用文	國學常識	閱讀理解
題號	1	16	2、4、17		18	3（書信）	20、23	5、9（古典詩詞） 8（現代詩） 6（文言文，文句排序） 7、19（文言文） 10、11（文言題組） 12、13（白話題組） 14、15（白話題組） 21、22（白話題組）

第壹部分：選擇題（占54分）

一、單選題（佔30分）

說明：第1題至第15題，每題4個選項，其中只有一個是最適當的答案，畫記在答案卡之「選擇題答案區」。各題答對得2分；未作答、答錯或畫記多於一個選項者，該題以零分計算。

( ) 1.下列「」中的字，讀音不同的選項是：
(A)「柴」火／「豺」狼／同「儕」　　(B)「耆」老／「臍」帶／神「祇」
(C)信「箋」／鞍「韉」／「殲」滅　　(D)軒「轅」／牆「垣」／罰「鍰」

( ) 2.下列文句「」中的字詞，意義相同的選項是：
(A)是以先帝簡拔以「遺」陛下／小學而大「遺」，吾未見其明也
(B)足反居上，首「顧」居下／三「顧」臣於草廬之中
(C)生乎吾前，其聞道也，「固」先乎吾／事行身死，「固」所願也
(D)攜手上河梁，遊子暮何「之」／「之」子于歸，宜其家室

( ) 3.下列書信用語，敘述正確的選項是：
(A)「世兄」可以用來稱呼晚輩
(B)給師長寫信，信首提稱語要用「硯右」
(C)書信結尾的問候語，「敬請 金安」多用於商界
(D)給師長寫信，為了表示敬意，結尾署名時要稱「愚生」

（　）4.古人名與字往往有意義上的聯繫，或相關，如孟軻字子輿；或相反，如韓愈字退之。依此推論，則班固、許慎、王弼、朱熹四人的字依序應是：
(A)孟堅／叔重／輔嗣／元晦
(B)元晦／輔嗣／叔重／孟堅
(C)叔重／輔嗣／孟堅／元晦
(D)叔重／元晦／輔嗣／孟堅

（　）5.詩人描寫事物時，往往兼顧視覺與聽覺，以達成「有聲有色」的效果。如王維〈山居秋暝〉：「明月松間照，清泉石上流。竹喧歸浣女，蓮動下漁舟。」便是藉由「視覺—聽覺、聽覺—視覺」的交錯書寫，以營造意境。下列寫法完全相同的選項是：
(A)岸上北風急，紛紛飛荻花。賈船停擁浪，江戍遠吹笳
(B)雨後明月來，照見下山路。人語隔谿煙，借問停舟處
(C)古剎疏鐘度，遙嵐破月懸。沙頭敲石火，燒燭照漁船
(D)古木無人徑，深山何處鐘。泉聲咽危石，日色冷青松

（　）6.下列是一段古文，請依文意選出排列順序最恰當的選項：
楚文王少時好獵，有一人獻一鷹。
甲、故為獵於雲夢，置網雲布，煙燒漲天，
乙、此鷹軒頸瞪目，遠視雲際，無搏噬之志，
丙、王曰：「吾鷹所獲以百數，汝鷹曾無奮意，將欺余耶？」
丁、文王見之，爪短神爽，殊絕常鷹，
戊、毛群飛旋，爭噬競搏，
獻者曰：「若效於雉兔，臣豈敢獻？」（劉義慶《幽明錄》）
(A)甲乙戊丙丁
(B)丁甲戊乙丙
(C)戊丁乙甲丙
(D)丁甲丙乙戊

（　）7.閱讀下文，選出不正確的選項：
老年人常思既往，少年人常思將來。惟思既往也，事事皆其所已經者，故惟知照例；惟思將來也，事事皆其所未經者，故常敢破格。老年人常厭事，少年人常喜事。惟厭事也，故常覺一切事無可為者；惟喜事也，故常覺一切事無不可為者。老年人如夕照，少年人如朝陽；老年人如瘠牛，少年人如乳虎；老年人如僧，少年人如俠；老年人如字典，少年人如戲文；老年人如秋後之柳，少年人如春前之草。（梁啟超〈少年中國說〉）
(A)本文認為老年人因厭事而保守且行事消極
(B)「老年人如字典，少年人如戲文」是說人生無常
(C)本文認為少年人著眼未來故勇於多方嘗試
(D)「少年人如乳虎」比喻少年人充滿活力積極奮發

（　　）8.以下為同一系列的三首小詩：

〈椅子和我〉

椅子，獨自坐著／我站在它旁邊

時間慢慢走過

〈蘆葦〉

沉思

蘆花／在秋風中／越搖越

白

〈我想到的〉

熄了燈，我才開始發亮；／因為我想到的每一個字／都成了寒夜裡的星星

（錄自林煥彰作品）

這一系列組詩，最適合做為共同詩題的選項是：

(A)偶然的遭遇　　　　　　　　　(B)淒涼的晚景

(C)孤獨的時刻　　　　　　　　　(D)虛擲的光陰

（　　）9.白先勇在他的小說《臺北人》一書中，寫出了當年隨政府自大陸來臺定居人物的生活和心情。這些人多半擁有光輝耀眼的過去，以及難忘難捨的記憶，與平淡平凡的現況對照，「昔盛今衰、繁華不再」的感受特別強烈。依此特點，如要選擇一段詩詞做為該書的注腳，最適合的選項是：

(A)萬戶傷心生野煙，百官何日再朝天？秋槐花落空宮裡，凝碧池頭奏管絃

(B)曾隨織女渡天河，記得雲間第一歌。休唱貞元供奉曲，當時朝士已無多

(C)林花謝了春紅，太匆匆，無奈朝來寒雨晚來風。 胭脂淚，相留醉，幾時重，自是人生長恨水長東

(D)一向年光有限身，等閒離別易銷魂，酒筵歌席莫辭頻。 滿目山河空念遠，落花風雨更傷春，不如憐取眼前人

10-11為題組

閱讀下列二段引文，回答10-11題。

> 甲、孫必振渡江，值大風雷，舟船蕩搖，同舟大恐。忽見金甲神立雲中，手持金字牌下示；諸人共仰視之，上書「孫必振」三字，甚真。眾謂孫必振：「汝有犯天譴，請自為一舟，勿相累。」孫尚無言，眾不待其肯可，視旁有小舟，共推置其上。孫既登舟，回視，則前舟覆矣。（蒲松齡《聊齋誌異·孫必振》）
>
> 乙、邑人某，佻達無賴，偶游村外，見少婦乘馬來，謂同游者曰：「我能令其一笑。」眾未深信，約賭作筵。某遽奔去，出馬前，連聲詫曰：「我要死！……」因於牆頭抽梁（梁：高粱莖）一本，橫尺許，解帶挂其上，引頸作縊狀。婦果過而哂之，眾亦粲然。婦去既遠，某猶不動，眾益笑之。近視，則

舌出目瞑，而氣眞絕矣。梁本自經，豈不奇哉！是可以爲憸薄之戒。（蒲松齡《聊齋誌異・戲縊》）

（　　）10.最能凸顯以上二段引文描寫上共同特色的選項是：

(A)人物　　　　　　　　　　　(B)對話

(C)情節　　　　　　　　　　　(D)場景

（　　）11.關於以上二段引文的敘述，正確的選項是：

(A)甲段主旨在彰顯人性溫暖　　(B)甲段充分展現反諷性效果

(C)乙段主旨在強調應信守承諾　(D)乙段由悲而喜暗喻人生無常

12-13為題組

閱讀下列文字，回答12-13題。

臺灣有許多河流深情的低吟新舊生命的更新與輪迴，孕育高山與平原的歷史、文化及各族群的光輝。

……如果沒有了河流，人們仍然能活下去，但卻會變得毫無情意。

臺灣的河流在短短的三十年內，將面臨長達億年壽命的臨終時刻，這是臺灣土地歷史上最大的災難，也是生存的孳緣。許多河流在不久的將來將無法回到大海的懷抱，成爲斷河。

現代人只要水不要河流，他們將不愛的留給河流拋給河川，然後以水利工程技術建堤防隔絕人河關係，建水壩和攔河堰截斷回到大海老家的路，用越域引水抽乾河水，滿足人類需水的慾求，很少人盡心盡力去整治復原河流，以免重蹈中東沙漠化的終極命運。

治療和呵護重病的河川只有一條路，那就是河禁。

在十年至二十年內儘可能禁止人類進入河川，禁止任何侵犯河流的行爲，建造衛生下水道，編組河川警察，建立控制污染的追查網路和人力系統，把砂石採集權收回國營，廣建濕地湖泊補注地下水，讓河流休養生息恢復健康。

不然，河流終將成爲臺灣人的記憶、被遺忘的大地之歌。（曾貴海〈河流終將成爲記憶〉）

（　　）12.依據引文，符合作者觀點的選項是：

(A)河流雖被破壞，人們還是能繼續生存，不會有絲毫改變

(B)河流生命的迅速枯萎，起因於地層的自然變動

(C)河流如被破壞，他所孕育的歷史文化光輝，將面臨終結

(D)河流即使被攔腰截斷，也不會影響它源遠流長

（　　）13. 依據引文，作者認為臺灣河流面臨的災難是：
　　　　　(A)因為氣候暖化，將遭遇沙漠化
　　　　　(B)因為經常泛濫，隔絕了人河關係
　　　　　(C)因為現代人需水量大，河流將枯竭成為斷河
　　　　　(D)因為現代人不要河流，河流的生態遭受破壞

14-15為題組
閱讀下列文字，回答14-15題。

> 　　寫過極短篇的人都知道它易寫難工，長久以來，這也成為此一寫作運動的瓶頸。一般人認為敘述一則故事、製造一個意外的結局，便是極短篇的典型樣貌，卻不知真正的極短篇乃是以最經濟的筆法，把動作、人物與環境呈現在單一的敘述過程中，這是一個高難度的寫作形式，也是一種講求語言容量的藝術，即使是對具有專業素養的作家都是一種挑戰。要做到尺幅千里、須彌芥子，在有限中包涵了無限，的確不容易。……金聖嘆所說的「一筆作百十來筆用」，正可以作為極短篇美學的圭臬。（瘂弦〈極短篇美學〉）

（　　）14. 本文認為「極短篇」最重要的特色是：
　　　　　(A)使有限篇幅涵蘊無限旨趣　　　　(B)筆法極經濟而敘事極繁複
　　　　　(C)講究語言精練和刻畫細膩　　　　(D)為故事塑造個意外的結局

（　　）15. 依據文意，下列敘述何者正確？
　　　　　(A)「尺幅千里」指以大見小
　　　　　(B)「須彌芥子」指以小見大
　　　　　(C)「一筆作百十來筆用」是說文體多樣
　　　　　(D)「美學圭臬」是說文學和藝術的標準

二、多選題（占24分）

說明：第16題至第23題，每題有5個選項，其中至少有一個是正確的選項，選出正確選項畫記在答案卡之「選擇題答案區」。各題之選項獨立判定，所有選項均答對者，得3分；答錯1個選項者，得1.8分；答錯2個選項者，得0.6分；所有選項均未作答或答錯多於2個選項者，該題以零分計算。

（　　）16. 下列文句，<u>完全沒有錯別字</u>的選項是：
　　　　　(A)民宿如雨後春筍般興起，良莠不齊，常讓遊客們眼花瞭亂
　　　　　(B)王先生做人行事有為有守，既不隨波逐流，也不故步自封
　　　　　(C)外籍勞工離鄉背景，常因人生地疏，舉目無親，而不知何去何從
　　　　　(D)林太太凡事喜歡追根究柢，鍥而不捨，不找到原因，絕不肯罷休
　　　　　(E)李小姐原本勤儉又快樂，嫁入豪門後，因價值觀相佐，悶悶不樂

（　） 17. 下列文句「」中的數字，表示「幾分之幾」意思的選項是：
(A)三五明月滿，「四五」蟾兔缺
(B)斬首十四級，捕虜「十一」人
(C)古者稅什一而民足，今「百一」而民不足
(D)天子、諸侯子「十九」而冠，冠而聽治，其教至也
(E)會天寒，士卒墮指者「什二三」（「什」通「十」）

（　） 18. 下列「」內語詞，使用正確的選項是：
(A)怡君讀書總是「心凝形釋」，專注認真，終於如願考上理想的大學
(B)阿嘉經歷失敗，以致失去鬥志，從此「一蹶不振」，頹靡度日
(C)建宏愛好自然科學，做實驗向來「管窺蠡測」，謹慎細心絕不馬虎
(D)張老闆為人「錙銖必較」，常與客戶發生爭執，生意因此一落千丈
(E)兄弟象對統一獅那場球賽精彩至極，使人「繞樑三日」，難以忘懷

（　） 19. 儒家思想，一脈相傳。下列前後文句意義相近的選項是：
(A)己所不欲，勿施於人／施諸己而不願，亦勿施於人
(B)以不教民戰，是謂棄之／不教民而用之，謂殃民
(C)仁者先難而後獲／勞苦之事則爭先之，饒樂之事則能讓
(D)言必信，行必果，硜硜然小人哉／大人者，言不必信，行不必果
(E)始作俑者，其無後乎／率獸而食人，惡在其為民父母也

（　） 20. 下列有關經書的敘述，正確的選項是：
(A)《詩經》是中國古代南方文學的總集
(B)《尚書》保存了秦漢之際的典章制度
(C)三禮指《周禮》、《儀禮》、《禮記》，其中《周禮》又稱《周官》
(D)《易經》中的八卦可以代表八種不同的象，如乾卦代表天，坤卦代表地
(E)《春秋》有《左傳》、《公羊傳》、《穀梁傳》三傳，《左傳》特點在詳述史事

（　） 21. 閱讀下文後，選出正確的選項：
每一句謊話都經過編號，打造成公車，開向都市的路口街邊搭載乘客。
而後我們在顛簸的空間裡彼此擠壓，在紛亂的紅綠燈下左晃右蕩。身心變形了，年老時下車的地點，卻仍是年輕時興奮的起站。（杜十三〈都市筆記〉）
(A)本文旨在凸顯都市人的忙亂
(B)本文寫作運用了諷諭的手法
(C)本文強調都市人生活在謊言裡
(D)本文認為謊言讓都市人身心變形
(E)本文末二句意謂謊言讓都市人虛度一生

（　　）22.閱讀下文後，選出正確的選項：

人生的意義全是各人自己尋出來、造出來的：高尚、卑劣、清貴、污濁、有用、無用……，全靠自己的作爲。生命本身不過是一件生物學的事實，有什麼意義可說？生一個人與一隻貓，一隻狗，有什麼分別？人生的意義不在於何以有生，而在於自己怎樣生活。你若情願把這六尺之軀葬送在白晝作夢之上，那就是你這一生的意義。你若發憤振作起來，決心去尋求生命的意義，去創造自己的生命的意義，那麼，你活一日便有一日的意義，做一事便添一事的意義，生命無窮，生命的意義也無窮了。（胡適〈人生有何意義〉）

(A)作者主張眾生平等，人和貓狗沒有分別

(B)作者認爲「白晝作夢」也是生命的意義

(C)「自己怎樣生活」是人生有無意義的關鍵

(D)「生命無窮」是指人生有許多意外的遭遇

(E)作者勸人創造自己生命的意義，無論是卑劣或污濁

（　　）23.下列詠史詩所歌詠的歷史人物，每一選項前後相同的是：

(A)他年錦里經祠廟，梁父吟成恨有餘／出師未捷身先死，長使英雄淚滿襟

(B)可憐夜半虛前席，不問蒼生問鬼神／雲邊雁斷胡天月，隴上羊歸塞草煙

(C)回眸一笑百媚生，六宮粉黛無顏色／一騎紅塵妃子笑，無人知是荔枝來

(D)東風不與周郎便，銅雀春深鎖二喬／江東子弟多才俊，捲土重來未可知

(E)意態由來畫不成，當時枉殺毛延壽／玉顏流落死天涯，琵琶卻傳來漢家

第貳部分：非選擇題（共三大題，占54分）

說明：請依各題指示作答，答案務必寫在「答案卷」上，並標明題號一、二、三。

一、文章解讀（占9分）

閱讀框線內朱光潛〈對於一棵古松的三種態度〉中的一段文字後，回答問題：

答案必須標明㈠㈡分列書寫。㈠、㈡合計文長限150字～200字（約7行～9行）。

　　　假如你是一位木商，我是一位植物學家，另外一位朋友是畫家，三人同時來看這棵古松。我們三人可以說同時都「知覺」到這一棵樹，可是三人所「知覺」到的卻是三種不同的東西。你脫離不了你木商的心習，於是所知覺到的只是一棵做某事用值幾多錢的木料。我也脫離不了我植物學家的心習，於是所知覺到的只是一棵葉爲針狀、果爲球狀、四季常青的顯花植物。我們的朋友──畫家──什麼事都不管，只管審美，他所知覺到的只是一棵蒼翠、勁拔的古樹。我們三人的反應態度也不一致。你心裡盤算它是宜於架屋或是製器，思量怎樣去買它，砍它，運它。我把它歸到某類某科

裡去，注意它和其它松樹的異點，思量它何以活得這樣老。我們的朋友卻不這樣東想西想，只在聚精會神地觀賞它的蒼翠的顏色，它的盤屈如龍蛇的線紋以及那一股昂然高舉、不受屈撓的氣概。

　　由此可知這棵古松並不是一件固定的東西，它的形象隨觀者的性格和情趣而變化。各人所見到的古松形象都是各人自己性格和情趣的返照。古松的形象一半是天生的，一半也是人為的。極平常的知覺都帶有幾分創造性；極客觀的東西之中都有幾分主觀的成分。

㈠作者指出木商、植物學家和畫家「知覺」同一棵古松有三種不同的反應態度，這三種態度各有優劣嗎？以你對本段引文的理解，請加以闡述說明。

㈡閱讀了作者這一段文字後，依據它的意旨，請你重新給它訂個題目，並簡要說明你的理由。

二、文章分析（占18分）

　　閱讀框線內文章後，回答問題：

　　答案必須標明㈠㈡㈢分列書寫。㈠、㈡、㈢合計文長限250字～300字（約11行～14行）

　　客曰：「『月明星稀，烏鵲南飛』，此非曹孟德之詩乎？西望夏口，東望武昌。山川相繆，鬱乎蒼蒼。此非孟德之困於周郎者乎？方其破荊州，下江陵，順流而東也，舳艫千里，旌旗蔽空，釃酒臨江，橫槊賦詩，固一世之雄也，而今安在哉？況吾與子漁樵於江渚之上，侶魚蝦而友麋鹿；駕一葉之扁舟，舉匏樽以相屬；寄蜉蝣於天地，渺滄海之一粟；哀吾生之須臾，羨長江之無窮；挾飛仙以遨遊，抱明月而長終；知不可乎驟得，託遺響於悲風。」（蘇軾〈赤壁賦〉）

㈠客所以有「而今安在哉」的感歎，是因何而起？

㈡「寄蜉蝣於天地，渺滄海之一粟」所提示的人生問題是什麼？

㈢客云：「知不可乎驟得，託遺響於悲風。」請解釋他對於問題㈡要如何解決？

三、引導寫作（占27分）

　　司法院大法官會議做出第六八四號解釋，認定大學生如不滿學校的處分，有權可提起訴願和行政訴訟。臺灣大學李校長表示，依據《大學法》的規定，學校在法律的範圍內有自治權，學生也有很多申訴管道；大法官做出這項解釋，可能造成學校和學生之間關係的緊張。學校是教學的地方，學校和學生之間的關係，應如何維持和諧，避免陷於緊張，而影響教學活動，是學校和學生雙方面都應關心的問題。對大法官的這項解釋和李校長的反應，以你在學校的親身體驗或所見所聞，請以「學校和學生的關係」為題，寫一篇完整的文章。文體不拘，文長不限。

94～100年學測（學科能力測驗）解答

94年學測（學科能力測驗）解答

題號	1	2	3	4	5	6	7	8	9	10	11	12
答案	B	D	D	A	C	B	C	B	D	C	C	D
題號	13	14	15	16	17	18	19	20	21	22	23	
答案	B	C	A	CD	ACDE	DE	ABCDE	CDE	CDE	BD	BDE	

95年學測（學科能力測驗）解答

題號	1	2	3	4	5	6	7	8	9	10	11	12
答案	C	D	C	A	D	C	D	A	B	C	B	B
題號	13	14	15	16	17	18	19	20	21	22	23	
答案	A	A	B	ABCE	ABDE	AD	BCDE	AD	BE	BCD	BCDE	

96年學測（學科能力測驗）解答

題號	1	2	3	4	5	6	7	8	9	10	11	12
答案	D	D	D	C	B	C	C	B	B	C	B	A
題號	13	14	15	16	17	18	19	20	21	22	23	
答案	A	A	C	ABCE	CDE	BD	ACD	ABD	DE	CDE	ACD	

97年學測（學科能力測驗）解答

題號	1	2	3	4	5	6	7	8	9	10	11	12
答案	C	D	B	B	D	B	C	A	C	B	A	D
題號	13	14	15	16	17	18	19	20	21	22	23	
答案	A	B	C	ACE	CE	AB	CE	BCE	ABE	AB	CD	

98年學測（學科能力測驗）解答

題號	1	2	3	4	5	6	7	8	9	10	11	12
答案	C	A	A	C	A	B	D	C	D	B	C	D
題號	13	14	15	16	17	18	19	20	21	22	23	
答案	B	B	D	ADE或ABDE	ABDE	DE	ABC	AC	DE	BD	ABCE	

99年學測（學科能力測驗）解答

題號	1	2	3	4	5	6	7	8	9	10	11	12
答案	A	B	A	A	D	D	C	B	C	D	D	B
題號	13	14	15	16	17	18	19	20	21	22	23	
答案	B	C	A	BCD	BD	BCD	ABE	ABD	BCD	ADE	AC	

100年學測（學科能力測驗）解答

題號	1	2	3	4	5	6	7	8	9	10	11	12
答案	D	C	A	A	D	B	B	C	B	C	B	C
題號	13	14	15	16	17	18	19	20	21	22	23	
答案	D	A	B或D	BD或BD	CE	BD	AB CD 或A BC DE	CD E	BC DE	C	AC E	

94～100學測（學科能力測驗）詳解

94年學測（學科能力測驗）

第一部分：選擇題（佔54分）

壹、單選題（佔30分）

1. (A)ㄐㄩ／ㄘㄨˋ。崩殂，指天子死亡。
   (B)兩字讀音皆為ㄐㄧㄚ。結痂，傷口痊癒時表面凝結的硬塊。／袈裟，指出家人所穿著的法衣。
   (C)ㄑㄧㄢ／ㄔㄣˋ。一語成讖，指無心的話語竟如預言般真實應驗。
   (D)ㄇㄨˋ。溽暑，指夏日潮溼且炎熱的氣候。／ㄋㄡˋ。深耕易耨，指農夫用力耕種並去除田間的雜草。

2. (A)轉「還」→轉「圜」。
   (B)高潮「疊」起→高潮「迭」起。
   (C)「塘」塞→「搪」塞。
   請注意「迭、疊」兩字，在使用上的差異性：
   (1)迭，有輪流、更替、達到、屢次等意義。字詞有：并迭、迭起、迭次、更迭、高潮迭起、叫苦不迭、措手不迭、一迭連聲、忙不迭的、迷迭香、答應不迭。
   (2)疊，有堆聚、震動、輕敲、重複等意義。字詞有：併疊、疊被、疊句、堆疊、類疊、疊羅漢、摺疊扇、重巖疊嶂、疊嶺層巒、聯肩疊背、壓肩疊背、疊矩重規、疊床架屋、挺胸疊肚、陽關三疊。

3. (A)兩者意皆指「未來的」。引文出自韓愈〈除官赴闕至江州寄鄂岳李大夫〉，翻譯如下：年齡都已超過五十歲，未來的日子恐怕已不多。／引文出自《論語‧微子》，翻譯如下：過去的事物已不能糾正、更改，但是未來的事物卻還有機會追求、改變。
   (B)兩者皆指「自……以來」。引文出自李後主〈清平樂〉，翻譯如下：自離別以來，春天已逝去了一半，眼前的景色，引起了那彷彿斷腸般濃厚的愁思。／引文出自李白〈將進酒〉，翻譯如下：自古以來聖賢人物總不被世人所理解而孤單無名，只有寄情於飲酒的人在歷史上留下了他們的名字。
   (C)兩者皆指「過來」。引文出自陶淵明〈讀山海經〉，翻譯如下：一陣細雨自東方而來，清風也與它相偕同到。／引文出自杜甫〈登高〉，翻譯如下：無邊無際的黃葉紛紛落下（蕭蕭：落葉聲），滔滔不絕的江水滾滾而來。
   (D)「來」意為「回來」。引文出自蘇軾〈臨江仙〉，翻譯如下：我（蘇軾）歸返回家時大約已夜半三更，家中童僕睡覺時發出的鼾聲如雷聲般響亮。／「來」意為「以來」，「爾來」即指「從那時以來」。引文出自李白〈蜀道難〉，翻譯如下：從那時以來（至今）已四萬八千年（誇飾法），它們和秦地間的交通都阻塞不通。

4. 此題考驗同學對古文的閱讀與理解能力，題幹引文翻譯如下：（曹植）十分擅於寫作文章。太祖曹操曾在看過他的文章後，對曹植說：「你請人代筆寫作嗎？」曹植跪著回答道：「我一出口即成理，一下筆便成篇章，本來便可以當面測試，又何需請人代作？」
   由曹植自信滿滿的說自己「言出為論，下筆成章」，甚至足可面試一句，便不難推測他要駁斥的是曹操對文章是否是他自己所作的質疑。

5. 題幹中提出「德行、理想的追求」和「物質生活的耽溺」兩者互爲對照，也就是「理想比物質更重要」，這是最重要的解題關鍵，同學依循此邏輯來檢視選項，即可得到正確答案。
　各選項翻譯及解析如下：
　(A)翻譯：君子擔憂能不能行道，不憂慮自身是否貧困。
　　　說明：儒家認爲不論「貧困與否」，君子都應追求最高的理想：「道」。
　(B)翻譯：讀書人如果會在意生活環境的優劣，那便不足以成爲讀書人。
　　　說明：儒家認爲讀書人的終極目標應是追求「道」，所以若將心思放在自身物質生活的優劣上，便不可能在德性與學術上有所成長，自然連做一位讀書人的資格也沒有了。
　(C)翻譯：奢侈會僭越禮制，節儉則會顯得固陋（也不合乎禮制）；（若一定要二擇一，則）與其僭越禮制，寧可選擇固陋不通人情。
　　　說明：此段是從禮制的觀點看「奢」與「儉」該如何取捨，並未具體談及「德行、理想的追求」。
　(D)翻譯：如果讀書人立志求道，卻把衣食的簡陋看成恥辱，那這種人便不值得和他談論正道了。
　　　說明：意即追求「道」是一位士人的終極目標，衣食的好壞不應常掛在士人的心上。

6. 此題的主要目標爲測驗同學是否能夠辨認重要作家的特色，以及對其詩作風格的熟悉程度。題幹的引文出自現代詩詩人陳黎〈春宿杜甫〉。全詩巧妙以現代詩的用詞、用語，呈現出杜甫詩文的意境。例如：「轔轔的／兵車乍醒如戲」一句，即挪用杜甫〈兵車行〉中的「車轔轔，馬蕭蕭，行人弓箭各在腰」；而「客來……／春到……／群鷗日日……」一句，則是挪用杜甫的〈客至〉：「舍南舍北皆春水，但見群鷗日日來」；「廣廈千萬」一詞，則出自杜甫的〈茅屋爲秋風所破歌〉：「安得廣廈千萬間，大庇天下寒士俱歡顏」。藉由對其中任一句的理解，並和杜甫在成都所築的草堂相互連結，即可鎖定答案爲(B)。

7. 此題的目標爲測驗同學的閱讀與理解能力，題幹出自豐子愷〈藝術與藝術家〉。由文中「藝術是聲和色的節文與儀則」，以及其後直接指出沒有限制、設計的音樂與色彩不成藝術後，可知出現在末句的空格應是針對全文的結論。因此，答案自然是呼應「節文與儀則」的(C)選項「節制」。

8. 輓聯是對聯的一種，基本上的形式要求與一般對聯並無不同。輓聯中常引用典故，其中多半透露出所輓對象和悼輓者間的身分關係與情誼。基於以上對輓聯性質的認識，同學可進一步具體拆解題目選項中的關鍵語句：
　(甲) 此聯出自曾國藩寫給乳母（專司授乳及看護幼兒的僕婦），「只少懷胎十月」一句，代表所輓對象並非懷胎十月生兒的母親，因此同學首先可以排除答案是(A)母親的可能性；其次，從「一飯尚銘恩，況曾褓抱提攜」一句中，引用韓信報答漂母「一飯千金」之恩的典故，可知對象雖並非自己的親人，但確曾像母親一樣照顧自己，因此答案排除(C)、(D)。
　(乙) 在 (甲) 中幾乎已確定答案爲(B)，可藉由 (乙) 的推斷補強選擇時的信心。從上聯「等邊矩形」、「一次曲線」、「無窮遠點」等數學用語，以及下聯「強磁」、「乙炔」等理化術語，可知答案爲數理教師。

9. 通常，重組式的題型都會在拆散的詩文中保留一條清晰的線索；以此題爲例，這首詩所保留的首、尾分別與「景」和「人」相關的線索，這便透露了本詩的脈絡爲由「景」至「老人」。
　(1)排列順序時，同學可以先觀察選項間的關聯性，並藉此縮小可選擇的範圍。
　首先，此題直接與景相關的選項，依語句順序排列後爲 (丁)「黑暗是一個大輪廓」和 (甲)「沒有線條，也沒有顏色的大輪廓」，故可刪去(B)(C)。
　(2)觀察選項中與「老人」相關的選項與形容時，這裡宜從最後一句往回倒推語意；最後一句

「個個從老人的內心出發」中的計量詞「個個」，暗示著它與可被計量的「爬蟲子」做連結。具象的爬蟲子和眼淚，不但在形象上十分契合，兩句的連結亦可讓文意通順，故排序的最後應為 (戊)，故可刪去(A)(B)(C)。

(3)剩下的兩選項是 (丙) 和 (乙)，(丙)「老人的眼淚在他有縐紋的臉上爬」，如何爬？ (乙)「橫順的在黑暗裡爬」為 (丙) 的補充說明，所以 (乙) 應排於 (丙) 之後，故可刪去(A)(B)。

正確排序如下：

「屋子裡沒有燈火，

(丁) 黑暗是一個大輪廓→寫景

(甲) 沒有線條，也沒有顏色的大輪廓→寫景

(丙) 老人的眼淚在他有縐紋的臉上爬→寫老人

(乙) 橫順的在黑暗裡爬→寫老人

(戊) 他的眼淚變成了無數的爬蟲子→寫老人

個個從老人的內心出發」

10. 同學在選填詞語時，首先須注意詞語和詞語間的關聯與搭配。依據此原則，各題解析如下：

(甲) 從「溫寂垂懸」與「睡著」兩詞，可知比較搭配者應是「睫毛」。因人的睫毛下垂即表示正在閉眼，自然與睡眠一項相連結，故「睫毛」較「簾幕」恰當，而刪去(A)(B)。

(乙) 從「萬顆奔星似的飛動著」的描述，星星是光彩閃爍的，再加上「奔」、「飛動」，感受出這件事物應該具有色彩感。「霧靄」為一片白茫茫的大霧，色彩感薄弱；而「雲錦」一詞的「錦」字，本身便有著色彩鮮豔、美麗而明顯之意，因此答案應選擇「雲錦」，可刪去(A)(D)。

(丙) 珍珠一般多與「圓潤」、「晶瑩剔透」等詞與連結，能與「碎細」一詞搭配得宜者應是「耳語」，故刪去(B)(D)。

11. 本詩為王禹偁〈村行〉，是詩人在太宗淳化二年（西元991年）被貶為商州團練副使時所作。翻譯如下：我騎著馬穿過山村中路旁菊花才剛轉黃的小路上，此時，任憑馬兒悠然的碎步慢行，野外郊遊的興致格外濃厚。連綿的群山在夕陽餘暉中傳出陣陣清響（籟：指自然的聲響），幾座山峰彷彿沉默般佇立在斜照的夕陽下。棠梨（植物名，落葉喬木）的紅葉紛紛飄落，潔白似雪、陣陣幽香的蕎麥花盛開。吟完詩句後，為何忽然感到悲愁失意？原來是村中小橋和林木的景致與我家鄉相似。

各選項解析如下：

(A)律詩的主要特色為每首八句，偶數句押韻，中間二聯必須對仗，此詩確實符合這兩項要件。

(B)從「菊初黃」、「棠梨葉落」等句，不難發現詩中所描寫的景色確屬秋景。同學需要小心不要被第六句中「白雪」一詞所誤導，此處的白雪是用於形容蕎麥花的顏色，並非季節景致。

(C)本詩確為「寫景兼寫情」，但前六句寫景，後二句敘情，並非「句句寫景亦兼寫情」；再者，本詩確有愁緒，但為「鄉愁」，而非「秋之愁緒」；且此詩愁緒是至第七句「何事吟餘忽惆悵」，才產生因思鄉而感到惆悵。

(D)從「何事吟餘忽惆悵？村橋原樹似吾鄉」一句，可知詩人是因與故鄉相仿的景物，而勾起了惆悵的思鄉情懷。

> 　　龐恭與太子質於邯鄲，謂魏王曰：「今一人言市有虎，王信之乎？」曰：「不信。」「二人言市有虎，王信之乎？」曰：「不信。」「三人言市有虎，王信之乎？」王曰：「寡人信之。」龐恭曰：「夫市之無虎也明矣，然而三人言而成虎。今邯鄲之去魏也遠於市，議臣者過於三人，願王察之。」龐恭從邯鄲反，竟不得見。

解析

本題出自《韓非子·內儲說》，亦為成語「三人成虎」的典故，翻譯如下：

龐恭將要與太子一起到邯鄲當人質。臨行前龐恭對魏王說：「假如現在有個人說市集中有老虎，大王您相信嗎？」魏王答道：「不相信。」「假如有兩個人說市集中有老虎，大王您相信嗎？」魏王說：「不相信。」「假如有三個人說市集中有老虎，大王您相信嗎？」魏王說：「這我相信。」龐恭說：「市集中沒有老虎是再清楚明白不過的事實，但是因為三個人的說法而讓人相信有虎。如今邯鄲距離魏國（都城大梁）的距離遠遠超過市集（到都城的距離），議論我的人也不只三人，希望大王能夠（在別人中傷我時有所）明察。」（後來）當龐恭從邯鄲返國，果然無法獲得魏王的召見。

12. (A)反，通「返」。龐恭從邯鄲反，意即龐恭從邯鄲返國。

   (B)今邯鄲之去魏也遠於市，意謂邯鄲距離魏國很遠。

   (C)三人言而成虎，意即多數人的說法能讓人是非不分，比喻謠言惑眾，此詞亦為常用成語。

13. (A)出自《論語·衛靈公》：君子不會因為對一個人厭惡，而全盤否定他的意見。

   (B)「人言可畏」即指流言蜚語力量之大，令人生畏。而「眾口鑠金」則指眾口所毀，雖金石亦可銷，眾口同聲往往積非成是，且形成巨大的破壞力。此兩詞語的意思皆與題幹「三人成虎」的意義相符。

   (C)出自《論語·述而》，比喻生活周遭值得學習的對象比比皆是。翻譯：三個人走在一起，其中必定有值得我學習的榜樣。

   (D)出自連橫〈臺灣通史序〉。「街談巷議」指街邊巷裡的議論、傳言，「語多可採」指多有可供借鏡、取用的意見。

14. 題幹出自敻虹的詩作〈記得〉，從「你如果／如果你對我說過／一句一句／真純的話／我早晨醒來／我便記得它」，「倘或一無消息／如沉船後靜靜的／海面，其實也是／靜靜的記得」等句，可以看出詩人記得的、深刻懷念的是一段「有著關切」的情緣，因此這自然不是(A)無常的感傷(B)哀怨的記憶(D)耽溺的懊悔。

15. (A)歌詞出自於李宗盛〈當愛已成往事〉，表現出對過往情緣的深刻懷念，與上引詩中詩人內心深處的情感「對過往記得的、懷念的是一段深刻的情緣」最為近似。

   (B)歌詞表現出「不在乎天長地久，只在乎曾經擁有」的愛情態度，出自信樂團〈一了百了〉。

   (C)歌詞表現出希望能忘卻過往愛戀，走出傷痛的心聲，出自S.H.E.〈記得要忘記〉。

   (D)歌詞表現出相戀兩人感情已走到盡頭，情緣已盡，出自張震嶽〈一開始就沒退路〉。

貳、多選題：（占24分）

16. (A)苟，貪求。出自陸賈《新語·慎微》，翻譯如下：不貪圖財物，不貪求不正當的利益。／苟，如果、假使。出自《易·繫辭》下，翻譯如下：如果沒有合宜的人選，真理便不會憑空得以貫徹、執行。

   (B)豫，通同「與」，意為「參與」。出自《後漢書·黨錮列傳》，翻譯如下：閉門隱居，不再參與朝廷的政務。／豫，預備、準備。出自《中庸》，翻譯如下：凡事都需要事先做準備才能成功，不先謀畫便會失敗。

   (C)兩「就」字意皆為「靠近」。出自韓愈〈送窮文〉，翻譯如下：帶著朋友和伴侶，離開舊有事物而靠近新的事物。／出自《孟子·梁惠王》上，翻譯如下：看起來不像是一位領導人物，靠近他也感覺不到令人畏懼的威儀。

   (D)兩「薄」字意皆為「迫近」。出自蘇軾〈禦風辭〉，翻譯如下：離開市井而直上高處，接近

雲層，但不會因此而沾沾自喜。／出自蘇軾〈後赤壁賦〉，翻譯如下：今天接近黃昏的時候，我撒網捕到了魚，大嘴、鱗片細小，形狀就像是松江中的鱸魚。

(E)惡，怎麼。出自曾鞏〈寄歐陽舍人書〉，翻譯如下：好比用人，如果不是存養道德的人，怎麼能夠清楚的辨別而不被迷惑，怎麼能夠公允的議論而不依徇私情？／惡，厭惡。出自王安石〈上仁宗皇帝言事書〉，翻譯如下：如果聖上能懷著至誠的心並以身作則，那麼為官者便知迴避聖上所厭惡的事物。

17. 此題考驗同學對於詞性的辨析與應用能力，簡單而言，題幹要求同學辨認的語法結構即為「動詞＋名詞＝名詞」，各選項解析如下：

(A)「知」字是動詞，明白之意；「音」字是名詞，聲音、樂音之意。動詞「知」＋名詞「音」結合為名詞「知音」，此詞詞意為相互了解且情誼深厚的朋友；選項出自《古詩十九首・西北有高樓》。

(B)「落」字是形容詞，指掉落往下的；「花」字是名詞，為植物的繁殖器官。形容詞「落」＋名詞「花」結合為名詞「落花」，指掉落下的花朵；選項出自杜甫〈江南逢李龜年〉。

(C)「屏」字是動詞，指屏障；「風」字是名詞，指空氣流動的現象。動詞「屏」＋名詞「風」結合為名詞「屏風」，指室內擋風的家具；選項出自江總〈閨怨篇〉。

(D)「枕」字是動詞，意指墊著；「頭」字是名詞，指身體器官。動詞「枕」＋名詞「頭」結合為名詞「枕頭」，指躺著時墊著頭部的寢具；選項出自曹雪芹《紅樓夢》。

(E)「靠」字是動詞，指依賴；「山」字是名詞，指高聳的地形。動詞「靠」＋名詞「山」結合為名詞「靠山」，指人事上可供依賴、提供奧援的人；選項出自西周生《醒世姻緣傳》。

18. 面對此種題型，同學可直接將題幹的詞語解釋帶入選項，即可得到解答；基本上，題幹所謂「某些人、事、物在一個特定時期與地區之中，受到眾人共同喜好、關注的程度」和「天災」、「天理」等並無強烈關聯。各選項解析如下：

(A)意為「散布」，選項翻譯為：上天降下的災難散布各地，每個國家皆面對此種狀況。救濟災難，撫恤鄰邦，是有道義的行為。能奉行道義，就會獲得福報；選項出自《左傳》。

(B)意為「散布」，選項翻譯為：習慣就如同人的自然天性，沒有不是（指全都是）天理的流傳散布，而使得仁德完整的體現於人。聖哲、賢人亦是如此；選項出自程頤《伊川文集・四箴並序》。

(C)意為「散布」，選項翻譯為：孔子說：「德性教化的散布，比驛站傳遞訊息更為快速。」現在，大國若推行仁政，人民的歡欣鼓舞，就像解除了被倒掛的痛苦般（快樂）；選項出自《孟子・公孫丑》上。

(D)意與題幹相符，選項翻譯為：劉兄……任職已超過一年，職務行使、治理人民得宜，全州平安無事。因此不免美化自己的政績，跟著自己的子弟到處遊覽，又寫了二十一首詩用以歌詠其事，在京城受到眾人的關注、風行一時，文人爭搶著作詩應和；選項出自韓愈〈奉和虢州劉給事使君三堂新題二十一詠・序〉。

(E)意與題幹相符，選項翻譯為：這風行一時的梳妝打扮，這風行一時的梳妝打扮，從京城傳遍各地。整個社會不分遠近皆盛行此種打扮，兩頰不擦紅彩、臉不擦粉。黑色的油膏塗在唇上像抹了泥巴，兩道眉毛往下畫像個兩邊低垂的「八」字。美醜、黑白，每個人都失去了本有的面貌，化好妝全都像哭喪著臉；選項出自白居易〈時世妝〉。

19. 此題除考驗同學閱讀、理解的能力，亦測驗同學對統整題幹大要的能力。簡而言之，此題幹希望同學選出語意為「人的外在與內在皆需注重且互相對應」的選項；各選項解析如下：

(A)「外貌」和「易慢之心」即外在與內在的互相對應，合乎題目要求。翻譯為：外在面貌片刻不莊重不敬慎，那麼輕忽、傲慢的意念便將進入內心；選項出自《禮記・樂記》。

(B)「正容體，齊顏色，順辭令」等「外在」即為「內在」端正的表現，故合乎題目要求。翻譯為：禮義的起始，在於端正儀容體態，莊重表情，談吐和順且有條理；選項出自《禮記‧冠義》。

(C)「行事動容周旋中禮」，是藉求學受感化的「內在」透過行事等「外在」表現出來，故合乎題目要求。翻譯為：求學的收穫，不一定表現在探討經籍、道理間，而應該是在動作、儀容與交際皆合乎禮節上表現出來；選項出自《孟子‧盡心》。

(D)「容止可觀，進退可度，語言和謹，處事安詳」是「外在」的表現，「不失其禮體」是「內在」的禮儀本質，故合乎題目要求。翻譯為：面對人民時，儀態、舉止能讓人欣賞，進退禮儀合乎節度，說話溫和且謹慎，處理事務安定又從容，就不失應守禮節的本質了；選項出自《孝經‧聖治》。

(E)「動容貌」、「正顏色」、「出辭氣」，即「外在」；「遠暴慢」、「近信」、「遠鄙倍」，即合乎「禮」的「內在」，故合乎題目要求。翻譯為：君子應看重的行為準則有三：端正容貌，就能遠離粗暴及傲慢；整肅神情，就能接近信實；講究言語與語氣，就能遠離低俗與無禮；選項出自《論語‧泰伯》。

20.(A)記載著先聖賢言行，被尊為典範的著作稱為「經」，後人解釋經義的著作則叫「傳」。

　(B)風（十五國風）、雅(大雅、小雅)、頌(周頌、魯頌、商頌)是《詩經》的內容，並沒有「經」、「傳」之分。

21.(A)〈虯髯客傳〉的作者應為杜光庭，並非元稹。

　(B)《水滸傳》體裁屬元末明初的章回小說，並非宋人話本小說。

22.此題的閱讀引言主要說明「外在的景物引發內心情感的激盪」便是創作的起始。各選項解析如下：

　(A)此選項說明詩歌「境界」的重要性。翻譯為：談氣質，談神韻，不如談境界。有境界，便是詩詞的根本；氣質、神韻，皆是末節；只要有境界，氣質與神韻便隨之產生了；選項出自王國維《人間詞話》。

　(B)此選項說明外在景物不只激盪內心，更進而產生創作，符合題幹主旨。翻譯為：四季更迭，四時與節氣變換，使人感到悲涼或舒暢，景色變換，人心也跟著動搖了起來。……一年中有不同的景物，這些景物又各自有其不同的面貌；人的情感隨景物變遷而改變，文辭則隨著感情而闡發；選項出自劉勰《文心雕龍‧物色》。

　(C)此選項主要說明作者對平民文學重要性的認同，同時對一直為顯學的貴族文學進行適度貶抑。翻譯為：街巷裡的傳言、故事，必定有值得採用的地方；擊打車前直木時所詠唱的歌謠，有應合《詩經》內容之處。平民百姓的思想、情感，不應該輕視、鄙棄。（士大夫所作的）辭賦是價值低下的技藝，實在不足以宣揚真理及正道，無法彰示（道理與文學本身的思想價值）讓後世明白；選項出自曹植〈與楊德祖書〉。

　(D)此選項說明外在景物對人內心的激盪，符合題幹主旨。翻譯為：節氣的變化會牽動萬物（變化），萬物的變化會觸發人心變化、起伏，所以思想、情感浮動不安，藉著舞蹈表現出來。……至於春天的風、鳥，秋天的月、蟬，夏天的雲、悶熱的雨，冬天的月與嚴寒，這些四季節候將觸動、感發詩歌的創作；選項出自鍾嶸《詩品‧詩品序》。

　(E)此選項說明每個人的才情、氣質皆有所不同。翻譯為：文章的風格主要以作者的才情氣質為主，文氣有陽剛爽俊或陰柔婉約兩種風格，沒有辦法勉強達到。譬如音樂，曲調雖然相同，節奏也一樣，但運氣方法不同，本質也有巧妙和拙劣的差異，即使是父親、兄長，也無法傳授給兒子、弟弟之輩；選項出自曹丕《典論‧論文》。

23.(A)「冥思原人」使「激情原人」的創作得以流傳，這樣的行為正是出版行為的起源，功不可

沒。

(C)文中只提到「冥思原人」在思索「有沒有比狩獵更重要的事」，並沒說明其身分是否為「統治階級」。

第二部分：非選擇題（共三大題，佔54分）

一、判讀（佔9分）

思路小提醒

根據上引文字，判斷穴鳥所發出的「即刻」與「也蔔」聲可能分別代表哪些意義？

【注意】：須將「即刻」與「也蔔」聲可能代表的種種意義，分項條列敘述，並扼要說明何以如此判讀，否則扣分。

「判讀」即代表同學需一邊閱讀一邊進行有根據的批判。在急著寫答案之前，首先須仔細看完引言的要求，以避免不必要的失分。因此同學需格外注意：本題要求以條列分項的方式，分析「即刻」與「也蔔」聲所代表的意義。以下分項析之：

1. 「即刻」聲可能代表的意義：
   (1)尋窩：穴鳥找到了一個將來可以造窩的小洞時，會發出「即刻」的聲音以通知雌鳥這好消息，並表達自己的欣喜之情。
   (2)告急：當強壯的穴鳥想要強占他人地盤時，受侮的弱小穴鳥會又急又憤地發出「即刻」聲，並逐漸提高加快以傳達告急的訊號。
2. 「也蔔」聲可能代表的意義：
   (1)威嚇：當有強壯穴鳥出現想要和弱小穴鳥競爭巢穴時，弱小的穴鳥會急憤地提高加快「即刻」聲，最終變成「也蔔」聲，企圖威嚇對方。
   (2)告急：遇到危難的雄穴鳥，會發出「也蔔」聲作為告急的訊號，企圖通知雌鳥返回，幫忙奪回巢穴。
   (3)助陣：想前來助陣的穴鳥會一起蓬鬆了身上的羽毛並發出「也蔔」聲，最後連原先打算侵門踏戶的穴鳥都會加入愈喊愈急、愈喊愈響的「也蔔」大合唱中，企圖找到生事的嫌疑犯。

二、闡述（佔18分）

思路小提醒

題幹要求同學「分別」加以闡述的感想或看法主要有二：

㈠對上文中生事的穴鳥也跟著叫「也蔔」，乍看之下，生事的穴鳥一下子想占人巢穴，一下子又加入聲援被侵占者的「也蔔」陣營，是一種「古怪」又「荒唐」的行為；然而比起個人的利益，生事的穴鳥卻「誠心誠意的」選擇了團體間互相幫助的最高價值，退出了侵占者的行列，可見穴鳥是一種集體價值取向凌駕於個人利益的動物。同學可就此點再進一步深入地闡述自己的看法，為求控制寫作的時間，篇幅不需過長。

㈡「看到穴鳥集體的『也蔔』行為，再對照人類在類似情況下的反應，你又有什麼感想或看法」的提問，旨在比較穴鳥行為與人類的異同。同學可試著從人類的角度設想穴鳥的舉動，為其「擬人化」。當有穴鳥要占據弱小其他穴鳥的巢穴時，所有「興奮的穴鳥從各個方向一齊都擠到這個小洞的旁邊，牠們把身上的羽毛抖了開來，分別擺出威嚇的架勢，一齊加入『也蔔』大合唱」，這是穴鳥對被欺負者的集體「聲援」、「扶弱鋤強」、「互相幫助」，是穴鳥團體中最被看重的「公理與正義」。相較人類，在看見他人被欺侮時，我們往往想到的不是前去幫忙是否會損傷自己的利益，就是「與我何關」；朝此方向聯想，便不難進行人與穴鳥的比較。同

學亦可適時的加入「各人自掃門前雪，莫管他家瓦上霜」或「人之異於禽獸者幾希」等格言名句，並以校園內霸凌等事件爲例加強論述。

三、命題寫作（佔27分）

> 思路小提醒

面對命題式的作文題目，如果題幹未明確要求可不抄題時，同學便需在答題時寫上題目。其次，即便命題式寫作一般不會給太長的引文，但在僅有篇幅內的題幹引文，仍是同學必須關注的焦點，因爲其中透露出出題者對同學答題方向的期待。以此題爲例，同學可在閱讀完題幹後，將之具體分析爲兩部分：

㈠「沉浸在失去的感傷中」、「有時明明已經失去，卻毫不自覺」，是「失去」所帶來的兩種情感表現；「有時因失去才學會珍惜」、「有時失去其實並非失去」是「失去」後的心念轉化。同學在答題時也應兼顧此兩者，方可達「抒情」與「議論」並重的佳作。

㈡題幹明確提示各位同學應「根據自己的體驗」，故在第二段部分，應以記敘自身體驗爲主要內容，而「抒情」與「議論」則需圍繞著自己的「失去」經驗。

95年學測（學科能力測驗）

第一部分：選擇題（佔54分）

壹、單選題（佔30分）

1. (A)「身」還→生、終「生」難忘→身。(B)「生」世→身。(D)「身」不逢時→生。
   請注意「身、生」兩字，在使用上的區別：
   (1)身：身世、平身、翻身、防身、附身、動身、賣身契、分身術、賣身葬父、被火紋身、暴病身亡、半身不遂、貧寒出身、魔鬼身材、明哲保身、分身乏術、粉身碎骨、奮不顧身、放下身段、伏地挺身、打火安身、大顯身手、單身貴族、地牛翻身、獨善其身、獨身主義、終身難忘。
   (2)生：生還、謀生、模範生、陌生人、畢業生、半生半熟、白面書生、百病叢生、百死一生、保生大帝、背生芒刺、筆夢生花、髀肉復生、畢生難忘、別開生面、怕死貪生、蓬蓽生輝、旁生枝節、抱憾終生、半生不熟、不虛此生、不事生產、不枉此生、否極生泰、普渡眾生、生不逢時、百無一用是書生、平生不做虧心事、蓬生麻中不扶而直。

2. 此題與應用文中六書構造的認識有關。
   (A)祖：奉祀先人的廟宇。／祇：くㄧˊ，地神。／神：創造萬物的主宰。／社：土神。以上各字均與神祇之意有關。
   (B)祝：祭祀時主持祭禮的人。／祈：向神明求福。／禱：祭神而有所求。／祠：春天的祭祀。以上各字均與祭祀之意有關。
   (C)福：富貴壽考的統稱，或泛稱吉祥幸運的事。／祥：泛指一切福善吉利的事物。／禎：吉祥、吉兆。／祿：福、善。以上各字均與福祉之意有關。
   (D)禍：災、殃、晦、咎等不如意的統稱。／祟：指災禍。／祆：指物積久而生之怪異，今通作「妖」。／禁：避諱、忌諱的事。「祆、禁」兩字，與災禍之意無關。

3. 大致說來，古文中當兩個數字合併出現時，其意義有：
   (1)表「乘數」，如「二八」年華指的是十六歲，「三五」之夜指農曆十五日月夜。
   (2)表「分數」，如「十一」指十分之一。
   (3)表「約略之數」，如「一二」指一或二，「四五」指四或五。
   (A)「什一」表「十分之一」。選項引文出自《孟子‧滕文公》下：「什一，去關市之徵，今茲未能。請輕之，以待來年，然後已，何如？」翻譯如下：賦稅採取十分之一的稅率，並去除掉關卡和市場的徵斂，但這些政策今年還不能做到。那先減輕一些，等到下年然後實行，怎麼樣？／「百二」即「百分之二」。選項引文出自《史記‧高祖本紀》：「秦，形勝之國，帶河山之險，縣隔千里，持戟百萬，秦得百二焉。」翻譯如下：秦國，據山河險固地形，距離千里，即使敵軍有百萬披甲執戟戰士，秦國只有百分之二的兵力，也能以二萬敵百萬。此為成語「百二山河」亦作「百二關山」的出處，形容形勢險要，防事牢固，兵力壯盛。
   (B)「六七」表「六或七」。選項引文出自楊萬里〈至節宿翁源縣與葉景小酌〉，翻譯如下：即使只有六或七間茅草竹屋，也還有二、三聲雞犬的啼吠聲。／「一二」為「一或二」之意。選項引文出自杜甫〈無家別〉，翻譯如下：四處鄰居還剩下誰呢？只有一或二位年老的寡婦。
   (C)「八九」表「十分之八或九」。選項引文出自陸游〈春日雜賦〉，翻譯如下：我十之八、九的大半鬢髮都已花白，在這新的一年的春季到來之際只有更暗自傷感。／「四五」表「四或五」。選項引文出自蘇轍〈呂希道少卿松局圖〉，翻譯如下：山石間溪水繚繞，其間挺立有

青松四、五棵。

(D)「二八」為「十六」。選項引文出自顧況〈悲歌〉，翻譯如下：十六歲的美女已貌美如花，在花前落淚只因擔心花兒即將凋零。／「三五」是「十五」。選項引文出自黃庭堅〈戲答王定國題門兩絕句〉，翻譯如下：不再是那十五歲的少年時光，可以把酒迎春，喝得兩頰緋紅。

4. (A)「小人」為自謙之稱。選項引文出自《左傳・鄭伯克段於鄢》：「潁考叔……有獻於公，公賜之食，食舍肉，公問之。對曰：『小人有母，皆嘗小人之食矣。未嘗君之羹，請以遺之。』」翻譯如下：潁考叔藉著進獻貢物去見莊公，莊公賜給食物。進食時，他把肉放在一邊不吃，莊公問他，他回答說：「臣下我家中有母親，嘗過小人所有的食物，但沒有嘗過君王的肉羹，請讓小人把肉羹帶回去給母親吃。」／「小人」為自謙之稱。選項引文出自《水滸傳》，翻譯如下：我姓張名青，原本在此地的光明寺菜園裡種菜。

(B)「可憐」指令人羨慕。選項引文出自白居易〈長恨歌〉，翻譯如下：兄弟姐妹皆得到了封賞，光耀了楊家的門庭令人羨慕。／「可憐」指令人憐憫。黃春明《兒子的大玩偶》。

(C)「造次」指倉促、緊迫。選項引文出自《論語・里仁》，翻譯如下：有德之人的行為，即使在短暫片刻也不會違背仁德，在倉促緊迫的時候如此，在世道衰亂的時候也是如此。／「造次」指鹵莽，選項引文出自曹雪芹《紅樓夢》。

(D)「左右」指身旁隨從的侍者。選項引文出自《史記・刺客列傳》，翻譯如下：齊桓公跟魯莊公在壇上訂立盟約，曹沫手持匕首威嚇脅迫齊桓公，桓公身旁的侍者沒有一人敢貿然行動。／「左右」意同於反正、不過就是，選項引文出自吳承恩《西遊記》。

5. 根據題幹說明，「阿堵」一詞的本義及引申義分別是：

本義：六朝及唐人常用的指稱詞。相當於這或這個。劉義慶《世說新語》：「殷中軍見佛經云：『理亦應阿堵上。』」

引申義：劉義慶《世說新語》：「晉王衍嫉其婦貪濁，口未曾言錢字。婦欲試之，使婢以錢繞床，王衍晨起，即令婢曰：『舉卻阿堵物。』」後遂借指錢。

各選項解析如下：

(A)「阿堵」所稱代的對象是錢。選項引文出自凌濛初《二刻拍案驚奇》，翻譯如下：世態冷暖，人情多與身分地位的高低有關，即使是親生兒女，也隨著富貴金錢而有不同的態度。

(B)「阿堵」所稱代的對象是錢。選項引文出自陸游〈思歸引〉，翻譯如下：故鄉的蓴絲已經枯老我卻依然無法回鄉，這是因為我的生活溫飽必須仰賴俸祿的收入。其實我無法忍受被金錢勞役的生活，難道我要(像張翰一樣)等到秋風起(興起思鄉之情)才放棄政府任職的公文(指辭官)。（晉朝張翰因見秋風起，乃思吳中菰菜、蓴羹、鱸魚膾，而有歸隱故里之思。）

(C)「阿堵」所稱代的對象是錢。選項引文出自《聊齋志異・勞山道士》，翻譯如下：秀才心裡偷偷地高興，認為自己突然間就變成了大富翁。過一會兒，秀才進房間想取錢花用，但滿屋子的錢都已不見，只剩下拿來做母錢的那十餘枚少少的銅板還在。

(D)「阿堵」意同「這、這個」。選項引文出自《世說新語・巧藝》，翻譯如下：晉朝顧愷之善畫人像，有時畫好的人像隔了數年還不畫上眼睛。他人問為什麼？他說：「因為人的身形美醜本來就與神情無關，摹畫人像時最傳神的神情，就在這（眼睛）之中。」

6. (A)「母子」意指母與子，屬合義複詞。選項引文出自禰衡〈鸚鵡賦〉，翻譯如下：母子間的天人永隔讓人傷痛，夫妻間的生離別使人悲傷。

(B)「恩愛」意指夫妻間的情愛，屬同義複詞。選項引文出自白居易〈長恨歌〉，翻譯如下：昭陽殿裏曾經的夫妻恩情與愛意已從此斷絕，蓬萊仙宮裡(仙界的想像，暗喻楊貴妃的死亡)孤寂的歲月將是如此漫長！

(C)「存亡」意指滅亡，語意偏重在「亡」，屬偏義複詞。選項引文出自《國語・鄭語》，翻譯如下：不超過三年，周室便將會滅亡！你如果想避開這個災難，要趕快找個安全的居所，如果等到危亂開始才設想良方，恐怕就來不及了。（後來，鄭桓公因此言而將全族遷至河南，保全了族人們的性命與財產。）

(D)「遠近」指遠方和近處（的人），屬合義複詞。選項引文出自司馬光《資治通鑑》，翻譯如下：因此身為國君，一定要先端正自己的內心才能端正朝廷的風氣……先端正國內人民的風氣才能端正四方諸侯。只要四方諸侯皆能端正風氣，則遠方和近處（所有天下）的人民，誰會不歸於正道呢？

7. 孔子說：「我和顏回整日談論，顏回總是唯唯諾諾、順從地沒有不同的看法或意見，好像是什麼都不懂的愚者。不過事後檢驗考察他私下的言行，也都能一一實踐發揮（我的學說）。所以顏回可一點也不愚。」引文出自《論語・為政》篇。各選項解析如下：

(A)「發」字，意指發揮實踐孔子學說。

(B)「省其私」，乃指檢驗他私下的言行。

(C)孔子並不是欣賞顏回「不違如愚」的表現，而是先誤以為顏回「不違」是「如愚」的表現，後段文字敘述經過「退而省其私，亦足以發」，才欣賞稱讚顏回「不愚」。

8. (A)本段引文描述孔子在喪者旁的反應，確為哀人之哀、傷人之傷，有悲天憫人的胸懷，因此選項正確。選項引文出自《論語・述而》，翻譯如下：孔子在有喪事的人旁邊吃飯，從來沒有吃飽。

(B)「今之學者為人」並非指今日的學者心存社稷（國家），而是指今日的學者求學只為求他人的讚美，因此選項有誤。選項引文出自《論語・憲問》，翻譯如下：古代的學者求學問道完全是因自己的需要，現代的學者為學只是沽名釣譽的求人讚美。

(C)由此段引文可以看出孔子厭惡宣揚他人缺點的人，而非稱惡為善、是非不分的人，因此選項有誤。選項引文出自《論語・陽貨》，翻譯如下：子貢問：「君子也有厭惡的事情嗎？」孔子回答：「君子有厭惡的事。就是厭惡宣揚別人缺點的人。」

(D)後兩句意謂人民珍惜故舊之物，則可免於鄙吝刻薄，而不是因匱乏而淪為盜賊，因此選項有誤。選項引文出自《論語・泰伯》，翻譯如下：如果執政者對自己的親人厚道，百姓就會仿效這仁愛的心。執政者如果不遺棄任何親友舊交，那麼社會風氣也將敦厚不澆薄。

9. 對於歷史人物的認識，是例來不論學測、指考、統測等均會出現的熱門考題，但是內容並非艱澀難記的瑣事，而是戲曲、詩詞、楹聯中大家耳熟能詳的故事或典故，或約定成俗的稱號、概念。只要平日多方閱讀，這種題目自是輕鬆得分。各選項解析如下：

(甲) 由「萬古丹心」、「千年義氣」這兩個關鍵詞，可推知此對聯所指稱的對象是關羽。關羽在三國時代，以赤膽忠忱與義氣著名，而名留青史。

(乙) 由「劈曹顏」以及「醫關臂」這兩個關鍵詞，可推知此對聯所指稱的對象是華佗。在《三國演義》裡，有一段華佗替關羽刮骨療毒治毒箭瘡傷的情節；另有一段因曹操有頭痛的毛病而延請華佗治病的情節，當華佗對曹操說必須動手術將腦袋切開以醫治頭痛時，生性多疑的曹操誤以為華佗要加害於他，一怒之下就將華佗入獄。

(丙) 《三國演義》以漢為正統，故認為天命屬劉邦，而項羽雖兵敗自刎烏江，但人們仍習稱項羽為「楚霸王」。

(丁) 傳「堯舜、禹湯、文武、周孔之道」者，又講四端「惻隱、羞惡、恭敬、是非之心」學說的人皆為孟子。

10. 說明

在考文句重組的試題中，必然有前後邏輯或因果關係，故可根據上下文中關鍵字、連接詞或文

意口氣等線索加以判斷；請仔細體會下列簡要說明：

首句：「若迤升於高，以望江山之遠近」

⒁ 嬉於水，而逐魚鳥之浮沉

說明：丙句與首句是排比句，故為一組；以消去法選答案，正確的是(C)。

⒂ 其物象意趣，登臨之樂，覽者各自得焉。

⒃ 凡工之所不能畫者。

⒄ 吾亦不能言也

說明：從「凡……亦……」的文意、口氣，知乙、甲是為一組，且「凡」在首，故以消去法選答案，正確的是(C)。

翻譯

至於說攀登到高處，可以望見或遠或近的江山景致；或者嬉戲於水邊，可以追逐浮沉的魚或鳥。此地物象的趣味，登臨的快樂，觀覽者應當各有感受。凡是畫工畫不出來的意趣，我也無法多言，這就是我所能書寫的大略概況。

11. 解析

⒁ 由「盛夏」、「溽暑」兩詞，以及文句中盛暑的意境，可刪除(C)「侵凌」；由「溽」和「霧」兩詞，可知上海的盛暑帶著濃重的濕氣，(A)選項「燻炙」意為以松枝、木炭等物燃燒的火煙燒烤，並不具潮溼意象，因此並不符合本詩的意境，可予刪去。

⒂ 由「霧氣」與「縹緲又虛幻」等詞彙所構築的語境，可知有雜亂之意的(D)「雜揉」，並不符合本詩的意境，可予刪去。

⒃ 由「鈍刀鈍鋸磨」一句，可知飢餓的感受對主角而言如同折磨，因此刪去意為「煩擾不休」的(C)「糾纏」。

由上述說明，可知正確答案為(B)蒸騰／氤氳／咬嚙。

12. 「知音」一般指「了解自己的知心朋友」，在這裡則雙關指「知道（了解）音樂」，故為雙關修辭。此題主要考驗同學是否可看出題幹敘述中所暗示的修辭法：「雙關」，此一修辭法主要指一個語詞含有表面、內在雙重意涵，即以一語指涉兩件事。

各選項解析如下：

⒁ 「露骨」一般指「說話不保留、含蓄」，在這裡則雙關指可透視人體骨骼的「Ｘ射線」（Ｘ光），故符合題意。

⒂ 「談天」一般指「談話、聊天」，在這裡則雙關指「談論、探討宇宙」，故符合題意。

⒃ 「阿里山」在此的詞意和一般認知相同，皆為臺灣山峰名，故不符合「雙關」的要求。

⒄ 「狂風暴雨」在此的詞意和一般認知相同，皆為巨大且強烈的風雨，故不符合「雙關」的要求。

⒅ 「拈花惹草」一般指「到處挑逗、勾引異性」，在這裡則雙關指蒔花弄草的「插花」技巧，故符合題意。

故答案選擇(B)甲乙戊。

13. 說明

此題主要目的為測驗同學對六經內容的了解程度。

翻譯

六經不是其他事物，正是我們內心中的恆常道理、法則。所以，《易》這部經典正是人們內在陰氣與陽氣的消長變化；《書》這本經典，是人心的典章法則與政治事務；《詩》這本經典，是人心思想、情感的表達與抒發；《禮》這本經典，是人心的秩序與禮儀制度；《樂》這本經典，是人心喜悅與平和的表現；《春秋》這本經典，記錄了人們內心的真誠、虛假、邪惡與正

義。

在看完題幹中六經基本特徵的說明後，接著針對六經各書進一步分析如下：

⑴第一個空格：《易》是最早一本卜筮之書，主要由陰爻與陽爻組成，兩者合成八卦，八卦兩兩相重，排列成六十四卦。陰爻和陽爻兩著相生相剋，故為「陰陽消息」。因此關鍵詞「陰陽消息」已暗示了第一個空格的正確答案正是《易》。

⑵第二個空格：《詩》是中國最早的詩歌總集，非一時、一地、一人之作，是當時北方文學的代表。書中採集了從周初至春秋中葉的民間歌謠作品和宗廟樂章，以寫實手法記錄了先秦社會以及各階級人物的不同情感；因此關鍵詞「志吾心之歌詠性情」，便是正確答案《詩》的最好暗示。

⑶第三個空格：漢以後通稱《周禮》、《儀禮》、《禮記》為「三禮」，「禮」是儒家的傳統，也是社會生活的重要規範及節文準則，因此關鍵詞「條理節文」，所指正是《禮》。

⑷第四個空格：《樂》屬六經之一，相傳在秦朝的戰火中亡佚，也有人認為本無其書。荀子曾曰：「樂之中和也。」孔子亦曾言：「樂其可知也：始作翕如也、縱之純如也、皦如也、繹如也、以成。」說明音樂應具備和諧、純然的特質，故「志吾心之欣喜和平者也」，所指稱的正是《樂》。

14. 此選項考驗同學是否會被古文中相似的詞語組合給迷惑，並能否正確掌握「青山」在文句中的正確意涵；選項解析如下：

　㈲ 從「青山」和斑白「鬢絲」的對比，可知此選項符合「濃厚歲月之感」的題幹要求。選項引文出自杜牧〈書懷〉，翻譯如下：眼前山巒的盎然春意未曾改變，我卻該拿鏡中的白髮如何是好呢？（意為景物依舊，人卻已隨年華老去。）

　㈡ 從「青山」和「白髮」的對比，可知此選項符合「濃厚歲月之感」的題幹要求。選項引文出自陸游〈塔子磯〉，翻譯如下：不變的青翠山峰年年引人愁思，白髮依然無緣無故地一天天增多。

　㈬ 此處的「一髮」是形容細小之意，和「濃厚歲月之感」無關。選項引文出自蘇軾〈澄邁驛通潮閣〉，翻譯如下：深遠、幽暗的天邊，在鶻鳥隱沒消失的那個方位，那看似一根細髮的青山後就是中原。（後「青山一髮」便代指中原。）

　㈮ 從「青山」和「華髮」(白髮)的對比，可知此選項符合「濃厚歲月之感」的題幹要求。選項引文出自王禹偁〈歲暮感懷〉，翻譯如下：眼看翠青的山峰我卻不得辭官休息，只能頻頻摘拔鬢間的白髮。

　㈯ 「我見青山多嫵媚，料青山見我應如是」一句寫人與自然感通的達觀思考，句中不但表達了青山綠水的迷人景致，更展現了作者恬淡閒適的愉快心境，和「濃厚歲月之感」無關。選項引文出自辛棄疾〈賀新郎〉，翻譯如下：我眼中青翠的山峰優美動人，料想青山也如此看待我。

15. 此選項中的「褒貶」、「恩仇」皆為「偏義複詞」。「偏義複詞」指詞語的語意偏重當中一字，而另一字則不具意義，就像「褒貶」一詞偏重「貶」，而「恩仇」一詞偏重「仇」。各選項解析如下：

　(A) 「梁實秋無詞以對，只是解釋回應說……」，可見梁實秋臨場只以北京地方用詞應對，是因他「心知自己是對的」，但卻一時想不到反駁魯迅的良方。

　(B) 「陳之藩因而評論魯迅：泯恩仇指的當然是泯『仇』，『恩』為什麼要泯它呢？」可見陳之藩以魯迅自己的詩作，攻擊魯迅對梁實秋曾作過的批評，確為「以其人之道，還治其人之身」。

　(C) 題目中並未說明鄧小平因這場辯論而題字。

(D)題目中並未說明魯迅的詩作是因這場辯論而作。

貳、多選題（佔24分）

16. 連接詞使用的正確與否決定了閱讀文章時的流暢與否，而是否能選用恰當的連接詞，則決定於平時閱讀經驗所累積的語感。各選項解析如下：

　　(A)此句是條件子句，「不論」宜改爲「即使」，語意（即使……仍然）方才完整、流暢。又或將句子改爲：「不論」季後賽壓力有多龐大，王建民「都能」泰山崩於前而色不改。

　　(B)「然後」一詞具有連接時間先後關係的意義，此處不宜使用，宜改用「雖然」。

　　(C)因爲前、後句文意上有所轉折，所以「而且」宜改爲「但是」，語意（雖然……但是）方才完整、流暢。

　　(E)因爲此段的前、後句語意上並沒有轉折，所以不宜用「但是」，不如用「究竟」、「到底」、「至於」等帶有總結語氣的連接詞，或者根本可以不使用連接詞。

17. (C)韓愈〈師說〉藉贈文李蟠的機會，批判當時人們不重視，甚至不屑於從師求學的風氣。題目「師說」其實已暗藏解題的玄機在內：「說」一字，表示此文重在說明、解釋事理，帶有論辯文的性質；「師」字則強調主題在討論「老師」、「師道」、「從師問學之事」等。因此由選項中的篇章名稱，即可判定此選項有誤。

18. 此題旨在測驗同學是否通透各篇古文的主旨與內容，亦提醒同學在閱讀古文時，首先應掌握的是作者的創作概念以及全文大意。各選項解析如下：

　　(A)「右軍」即指王羲之，因他曾官拜右軍將軍。曾鞏〈墨池記〉一文的主旨在借墨池故蹟，強調王羲之在書法方面的傑出成就，是因他努力自致而非天成，並藉此強調爲學之人應該刻苦力學以深造學業與道德；因此「右軍書藝之旅」確實和〈墨池記〉篇章主旨吻合。

　　(B)「桃花源」是一個作者虛擬的理想園地，現實中並不存在，而且〈桃花源記〉的全文主旨在寫理想中的社會，並不是著重在寫「遊園賞花」。因此「遊園賞花之旅」和陶淵明〈桃花源記〉的配對並不恰當。

　　(C)歐陽脩的〈醉翁亭記〉是他被貶至滁州時所作，寫身處琅邪山優美的山水間，和滁州居民快樂的宴飲、共遊；通篇除了表現出自己順處逆境的心情，亦反映自己在滁州的治績以及祈願與民同樂的政治理想。「酒鄉」一般指釀酒的地區，文中僅提及眾人至山上飲酒作樂，並無特別提及釀酒及其他相關訊息，故「酒鄉」一詞並不恰當；其次，文中所描寫的場景爲「山水」，並非「農田」，因而此詞的配對亦不恰當。

　　(D)劉鶚〈明湖居聽書〉一文，透過生動的手法描寫王小玉「說書」（一種流行於民間的說唱藝術）的精彩絕妙，因此「民俗曲藝之旅」和〈明湖居聽書〉篇章主旨吻合。

　　(E)蘇轍的〈黃州快哉亭記〉一文，主要由蘇軾爲張夢得的亭子命名、蘇轍執筆記錄，談人的內在修爲。雖然其中偶有提及「赤壁」，如：「江出西陵，始得平地，其流奔放肆大；南合沅、湘，北合漢、沔，其勢益張；至於赤壁之下，波流浸灌，與海相若」。但全文既無提及「泛舟」，也不以「赤壁」的地理風情爲主要描寫對象，故「赤壁泛舟之旅」和〈黃州快哉亭記〉的配對並不恰當；此行程宜與蘇軾的〈赤壁賦〉一文配對。

19. (A)唐代傳奇的體裁爲文言短篇小說，是「唐代小說」（而非「唐代散文」）的代表；「唐代散文」的代表應爲古文。

20. 在選擇答案前，同學首先需明白「悠然自得」的詞義：指人神態從容，心情閒適的樣子。因此，若文句中流露出過分的喜悅（如選項C與E），必然不是正確答案；此外，同學亦須注意寫景（如選項B）和借景抒發個人生命情懷（如選項E）的差異性。各選項解析如下：

(A)本詩描寫詩人在山水間自在自適的心態，符合題幹「悠然自得之樂」的要求。選項引文出自宋代程顥的〈春日偶成〉，翻譯如下：一抹雲朵飄浮在天邊、清風徐來，接近晌午時分，我依傍著路邊的花、岸邊的柳漫步繞過前方的溪流。世人不瞭解我心中感受到悠然自得的喜悅，只當我的行為是想學少年們的及時行樂與偷閒。

(B)本詩純寫夕照下的美麗景色，並未著重在刻畫詩人的心境，故不符合題幹要求。選項引文出自宋代秦觀的〈泗州東城晚望〉，翻譯如下：遙遠蒼茫的一座孤城（泗州）被清澈的淮水環繞，人們的聲音隱隱從被黃昏時雲氣煙霧所籠罩的船隻上傳出。遠處好似塗抹青色顏料的如畫林梢，應該是淮水轉繞至南山的地方吧。

(C)本詩描寫文人及第登科後的狂喜與得意，與「悠然自得之樂」相差甚遠。選項引文出自唐代孟郊的〈登科後〉，翻譯如下：以前生活的困頓和窘迫都不值一提，今天（金榜題名）感覺無拘無束、暢快無比。迎著春日的和風，我志得意滿地騎在跑得飛快的馬上，一天之內就看遍長安城內的繁花。（從此詩衍生出成語「春風得意」，意指人行事順利，志得意滿的神態表情。）

(D)本詩寫出王維晚年悠然自得的生命情懷，符合題幹「悠然自得之樂」的要求。選項引文出自唐代王維的〈終南別業〉，翻譯如下：中年開始喜好佛理，晚年便住在終南山邊。每次興致一來我便獨自前往山中，山中美景與適意自得的心情只有自己才明白。走到水源的盡頭，便坐下欣賞雲霧升騰的景色。偶爾遇到住在山中的老人，快樂的談笑讓人忘記歸返回家。

(E)全詩描寫杜甫聽到官軍成功收復河南、河北時的快樂與狂喜，與「悠然自得之樂」相差甚遠。選項引文出自唐代杜甫的〈聞官軍收河南河北〉，翻譯如下：劍門以南的地方忽然傳來政府官軍成功收復薊北一帶的消息，剛聽到時，我哭得鼻涕與眼淚都沾滿了衣裳（表示情緒激動）。回頭看看妻兒子女們皆一掃憂愁，大家隨意地收拾詩書（準備整裝回鄉），歡喜、快樂到快要發狂。白日（在船上）大家放聲歌唱且開懷暢飲，趁著明媚的春光與我為伴一起歸返故鄉。船隻即刻將穿過巴峽到巫峽，順流而下再從襄陽轉到洛陽。

21. 曾子的妻子要去市集，她的孩子跟在後面邊走邊哭。母親（哄著孩子）說：「你回去，等我回家殺小豬給你吃。」等曾子的妻子從市集回來，曾子就去抓小豬準備宰殺。他的妻子制止他說：「我只是和孩子開玩笑而已！」曾子說：「不能戲弄小孩啊！兒童不懂事，只能依靠父母為榜樣學習知識，聽從父母親的教誨。現在你欺騙小孩，就是教他欺騙啊！母親欺騙小孩，小孩就因此不信任母親，不能這樣教育孩子啊！」於是（曾子）依然殺豬煮肉給孩子吃。

選項解析如下：

(A)「其母」指孩子的母親，即曾子之妻，並非曾子之母。

(C)「女」讀為「ㄖㄨˇ」，同「汝」字，指「你」，而不是指性別的「女」。

(D)第一個「之」字作「的」解，助詞，指「曾子的妻子」；第二個「之」當「前往」解，動詞，指「前往市集」。

22. 到了將軍設在帳幕內的府署，李廣對他的部下說：「我從剛成年起就與匈奴打過大大小小七十多場戰役，如今有幸跟隨大將軍與單于的軍隊交戰，可是大將軍卻把我的部隊調去走迂迴的遠路，而且又迷了路，這難道不是天意！況且我已六十多歲了，終究不能再受掌管刑法律令的官吏的侮辱。」於是便拔刀自刎。李廣軍中的將士全都為此痛哭。百姓聽聞到這個消息，不論認識或不認識李廣，不論老、少都為他而落淚。

選項解析如下：

(A)「結髮」即「束髮」，古人成童十五歲時始束髮，這裡的「結髮」指「年少」而非「年事已高」。

(E)「知與不知」是指「認識李廣和不認識李廣的百姓」，而非受教育與否。「知與不知，無老

壯皆爲垂涕」，即爲「不論認識李廣或不認識李廣，不論老、少都爲他而落淚」，表現出李廣確實深得民心。

23. 唐宋古文八大家不但是高中課本的常客，更是極佳出題對象。此題同學需把握王安石人格特質與簡要生平，方可準確判斷答案選項的正確與否。題幹引文翻譯如下：

⑴〈詠孟子〉：雖然（孟子）魄魂已逝去不能招得，但從遺作編著中仍不難想像他的風範理想。即便當今世人都嫌我的思想迂闊（也沒有關係），仍有孟子可以安慰我不受世人認同的孤寂冷清。

⑵〈讀史〉：自古至今成就功名皆有許多苦處，（爲官之人）進退出處能交給誰來爲之論定價值與是非呢？處身當代，評論與記事還時常有模糊、錯誤之處，更不用提後世的眾說紛紜將使得史實失去原貌。當前所傳的史書都只是歷史長河沉澱下的酒渣，談不上是萃取後的精華；史書裡最難表現的就是前人的精神。少少的文字怎能寫盡前輩聖賢的高尚賢德？（史書的紀錄）讓他們在紙上蒙塵，獨守著千年的寂寞。

選項解析如下：

⒜「何妨舉世嫌迂闊」二句，顯示了王安石認同孟子爲了個人理念寧被世人批判的勇氣，並非出於目空一切的自傲心理。

第二部分：非選擇題（共三大題，佔54分）

一、語文修正（佔9分）

思路小提醒

以下答案均爲寫作提示，僅點出關鍵，提供同學下筆發揮時的參考。

這次大考中心首度嘗試讓網路用語入題，展現出非選擇題出題勢必越趨多元的傾向。此題主要考驗同學是否能正確地通順語句，讓行文更爲流暢，對網路用語的了解與否實非出題者的立意。解析如下：

1. 「實在有夠衰」（過於口語）→很差。
2. 「氣到不行」（過於口語）→非常生氣。
3. 「做反省的動作」（冗言贅字）→反省。
4. 「::>_<::」（使用表情符號替代文字）→哭泣。
5. 「達人」（使用外來語）→專家。
6. 「被挨罵受罰」（冗言贅字）→挨罵、受罰。
7. 「偶氣ㄅ要死」（使用流行用語）→我氣得要死→我很生氣。
8. 「粉不錯吃滴」（使用流行用語）→很不錯吃的→很好吃。
9. 「去理一顆一百塊的頭」（過於口語）→花一百元理髮。

二、議論評述（佔18分）

思路小提醒

以下答案均爲寫作提示，僅點出關鍵，提供同學下筆發揮時的參考。

本題由師生三種不同角度描述同一人的言行，強調不同角度的觀察將呈現出不同的面向，同學需注意，一個人對他人的意見，除了表現出被描述者的特質之外，也呈現了描述者的價值觀。雖然本題沒有限定字數，但是此題占18分，自然應分別以一百五十字左右描寫三個不同面向的角度。解析如下：

⑴論述老師甲的觀念、態度：

從引言中不難看出，老師甲對「優秀」的定義僅限於「課業能力」，忽略了「優秀」背後應該要具備的「多元」價值，體育、音樂與美術能力等，都應該是一位學生被讚揚的重要依據。其次，老師甲將吳同學不參與班級活動的行為解釋為「勤勉好學，心無旁騖」，忽略了群育的重要性。這種人生價值觀的灌輸，正是形塑現今社會「自掃門前雪」風氣的重要根源之一。最終，老師甲以一般社會上普遍的功利主義，認定功課好的同學一定要考取「不是醫學系，就是法律系」，而忽略了興趣取向的重要性。

(2)論述家長的觀念、態度：

首先，吳同學的家長認為「開明」就代表孩子只需專心唸書，不必分攤家務，甚至家長自己也以認定做家事是一種「浪費時間」的行為，忽略分攤家務不但可養成個人的生活能力，亦是一種維繫家人聯絡情感的重要方式。其次，家長將「光耀門楣」單純定位在「讀書」上，而完全忽略了養成孩子多元能力的重要性，待人接物、做人處事的觀念和態度，往往才是決定一個人成功與否的重要條件。最後，家長只想要老師為學生指出適合的未來走向，卻忽略了興趣取向應是學生自己探索、父母親與之討論後的結果，而非老師一人能夠簡單決定。

(3)論述吳生的觀念、態度：

吳生的行為，可說集師長與家長價值觀的大成：首先，面對同學有危難時不聞不問，毫不在意的態度冷漠；其次，吳生以功利主義的角度選擇社團活動，卻不願意學習分攤責任及團體合作；再者，他認為閱讀課本與參考書外的書籍是「浪費」時間，忽略了語文學科重視大量閱讀以培養語感，而其他學科亦需廣泛學習以增加常識；最終，文中「這干我什麼事？」、「沒有搞錯嗎」，以及嘲笑同學「無聊又浪費生命」的話語，皆再再透露出他目中無人，無法和他人共處，亦無法從中學習與人互動的性格特質。

三、情境寫作（佔27分）

思路小提醒

以下答案均為寫作提示，僅點出關鍵，提供同學下筆發揮時的參考。

1. 同學在開始寫作之前，需仔細閱讀題目並確認自己是否能完全明白題意。

2. 「雨季」一詞限定了文章中所應描寫的季節形象，「故事」一詞則表示此文中必須具備一個情節完整的故事，同學可由自己的生活經驗出發，亦可以虛構情節，創造故事，唯需注意「雨季」和「故事」兩者應緊密結合。

3. 此題旨在測驗同學的抒情和敘事能力，並且把握「抒情但不濫情、敘事卻不冗長」的寫作原則，方可獲得高分。

96年學測（學科能力測驗）

第一部分：選擇題（佔54分）

壹、單選題（佔30分）

1. (A)ㄐㄧㄢˋ／ㄔㄡˊ／ㄕˋ／ㄕㄨㄣˇ。
   (B)ㄐㄧㄢˋ／ㄅㄧㄠ／ㄕㄜˊ／ㄩㄣˇ。
   (C)ㄒㄧㄢˋ／ㄔㄡˊ／ㄕㄜˊ／ㄩㄣˇ。
   (D)ㄒㄧㄢˋ／ㄅㄧㄠ／ㄕˋ／ㄕㄨㄣˇ。

2. (A)齒→恥。「不恥下問」：不以向身分較低微、或是學問較自己淺陋的人求教爲羞恥。恥，以……爲恥。
   (B)恥→齒。「令人不齒」：比喻行爲讓人輕視、瞧不起。齒，由名詞轉品爲動詞，表並列的意思。
   (C)齒→恥。「無恥」：不顧羞恥。恥，羞恥心。
   (D)「讓人齒冷」：齒冷，恥笑。形容因齷齪的人品或不道德的行爲而使人鄙視。
   「恥、齒」兩字很容易混淆，要特別分清楚，略分別造詞如下：
   (1)恥：恥辱、恥笑、雪恥、羞恥、國恥、可恥、無恥、無恥之尤、忍恥偷生、行己有恥、奇恥大辱、厚顏無恥、不恥下問、包羞忍恥、卑鄙無恥、報仇雪恥、瓶罄罍恥、明恥教戰、恬不知恥、寡廉鮮恥、會稽之恥、知恥近乎勇。
   (2)齒：白齒、啓齒、涅齒、恆齒、切齒拊心、何足掛齒、共爲脣齒、令人齒冷、令人不齒、伶牙俐齒、齠年稚齒、拊膺切齒、明眸皓齒、沒齒不忘、馬齒徒長、不足掛齒、不好啓齒、鼻偃齒露。

3. (A)「椿萱並茂」：香椿和萱草都長得很茂盛。比喻父母都健在。
   (B)「無忝所生」：不辱所生養的父母，即對得起父母的意思。
   (C)「彩衣娛親」：老萊子性至孝，年七十，常穿著五色彩衣，作嬰兒嬉戲的樣子逗父母高興。後用以比喻孝順父母。（教育部《重編國語辭典修訂本》作「綵衣娛親」。）
   (D)「烏鳥私情」：相傳幼烏鴉長成後，會反哺年老無法覓食的老烏鴉，故烏鳥私情比喻奉養長輩的孝心，亦作「烏鳥之情」。

4. 原詩句

   原詩全文如下：「我身何所似？似彼孤生蓬。秋霜翦根斷，浩浩隨長風。昔游秦雍間，今落巴蠻中。昔爲意氣郎，今作寂寥翁。外貌雖寂寞，中懷頗沖融。賦命有厚薄，委心任窮通。通當爲大鵬，舉翅摩蒼穹。窮則爲鷦鷯，一枝足自容。苟知此道者，身窮心不窮。」

   翻譯

   現在的我像是什麼呢？就像那孤單生長著的蓬草般，秋天的寒霜凍斷了蓬草根，蓬草便隨著狂風飛去。從前我是在秦國、雍國立國的所在地（即長安），現在卻身在巴蜀這蠻荒之地。從前我是意氣風發的男子，現在卻是個清冷孤寂的老者。外表看起來雖然寂寞，但内心平和。上天所授予的時運有好有壞，不管是窮厄或顯達，一切聽憑命運安排。命運顯達時就要像大鵬鳥般，振翅高飛，發揮所長，翱遊天際。窮厄時就像隻小鷦鷯，只要一截樹枝的小小立足地就可以生活。如果能夠懂得這個道理，即使身處窮厄困頓的處境，内心也不會侷限於窮厄中。

   説明

   「賦命有厚薄……通當爲大鵬……窮則爲鷦鷯……苟知此道者，身窮心不窮。」說明了心境上隨遇而安的豁達態度，正呼應了蘇轍〈黃州快哉亭記〉：「使其中坦然，不以物傷性，將何適

而非快」的過人胸襟。

(A)「窮則爲鷦鷯，一枝足自容」，是接受際遇的豁達，而不是「苦中作樂，自求安慰」。

(B)「窮則爲鷦鷯，一枝足自容」，是表達順勢、豁達、不受拘束的態度。

(D)「通當爲大鵬……窮則爲鷦鷯」，是在寫面對命運厚薄時的不同態度，而不是「願成鷦鷯」。

5. 說明

在考文句重組的試題中，必然有前後邏輯或因果關係，故可根據上下文中關鍵字、連接詞或文意口氣等線索加以判斷；請仔細體會下列簡要說明：

(1)「……望出去……便是」，是在文意上自成一組，上下文意相承的句子，故題幹首句後宜接(乙)，以消去法可刪去(C)(D)。

(2)「……並沒有……只有」，也是在文意上自成一組，上下文意相承的句子，(丁)之後宜接題幹尾句，以消去法可刪去(A)(C)(D)。

(3)剩下的 (甲)、(丙)、(戊)、(己) 選項，均在描寫海獸，掌握其自出至沒的邏輯順序是：(己) 海獸先緩緩浮現→ (丙) 才看見海獸的外貌、呼吸孔開闔著→ (甲) 海獸在水面呼吸了一陣子→ (戊) 又緩緩消失。

故正確排列應爲：

餐廳建築在濱海的山崖上，從落地玻璃窗望出去，(乙) 便是粼光閃爍的海洋，(己) 這時正有一頭巨大的海獸緩緩從海中浮現，(丙) 光滑的背脊沾滿綠油油的燐光，背上一排呼吸孔開闔著噴出灰霧，(甲) 海獸呼吸了一陣，(戊) 又緩緩沉入海底，(丁) 餐廳裡並沒有多少人留意海獸出沒，只有端菜來的侍者不經意提了一句。

6. (A)「好」音ㄏㄠˋ，「好人」指喜歡人。選項引文翻譯如下：孔子說只有具備仁德的人，才能喜歡人或討厭人（因仁者的好惡，不會加上個人的私心偏見）。

(B)使……安定。選項引文翻譯如下：想要有所作爲，則要想一想如何適可而止以使百姓生活安定。

(C)認爲……是小的。《孟子‧盡心》中完整文句如下：「孟子曰：『孔子登東山而小魯，登泰山而小天下。故觀于海者難爲水，游于聖人之門者難爲言。』」整段文句翻譯如下：孟子說：「孔子登上東山，就覺得魯國變小了；登上泰山，就覺得整個天下都變小了。所以，觀看過廣闊大海的人，便難以被其他水域所吸引；在聖人門下學習過的人，便難以被其他言論思想所吸引。」

(D)豐，使……豐厚。選項引文翻譯如下：平民百姓若能謹慎言行、節儉用度，就能遠離罪罰，豐厚家業。

7. (A)比喻學習需有方法，行事要有標準、原則，而非受客觀環境限制。選項引文出自〈離婁〉上，翻譯如下：即使有離婁那樣好的眼力，公輸班那樣精湛的巧技，沒有規、矩爲輔助工具，就不能夠畫出方、圓的形狀。

(B)說明人天生即有良能、良知。選項引文出自〈盡心〉上，翻譯如下：一個人不必透過學習就會，這是他與生俱來的天賦；不經過思慮就明白，這是他天生俱有的智慧。

(C)比喻學習受到干擾便成效不佳，說明客觀環境對人的巨大影響。選項引文出自〈滕文公〉上，翻譯如下：一個齊國人教他（齊人教這位楚人說齊語），許多楚國人在旁邊以楚語喧嚷、吵鬧他，就算每天鞭打他，恐怕也無法把齊語學好。

(D)說明充滿憂患的困境對人的正面影響。選項引文出自〈盡心〉上，翻譯如下：一個人能擁有品德、慧見、謀略與才智，往往是因他處在困窮的患難中。尤其是被孤立不受重視的臣子以及庶出不受寵愛的庶子，因爲他們經常持有警惕不安之心，考慮擔憂的很深遠，所以才能通

達事理。

8. 鼎，三足兩耳的金屬器具。鑊，無足無耳的金屬器具。鼎鑊皆爲烹煮食物的器具，古代以鼎鑊爲烹煮罪犯的酷刑。兩字結構爲「名詞＋名詞」，意義平行對等，不互相修飾；各選項解析如下：

(A)天命，指天地萬物自然的法則。兩字結構爲「形容詞＋名詞」，「天」修飾「命」。

(B)俎豆，即「俎」和「豆」。古代祭祀、宴饗時，用來盛祭品的兩種禮器，亦泛指各種禮器。兩字結構爲「名詞＋名詞」，意義平行對等，不互相修飾。

(C)滄海，即大海。兩字結構爲「形容詞＋名詞」，「滄」修飾「海」。

(D)琵琶，樂器名，是一種用手彈撥的樂器。「琵」、「琶」兩字一體，無法各自獨立。

9. 以前有雄雌兩隻鴿子，同住一巢。秋天果實成熟時，採來的果實堆滿了整個窩巢。後來，堆放的果實乾掉後體積減少，大約只剩一半。雄鴿生氣地罵雌鴿說：「我辛辛苦苦地採果，你卻獨享，現在竟只剩一半！」雌鴿回答說：「我沒有獨自享用，是果實自然減少！」雄鴿不相信，氣憤發怒地說：「如果不是你獨自享用，爲何會減少呢？」立刻以嘴啄死了雌鴿。過沒幾天，下了場大雨，果實受潮，膨脹回復成原來的體積。雄鴿見了，才心生悔恨地說：「他眞的沒吃果實，是我錯殺他了！」

(A)文中「雄鴿見已，方生悔恨：『彼實不食，我妄殺他！』」之句，證明雄鴿並不是「闖禍而不知悔悟」。

(C)由「天降大雨，果得浸潤，還復如故」的事實，說明雌鴿並沒有獨享果子。

(D)由「天降大雨，果得浸潤，還復如故」的結果，說明果子減少只因乾癟萎縮，而不是被偷走。

10. 周秦時期諸子的文章，雖然或精純或駁雜，各自不同，但都有個人的思想主張。後世寫作文章的人，或這裡採取點說法或那裡參考些觀點，猶豫遲疑地東張西望，只求接近他人的看法，這實在是諸子所深以爲恥的做法啊！

(A)文中「諸子之文，雖純駁不同，皆有箇自家在內」之句，可見各有主張，卻未論及「互不相服」的現象。

(B)「後世爲文者……（廣納眾說，以求左右逢源）……宜亦諸子所深恥歟！」可見作者批判此舉不當。

(D)後世爲文者多「於彼於此，左顧右盼，以求當眾人之意」，而不是「愼選諸子的論述，印證自己的見解」。

11. 甲、孟子：孟子的民本思想是：「民爲貴，社稷次之，君爲輕。」在爲文說理與論辯時多用排比，表現出浩然氣勢。

乙、韓非子：集法家「重勢」、「重術」、「重法」之大成，主張以嚴刑峻法治國。其文筆鋒峻峭犀利，論說透徹精闢。

丙、荀子：性惡論者，「人之性惡，其善者僞也」，主張禮法兼治、王霸並用、強調教育，以克服人之惡性。

丁、莊子：追求達觀逍遙的境界，善於寓哲理於寓言中，如「庖丁解牛」、「濠梁之辯」，想像玄妙，說理高超。

12. 第一個空格：「千萬條火舌欲『融』一塊冰」，火融冰，是事實、是現象，而不是「擬人化」，所以刪去(C)。以「嚥」字倒推答案，可知「火舌欲『吞』一塊冰，卻嚥不下」，因爲有「吞」才能「嚥」，先「吞」然後「嚥」，所以應選(A)。

第二個空格：「那股安靜漸漸往我身上『飄』來，即將形成威脅」，「飄」不是「擬人化」的

　　　　動詞，所以刪去(D)。以「形成威脅」一詞倒推答案，可知「往我身上『欺』來，即將形成威脅」，因爲「欺來」才「形成威脅」，所以應選(A)。

　　第三個空格：「挽」，有拉、引、捲起、盤結之意；「捻」，指用手指搓揉，均與下文「掉在我面前」的意象不符。再者「無緣無故『扔』下一截枝葉……掉在我面前……叫人一驚」，「扔」比「打」的動作，當更符合「兼顧前後文的呼應連貫」，綜合上述，故選擇(A)。

13.(A)「觀看那截枝葉，心思不免忙起來」，是一種看見外物而產生所思所感的心靈活動，並藉由「頓覺枝非枝，葉非葉，必定有什麼深不可測的天諭包藏其間」一句，進一步寫出心中所感：「枝非枝，葉非葉」，感覺其中必有神祕的天諭哲理，是屬於「感物興情」。

　(B)「虛靜其神，清和其心」，心神虛靜，自能心境清明和諧，選項中文句純寫人內心的感觸，並未提及對文學形成的觸發。

　(C)「想像鮮活，翻空出奇」，表示文章內容具新奇的想像力，與文學形成過程中的心靈活動無關。

　(D)「摹寫景物，如在目前」，是強調寫景描物十分生動，就彷彿出現在眼前般，與文學形成過程中的心靈活動無關。

> 　　山公（山濤）與嵇（康）、阮（籍）一面，契若金蘭。山妻韓氏，覺公與二人異於常交，問公，公曰：「我當年可以爲友者，唯此二生耳。」妻曰：「負羈之妻[1]亦親觀狐、趙，意欲窺之，可乎？」他日，二人來，妻勸公止之宿，具酒肉。夜穿墉以視之，達旦忘反。公入曰：「二人何如？」妻曰：「君才致殊不如，正當以識度相友耳。」公曰：「伊輩亦常以我度爲勝。」（《世說新語》）

翻譯

山濤和嵇康、阮籍才見過一次面，就情投意合如兄弟般。山濤的妻子韓氏，覺得丈夫與這兩人的情感不像其他一般的朋友，就問山濤。山濤回答說：「當今可以和我交朋友的人，就只有這兩人而已。」妻子韓氏說：「春秋時曹國大夫僖負羈的妻子，也曾經親自觀察過晉公子重耳身邊的狐偃、趙衰，我想暗中看他們，可以嗎？」有一天，嵇康、阮籍來訪，妻子韓氏勸山濤留客過夜，並準備了酒肉招待。夜裡，她透過牆縫窺看他們，直看到天亮而忘了回去。山濤進來問：「這兩人怎麼樣？」妻子說：「你的才能遠比不上他們，只能憑藉見識、度量，和他們交往罷了。」山濤說：「他們也經常認爲我的度量較好。」

14.(A)妻曰：「君才致殊不如，正當以識度相友耳。」由此可知其妻能正確清楚地判斷山濤的才能不足卻度量超過嵇、阮，確實有識人之明。

　(B)文中未論及「山濤之妻善妒而好猜忌」。

　(C)「妻曰：『君才致殊不如……』公曰：『伊輩亦常以我度爲勝。』」可見山濤也贊同其妻的看法，並沒有「自認才能不輸嵇、阮」。

　(D)由「公曰：『伊輩亦常以我度爲勝』」，可知山濤是以度量受嵇、阮肯定。

15.(A)文中「契」，意爲投合、切合；選項中「契」，意爲契約、合約、合同。

　(B)文中「覺」，音ㄐㄩㄝˊ，意爲感覺；選項中「覺」，意爲睡醒。

　(C)文中與選項中的「以」，意均爲用。

　(D)文中「勝」，音ㄕㄥ，意爲盡；選項中「勝」，意爲勝。

註1　負羈之妻亦親觀狐、趙：春秋時，晉公子重耳流亡曹國，曹國大夫僖負羈之妻觀重耳身邊的狐偃、趙衰。

16. 譬喻是利用兩件事物的相似點，借彼方來說明此方，通常是以易知說明難知，以具體說明抽象；可分爲明喻、隱喻、略喻、借喻、假喻五種。各選項解析如下：

　(A)從山中四出的溪流匯集入海，恰似「手指」的形象，「索」一詞亦符合手指的動作，兩者具相似點，屬恰當、合宜的譬喻用法；選項引文出自鄭愁予〈山居的日子〉。

　(B)「螃蟹」橫行，符合自然現象；人不循正道，在地方稱霸的行爲，就像螃蟹般橫著走路，多用來比喻行爲蠻橫，不講道理，意象上使用恰當，屬合宜的譬喻用法。

　(C)「鹽巴」少可提味，多則倒盡胃口；少許「憂愁」，可增添生活的滋味，多則成病造成困擾。兩者具相似點，屬恰當、合宜的譬喻用法。

　(D)「眼睛」可看見光明；煙囱的作用在排煙，無法爲房子帶來光明。就「光明」這一點來說，兩者不具相似點，故不屬於譬喻。

　(E)善讀書，可開啓智慧，反之則有害；善用藥，可治病，濫用亦成害。兩者具相似點，屬恰當、合宜的譬喻用法。

17. (A)引文僅在描寫洞庭湖的寬廣與自身的渺小，並未「藉時、空的廣遠寄寓內心的慨歎」。選項引文出自張孝祥〈念奴嬌・過洞庭〉。翻譯：晶瑩碧藍如玉的洞庭湖，面積廣闊有三萬頃，水面上徜徉飄流著我的一葉扁舟。

　(B)本詩寫盛世的繁盛景象，並未有感歎。選項引文出自王維〈和賈至舍人早朝至大明宮之作〉，翻譯如下：皇宮大殿正門一開，只見各國使節都穿戴著華服來朝拜天子。（九天：喻宮禁。閶闔：ㄔㄤ ㄏㄜˊ，皇宮正門。冕旒：ㄇㄧㄢˇ ㄌㄧㄡˊ，古代最尊貴的一種禮帽。）

　(C)「萬里」是空間的遼闊，「百年」是時間的長久；本詩藉時、空的廣遠寄寓內心孤寂思鄉的慨歎。選項引文出自杜甫〈登高〉，翻譯如下：一望無際的悲涼秋景，長年漂泊他鄉爲客，如今年老多病，獨自一人登臨高臺（遠眺家鄉）。

　(D)「三十」是時間的長久，「八千里路」寫空間的遼闊；藉時、空的廣遠寄寓內心尚未收復失土的慨歎。選項引文出自岳飛〈滿江紅〉，翻譯如下：三十多年來建立的功績名聲就如塵土般，征戰八千餘里餐風露宿的路途中，已看過無數的月圓月缺、白雲悠悠。

　(E)「十年」是時間的長久，「萬里」寫空間的遼闊；藉時、空的廣遠寄寓歷經滄桑思鄉的慨歎。選項引文出自陸游〈過野人家有感〉，翻譯如下：宦途輾轉，十年來已看清了人情世事的冷暖，常在夜裡依稀夢見萬里外的家鄉山水。

18. (A)引文主要探討處世的態度，並未強調良好道德修養的普世價值。選項引文出自《論語・泰伯》，翻譯如下：在天下政治清明時就出仕，政治混亂時就隱居。

　(B)引文強調了「言忠信，行篤敬」這種良好道德修養的普世價值。選項引文出自《論語・衛靈公》，翻譯如下：言語要忠誠信實，行爲要篤厚恭敬，（只要能秉此原則，）則雖然到未開化的蠻夷之邦，也能行得通（必能與人和善相處，行事無礙）。

　(C)引文主要說明好學的可貴，並未強調良好道德修養的普世價值。選項引文出自《論語・公冶長》，翻譯如下：在一個只有十戶人家的小地區，一定能找到和我一樣忠誠信實的人，但找不到像我孔丘一樣好學的人。

　(D)引文強調「敬而無失，恭而有禮」這良好道德修養的普世價值。選項引文出自《論語・衛靈公》，翻譯如下：君子若對人恭敬有禮而沒有過失，則和天下人相處都可如同親兄弟一樣。

　(E)引文僅說明孔子在不同場合都能言行適切，並未強調良好道德修養的普世價值。選項引文出自《論語・鄉黨》，翻譯如下：孔子在鄉里間（與鄉人相處時），態度溫和恭敬，好像不善說話；他在宗廟朝廷時，則辯說清晰，態度謹慎。（恂恂：ㄒㄩㄣˊ ㄒㄩㄣˊ，溫和恭敬的樣子。便便：ㄆㄧㄢˊ ㄆㄧㄢˊ，辯說的樣子）。

19. (A)畫線處形容山勢陡峻，四下雲氣蒸騰的窘迫難行，選項詮釋恰當。選項引文出自李白〈送友

人入蜀〉，翻譯如下：崇山峻嶺間的迂迴蜀道不好走，山崖峭壁迎面矗立，身邊雲氣依傍著馬頭升騰。（蠶叢：泛指蜀地、蜀道）。

(B)畫線處描寫面對友人遠行時，彼此的依依離情，而不是「友情如浮雲、落日，難得易逝」。選項引文出自李白〈送友人〉，翻譯如下：遊子的心意，如天上浮雲般流連；朋友的離情，如落日餘暉般依依。此刻揮手告別（相對默然無語），只有嘶叫的馬鳴聲響起。（蕭蕭：狀聲詞，形容馬鳴聲）。

(C)畫線處強調詩人心中的滿腔憂鬱，如水更流般揮之不去，選項詮釋恰當。選項引文出自李白〈宣州謝朓樓餞別校書叔雲〉，翻譯如下：拔刀想切斷水流，水卻更加奔流；想舉杯喝酒消愁，愁緒卻更加深重。人生在世無法稱心順意，索性明晨披髮泛舟隨波漂流。

(D)畫線處描寫美女穿梭的大殿，如今只見鷓鴣飛翔的人事全非，表達了盛衰無常，繁華成空之慨，選項詮釋恰當。選項引文出自李白〈越中覽古〉，翻譯如下：越王句踐攻破吳國之後返國，所有參戰者全跟隨返鄉並享榮華，貌美如花的宮女充滿在春天的大殿，(大殿)如今卻只見鷓鴣飛翔。

(E)畫線處以只能在仙境瞧見的天姿，盛讚楊貴妃的容顏美麗，而不是「盛讚殿宇富麗，宛如天庭」。選項引文出自李白〈清平調〉，翻譯如下：美麗的彩霞是她的衣裳，嬌豔的花朵是她的容顏；春風吹拂樓台欄杆，露潤花色更加濃豔。如此國色天姿，若不是在群玉山頭看見，就只有在仙境瑤臺月光下，才能遇見。

20.(A)「閒靜少言，崇尚自然」是作家氣質；「其詩樸質無華，真淳恬淡」是作品風格。

(B)「耿介堅毅，敢於直諫」是作家氣質；「散文雄渾剛健，氣勢磅薄」是作品風格。

(C)「劉基博通經史，為明朝開國功臣」兩句，是敘述劉基的為學與政治上的表現，並不是題幹所說「作家氣質」與「作品風格」。

(D)「器度恢弘，樂觀曠達」是作家氣質；「散文汪洋恣肆，豪放詞尤獨具一格」是作品風格。

(E)「王安石為北宋神宗時宰相，推行新法」兩句，是敘述王安石政治上的表現，並不是題幹所說「作家氣質」與「作品風格」。

21.(A)三篇文章均未對時局提出諍言。

(B)〈岳陽樓記〉是登高望遠→抒發感懷；〈醉翁亭記〉是抒發感懷；〈黃州快哉亭記〉是抒發感懷→物我合一。

(C)〈醉翁亭記〉並沒有認為官運難卜，也未見及時享受的說法。

22.(A)選項引文出自羅貫中《三國演義》，文句均為關公所言，未見摻雜說書人的解釋或評論。

(B)選項引文出自吳承恩《西遊記》，文句分別為巨靈神、李天王所言，未見摻雜說書人的解釋或評論。

(C)選項引文出自羅貫中《三國演義》，「只這一席話，乃孔明未出茅廬，已知三分天下。真萬古之人不及也」，為說書人的解釋或評論。

(D)選項引文出自施耐庵《水滸傳》，「原來高衙內不認得他是林沖的娘子，若還認得時，也沒這場事」，為說書人的解釋或評論。

(E)選項引文出自吳承恩《西遊記》，「法師有難逢妖怪，情性相和伏亂魔」，為說書人的解釋或評論。

23.(B)這裡的「你」，是指久居鬧熱滾滾的都城、不離開書房、喜歡玄思妙想，而非「腳踏實地而常來鄉間」的都市知識分子。

(C)作者認為廣袤的田野中，有「幼苗奮力生長、河水灌溉田地、農人揮汗耕作」，因此到「廣袤的田野」比在「書房」更能真切體會生活的內涵與生命的意義。

(E)「我不和你談論詩藝、糾纏不清的隱喻，我不和你談論人生、深奧玄妙的思潮，我不和你談

論社會、痛徹心肺的爭奪」，「我帶你去廣袤的田野，看看遍處的幼苗、撫觸清涼的河水、探望農人」，可見作者是反對玄思妙想的性格，以及追求華麗詞藻、艱深隱喻的寫作態度。

第二部分：非選擇題（共三大題，佔54分）

一、文章分析（佔9分）

> 思路小提醒

以下答案均為寫作提示，僅點出關鍵，提供同學下筆發揮時的參考。

1. 先歸納文章的書寫順序：
   (1) 鄉居的少年神往火車，是因為「它雄偉而修長，軒昂的車頭一聲高嘯，一節節的車廂鏗鏗跟進，那氣派真是懾人」。
   (2) 火車行進間的聲音描寫，是「輪軌相激枕木相應的節奏，初則鏗鏘而慷慨，繼則單調而催眠，也另有一番情韻」。
   (3) 火車過橋時，是「俯瞰深谷，真若下臨無地，躡虛而行，一顆心，也忐忐忑忑吊在半空。」
   (4) 火車過山洞時，順序是自：
   進入山洞的瞬間「黑暗迎面撞來，當頭罩下，一點準備也沒有。」
   →在山壁間行走，是「兩壁的回聲轟動不絕，你已經愈陷愈深，衝進山嶽的盲腸裡去了」。
   →即將穿出離開山洞，是「光明在山的那一頭迎你，先是一片幽昧的微熹，遲疑不決，驀地天光豁然開朗，黑洞把你吐回給白晝」。
   (5) 火車過山洞時，作者的感受與心裡變化，是「這一連串的經驗，從驚到喜，中間還帶著不安和神祕，歷時雖短而印象很深」。
2. 題目要求「分析作者如何藉由想像力，描述搭火車過山洞時所見的景象與感受」，因此寫作重心在對於火車過山洞時「所見景象」、「感受」，針對「想像力」的部分，加以「分析」說明。其重心以『』標示如下，寫作時宜聚焦回答、切合提問，自能掌握得分。
   →火車過山洞時的瞬間「黑暗迎面『撞』來，當頭罩下，一點準備也沒有」。
   →在山壁間行走，是「兩壁的回聲轟動不絕，你已經愈陷愈深，衝進山嶽的『盲腸』裡去了」。
   →即將穿出離開山洞，是「光明在山的那一頭迎你，先是一片幽昧的微熹，遲疑不決，驀地天光豁然開朗，黑洞把你『吐』回給白晝」。

二、闡釋與表述（佔18分）

> 思路小提醒

以下答案均為寫作提示，僅點出關鍵，提供同學下筆發揮時的參考。

1. 寫作時需符合題目要求：須先「分別」就「玫瑰」與「日日春」的象徵意涵說明其處事態度，再自兩者中「擇一」說明你認同它的原因。
2. 玫瑰只堅持選擇春天盛放，是有所為有所不為的君子傲骨；日日春天天綻放在豔陽下，是隨和與樂觀的心境。既是「擇一」表述，可先各自說明其象徵意涵，再進一步說明自己選擇的理由。切記，選擇好後便全力著墨說明，不需費力批判另一對象。
3. 純論說會使文章生硬且較無說服性，建議在說明時，可以自己日常生活為例，一來增進文章的生動性，再者亦可呼應說明「處世態度」的實踐。

三、引導寫作（佔27分）

思路小提醒

以下答案均為寫作提示，僅點出關鍵，提供同學下筆發揮時的參考。

1. 既是「走過」，一定有時間流逝的軌跡，因此「今昔」場景變化的敘述、描寫，都需注意描述的口吻以及時間的順序是否正確。為符合主題「走過」，同學的敘述視角宜自現在回看過去，而非從過去預知現在。

2. 同學可先決定寫作的主題為何？是小吃店的改裝、路旁荒地變成小公園、熱鬧街道的沒落、社區都更建大樓，或是小學的圍牆即將拆除等；藉由過往與現今景物變化的對比，以及對變化原因的介紹，來描述自己的感受或看法。

3. 構思確定對象後則可動手寫作：
   (1)先仔細描寫昔日情景與今日狀況間的不同。
   (2)接著再分析今昔之變的原因，是社會生活形態的改變、都市文明發展的趨勢，或是環保議題的高張？試著就自己的觀察為「改變」提出合理的見解。
   (3)對改變提出個人看法，屬於理性思維的部分；藉由改變抒發個人感受，屬於感性的層面。就「走過」這個議題而言，同學當下的想法與感受才是應該多加以書寫的核心主軸。無論仍戀眷於往日情懷，或欣喜於日新月異的進步，同學都可以具體的抒發這些心情，亦可參考蘇軾〈赤壁賦〉中變與不變的概念，並藉此深化議題。

97年學測（學科能力測驗）

第一部分：選擇題（佔54分）

壹、單選題（佔30分）

1. (A)ㄆㄛˊ／ㄆㄢˊ。(B)ㄆㄧㄠˇ／ㄈㄨˊ。(C)ㄩˇ。(D)ㄧㄢˊ／ㄒㄧㄢˊ。

2. (甲)器識：氣度才識。 (乙)企及：趕上。 (丙)默契：雙方不用語言而彼此情意暗合。

3. (甲)「蜈蚣」音ㄨˊ ㄍㄨㄥ，屬節肢動物門多足綱的動物。身體扁而長，全身有許多體節，每一節上皆有對腳。最小者僅一公分長，十三對腳；大者近三十公分，有一百七十七對腳，故亦稱為「百足」、「百足之蟲」、「百足蟲」。本詩以買鞋，尤其是一次買頗多雙鞋，才會讓爸爸有嚴重要老命的特色，吻合了眾人認知中，動物裡以多足著稱者是蜈蚣的印象；選項引文出自詹冰〈蜈蚣〉。

   (乙)燈蛾具趨光性，喜飛至燈下，故俗稱為「飛蛾」。「飛蛾撲火」亦作「飛蛾赴火」、「飛蛾赴燭」、「飛蛾赴焰」、「飛蛾投火」、「飛蛾投焰」、「燈蛾撲火」，都比喻自尋死路、自取滅亡。趨光性是昆蟲的本能，因此詩句中「我……飛馳……播卵……一盞高燃的油燈……我竟在惡毒的燃燒中死去……」，正符合「飛蛾撲火」的特性；選項引文出自白荻〈飛蛾〉。

4. 建議同學在破解此類型題目時，可以使用消去法，各選項解析如下：
   第一個空格：「抖盡一身花葉，換來……枝枒□□□地挺立著」，句中的「抖盡」，已暗示著抖完後必然一身「空盪盪」；再者，既然枝枒「挺立」，自然看起來不會「懶洋洋」，故可刪除答案為(D)的可能性。
   第二個空格：「□□指向灰陰的天空，似乎完全不記得……應說是倔強罷……不肯低頭」，因「不肯低頭」的形象和「欣然(喜悅貌)」不合，故可刪除答案為(A)的可能性。
   第三個空格：「似乎完全不記省軀體上曾經附著過一排排的□□」一句，主要暗指過往鳳凰花開時的繁盛景象。由鳳凰樹又稱火樹、火焰樹、森之炎等別名，同學不難想像鳳凰花盛開如火焰燃燒般的情景。而燃燒火焰會「附著」之物，必然為引火的「火種」。「火星」為物體燃燒時迸射出的火點，並不適合用於此處，故可刪除答案為(C)的可能性，並確定正確答案為(B)。

5. 在考文句重組的試題中，必然有前後邏輯或因果關係，故可根據上下文中關鍵字、連接詞或文意口氣等線索加以判斷；請仔細體會下列簡要說明。按照文意，這是在戲院前要招三輪車回家的一段招車過程：
   (1)首句：「戲院前……沒有三輪車聚集」，主角因此躊躇遲疑思索著：怎麼辦呢？
   (2)(丙)「躊躇間，腳步慢了下來」，開始張望，除了戲院前，其他地方如街道上、角落間是否有車？
   (3)(甲)「一回頭卻見對街冉冉來了一輛」，來了一輛什麼樣的車呢？ (乙)「老遠的就看見……」看見了這輛車的特色。
   (4)再等車靠近一點時，可清楚看見車夫 (丁)「是個高個子年輕人」，這年輕車夫見她揮手叫，便踏快了大轉彎過街……。

6. (B)由「我這工作最重要的是選時點，而選時點則往往取決於個人的主觀意識，甚至帶有冒險性」，因為「有時也可能因為原選……不恰當而導致觀察錯誤」，由此可知影響「研究結果」　的是研究者出於主觀意識的選擇與判斷。

7. (C)「意識像冰山……重要的是下面的組成成分是什麼，以及自己鑽洞探索的技術如何」，因此擴充內在（冰山下面）的儲存（組成成分），確實有助於啓發創意。

8. 翻譯

個性和表情，每個人都不同。讀李白的詩，就好像看見他在達官貴人面前脫鞋般瀟脫；讀杜甫的詩，就如同看到他對國事的憂心、時局的感傷。

說明

脫屣：即脫鞋子，比喻把事情看很簡單，有輕視的意思。千乘：千輛馬車。周制諸侯車千乘，故以千乘爲諸侯的代稱；後以爲指達官貴人。

「讀□□詩，如見其脫屣千乘」，讀其詩，好像看見他在達官貴人前脫鞋般率眞瀟灑，符合詩仙李白的瀟脫；「讀□□詩，如見其憂國傷時」，讀其詩，就如看見他對國事的憂心、時局的感傷，則符合憂國憂民的社會詩人、號稱「詩史」的杜甫。

沈德潛（1673－1769），爲官時獲乾隆皇賞識；以「格調」（格調要以性情爲底蘊）說奠定其於清詩話中的地位。各選項解析如下：

(A)「子美」指杜甫，被稱爲「詩史」，詩風沉鬱；「太白」指李白，詩風豪情奔放、飄逸不群。題幹引文出自嚴羽《滄浪詩話》。

(B)「柳子厚」指柳宗元；偶，有對等、匹敵之意。引文翻譯：讀柳宗元的詩，便了解到他那常人難以匹敵的人品。／「韓昌黎」指韓愈，提倡古文，或不顧流俗，作〈師說〉抗顏爲師；或甘犯龍顏，諫迎佛骨。引文翻譯：讀韓愈的詩，可以了解他不爲世俗接納的耿直。題幹引文出自陸時雍《詩鏡總論》。

(C)「王右丞」指王維。引文翻譯：王右丞的詩，如「秋水芙蓉」般秀麗與如「倚風自笑」般的清新自然／引文翻譯：孟浩然的詩在如「木葉微落」的平淡中有著「洞庭始波」的豪放氣勢。題幹引文出自楊愼《升庵詩話》。

(D)「子瞻」指蘇軾。引文翻譯：子瞻以議論作詩，不同於傳統詩歌的抒情氛圍；魯直（黃庭堅）專用力於補綴奇字，但是學者未習得其長處，而先蒙其弊。題幹引文出自張戒《歲寒堂詩話》。

9. 第一幅圖：原憲住在魯國，房間狹小且空無一物，屋頂覆蓋著生草，蓬草編成的門户也破爛不完整。用桑木做門樞，用破甕爲窗户。

第二幅圖：子貢乘著大馬車，高大的車子無法進入小巷中，子貢（下車走）去見原憲。

第三福圖：子貢說：「唉！先生是什麼缺點（病）呢？」原憲說：「我聽説：沒有財帛叫作貧，讀書但不能實踐叫作病。現在我是貧，不是病。」

第四幅圖：子貢不安而感到羞愧。

(A)此段引文較適合形容子貢的修養，而非原憲的品德修養。選項引文出自《論語‧公冶長》，翻譯如下：能發現自己的過失且自我責備。

(B)題幹描述的內容與品德修養無關，子貢亦非因和原憲地位不同而有羞恥與否的想法，故選項有誤。選項引文出自《論語‧公冶長》，翻譯如下：勤敏好學，不以向地位或學識比自己低下或淺陋的人請教爲恥。

(C)窮困的原憲在坐著大馬車的子貢面前仍振振有詞，絲毫不以困窘的生活環境爲恥。此選項確實符合原憲的品德修養。選項引文出自《論語‧子罕》，翻譯如下：不會因穿著破舊粗劣的袍子，和穿著華貴皮衣的人站在一起，而感到羞恥。

(D)本選項所描述的是禹的大德，不符合平民百姓身分的原憲，故選項有誤。選項引文出自《論語‧泰伯》，翻譯如下：平日穿著粗劣，但祭服力求華美；自己住著低矮的宮室，而一心致力修整田間水道（以保護百姓的身家性命安全）。

10. 翻譯

閩越地區的人認為荔枝較龍眼優，我試著為此評論。吃荔枝好比吃蝤蛑大蟹，肉色雪白、飽滿又多汁，一吃就飽。吃龍眼好比吃彭越石蟹，啃嚼了半天，卻吃不到什麼。但是當酒宴將盡，大吃痛快，飽餐之時，那麼吮吸品嘗的滋味，彭越石蟹有時還勝過蝤蛑大蟹呢。我開玩笑的寫下這些，為博賞味的人一笑。

說明

本段引文大意是：吃荔枝，像吃蝤蛑大蟹，飽滿多汁，一吃就飽。吃龍眼，像吃彭越石蟹，啃嚼卻吃不到什麼，但吮吸的滋味好。各選項解析如下：

(A)文中並未提「配酒而食」，故選項有誤。酒闌：指飲宴過半，即將結束時。

(B)由文中以「如食蝤蛑大蟹，斫雪流膏」形容荔枝飽滿多汁的口感，及以「饜飽之餘，則咂啄之味，石蟹有時勝蝤蛑也」形容龍眼的滋味無窮，可知選項描述正確。

(C)文中亦未提及「種植地勢」，故選項有誤。

(D)文中的蝤蛑大蟹、彭越石蟹，只是用為譬喻，而非建議荔枝、龍眼搭配蝤蛑、石蟹一起食用。

11. 翻譯

您難道沒有看到人們奔向市集嗎？天剛亮，人們便側著肩膀，爭著擠進市集大門；黃昏後，經過市朝的人卻都手臂一揮，連頭也不回。他們並不是喜愛清晨而厭惡黃昏，而是所期望得到的東西已不在市集中了啊。（「趣市朝」，趣，ㄑㄩ，同「趨」，歸向、歸往。掉臂不顧：形容毫無眷顧。）

說明

這段引文重心在說明人們並不是喜歡清晨而厭惡黃昏，而是那個時段的市集否有人們想要得到的利益。各選項解析如下：

(A)本選項引文所說明的主旨為富者和窮者身邊朋友人數的差異在於，常人可自富貴者身上得到想要的利益，就如同清晨的市集有人們想要的商品，此選項確實可用於證明題幹「市集人潮聚散」的事例。選項引文《史記·孟嘗君列傳》，翻譯如下：富貴時身邊多友，而貧賤時則無友，事情本來就是這樣。

(B)本選項引文所說明的主旨為昏暗不明的局勢裡，必有不願同流合污的君子，與題幹「市集人潮聚散」的事例無關。選項引文出自顧炎武〈廉恥〉，翻譯如下：在眾人都同流昏濁之時，一定會有清醒且潔身自愛的人。

(C)本選項引文所說明的主旨為上位者應寡慾，與題幹「市集人潮聚散」的事例無關。選項引文出自司馬光〈訓儉示康〉，翻譯如下：在上位者的嗜好、慾望少，則不會被外物所役使，可以依循著正道行事。

(D)「千金之子，不死於市」意為富貴人家的子弟如果犯了死罪可以免除刑責，與題幹「市集人潮聚散」的事例無關。選項引文出自《史記·貨殖列傳》，翻譯如下：俗話說：「富貴人家的子弟，不會因犯法而死於東市刑場。」這不是空泛不切實際的言論。

> 　　臘月既望，館人奔告玉山見矣！時旁午，風靜無塵，四宇清澈。日與山射，晶瑩耀目，如雪、如冰、如飛瀑、如鋪練、如截肪。顧昔之命名者，弗取玉韞於石，生而素質，美在其中而光輝發越於外？臺北少石，獨萃茲山，山海之精，醞釀而象玉，不欲使人狎而玩之，宜於韜光而自匿也。山莊嚴瑰偉，三峰並列，大可盡護邑後諸山，而高出乎其半。中峰尤聳，旁二峰若翼乎其左右。二峰之凹，微間以青，注目瞪視，依然純白。俄而片雲飛墜中峰之頂，下垂及腰，橫斜入右，峰之三，頓失其二。游絲

徐引諸左，自下而上，直與天接。雲薄於紙，三峰勾股摩盪，隱隱如紗籠香篆中。微風忽起，影散雲流，蕩歸烏有，皎潔光鮮，軒豁呈露。蓋瞬息間而變幻不一，開閉者再焉。過午，乃盡封之以去。（陳夢林〈望玉山記〉）

> 香篆：焚香時，煙縷曲折繚繞，有如篆文。

翻譯

農曆十二月十六日，公館的人跑來告訴我：玉山出現了！（可以看見玉山了！）當時將近中午，風靜悄悄地，沒有塵埃飛揚，四下一片清澈。日光照射高山，反射出一片晶亮耀眼的光彩，像雪、像冰、像飛瀉急奔的瀑布、像展開的白色絲綢、又像割開的潔白油脂。回想前人給玉山命名，難道不是取它如蘊藏在石中的美玉，天生素樸，內在美麗而光華顯揚於外的這個原因嗎？臺北少石，石都聚集在這座山上，山海的精華，醞釀出它如美玉般的形象，不願使人親近褻玩，適合收斂自身光芒並藏匿起來。玉山的山形莊嚴、瑰麗峻偉，三座山峰並列，高大到可以完全保護其後方群山，且高度高出群山一半。中央山峰尤其特別高聳，旁邊的兩峰像是它左右兩側的翅膀，兩座山峰中間塌陷處稍顯青色，仔細專注凝視後，發現它仍然是純白色。一會兒，片狀的雲飛落在中峰的峰頂，又飄墜到山腰，橫偏斜向右邊的山峰，三座山峰立刻消失了兩座。雲絲慢慢拉長飄向左邊，由下往上飄，直飄到天空。雲比紙還薄，在三峰間摩娑擺動，模糊朦朧如薄紗籠罩著裊裊而升、曲折繚繞的煙縷。忽然微風吹拂，雲煙全都消散，潔白明亮中，玉山山形完全顯露。大抵說來，轉瞬間變化萬千，玉山反覆被雲海掩沒又豁然朗現。中午過後，玉山才完全被遮蔽而消失。

12. (A)「過午，乃盡封之以去」意為「中午過後，玉山才完全被遮蔽而消失」，而非「每日只能在下午才有機會望見」。

(B)「山海之精，醞釀而象玉」意為山海的精華，醞釀出它如美玉般的形象，而非真有豐富玉石蘊藏其中。

(C)「日與山射，晶瑩耀目，如雪、如冰」一句，描寫日光照射高山，反射出一片晶亮耀眼的光彩，文中並未提及「玉山終年冰雪」。

(D)由文中「玉韞於石，生而素質，美在其中而光輝發越於外」和「宜於韜光而自匿也」等文句，可知選項「玉山美而難見，猶如君子沉潛修養，光華內斂」的敘述，與作者對玉山的認識與觀感最為相符。

13. 全文對雲霧變化的狀態摹寫，依序說明如下：

(1)從「片雲飛墜中峰之頂，下垂及腰」一句中「飛墜」「下垂」等關鍵詞，可知此時所呈現的景象為「雲自天降」。

(2)從「橫斜入右，峰之三，頓失其二。游絲徐引諸左」一句，可知濃厚可遮蓋山峰的雲往右移、亦往左動，此時所呈現的景象為「濃雲伸展」。

(3)由「自下而上，直與天接」一句，可知此時所呈現的景象為「游雲上移」。

(4)由「雲薄於紙，三峰勾股摩盪，隱隱如紗籠香篆中」一句，可知此時所呈現的景象為「薄雲朦朧」。

(5)由「微風忽起，影散雲流，蕩歸烏有，皎潔光鮮，軒豁呈露」一句，可知此時所呈現的景象為「風吹雲散」。

> 甲、近日學者病在好高，讀《論語》，未問「學而時習」，便說「一貫」；《孟子》，未言「梁王問利」，便說「盡心」。
>
> 乙、或問：「孟子說『仁』字，義甚分明，孔子都不曾分曉說，是如何？」曰：「孔子未嘗不說，只是公自不會看耳。譬如今沙糖，孟子但說糖味甜耳。孔子雖不如此說，卻只將那糖與人吃。人若肯吃，則其味之甜，自不待說而知也。」

翻譯

(甲) 現在的學者讀書問學的缺點就在好高騖遠，讀《論語》時，還不知道「學習後要常常溫故（以知新）」的基本讀書態度，便在討論孔子說「吾道一以貫之」的融會貫通境界；讀《孟子》時，還沒有明白孟子見梁惠王時的義利之辨，就已經討論心性合一的境界。

(乙) 有人問：「孟子解說『仁』的意義，十分清楚，但是孔子卻未加以清楚的說明，這是什麼原因？」我認為：「孔子沒有不說明，只是你不會看罷了。譬如砂糖，孟子只解說砂糖的味道甘甜。孔子雖然不是用這種方式解說，卻把糖拿給人吃。人若肯吃，則砂糖的甜味，自然不用說明就已經知道了。」

14.(B)從朱子「未問……便說；未言……便說」的口吻中，可知未問、未言的「學而時習」、「梁王問利」，都是基礎的學習，而貿然躁進便說的「一貫」、「盡心」之道，則較深奧；可見朱熹認為學者無論讀《論語》或《孟子》，皆應循序漸進、踏實研讀。

15.(A)文中並未比較孔、孟的優劣，只是說明兩者教學方法的不同。
　(B)文中並未論及「孟子得理不饒人」。
　(C)朱子以糖比喻說明孔子的教學方法，在於讓人實際體驗並在實踐中體悟道理。
　(D)此選項過度詮釋文意，文中並未對此多做說明。

貳、多選題（佔24分）

16.(A)米＋粒、麵＋條，都是「名詞＋名詞（量詞）」。
　(B)雪＋花、汗＋珠，都是「名詞＋名詞」，但是後面的名詞「花」和「珠」，都不是量詞。
　(C)書＋本、紙＋張，都是「名詞＋名詞」（量詞）。
　(D)人＋口、心＋扉，前者是「名詞＋名詞（量詞）」，後者是：「名詞＋名詞」，但是「扉」不是量詞。
　(E)馬＋匹、槍＋枝，都是「名詞＋名詞」（量詞）。

17.這題解題時請同學特別注意引文中的提示：「掌握課文中詞語的原意」，各選項解析如下：
　(A)此選項中詞語所要表達的意思應為「心曠神怡」：指心情開朗愉悅，並未掌握課文中「心凝形釋」的原義：指心神凝聚而形體消逝的忘我之境。
　(B)此選項中詞語所要表達的意思應為「嶄露頭角」：比喻顯示出優秀的才能，並未掌握課文中「水落石出」的原義：指冬季水位下降，使石頭顯露出來；後引申為真相大白。
　(C)此選項以中秋節的月光映照海灣的景象，正確掌握課文中「浮光躍金」的原義：形容月光照耀水面，金光閃爍的樣子。
　(D)此選項中詞語所要表達的意思應為「雪中送炭」：比喻在他人遭逢困難時給予協助，並未掌握課文中「抱薪救火」的原義：抱著木柴去救火。比喻處理事情的方法錯誤，以致雖有心消弭禍害，卻反使禍害擴大。

(E)此選項以推甄面談時的緊張神態，正確掌握課文中「正襟危坐」的原義：整理儀容，端正坐好，形容莊重、嚴肅或拘謹的樣子。

18. 題幹歌曲為趙薇所演唱的〈漸漸〉，主要目的在於測驗同學是否能理解「化虛為實」的轉化修辭，各選項解析如下：

(A)歌詞將抽象的「寂寞」化為具象可以被「綁票」的人，歌詞出自蘇打綠所演唱的〈小情歌〉，青峰作詞。

(B)歌詞將抽象的「憂愁」化為具象可以被「擺渡」的船隻；歌詞出自紀曉君所演唱的〈故鄉普悠瑪〉，四弦作詞。

(C)「釉色」、「渲染」都不是抽象詞語，故不符合題意；歌詞出自周杰倫所演唱的〈青花瓷〉，方文山作詞。

(D)「群星」、「墜落」都不是抽象詞語，故不符合題意；歌詞出自陳珊妮所演唱的〈乘噴射機離去〉，夏宇作詞。

(E)「遺忘」、「記憶」雖然都是抽象詞語，但在歌詞中並沒有被轉化成具象的形象；歌詞出自陳昇所演唱的〈鄉〉，陳昇作詞。

19. (A)文中未提及「楊牧擅長冷峻批判現實」；且「冷靜」（指沉著、理智而不感情用事）和「冷峻」（冷漠、嚴峻）的意思並不相同。

(B)文中未提及「鄭愁予擅長刻畫風俗民情」。

(D)「楊牧，早年……以抒情典麗著稱」、「鄭愁予，早期……語言純淨，意象華麗」，故兩人是「早期」而非「後期」作品，都追求語言或意象的華麗。

20. (A)「更」，ㄍㄥ，舊時把一夜分作五更，每到一更，巡夜者敲鑼擊梆以報時，稱為「打更」。引文出自孫光憲〈更漏子〉，翻譯如下：夜半時分在女子的深閨院落中，聽寒夜更聲，雁子南飛遠去。／ㄍㄥ、，再。引文出自白居易〈琵琶行〉，翻譯如下：請不要推辭，再坐下來彈一曲吧，我將為你改寫作〈琵琶行〉。

(B)兩者都表「等待」之意。引文出自劉鶚《老殘遊記》，翻譯如下：等查清楚了案情，稟告了撫台大人，還是會還給你。／引文出自《中庸》，翻譯如下：君子居平正坦蕩之境以等待天命；小人則行事偏險以求非分的名利。

(C)兩者都表「聽聞」之意。引文出自魏徵〈諫太宗十思疏〉，翻譯如下：臣聽說要求樹木長得高大茂盛，必須先鞏固它的根。／引文出自杜光庭〈虯髯客傳〉，翻譯如下：劉文靜一向認為李世民極不平凡，突然聽到有人善於面相算命，便立刻叫人前去邀請李世民。

(D)「丁」，壯丁，指成年男子。引文出自白居易〈新豐折臂翁〉，翻譯如下：不久天寶年間大舉徵兵，一家中若有三位成年男子，就徵召一位去當兵。／「丁」，天干的第四位。引文出自曹雪芹《紅樓夢》，翻譯如下：明天要是出了事，我會依照規矩來處理，你也別抱怨。

(E)兩者都表「非常、十分地」之意。引文出自白居易〈與元微之書〉，翻譯如下：自從我來到九江後，至今已過了三年，身體還算健康，心情也很平靜。／引文出自蘇軾〈留侯論〉，翻譯如下：子房接受圯上老人贈送兵書，這件事情十分奇怪。

21. (A)詩中「玉門關」的這邊是楊柳依依、春風溫柔的家園，另一邊則是吹著異族樂器「羌笛」的荒漠邊塞「孤城」、「萬仞山」，「玉門關」在詩中確實具有分界的意義。選項引文出自王之渙〈涼州詞〉，翻譯如下：滾滾黃河彷彿來自那遙遠的雲海間，邊塞中的這座城孤立在萬仞高山的環繞下。羌笛何必吹著〈折楊柳〉的曲調，徒然使人心酸，一年容易又春風，但家鄉的春風是從不會吹拂過玉門關。

(B)詩中「陽關」的這邊是「青青柳色新」的家園，出了陽關後的另一邊，則是無故人的陌生荒遠地域，「陽關」在詩中確實具有分界的意義。選項引文出自王維〈渭城曲〉，翻譯如下：

清晨時，渭城下了場春雨，洗靜了地上的塵土，旅舍外的楊柳更顯嫩綠蒼翠。請乾了這杯酒吧，再西行出了陽關後就遇不到認識的朋友了。

(C)本段引文旨描述秀孤巒中黃花青子如桃花源的美景，「秀孤巒」在詩中並沒有成為家園與荒遠地域的分野。選項引文出自施鈺〈秀孤巒并記〉，翻譯如下：臺東平原靠近秀姑巒，想要訪查桃花源何在？在此即可看見。黃色的菊花能結出果實，山上長了許多可以供人加餐的青子。

(D)詩中寫遠渡「重洋」，來到文風鼎盛、溫暖且風景優美的地方，並沒有隱含家園與荒遠地域分野的意義。選項引文出自揚二酉〈重陽過東海書院〉，翻譯如下：遠渡大洋來此過重陽，帶著酒尋覓菊花，黃花正盛開。文人連日相集，只見天空晴朗。登臺遊賞，此時雖已九月卻仍暖和如春，人們都穿著輕薄的羅裳。

(E)「山」高不可攀，海天無邊，由未見船隻往返的描述，應知山的另一邊應是一個既遙遠又陌生的地方，「山」在此隱含家園與未知荒遠地域分野的意義。選項引文出自盧觀源〈臺陽山川風物迥異中土因就遊覽所及誌之以詩〉，翻譯如下：東南一脈高山橫臥，山勢高聳險峻入雲無法攀爬。高山之外的海天無邊，從未見過舟船往返啊！

22.(A)橫式信封的書寫，寄信人的住址、姓名需依序寫在左上角。

(B)收信人的住址、姓名依次寫在信封中間位置。

(C)收信人稱謂多為「姓」＋「名」＋先生或小姐等，若有職稱，則為「姓」＋「職稱」＋「名」＋（先生或小姐等），故應改為「陶副理青盈」或「陶副理青盈女士」。

(D)啓封詞「安啓」，是用於直系的家中長輩；給尊長時宜用「鈞啓」。

(E)寄件人姓名應寫在左上角的地址之後（下一行）。

23. 閱讀完全文，整理重點，脈絡如下：

⑴土地是農人最根本的信靠，並據以耕植和養育子女。

⑵作者對農村變遷的觀察：

①感慨農村的改變、時勢的發展：現代某些人成為了新興士紳和道德裁判者，他們只關心土地能否蓋房子，以金錢為最高目的，誠實、辛勤不再是美德。「表現於外全然的粗鄙：新建的樓房內外貼滿磁磚、壁上掛的全是民意代表贈送的匾額，濫飲聚賭，耽溺於坐享其成」等現象正為明證。

②也有傳統的農人，肯定並默默地維護著傳統，為自己和下一代努力不懈。

⑶作者總結前文並認為人存在的價值，在他們的心中永遠保有著一個道德地帶。

各選項解析如下：

(A)「有些人只關心土地能否蓋房子……更多的那些默默為自己和下一代努力不懈的人」，因此並不是「現在所有人只關心土地酸鹼程度與會否浸水」。

(B)「新建的樓房內外貼滿磁磚、壁上掛的全是民意代表贈送的匾額，濫飲聚賭，耽溺於坐享其成」，這些現象是「貪婪心無限伸張，表現於外全然的粗鄙」，而不是「由於當前農村經濟繁榮與文化水準的提升」。

(E)文中的新興士紳和道德裁判者，正是「只關心土地能否蓋房子，以金錢為最高目的，誠實、辛勤不再是美德」的人。

第二部分：非選擇題（共三大題，佔54分）

一、文章解讀（佔9分）

思路小提醒

以下答案均為寫作提示，僅點出關鍵，提供同學下筆發揮時的參考。

1. 題幹重點有二：
   (1)先歸納引文中「作者對文化與藝術的觀點」。
   (2)引用「生活中的例子」來印證引文中作者的觀點。
2. 作者對文化與藝術的觀點：
   (1)從「文化、藝術並非特定菁英份子的專利與責任」、「不因富貴貧賤而有高低多寡之別」、「與學歷、族群、性別沒有太大關係」等句歸結：人人都有文化與美感經驗。
   (2)由「有來自先天的主體脈絡，也有包容、吸納外來經驗的空間與環境」等句，歸結文化因素與美感經驗來自於自身天生與外在環境。
3. 生活中的例子：選擇生活中自己熟悉者作為議題，切忌舉例過於空泛。生活中如：居家環境的布置、自身服裝、儀容的打理，或藉由陳冠學的〈田園之秋〉，進而聯想到米勒畫筆下的田園之美、貝多芬第六號交響曲〈田園交響曲〉音樂欣賞的感動等。

二、應用寫作（佔18分）

思路小提醒

以下答案均為寫作提示，僅點出關鍵，提供同學下筆發揮時的參考。

1. 題目重心在「擇一立場」，因此同學需在閱讀完文章後便為自己選定寫作的視角，再行寫作。
2. 既是擇定立場，就要注意報導時說話陳述的口吻與呈現的面向，這是寫作時最易疏忽並丟分的地方。試就三者立場分別表述如下：
   (1)站在齊國記者的立場：敘述我國使臣晏子，如何不卑不亢地面對楚國的羞辱。
   (2)站在楚國記者的立場：敘述我國面對來使晏子，我國外交部做了哪些安排，對方有何種反應。
   (3)站在第三者的立場：敘述國際間一件外交禮儀上的遺憾場面，即齊國使臣晏子到楚國訪問，楚國外交部卻未能以禮相待。
3. 新聞報導的特色，是必須忠於事實，不加過多的個人主觀好惡；切記，同學無論選擇何種立場，皆須保持一定程度的客觀，方為報導文學。
4. 新聞報導的寫作方式在於首段先敘整件事件的梗概，繼之再詳述事件始末，切記不可只是翻譯原文。

三、引導寫作（佔27分）

思路小提醒

以下答案均為寫作提示，僅點出關鍵，提供同學下筆發揮時的參考。

1. 同學在寫作前需先「選擇一個」明確的時空情境，避免下筆之後才行思考而造成文意混亂。
2. 寫作順序參考：先選定一個時空情境→描述那一個時空情境（為你想加入的理由埋下伏筆）→你以何種姿態加入？產生了什麼改變？→因為過去你的加入，對現世產生了什麼樣的影響（呼應了你想加入的理由）。
3. 若希望文章能夠引人注意，素材的選擇、時空情境的描述，兩者至關重要。一般而言，具歷史關鍵意義、影響人類的重大發展往往比較容易發揮；時空情境的描述則最好要有你非加入不可的因素，敘述方具說服性，例如寫亂世下暴政苛刻，人民無奈悲苦地處於水深火熱，而你的重返對此歷史場景產生的一些改變。唯需注意，怪力亂神或過度天馬行空的胡亂想像都不可取。

98年學測（學科能力測驗）

第一部分：選擇題（佔54分）

壹、單選題（佔30分）

1. (A)ㄓㄜ／／ㄋㄧㄝ丶。(B)ㄔㄨㄤ丶／ㄑㄧㄤ丶。(C)ㄨㄢ丶。(D)ㄐㄧㄝ／ㄊ丶。

2. 甲、面面相覷（ㄑㄩ丶）：互相對視而不知所措，亦作「面面相窺」、「面面廝覷」。
   乙、意猶未盡：興致、意趣尚未滿足。
   丙、鎩（ㄕㄚ）羽而歸：鎩羽指鳥傷了翅膀，羽毛脫落。鎩羽而歸比喻失意或受挫折而回。
   丁、大快朵頤：朵，動。頤，下巴。朵頤，指動著腮頰欲食的樣子；大快朵頤一詞指人因飽食而愉快的樣子。

3. (甲)「清光四射，天空皎潔」，表示時間上已是月光普照的入夜時分，因此(B)選項「蒼然暮色，自遠而至」的黃昏天色漸漸昏暗的描寫，在時間點上有誤；其次，引文整段皆是在寫在住家院內，而非登高遠眺，故不可能看見，(D)選項中「風雲開闔，山岳潛形」的壯闊景色。
   (乙)「月升中天，清光從樹間篩灑而下」，這時看見舍前院中地上樹影葉搖，而非(B)選項的「浮光躍金」（江面上閃動的月光），也不會是(C)選項中「芳草鮮美」的翠綠。

4. 盜賊也是人，同樣要戴帽、穿鞋、穿衣；至於他和一般人不同之處，就是不能常保有退讓謙遜的心、端正廉潔操守等這些善性。各選項解析如下：
   (A)「夫盜亦人也，冠履焉，衣服焉」，指出盜匪和一般人一樣，都注重衣服、鞋帽的穿戴。
   (B)一般人和盜匪不一樣，其差異在盜匪的「退遜之心，正廉之節，不常其性耳」。
   (D)文中只提及常人與盜匪的差異點，並未論及「盜匪總是利用人性貪圖物質享受的弱點，引誘一般人迷失善性」。

5. 文章應該本於六經，思想才有根基。古人中只有劉向、曾鞏經常引用經書中的話語，至於韓愈、歐陽脩，則是融合了聖人的想法而創作，不必引用經文，便自然創作出合於經典中聖人論點的作品。最近見到權威人士動不動將經典中的文字填塞於文章中，以此期望表現出經典中的學術思想，其實反離經典學術更遠。
   (A)「近見巨子動將經文填塞」，可見當世文人只知徵引經文，而不能融通聖人之意。
   (B)文中並未提及為文者要與韓、歐等大家齊名。
   (C)引文只說明劉向、曾鞏、韓愈、歐陽脩等人的文章特色（劉向、曾鞏多引經語；韓、歐融聖人之意而出之，不必用經，自然經術之文也），並未「分析優劣」。
   (D)文中具體以「多引經語」、「融聖人之意」等句說明劉向、曾鞏、韓愈、歐陽脩等人化六經於文章，並進一步指出今人對其運用上的誤解，主旨並未擺在說明援經入文的方法。

6. 整理引文脈絡如下：
   當藝術即表現時，所能思考的只有二點：
   (1)表現了什麼：是指表現的內容，常無可避免的涉及藝術美的以外的因素，包括倫理、哲學、社會等種種問題。
   (2)如何表現：是指表現的形式，必然需思及藝術美本身的因素。
   　這二者之間的關係：彼此不能相互脫離、是一個問題的兩面、關係嚴密、彼此完全不能加以割裂。
   　這二者兼顧時可以達成的結果：藝術品的整體的和諧。

各選項解析如下：

(A)從事藝術創作，「吾人所能思考的只有表現了什麼和如何表現」，文中並未說明作者需要「縝密的思維」。

(B)表現了什麼即「內容」，如何表現即「形式」，兩者的和諧方可造就成功的藝術作品。

(C)藝術品必須要同時反映「表現了什麼」（要涉及藝術美的以外的因素，包括倫理、哲學、社會的種種問題）、「如何表現」（要思及藝術美本身的因素），才有價值。

(D)「表現了什麼」與「如何表現」沒有輕重之別，而是「一個問題的兩面」。

7. (甲) 三月三十日這一天，美好的春光要與耽溺於作詩的我告別。今夜我們不要睡覺，只因直到凌晨曉鐘響起之前，都還算是春季。

(乙) 節氣更迭，萬物相互催趕著更新，只有傻氣癡心的年輕孩子才會想要留住春天。其實對於芳香的春花即將謝去又何必有憾恨呢？夏天的林蔭也十分宜人美好。

各選項解析如下：

(A)只有乙詩寫出由「芳菲歇去」至「夏木陰陰」的景物變化，具體呈現季節的交替、轉換。

(B)兩首詩表現各有不同：乙詩借由「癡心兒女」與「我」，表達了他人與自己態度的差異；甲詩則深化了面對春盡的感傷。

(C)面對春光將逝，「未到曉鐘猶是春」一句，顯示作者惜春到最後一秒的傷感心態。

(D)由「芳菲歇去何須恨？夏木陰陰正可人」一句，可知作者面對四季變化的豁達心境。

8. (A)劃線部分為桃花源居民聽聞漁夫詳盡地說明在外面世界的見聞後，嘆惋洞外世界的征伐戰亂不斷，而非藉嘆惋表達桃花源居民的欣羨。〈桃花源記〉是魏晉時期社會動盪下的虛構故事，作者表此對美好世界的嚮往之情。

(B)左光斗在嚴寒的大雪日，看完書生的作品，毫不猶豫地解下自己的貂裘為書生蓋上以祛寒，表現出其惜才愛才之意，而非左光斗家境優渥、出手大方。

(D)桌上一掉下東西，下人搶先一步撿拾，可看出賈府的下人做事勤快、規矩嚴謹，而非平日待下人苛刻吝嗇。

9. 解析

原文：古之善攻者，不盡兵以攻堅城；善守者，不盡兵以守敵衝。

夫盡兵以攻堅城，則鈍兵費糧而緩於成功；盡兵以守敵衝，則兵不分，而彼間行襲我無備。故攻敵所不守，守敵所不攻。

翻譯

古代善於攻城的人，不會竭盡兵力來攻打堅固的城池；善於守城的人，也不會竭盡兵力來鎮守敵人全力攻擊的重點。耗盡兵力攻擊堅固的城池，一定會損鈍兵器、耗費糧食，曠日費時地延緩獲勝的時間；竭盡兵力鎮守敵軍的攻擊重點，則會使得軍隊難以分神他顧，反而讓敵軍能利用間隙，襲擊沒有防備的地方。所以，攻敵要攻打其沒有防守的地方，守敵要防守他們不會攻擊的地方。

說明

將原文排成三組文句，是希望能藉此觀察出排比句的形式。凡是古文考文句排列的類型，多可從句式（對偶、排比等）或句意（因果關係、「故」（因此）字作總結等）為判斷依據。

(1)「善攻者，不盡兵以攻堅城；善守者，不……」是一排偶的句式，故先選 (丁)，並可據此刪去(A)、(B)。

(2)整段文句可區分成「攻」、「守」兩大部分。題目首句以「攻」為先，「守」為後，接下來的文句因對應關係，也會是以「攻」為先，「守」為後，例如結尾兩句即是：故「攻」敵所不守，「守」敵所不攻。而推知 (丙)排在末項，據此可推知正確答案為(D)

10.(A)本詩押韻的字依序有：虹、朧、弓、東、峰、中、風、空、中、楓、篷、風等字，確實明顯押韻。

　　(B)本詩純寫西湖美景，表現秋天泛舟的閒適悠情，完全沒有傷春悲秋、感時憂世的情懷。

11.(A)本詩純寫景，表現秋天泛舟的閒適悠情，並沒有反應社會現象。

　　(B)本詩詩意淺白、文字樸素，簡明易解，並非朦朧恍惚、神秘幽晦、頗難理解。

　　(D)由垂楊、扁舟、斜陽、西風等關鍵詞，可知此詩題材、語言均深受傳統文學，而非西方文學的影響。

> 　　吾官鎮遠，嘗睹於物，得三戒焉。虎性饞，不擇肉而食，有羊牧崖上，虎攫之，羊負痛墮地死，虎隨之；虎墮地，不死而重傷焉，竟為鄉人所斃。蝎虎亦性饞，蝎虎緣壁行，入燕巢以食其雛，雛負痛墮地，蝎虎隨之；雛在地飛躍，家人為送入巢，蝎虎不能動，雞食之。蟻亦性饞，凡物有大於己者，皆負致以行，務入其穴乃止，有蚓出穴，蟻群嘬之，蚓負痛，宛轉泥沙中，卒莫能制蚓；鴨出欄，并食之。
>
> 　　夫虎貪食羊，不知羊死而身斃；蝎虎貪食燕雛，不知燕雛得全而己不免；蟻貪食蚓，不知與蚓并為鴨所食。嗟夫！利者，害之所伏也；得者，喪之所倚也。為饞不已者，可以戒矣！（周瑛〈饞戒〉）
>
> 　　蝎虎：又名守宮、壁虎。
> 　　蝎亦作「蠍」。

翻譯

我在鎮遠擔任官職時，曾經從動物的行為上，得到三種戒鑑。老虎生性貪饞，什麼肉類都吃，有羊放牧在懸崖上，老虎撲抓，羊疼痛負傷墮地而死，老虎也隨羊跌落懸崖；老虎墮地後雖沒死但也重傷，最後被鄉人擊斃。壁虎也生性貪饞，壁虎沿著牆壁面行走，進到燕子巢中要吃雛燕，雛燕疼痛負傷墮地，壁虎也隨著跌落；雛燕在地上不斷飛撲跳躍，那戶人家（撿拾起）將牠送回巢內，但是壁虎（卻負傷在地）無法行動，最後被雞吃了。螞蟻也生性貪饞，凡是（碰到）身形比牠大的生物，都要背著走，一直等扛回到蟻穴才停止。有蚯蚓離開了洞穴，蟻群一起咬嚙，蚯蚓負傷疼痛，扭轉翻滾地鑽進泥沙中，螞蟻最後還是無法制伏蚯蚓；這時鴨子一走出柵欄，就把蚯蚓及螞蟻一併吃掉。

老虎貪食羊隻，不知到最後羊隻死了，自身也隨之斃命；壁虎貪食雛燕，不知到最後雛燕得以保全生命，而自身卻無法倖免於死亡；螞蟻貪食蚯蚓，不知道最後自己和蚯蚓一起被鴨子吃掉。唉！得利之時，往往潛伏著禍害；獲得之時，往往倚存著喪亡。貪饞不已的人，應該以此為鑑戒！

12.(A)文中述及的三戒，是指以虎、蝎虎及螞蟻為戒。

　　(B)羊並沒有被老虎吃掉，而是「負痛墮地死」。

　　(C)蝎虎最後是被雞吃掉。

13.(B)本文第一段及第二段前半為敘事（分述三種動物），第二段後半為說理（僅總說而無分論，以饞貪為主旨）。

14.根據全文，整理脈絡如下：

　　(甲)1980年代中期發現，胰島素不僅可以通過血腦障壁，大腦本身也能少量分泌。

　　(丁)科學家藉由觀察老鼠發現記憶力好壞與大腦胰島素分泌多寡有關。

　　(丙)神經病理學家借前述觀察聯想到胰島素和阿茲海默症的關聯性，並發現患者一般大腦胰島

素含量偏低。

至於 (乙) 的選項，與題幹敘述「自1980年代中期至神經病理學家蒙特這段期間，關於胰島素的科學研究進程」無關。

15. 全文內容說明了阿茲海默症患者腦中胰島素含量少，在學習以及記憶有關的神經區域中，僅健康者的四分之一，末尾段更強調這種含量偏少的趨勢並非大腦獨有。一般而言，糖尿病即身體不能產生足夠的胰島素或對它有異常反應，而胰島素偏少不但會產生記憶與學習的障礙，更有可能導致罹患阿茲海默症。據上述推斷過程以及阿茲海默症和糖尿病的強烈關聯性，即可判定 (D)選項最有可能出現在劃線處。

二、多選題（佔24分）

16. (A)「葉」，葉片，為名詞，此處作為扁舟、小船的量詞。
　　(B)「艘」，船隻，為名詞，此處為軍艦的量詞。
　　(C)「頭」，為名詞，但不是霧水的量詞。既是量詞便是可計量、數出數目，例如：一葉扁舟、二三葉扁舟，或是一艘軍艦、兩艘軍艦等，但沒有一頭霧水、兩頭霧水的數法，由此可為判別。
　　(D)「盞」，小杯子，為名詞，此處為熱茶的量詞。
　　(E)「床」，家具，為名詞，此處為棉被的量詞。

17. (A)、(B)兩選項：在應用文中，「弄璋」、「夢熊」都指生男孩；「弄瓦」、「夢虺」則都指生女孩。夢見虺（ㄏㄨㄟˇ、ㄏㄨㄟ，一種毒蛇），在古代認為是生女的預兆，故「夢虺」指生女孩。
　　(C)選項：「彤管流芳」為女喪輓詞，不適合用在祝賀他人的演出。彤管，一種紅管的筆，古代皇宮內的女史，以此記錄后妃的事蹟。
　　(D)選項：「餘音繞梁」：餘音環繞屋梁旋轉不去，形容音樂美妙感人，餘味不絕；亦作「繞梁之音」、「繞梁三日」、「餘妙繞梁」、「餘響繞梁」、「餘音嫋嫋」。
　　(E)選項：「珠聯璧合」：日月如併合的璧玉，星辰如成串的珍珠，比喻人才或美好的事物相匹配或同時薈集，常用作祝賀新婚的頌辭。亦作「璧合珠連」、「璧合珠聯」、「連珠合璧」。
　　「百年好合」：祝人夫妻感情長久不變。通常作為結婚誌喜的賀詞。

18. (A)白圭之玷：白玉上面的瑕疵。後比喻完美的人、事或物上的小缺失，此成語不適合用於形容鑲在名錶上的精美鑽石。
　　(B)陽春白雪：樂曲名；或相對於通俗音樂而言，指較為深奧難懂的音樂；後亦用以比喻精深高雅的文學藝術作品。此成語不適合用於形容山頭上的皚皚白雪。
　　(C)白手起家：沒有任何依恃而獨立興起家業，亦作「白手興家」、「白手成家」。此成語不適合用於形容臂力過人的大力士。
　　(D)白駒過隙：指馬從洞孔前一下子就跑過去。後比喻時間過得很快，可用於形容人一生短暫的光陰。白駒，駿馬；隙，洞孔。亦作「過隙白駒」、「隙駒」。
　　(E)白雲蒼狗：比喻世事變幻無常，可用於形容人生戲劇化的由百億身家轉至負債累累。

19. (A)兩者皆有「沿、循」之意。引文出自韋應物〈送楊氏女〉，翻譯如下：回到家看著稚幼的女兒，點點淚珠沿著繫帽的帶子滑落而下。／引文出自陶淵明〈桃花源記〉，翻譯如下：沿著溪流向前行，忘了究竟走了多遠。
　　(B)兩者皆有「坐下」之意。引文出自王維〈輞川別業〉，翻譯如下：步行來到水的源頭處，隨

意坐下看雲朵自山谷翻騰冉飛而起。／引文出自柳宗元〈始得西山宴遊記〉，翻譯如下：到了目的地後就撥開雜草隨意坐下，倒盡壺裡的酒喝個大醉。

(C)兩者皆有「難道」之意。引文出自杜甫〈旅夜書懷〉，翻譯如下：我難道在乎名聲隨著文章受重視而顯揚？本想藉做官為天下蒼生謀福，恐怕現在因為我的年老病衰而中止。／引文出自連橫〈臺灣通史序〉，翻譯如下：那麼臺灣沒有一本記錄正確的史書，難道不是令臺灣人悲痛的事嗎？

(D)往。引文出自王維〈送別〉，翻譯如下：下馬陪伴您喝一杯酒，請問您要往哪裡去？／助詞，無義。引文出自韓愈〈師說〉，翻譯如下：聖人成為聖人的原因，愚人成為愚人的原因。

(E)豈、何。引文出自《古詩十九首·凜凜歲云暮》，翻譯如下：只恨自己沒有鷙鳥般健飛的雙翼，如何能凌風高飛（追隨著夫婿）？／語尾助詞。引文出自韓愈〈師說〉，翻譯如下：古代聖人，才能比一般人高出很多，尚且跟隨著老師問學。

20.(A)動詞，欺騙。／動詞，欺騙。引文翻譯如下：我欺騙了誰？我欺騙了上天。

(B)動詞，ㄌㄜˋ，以……為樂。／名詞，ㄩㄝˋ，可調和性情、移風易俗、教化人民的和諧之音。引文翻譯如下：以節制禮樂為樂，以稱讚他人優點為樂，以多結交品德高潔的賢者為樂。

(C)名詞。／名詞。先覺（覺，名詞，覺悟事理的人；先覺，較常人先覺悟的人；或對事物能事先覺察、瞭解的人，故指賢智的人）覺（動詞，啟發、告訴）後覺（覺，名詞，覺悟事理的人；後覺，後覺悟事理的人）。引文翻譯如下：上天生養化育百姓，就是要讓賢智的人去啟發後覺悟事理的人。

(D)表疑問的語尾助詞，嗎、呢。／動詞，給予。引文翻譯如下：老師到了一個國家，一定要請教那個國家的國政治理之道。是老師主動去打聽求知的呢？還是主政者主動告訴老師的呢？

(E)名詞，ㄨㄤˊ，君王。／動詞，ㄨㄤˋ，稱王。引文翻譯如下：這是心裡不想做，並不是能力上做不到。所以國君你無法稱王於天下，不是挾太山、超北海這一類（能力上做不到）的情況（，而是你心裡並不想做）。

21.(A)電影情節的設計是因「導演贊同且體恤鄉下小民那些充滿漏洞、微有破碎的生活調調，並帶著大家去犯一些不傷大雅的小錯」，而非揭露鄉下小民不平等待遇的辛酸。

(B)「充滿漏洞」的是鄉下小民的生活調調，而不是演員的演出方式。

(C)「微有破碎」指的是鄉下小民的生活調調，而非劇情。

(D)由「導演很贊同且體恤鄉下小民那些充滿漏洞、微有破碎的生活調調，並帶著大家去犯一些不傷大雅的小錯」一句可知，劇中鄉下小民偶有小錯的生活小節，都能得到導演與觀影民眾的包容與諒解。

(E)「若有一件創作，可以帶著大家去犯一些不傷大雅的小錯，那麼這創作的欣賞者或參與者必定很踴躍，並且參加之後猶很感激」，因此觀眾對隨興生活的憧憬，確實可以透過劇中人物「充滿漏洞、微有破碎的生活調調」暫得滿足。

22.題目以「手風琴彈奏的聲音」描寫聽覺，以「狹長空蕩的巷子」描寫視覺並用「拉成」一詞表現出「感覺（感官的感覺描寫）轉移的手法」。各選項解析如下：

(A)選項引文出自鄭愁予〈老水手〉。聽覺描寫：「靜靜的」，視覺描寫：「兩排榕樹掩映下的小街道」，兩者間沒有使用感覺轉移的手法。

(B)選項引文出自管管〈蟬〉。聽覺描寫：裝進錄音機的「蟬聲」，觸覺描寫：「烤火」，並以「拿出來」一詞表現聽覺轉移到觸覺的感覺轉移手法。

(C)選項引文出自徐志摩〈再別康橋〉。整句寫青荇在水波中晃動的景象，並沒有使用感覺（感

　官的感覺描寫）轉移的手法。

　　(D)選項引文出自王家祥〈春天的聲音〉。「看見」「聲音」，是從聽覺轉移到視覺，使用了感覺（感官的感覺描寫）轉移的手法。

　　(E)寫「野牡丹」如人般「精神奕奕」，是擬人寫法，並沒有使用感覺（感官的感覺描寫）轉移的手法。

23.(D)〈赤壁賦〉一文藉蘇子與客討論水與月的變與不變，表現蘇軾面對逆境時，超然物外、曠達自得的態度。

第貳部分：非選擇題（共三大題，佔54分）

一、語譯（佔9分）

> 　　宮中府中，俱為一體，陟罰臧否，不宜異同。若有作姦犯科，及為忠善者，宜付有司，論其刑賞，以昭陛下平明之理，不宜偏私，使內外異法也。（諸葛亮〈出師表〉）

翻譯

皇宮和丞相府，本來都是屬於同一個行政體系，在賞善罰惡的標準上，不應該有不同的標準。如果有作惡犯法或忠於職守、行善的人，都應該交給主管賞罰的官員，由這些官員來判擬適當的處分或獎賞，以表現陛下公正英明的治理，因此不該有偏袒徇私的行為，使宮內和丞相府的法制不同。

二、意見闡述（佔18分）

思路小提醒

以下答案均為寫作提示，僅點出關鍵，提供同學下筆發揮時的參考。

1. 立論時需兼顧兩個事例，才能符合引文「綜合事例」的要求。
2. 這兩則事例的主題均是「堅持」，可以討論的觀點如下：
　　(1)主角「堅持」到底的人生態度。
　　(2)「堅持」過程中，面對需「放棄」時的抉擇。
　　　前者事例：強忍受傷之痛，奮戰到底→回國後，數所大學爭取她擔任教職（堅持的精神令人感佩）。
　　　後者事例：強忍受傷，仍堅持跑完→送醫截肢（可見適時的放手需要勇氣，更需要智慧）。
3. 切記不論提出的看法為何，必須言之成理，且觀點一致，不可反覆、猶豫或論述不清。
4. 因為文長限於250字～300字，故建議觀點僅需擇一論述即可，千萬不可貪多，否則想要面面俱到，反淪為泛泛之論。

三、引導寫作（佔27分）

思路小提醒

以下答案均為寫作提示，僅點出關鍵，提供同學下筆發揮時的參考。

(1)「你曾經遭遇的逆境」一定是從同學的自身經驗出發。在敘述的過程中，痛苦、抑鬱等心情的抒情，挫折、打擊等情節的描述，都宜放大聚焦，使見逆境遭遇之深且大。

(2)在「如何面對克服」的層面，同學需清晰論述思考的過程，不可含混或想當然耳。很多同學喜

歡在作文中描述以一句話讓自己茅塞頓開的快速轉變過程，似乎突然間一切問題便都解決；描述這種簡易的轉變過程雖然可以協助同學快速完成作文，但是卻很難使讀者信服。

雖然引文中沒有提到「克服逆境之後」的情節，但在寫結論時，同學可以提到這種克服逆境的方式所帶給你的影響、啟發或幫助為何，不但有助說明「如何面對克服」的有效成果，且使情節的敘述更臻完整，惟需注意論述比例不可超過一段，以免本末倒置、模糊焦點。

99年學測（學科能力測驗）

第一部分：選擇題（佔54分）

一、單選題（佔30分）

1. (A)ㄨˇ。(B)ㄅㄨㄚˋ／ㄅㄨ。(C)ㄅㄧˊ／ㄆㄧˇ。(D)ㄨㄛ／ㄨㄟ。

2. (A)「相輔相乘」→「相輔相成」。相輔相成：互相輔助、配合，以完成某種事物；亦作「相輔而成」。
   (B)餐風宿露：形容野外生活或行旅的艱苦；亦作「露宿風餐」。
   (C)「兼容並敘」→「兼容並蓄」。兼容並蓄：把各種不同的事物或觀念收羅、包含在內；亦作「兼收並蓄」、「俱收並蓄」。
   (D)「驅之若鶩」→「趨之若鶩」。趨之若鶩：鶩，鴨。指像成群的鴨子般跑過去，形容前往趨附者極多。

3. 判斷的依據如下：
   (甲) 秋天經霜後的楓葉呈現紅色，血亦為紅色，因此楓葉為貼進詩句意涵的選項；選項引文出自余光中〈戲為六絕句‧楓葉〉。
   (乙) 詩句強調「聽」的功能，因此「電話」比「電視」更貼進詩句的意涵；選項引文出自康逸藍〈電話之歌〉。
   (丙) 在夜晚「飛行」，並在半夢半醒間的「耳邊」響起的聲音是蚊子所造成，而非風鈴；選項引文出自陳黎〈浮生六記‧蚊〉。

4. 選項引文出自方孝儒〈指喻〉，翻譯如下：天下萬事都發生自最細微的地方，最後終演變成重大的禍患。各選項解析如下：
   (A)引文藉由「水」的意象，說明世間事物皆由小累積漸大。選項引文出自《後漢書‧桓榮丁鴻列傳》，翻譯如下：破壞高崖巖壁的大水，都源自於涓涓細流的累積。
   (B)引文藉由「水」的意象，說明心中愁苦綿長，難以阻斷、忘懷，與「禍患起於細微」無關。選項出自李白〈宣州謝朓樓餞別校書叔雲〉，引文如下：「……俱懷逸興壯思飛，欲上青天攬明月。抽刀斷水水更流，舉杯銷愁愁更愁。人生在世不稱意，明朝散髮弄扁舟。」翻譯如下：我們都滿懷豪情逸興、神思飛躍，像要騰飛上青天摘取那皎潔的明月。然而人生際遇中的憂愁，就像抽出寶刀想斬斷水流，水流卻更加東流；舉杯喝酒以排遣煩憂，卻反愁上加愁。人生在世竟如此不稱心，不如明早就散髮乘舟在江湖上自在地漂流。
   (C)引文說明人眼界的開拓，在於看過寬廣的事物或學習深廣的學理，與「禍患起於細微」無關。選項引文出自《孟子‧盡心》上，翻譯如下：到過大海，觀覽過無際的壯闊與滔天巨浪，就覺得再也沒有可以勝出的水景風光；曾在聖人門下求學，見過聖人之學深廣，就覺得其他言論都不算是言論了。
   (D)引文說明環境對人的影響，與「禍患起於細微」無關。選項引文出自蘇軾〈日喻〉，翻譯如下：每天生活在水邊，那麼十五歲便能深諳水性；若是從小便從未接觸過水，則雖成人，見到船隻仍會心生畏懼。

5. 「飛魚」對「季」，「天才」對「夢」具有限制和界定作用，其構詞方式為：形容詞＋名詞，各選項解析如下：
   (A)錯＋誤：名詞＋名詞；下＋棋：動詞＋名詞。
   (B)種＋地瓜：動詞＋名詞；談＋友誼：動詞＋名詞。
   (C)問候＋天空：動詞＋名詞；再別＋康橋：動詞＋名詞。

(D)荷塘＋月色：形容詞＋名詞；蕃薯＋地圖：形容詞＋名詞，且「荷塘」對「月色」，「蕃薯」對「地圖」具有限制和界定作用。

6. 千夫所指：被眾人所指責，形容觸犯眾怒；亦作「千人所指」。
   眾目睽睽：眾人都睜大眼睛注視著；亦作「萬目睽睽」。
   有板有眼：唱戲或唱歌合乎節拍，形容人的言語行事清晰有條理。
   眼明手快：眼光銳利，動作敏捷；亦作「眼明手捷」。
   大謬不然：大錯、荒謬，與事實完全不符。
   人心大快：使人心裡非常痛快；亦作「大快人心」。
   各選項解析如下：
   第一個空格：「在光天化日、□□□□之下，歹徒竟公然行搶」，前後兩組成語以頓號區隔，其中必有緊密的關係；再者，文意上「眾目睽睽」較「千夫所指」恰當。
   第二個空格：「只見刑警□□□□，閃過歹徒的襲擊，將他制伏在地」，是描寫刑警身手，故「眼明手快」較「有板有眼」恰當。
   第三個空格：刑警身手令「在場民眾□□□□」，刑警制伏歹徒，故□內一定是正面的用詞，「人心大快」較「大謬不然」恰當。

7. 原文：是故國有賢良之士眾，則國家之治厚，
   　　　　　　　賢良之士寡，則國家之治薄，
   　　　　故大人之務，將在於眾賢而已。
   將原文排成三組文句，是希望能藉此觀察出排比句的形式。凡是古文考文句排列的類型，多可從句式（對偶、排比等）或句意（因果關係、「故」（因此）字做總結等）為判斷依據。
   翻譯如下：國家擁有的賢良的士人如果眾多，治國的力量就雄厚；賢良的士人如果稀少，治理國家的力量就薄弱。所以執政者的任務，就在於聚集眾多賢良的士人而已。
   說明如下：
   (1)「國有賢良之士眾，則國家之治厚」；「（國有）賢良之士寡，則國家之治薄」前後兩組文句，為句型相同的對偶句，故 (丁) 應為排於最前，可刪去(A)(B)。至於 (乙)、(甲) 則前後相連為的一組，同樣可刪去(A)(B)。
   (2)從文意上再作檢視，對偶句的前一組是「士眾」、「治厚」（國家中的賢良人士眾多，則國家治理的績效就豐厚可觀），後一組是「士寡」、「治薄」（國家中的賢良人士寡少，則國家治理的績效就微少而不足以觀），文意相對且應相連接；最末句「將在於眾賢而已」中的「在於」為連接詞，承接上句「故大人之務」，故確認(C)是正確選項。

8. 下對上的稱謂：對家中長輩可使用「膝下」、「膝前」；對老師可使用「函丈」；對一般長輩是「鈞鑒」等。
   平輩之間的稱謂：「左右」、「大鑒」。
   上對下的稱謂：「知悉」。
   (A)蘇軾（子）寫信給蘇洵（父），可使用「膝下」；「左右」、「大鑒」則是用於平輩。
   (B)李白（友）寫信給杜甫（友），可使用「大鑒」。
   (C)曾鞏（生）寫信給歐陽脩（師），可使用「函丈」；「知悉」表知道之意，應是上對下的書信「提稱語」。
   (D)左光斗（師）寫信給史可法（生），可使用「知悉」；「鈞鑒」則是下對上的書信「提稱語」。

9. 閱讀完全文，整理重點，脈絡如下：
   《水滸傳》的雛形是《宣和遺事》一書，由許多非同一時間，且零散的水滸故事（行俠仗義、

濟困扶危：上山落草、反抗政府）編進北宋宣和年間。

(A)水滸故事並非只在北宋時發生的故事，而且也不是歷史資料。

(B)《水滸傳》是以《宣和遺事》爲底本綴輯成書。

(D)記錄的是故事，而非史事。

> 　　自東漢以來，道喪文弊，異端並起，歷唐貞觀、開元之盛，輔以房（玄齡）、杜（如晦）、姚（崇）、宋（璟）而不能救。獨韓文公起布衣，談笑而麾之，<u>天下靡然從公</u>，復歸於正，蓋三百年於此矣。文起八代之衰，道濟天下之溺。忠犯人主之怒，而勇奪三軍之帥。此豈非參天地，關盛衰，浩然而獨存者乎？（蘇軾〈潮州韓文公廟碑〉）

翻譯

從東漢以來，儒道淪喪、文風敗壞，佛老等各種邪說俱興，雖然歷經唐朝貞觀、開元的盛世，有房玄齡、杜如晦、姚崇、宋璟等名臣的輔佐，都不能挽回頹勢。只有韓愈出身於平民，談笑間從容指揮，天下文人望風跟從，使學術文章又再回歸於正道，至今約有三百年了。韓愈提倡古文，振興了八代以來華靡的衰落文風；以儒道爲正統，拯救陷溺於佛老的學說人心。韓愈忠忱地諫迎佛骨而觸怒皇帝，勇氣能鎭懾三軍將領。這難道不是挺立天地，關係機運盛衰，正氣凜然而人格特立的人嗎？

10. 題幹中「天下靡然從公」的「靡」，是「倒下、順從」之意。各選項說明如下：

(A)「靡」指「華麗」，而非「倒下、順從」之意。選項引文出自蘇軾〈論養士〉：「春秋之末，至於戰國，諸侯卿相皆爭養士。自謀夫說客、談天雕龍、堅白同異之流，下至擊劍、扛鼎、雞鳴、狗盜之徒，莫不賓禮。靡衣玉食以館於上者，何可勝數……」此段文意是指春秋戰國時各種思想、各式人等，皆因養士之風鼎盛，被諸侯卿相禮遇招待，過著穿華衣吃美食、生活豪奢的人，多得數不盡。

(B)「靡」指「奢侈浪費」，而非「倒下、順從」之意。選項引文出自司馬光〈訓儉示康〉，翻譯如下：大家都以奢侈浪費爲榮耀，只有我以簡單樸素爲是。

(C)「靡」指「沒有」，而非「倒下、順從」之意。選項引文出自連橫〈臺灣通史序〉，翻譯如下：這本書記錄的時間是從隋朝開始，一直到甲午戰爭臺灣割讓給日本爲止，其間自古至今、大大小小的史事，沒有一件遺漏。

(D)「靡」指「倒下、順從」之意。選項引文出自《陳書・皇后傳》，翻譯如下：陳後主的寵妃張（麗華）貴妃、孔貴嬪的勢力，影響遍及各處，國家大臣治理政事時，也都如風吹草倒般，折服於其威勢。

11. (A)韓愈提倡古文，反對佛老，致力建立儒家道統，所以文中的「文」是指古文，「道」是指儒家學說。

(B)韓愈在文學史上有一定的地位，但是在武功軍事上並沒有勳業，故其「忠」、「勇」只是在盡己之心、勇於直言的忠心與勇氣，而非文武雙全的從政勳業。

(C)文中兩用「獨」字，既凸顯布衣韓愈的勇氣，也凸顯韓愈的特立人格。

(D)由「文起八代之衰，道濟天下之溺」一句，可看出韓愈在「道」、「文」上的貢獻，以及其不同於凡人的獨到的識見與勇氣。

12. (A)「如果人面對生活絕境經濟上燃眉之急，一家人沒有溫飽，那是另一種生的桎梏，談不上尊嚴自由」，因此作者強調「有志於道且需溫飽，才是眞自由」。

(B)由「在夏特頓與華茲華斯之間，後者更令人羨慕」一句，可知作者確實認同梭羅、華茲華斯之先得溫飽再從事創作。

(C)荷瑞斯表示「希望的生活是有足夠的書籍與食物以維持自己不陷入精神與物質的貧乏」，這亦是作者「有志於道且需溫飽」的觀點，因此並沒有不以為然。

(D)由「但像文學天才愛倫坡、夏特頓連溫飽都沒有，尤其是少年天才夏特頓不幸在貧病中自殺，如果天假以年，以他……的才華，必能將文學這片園地耕耘成繁花之園，貧病為天才敲起喪鐘，當人們追悼這位早逝的天才，輓歌的聲調中含有無比的惋惜」等句，可見作者對愛倫坡、夏特頓的遭遇甚表惋惜，並不推崇其貧困的際遇。

13.(B)文中敘述梭羅「維持最基本的物質生活，以達成追求精神生活的願望」、「羅馬詩人荷瑞斯表示他最後所希望的生活是有足夠的書籍與食物以維持自己不陷入精神與物質的貧乏」，都在強調安穩的物質生活與富足的精神生活應並重，也是作者為文的主旨。

14.(A)「腓尼基城市才得於亞述人的屢次席捲後倖存」，可見「建國前飽受亞述帝國侵擾」的是腓尼基人的城市。至於迦太基建國後是否征服希臘與羅馬，文中並未述及。

(B)「希臘人在島的東邊不斷擴增殖民城市，他們一旦落腳……也蓋神殿、劇場、競技場等，將希臘文化根植在那裡」，因此以文化收編的是希臘人。

(C)「迦太基人在島的西邊也有幾處地盤，但迦太基人不建設城市……這些城市只是得到財富的據點」，因此「據點的擴張與運用，藉以累積財富」的敘述符合題意。

(D)「但迦太基人不建設城市……這些城市只是得到財富的據點」，可見「發揮強大的商業實力，不斷在地中海沿岸建設城市」的敘述有誤。

15.(A)「希臘人不但認為迦太基人的城市無聊透頂，甚至形容他們是『為了搬運燒洗澡水的木柴而弄得灰頭土臉，卻始終沒去洗澡的驢子』」，可見在希臘人眼中的迦太基人，「賺取財富，卻不懂得享受」。

二、多選題（佔24分）

16.(A)「生命無常、人生易老本是古往今來一個普遍命題」，此議題並不是於魏晉詩篇中首開其端。

(B)「從黃巾起義前後起，整個社會日漸動盪，接著便是戰禍不已，疾疫流行，死亡枕藉」，正是選項所說的是「戰禍不已、疫疾流行的年代」；而從「生命無常、人生易老本是古往今來一個普遍命題，魏晉詩篇中這一永恆命題的詠嘆」，則可看出魏晉詩人確實感受到「生命無常、人生易老」，生命的短暫與脆弱。

(C)由文中敘述：「如何有意義地自覺地充分把握住這短促而多苦難的人生，使之更為豐富滿足，便突出出來了」，可以說明本選項敘述正確。

(D)「既定的傳統、事物、功業、學問、信仰又並不怎麼可信可靠，大都是從外面強加給人們的，那麼個人存在的意義和價值就突出出來了」，可以說明本選項敘述正確。

(E)「它實質上標誌著一種人的覺醒，即在懷疑和否定舊有傳統標準和信仰價值的條件下，人對自己生命、意義、命運的重新發現、思索、把握和追求」，可知魏晉詩人在新的價值中覺醒，並沒有流於荒誕頹廢。

17.(A)為先因後果：「為桃花所戀」是因，「不忍去湖上」是果；選項引文出自袁宏道〈晚遊六橋待月記〉。

(B)為先果後因：「軒凡四遭火，得不焚」是果，「殆有神護」是因；選項引文出自歸有光〈項脊軒志〉。

(C)爲先因後果：「詣太守，說如此」是因，「太守即遣人隨其往」是果；選項引文出自陶淵明〈桃花源記〉。

(D)爲先果後因：「爲相數十年，無纖介之禍」是果，「馮諼之計」是因；選項引文出自《戰國策‧馮諼客孟嘗君》。

(E)本段文句沒有因果關係；選項引文出自歐陽脩〈醉翁亭記〉。

18. 題幹敘述「無疑而問，不需對方回答，而是藉由提問引起對方思考，屬於特殊的疑問句」，正是「反問句」、「激問句」；本題單純地考同學是否閱讀後理解選項中的敘述口吻。

(A)畫底線處爲疑問句；選項引文出自《三國演義‧用奇謀孔明借箭》。

(B)畫底線處雖採疑問形式，卻是無疑而問的激問句，答案在問題的反面；選項引文出自簡媜〈夏之絕句〉。「而有什麼比一面散步一面聽蟬更讓人心曠神怡」，意指「沒有什麼比一面散步一面聽蟬更讓人心曠神怡」，也就是一面散步一面聽蟬最讓人心曠神怡。

(C)畫底線處雖採疑問形式，卻是無疑而問的激問句，答案在問題的反面；選項引文出自洪醒夫〈散戲〉，文中「做戲有什麼好笑？」是指出做戲當然不好笑，因爲把兒女養大都靠它。

(D)畫底線處雖採疑問形式，卻是無疑而問的激問句，答案在問題的反面；選項引文出自劉鶚〈明湖居聽書〉，文中「誰不學他們的調兒呢」，是指大家都學他們的調兒。

(E)畫底線處爲疑問句；選項引文出自琦君〈髻〉。

19. (A)若下屬「來俊臣是凶手」，可知任用來俊臣的君王武則天，就是更大的兇手，才會招致人民的怨恨，因此說「武則天是爲民除害的大法官」，正是達到諷刺或嘲謔效果的「倒反」法。

(B)他說她養了個姘頭，這是極大的侮辱，她卻以「承你看得起。連你熊應生都不要我，還有人會要我嗎？」諷刺對方連姘頭都不如，正是達到諷刺或嘲謔效果的「倒反」法；選項引文出自鍾曉陽《停車暫借問》。

(C)金筷、銀筷，都不如我家裡的筷子順手，是實話的陳述；選項引文出自《紅樓夢‧劉姥姥進大觀園》。

(D)胡屠戶誇耀因自己積了德，將好運帶給范進，讓他考上科舉，表現出瞧不起范進的態度，並不是「倒反」法；選項引文出自《儒林外史‧范進中舉》。

(E)洗完臉「盆裡的水可黑了……宋媽走進來換洗臉水，她……說：『這是你的臉？多乾淨呀！』」諷刺對方臉太髒，正是達到諷刺或嘲謔效果的「倒反」法；選項引文出自林海音《城南舊事》。

20. (甲) 這是西施的故事：選項引文出自宋之問〈浣紗篇贈陸上人〉，翻譯如下：越女貌美如花，越王聽說她擅長浣紗。無奈越國戰敗國力衰微，無法將她留在身邊予以寵愛，只能獻給吳王，成爲館娃宮中的新歡。

(乙) 這是王昭君的故事：選項引文出自釋皎然〈王昭君〉，翻譯如下：王昭君自恃美貌，希望獲得君王恩寵，誰料到美醜的評價忽然改變。因爲不願用黃金賄賂漢宮中的畫師畫出自己的美貌，最後只有落得和番匈奴，死在胡地，孤魂長埋在墓草青青的墳塚中。

(丙) 這是楊貴妃的故事：選項引文出自張祜〈馬嵬坡〉，翻譯如下：大軍不願整隊出發，君王唐玄宗也無可奈何，隨著玄宗南逃避難的人少，在北方投降安祿山的人則較多。曾經塗抹香粉容貌豔麗的楊貴妃，現今墳塚只見塵土飛揚，她生前愛吃的荔枝，在她死後還曾送到馬嵬坡。

各選項解析如下：

(A)西施因吳越之爭，送給吳王夫差；王昭君因和番出塞至匈奴；楊貴妃因安史之亂而命喪馬嵬坡。三詩主角的命運確實皆與政治相關。

(B)西施從越至吳、王昭君從漢至胡、楊貴妃從長安至馬嵬坡，三詩中呈現的空間變動，也代表

了三位主角際遇的轉變。

(C)甲詩從西施浣紗女的出身交代至她被送入吳宮、乙詩從漢宮畫師事件交代至王昭君過世並長埋胡地、丙詩自馬嵬坡前大軍不發交代至楊貴妃死後墳上塵土飛揚，皆以「順時」方式敘述事件。

(D)甲詩「顏如花」、乙詩「嬋娟」，皆直言主角的美貌，丙詩則藉「香粉豔」暗示主角的美貌。

(E)三詩均以「作者」的第三人稱觀點敘述；其中乙詩有「青塚空埋胡地魂」之句，述及死後之事，故知不可能是以第一人稱觀點敘述。

21. (A)文中沒有任何「玫瑰帶刺」的描寫句，振保亦沒有在文中表達對愛情的畏懼。

(E)「娶了紅玫瑰，……；娶了白玫瑰，……」描述的是「得不到的才是最好」的矛盾人性。

22. 本題文字節錄自《商君書‧更法》，引文內容討論頒布開墾荒地的法令之事。

(1)秦孝公：現在我打算修改法令來治理國家，變更禮制來教化人民，但是恐怕天下人會批評議論我。

(2)商鞅：「愚笨的人，事情做成後卻還不明白其中道理；明智的人，在事發之前就已經看出徵兆。」因此聖人如果可使國家富強，就不必沿用舊日的法度；假如有利於人民，就不必遵循舊日的禮制。

(3)甘龍：不對。聖人不會違反民俗人性來施行教化，明智的人也不會改變法度來治理國家。

(4)商鞅：夏、商、周三代各有不同禮制，但都能一統天下；五霸各有不同的法度，也都能稱霸一方。所以明智的人制定法度，愚昧的人則被法條制約；賢能的人更改體制，不賢者則被禮制約束。

(5)杜摯：利益不到百倍，就不要（貿然地）改變法度；功效不到十倍，就不要（貿然地）更換器物。學習古法就不會出錯，遵循舊禮則不致偏邪。

(6)商鞅：商湯、周武王沒有遵循古法而能稱王天下，商紂、夏桀並沒有更改禮制卻亡國。不遵循古代禮制法令不一定就是錯，而遵循舊禮也不是都對。

(7)秦孝公：說得好。任命商鞅為左庶長。

錯誤選項解析如下：

(B)秦孝公原有意變法，經朝廷大臣討論後，以「說得好。任命商鞅為左庶長」作結，表示其決定變法。

(C)只有商鞅援引前代興亡史實，以強化論辯依據；甘龍、杜摯並未援引史實。

23. (A)諸葛亮行事態度莊重，對後主謹守君臣分際，選項敘述正確。選項引文出自《論語‧公冶長》，翻譯如下：立身行事能謙恭，侍奉長上能敬重。

(B)蘇轍寫〈上樞密韓太尉書〉時，還未做官，故選項敘述錯誤。選項引文出自《論語‧子張》，翻譯如下：出仕為官有成且遊刃有餘暇，就努力學習。

(C)韓愈〈師說〉中舉孔子師郯子、萇弘、師襄、老聃等人為例，正說明學無常師之理，故選項敘述正確。選項引文出自《論語‧述而》，翻譯如下：三人同行，必定有值得我效法學習的對象。

(D)而蘇軾〈赤壁賦〉：「哀吾生之須臾，羨長江之無窮」的心理，是感慨人生苦短，不同於孔子重視現實人生態度的生死觀，故選項敘述錯誤。選項引文出自《論語‧先進》，翻譯如下：人世的事都不知道，有哪能知道死後的身後事呢？

(E)燭之武的「臣之壯也，猶不如人；今老矣，無能為也已」，委婉表達早年未受鄭伯重用的埋怨之意，故選項敘述錯誤。選項引文出自《論語‧季氏》，翻譯如下：壯年時，精力旺盛，易於衝動，應該戒慎勿逞強好鬥；老年時，氣衰力微，應該戒慎勿貪得。

第貳部分：非選擇題（共三大題，佔54分）

一、文章解讀（佔9分）

> 其實季節是萬物心境的轉換：秋日的天空時常沒有欲望，看不見一抹雲彩，秋高氣爽似乎意味著心境的圓滿狀態。春日的新生喜悅，叨叨絮絮到夏日的豐盈旺盛，滿溢狂瀉；風雨之後，秋日是一種平和安寧的靜心，內心既無欲望也就聽不見喧囂的聲音，此時真正的聲音便容易出現了；秋天似乎是為了靜靜等待冬日的死亡肅寂做準備，曠野上行將死亡的植物時常給我們憂鬱的印象，所以誤以為秋天是憂傷的季節。也許秋天的心境讓我們容易看見深層的自己，彷彿這是大地的韻律，存在已久，只是我們習於不再察覺。

解析

(一)作者認為傳統「悲秋」的看法，是因為「秋天似乎是為了靜靜等待冬日的死亡肅寂做準備，曠野上行將死亡的植物時常給我們憂鬱的印象，所以誤以為秋天是憂傷的季節」。事實上作者並不認同傳統的「悲秋」的看法，而是認為「其實季節是萬物心境的轉換；秋高氣爽似乎意味著心境的圓滿狀態，是一種平和安寧的靜心，是內心既無欲望也就聽不見喧囂的聲音」。

(二)作者認為萬物的心境與四季轉換的相應之處是：
季節正是萬物心境的轉換：春日有新生喜悅的叨叨絮絮；夏日有豐盈旺盛，滿溢狂瀉的心緒；秋日是一種平和安寧的靜心，秋高氣爽似乎意味著心境的圓滿狀態；冬日則為死亡肅寂。

(三)「真正的聲音」從何而來？「真正的聲音」在心境的圓滿狀態下、從平和安寧的靜心中，此刻內心是既無欲望也就聽不見喧囂的聲音，這時我們才能聽見那存在已久的大地韻律中真正的聲音、看見深層的自己。

二、文章分析（佔18分）

> 《五代史·馮道傳》論曰：「『禮、義、廉、恥，國之四維；四維不張，國乃滅亡。』善乎！管生之能言也！禮、義，治人之大法；廉、恥，立人之大節。蓋不廉則無所不取，不恥則無所不為。人而如此，則禍敗亂亡，亦無所不至；況為大臣而無所不取，無所不為，則天下其有不亂，國家其有不亡者乎？」
>
> 然而四者之中，恥尤為要，故夫子之論士曰：「行己有恥。」孟子曰：「人不可以無恥。無恥之恥，無恥矣！」又曰：「恥之於人大矣！為機變之巧者，無所用恥焉！」所以然者，人之不廉而至於悖禮犯義，其原皆生於無恥也。故士大夫之無恥，是謂國恥。（顧炎武〈廉恥〉）

解析

閱讀框線內的文字，說明：

(一)歐陽脩如何藉管仲的言論提出自己的觀點？
歐陽脩引用管仲說明「禮義廉恥重要性」的言論，先確定四維並重，再繼之提出自己的看法，將四維分為禮義的治人大法與廉恥的立人大節兩類，以不重後者所造成的嚴重後果，凸顯出廉恥的重要性。

㈡顧炎武「自己」所強調的觀點是什麼？

顧炎武在的論述過程中，特別強調「恥」的重要性。他不但引用孔子、孟子的言論來強調恥的重要，亦指出人若行為上悖禮、犯義，都是因為無恥的緣故。事實上顧炎武要鄭重呼籲的是「恥」對「士大夫」階層的意義，因為握有權力者悖禮犯義的無恥行為，甚將成為國恥。故「恥」的影響，小至個人、大到國家，影響甚鉅。

㈢三人（管仲、歐陽脩、顧炎武）言論所構成的文意脈絡，呈現何種論述層次？

管仲認為「禮義廉恥」並重，歐陽脩特別重視「廉恥」，而顧炎武則提出「恥」字為四維的核心。這種自禮義廉恥至廉恥，最終至恥的層遞敘述，讓文章脈絡分明，凸顯出作者的個人論點並聚焦出主旨核心。

三、引導寫作（佔27分）

〔思路小提醒〕

以下答案均為寫作提示，僅點出關鍵，提供同學下筆發揮時的參考。

1. 看完引文，先確立自己所接收到的訊息：

⑴第一段是對「漂流木」下定義（同時說明了漂流木的生命歷程），第二段要求「我」表達出「遭遇與感想」。

⑵「獨白」是個人的內心感受，所以行文必定需以第一人稱觀點，從自己便是漂流木的視角寫我思、我想、我的感覺……

⑶旅程的終點，也就是結論處一定要呼應題幹所要求最後的地點：「躺在海邊」。

2. 先想像漂流木的遭遇：

⑴有此遭遇的原因：莫拉克颱風引發驚人雨量。

⑵此段遭遇的過程：一路和許多樹同行，自山區至塌橋、埋村，最終躺在海邊。

3. 再設計並想像漂流過程中會有的遭遇、感想（此二者可穿插並行）：

⑴我看見、我聽到：

a.許多新的同類（樹木）不斷在我一路翻滾中加入，或驚恐、尖叫，或哭泣、痛苦。

b.昨日才在林中奔跑的動物、剛餵完襁褓中嬰兒最後一口母奶的媽媽，現在已成冰冷的浮屍，在我身邊載沉載浮。

c.滅村沒頂時人類驚恐的眼神、大雨中屋頂上孤獨等待救援的身影、來不及道別即從愛人緊拉的手中滑走消失的身影。

⑵我感覺：

a.在滾滾土石洪流中，我幾度衝撞巨石，全身傷痕累累的劇痛。

b.在沙泥惡水中，我不斷翻滾、吃沙嗆水的狼狽不堪。

c.颱風暴雨過後，白雲仍在頭頂悠悠，我卻躺在這陌生的海邊，耳邊不是熟悉的啁啾歡唱、家人鄰居的開心相聚，而是未知的惶恐與害怕。

4. 需注意整篇文章要凸顯主題，因此下筆前要先選定並確立主題。例如：若要寫環保，則漂流木的我，所見所思所想，都需凸顯出環保上的種種缺失。

100年學測（學科能力測驗）

第一部分：選擇題（佔54分）

壹、單選題（佔30分）

1. (A)ㄔㄞˇ。(B)ㄑㄧˊ。(C)ㄐㄧㄢ。(D)ㄩㄢˊ／ㄩㄢˊ／ㄏㄨㄢˊ。

2. (A)「遺」，遺留。選項引文出自諸葛亮〈出師表〉，翻譯如下：所以先帝選拔他們以留給陛下您來任用。／「遺」，遺漏。選項引文出自韓愈〈師說〉，翻譯如下：學習標點符號的枝節小處而遺漏了大道理的學習，我沒看見他們的聰明在哪裡。
   (B)「顧」，反而。選項引文出自《漢書·賈誼傳》，翻譯如下：（本文將天下譬喻為人的身體，而蠻夷像天下的腳，天子則為天下的頭部）腳凌駕在頭的上面，頭反而屈居下風／「顧」，拜訪。選項引文出自諸葛亮〈出師表〉，翻譯如下：先帝三次到我住的草廬中來拜訪我。
   (C)「固」，本來。選項引文出自韓愈〈師說〉，翻譯如下：生於我之前的人（比我先出生的人），他們本來就比我先聽聞事物的道理。／「固」，本來。選項出自《舊唐書·楊國忠傳》，翻譯如下：（誅殺讓天下分崩離析的楊國忠，這件事我們已經想了很久了，）即使完成事情而犧牲生命，本來也是我們的意願。
   (D)「之」，往。選項引文出自李陵〈與蘇武〉：「攜手上河梁，游子暮何之。徘徊蹊路側，悢悢不得辭。行人難久留，各言長相思。安知非日月，弦望自有時。努力崇明德，皓首以為期」，引文翻譯如下：我們拉著手來到橋上，（像我們這樣）離鄉在外的遊子，在黃昏時候總有不知要往哪裡去的徬徨。／「之」，這、此。選項引文出自《詩經·周南·桃夭》，翻譯如下：這個女子要出嫁，她可使家庭和樂。

3. (A)「世兄」可以用來稱呼晚輩，用於稱稱晚輩、世交或老師的兒子。
   (B)給師長寫信，信首提稱語要用「函丈」或「壇席」；「硯右」適用於同學。
   (C)書信結尾的問候語「敬請金安」多用於祖父母或父母。
   (D)給師長寫信，為了表示敬意，結尾署名時要稱「生」、「學生」、「受業」等；沒有「愚生」這種署名的用法。

4. (A)班固，字孟堅；「固」、「堅」有「堅固」的意涵。／許慎，字叔重；「慎」、「重」有「慎重」的意思。／王弼，字輔嗣；「弼」、「輔」有「輔弼、輔佐」的意義。／朱熹，字元晦：「熹」表明亮，「晦」表不明，兩字意義相反。

5. 說明
   題幹引文的重心在於選項須符合「視覺─聽覺、聽覺─視覺」的交錯書寫，各選項解析如下：
   (A)翻譯兼解析如下：江岸上北風急吹（風吹：視覺＋觸覺），荻花紛飛（視覺）。商船因浪濤洶湧而停泊岸邊（視覺），在遠處的軍營中傳來吹奏胡笳的樂音（聽覺）。
   (B)翻譯兼解析如下：雨後山間明月升起（視覺），把下山的路照得分外清晰（視覺）。煙霧瀰漫的山谷對岸彷彿有人談話的聲音傳來（聽覺），我因此出聲請問船隻停泊的地方（聽覺）；引文出自王士禎〈惠山下鄒流綺過訪〉。
   (C)翻譯兼解析如下：古寺中傳來稀疏的鐘聲（聽覺），遠方的山嵐飄渺中殘月高懸（視覺）。沙灘上有人敲石取火，以便出航捕魚（聽覺＋視覺），燃燒的火光照亮了漁船（視覺）；引文出自李賀〈南園十三首〉。
   (D)翻譯兼解析如下：在古木參天杳無人跡的小路上（視覺），突然聽到隱隱鐘聲不知是從這片深山中的何處傳來（聽覺）。潺潺泉水穿流過險峻大石間，發出如泣如訴的聲音（聽覺），

日光照在蒼翠的松樹上，四下氛圍更顯得清冷（視覺）；引文出自王維〈過香積寺〉。

6. 解析

各選項正確排序後翻譯如下：

首句：楚文王少時好獵，有一人獻一鷹，翻譯：楚文王年少時喜歡打獵，有人獻上一隻獵鷹給他。

(丁) 文王見之，爪短神爽，殊絕常鷹，翻譯：文王見這鷹爪趾雄健，和一般獵鷹極為不同，

(甲) 故為獵於雲夢，置網雲布，煙燒漲天，翻譯：故帶著牠到雲夢大澤區去打獵，那裡遍布大網，驅趕獵物的煙火燃燒熾烈，煙霧滿天，

(戊) 毛群飛旋，爭噬競搏，翻譯：文王帶去的獵鷹成群盤旋天空，爭相搏鬥、吞噬獵物，

(乙) 此鷹軒頸瞪目，遠視雲際，無搏噬之志，翻譯：只有這隻鷹伸長脖子張大眼睛，望向雲端，毫無搏鬥咬噬的意願，

(丙) 王曰：「吾鷹所獲以百數，汝鷹曾無奮意，將欺余耶？」翻譯：文王說：「我的獵鷹捕獲的獵物數以百計，你的獵鷹竟沒有一點奮發的意願，你是在欺騙我嗎？」

末句：獻者曰：「若效於雉兔，臣豈敢獻？」翻譯：獻鷹的人說：「若只是如一般獵鷹般用來追捕山雞野兔，我哪敢獻來給您？」

說明

從文意上判別可分成三個層次：

(一)獻鷹看鷹：（首句）有人獻鷹 (丁)文王見之，覺得與一般獵鷹不同。

(二)以打獵測試：(甲)開始到雲夢大澤區打獵 (戊)群鷹爭相咬噬競搏 (乙)此鷹卻無搏噬之意。

(三)質疑被騙的對答：(丙)王曰：「……你在騙我？」（末句）獻者曰：「若是一般鷹，那敢獻上？」

7. 解析

本段引文分老年、少年兩部分，故可分成此二區塊分別摘要：

	老年人	少年人
1	常思既往，事事皆其所已經者，故惟知照例	常思將來，事事皆其所未經者，故常敢破格
2	常厭事，故常覺一切事無可為者	常喜事，故常覺一切事無不可為者
3	如夕照、瘠牛、僧、字典、秋後之柳	如朝陽、乳虎、俠、戲文、春前之草

說明

(A)「老年人如字典，少年人如戲文」，是說老年人有知識卻無趣，少年人情感活潑熱烈，均與「人生無常」無關。

8. 解析

由〈椅子和我〉：「獨自坐著……時間慢慢走過」、〈蘆葦〉：「沉思……在秋風中……白（了頭）」，以及〈我想到的〉：「熄了燈……寒夜……星星」等句，皆可發現三首詩的共同處都皆是詩句中有「孤獨」之感，但沒有「淒涼」的悲傷情緒。

9. 題目的數行說明文字，重心只有一個：「昔盛今衰，繁華不再」；各選項解析如下：

(A)本詩寫百姓的痛苦、國破家亡的悲痛、對叛軍的憤慨，但是並沒有對「昔盛今衰」進行比較。選項引文出自王維〈聞逆賊凝碧池作樂〉。翻譯如下：百姓因遭逢安史之亂而傷心痛苦，繁華的城鎮也沒落地飄著幾縷荒煙，朝中百官何時才能重返朝廷覲見天子？秋天的槐花落在空蕩無人的宮中院落裡，叛軍卻在凝碧池畔吹奏著管絃，尋歡作樂。

(B)本詩借由當年美好盛況對比如今人士凋零的感慨，有「昔盛今衰，繁華不再」的唏噓。選項

引文出自劉禹錫〈聽舊宮中樂人穆氏唱歌〉。翻譯如下：當年宮中樂人穆氏，入宮爲供奉德宗，演唱那如跟隨織女渡過銀河的動聽歌曲（昔日美好榮景）。但如今請穆氏你不要再唱貞元年間供奉的曲調了，因爲當時在朝的士人，如今在世的已經不多了（繁華已逝，往事不再）。

(C)詩人因睹物反應出此刻內心的痛苦憾恨，並沒有「昔盛今衰，繁華不再」的慨嘆。選項引文出自李煜〈相見歡〉。翻譯如下：從早到晚的風吹雨打，讓林間的春日紅花紛紛凋零，教人無可奈何啊。這打落花瓣的春雨，就如當年美人和著胭脂流下的眼淚，賞花的我睹物思人，卻不知何時才能再欣賞美麗的春花，人生的憾恨無盡，就像是河水東流永不停歇。

(D)詩人表達出人生有限，當把握今朝、珍惜眼前的人生哲理，沒有「昔盛今衰，繁華不再」的感慨。選項引文出自晏殊〈浣溪沙〉。翻譯如下：在韶光易逝的有限生命中，即使面對平常的離別，也使人黯然難過，所以請不要推辭酒宴歌唱。放眼眺望遼闊山河，懷念起遠方的親友，風雨打落春花更令人傷感，不如好好憐惜眼前的友人吧。

> 甲、孫必振渡江，值大風雷，舟船蕩搖，同舟大恐。忽見金甲神立雲中，手持金字牌下示；諸人共仰視之，上書「孫必振」三字，甚眞。眾謂孫必振：「汝有犯天譴，請自爲一舟，勿相累。」孫尚無言，眾不待其肯可，視旁有小舟，共推置其上。孫既登舟，回視，則前舟覆矣。（蒲松齡《聊齋誌異‧孫必振》）
>
> 乙、邑人某，佻達無賴，偶游村外，見少婦乘馬來，謂同游者曰：「我能令其一笑。」眾未深信，約賭作筵。某遽奔去，出馬前，連聲譁曰：「我要死！……」因於牆頭抽梁（梁：高粱莖）一本，橫尺許，解帶挂其上，引頸作縊狀。婦果過而哂之，眾亦粲然。婦去既遠，某猶不動，眾益笑之。近視，則舌出目瞑，而氣眞絕矣。梁本自經，豈不奇哉！是可以爲儇薄之戒。（蒲松齡《聊齋誌異‧戲縊》）

解析

題幹引文分別翻譯如下：

(甲) 孫必振乘船渡江時，遇上狂風、大雷，船隻劇烈地震動搖晃，同船的人十分驚恐害怕。此時忽然看見金甲神站在雲中，手拿一面金字牌向下顯示；大家一起仰頭觀看，上面寫著「孫必振」三個字，十分清楚。大家對孫必振說：「你一定是犯了錯遭受天譴，請自行另乘一艘船，不要連累我們。」孫必振還沒回答，大家不等他答應，看見旁邊有一艘小船，就一起把他推到船上。孫必振登上小船後，回頭一看，原來的那艘船已經翻覆了。

(乙) 有位鄉人，性情輕薄放蕩、蠻橫撒野，有一次在村外遊蕩，看見一位少婦乘馬而來，就告訴一起出遊的同伴說：「我能讓她發笑。」大家都不相信，於是約定以設筵請客作爲賭注。這位鄉人突然向前跑去，出現在少婦所騎的馬前，連聲大喊：「我要死了！……」並從旁邊牆頭抽出一根高粱莖，橫凸出於牆面一尺左右，解下衣帶掛上，伸長頸子做出上吊的樣子。少婦經過時果然微笑，大家也大笑起來。等到少婦已經走遠了，這位鄉人仍然沒有動靜，大家更加覺得好笑。就近一看，他已經吐舌閉眼，眞的氣絕身亡了。竟吊死（自經：上吊自殺）在一根高粱莖上，這不是很奇怪嗎！這件事可以作爲性情輕薄、行爲不莊重（儇：ㄒㄩㄢ）的人的鑑戒。

10.(C)這兩段引文的共同特色，都在說一個結局出人意料的故事。至於其中人物、對話和場景，都

只是為了說故事，並非引文的主要重心。

11.(A)甲段主旨在寫人性的自私面，並非彰顯「人性溫暖」。
　　(B)甲段具反諷效果，原來做錯事遭天譴的正是眾人。
　　(C)乙段主旨在強調行為不應輕佻，沒有任何「信守承諾」的意涵。
　　(D)乙段以輕佻的行為帶來悲劇收場，沒有「由悲而喜」、「暗喻人生無常」。

12. 閱讀完全文後整理重點脈絡如下：
　　(1)臺灣長達億年壽命的河流，在短短三十年內將臨終滅亡，這是歷史的災難、生存的孽緣。
　　(2)不久河流將無法到達大海，成為斷河。
　　(3)現代人對待河流的行為：
　　　①以水利工程技術建堤防，阻絕人河關係。
　　　②建水壩、攔河堰（一ㄢˋ），截斷河流入海的路。
　　　③越域引水抽乾河水，以滿足需水欲求。
　　(4)治療和呵護河川只有一條路：河禁。
　　　①禁止人類進入河川、做出任何侵犯河流的行為。
　　　②建造衛生下水道、編組河川警察、建立控制污染的追查網路和人力系統。
　　　③國營砂石採集。
　　　④建溼地湖泊補注地下水、讓河流休養生息。
　　選項解析如下：
　　(A)選項「人們繼續生存，不會有絲毫改變」的敘述，不同於文中「如果沒有了河流，人們仍然能活下去，但卻會變得毫無情意」的說法。
　　(B)河流生命枯萎，起因於現代人「建水壩、攔河堰、越域引水抽乾河水」的行為，而不是「地層的自然變動」。
　　(C)「由臺灣的河流在短短的三十年內，將面臨長達億年壽命的臨終時刻，這是臺灣土地歷史上最大的災難」，可知河流如被破壞，歷史文化光輝確實將面臨終結。
　　(D)「治療和呵護河川……只有一條路……不然，河流終將成為臺灣人的記憶、被遺忘的大地之歌」，而絕不可能繼續「源遠流長」。

13.(A)河流「沙漠化」，是因「建水壩、攔河堰，截斷河流入海的路；越域引水抽乾河水，以滿足需水欲求」等人類的不當行為引起，而非「氣候暖化」。
　　(B)阻絕人河關係的是「以水利工程技術建堤防」，而非「經常氾濫」。
　　(C)河流枯竭成為斷河，是因「河流將無法到達大海」，而非「現代人需水量大」。何況現代人即使「只要水不要河流」，只要「盡心盡力整治復原」仍可避免沙漠化。
　　(D)由「現代人只要水不要河流」一句，可知選項敘述正確。

14. 閱讀完全文，整理重點，脈絡如下：
　　(1)極短篇寫作的瓶頸：易寫難工。
　　(2)一般人對極短篇的理解，是一種典型樣貌：敘述一則故事、製造一個意外結局。
　　(3)真正的極短篇：以最經濟的筆法、講求語言容量，把動作、人物與環境，呈現在單一的敘述過程中。
　　(4)極短篇的最高理想：尺幅千里、須彌芥子、在有限中包含無限、「一筆作百十來筆用」。
　　各選項解析如下：
　　(A)由「一筆作百十來筆用」可知選項敘述正確。
　　(B)真正的極短篇，敘述單一而非「極繁複」。

(C)文中只提到「講求語言容量」、「筆法經濟」，並未提及「語言精鍊」、「刻畫細膩」。

(D)「爲故事塑造個意外的結局」是一般人對極短篇的理解，而非「極短篇最重要的特色」。

15. (A)「尺幅千里」指在尺長的畫面上，描繪著千里般寬廣的景物。形容篇幅雖短而內容豐富，氣勢遠大，故應是「以小見大」，而非「以大見小」。

(B)「須彌芥子」是佛教用語。佛教認爲一切法空，原不相礙，所以芥子（芥菜的種子，佛教用語，比喻極微小）雖小，也能無礙地容納須彌山；又作「芥子納須彌」，表示「以小見大」。

(C)「一筆作百十來筆用」有「以小見大」、「在有限中包含無限」之意，而沒有「文體多樣」的說法。

(D)「美學」指研究人對藝術品的欣賞與創作能力，以及藝術品本身組織法則與內容，更進一步探討藝術品間關係的一種學問。「圭臬」爲古代測定日影時間的器具，後比喻法度、典則。故「美學圭臬」是說文學和藝術的標準。

二、多選題（占24分）

16. (A)眼花瞭亂：形容眼睛昏花，心緒迷亂。亦作「眼花撩亂」、「眼花繚亂」。

(B)故步自封：比喻墨守成規，安於現狀，不求進取。

(C)離鄉背「景」→「井」。離鄉背井：指離開故鄉，在外地生活。

(D)鍥而不捨：鍥，鏤刻。捨，捨棄、停止。指不斷刻下去而不停止；比喻堅持到底，奮勉不懈。

(E)價值觀相「佐」→「左」。價值觀相左：指價值觀互相違背。

17. (A)「三五」是表乘法，故爲十五；「四五」亦表乘法，故爲二十；選項引文出自《古詩十九首‧孟冬寒氣至》，翻譯如下：十五日月圓，二十日月（「蟾兔」指月亮）缺。

(B)「十一」，即爲實數十一；選項引文出自《史記‧樊酈滕灌列傳》，翻譯如下：斬下了十四個首級，捕獲俘虜了十一人。

(C)「百一」指百分之一；選項引文出自《金史‧魏子平傳》，翻譯如下：古時候的賦稅稅率是十分之一，人民仍感覺生活富足；現在的稅率是百分之一，人民卻感覺不夠支應生活。

(D)「十九」，即爲實數十九；選項引文出自《荀子‧大略》，翻譯如下：天子、諸侯之子在十九歲時便行冠禮，行冠禮之後便可以治理政事，這是因爲受到良好的教育才能達到（比一般士人早一年行冠禮，以早早從事政事的治理）。

(E)「什二三」，指十分之二、三；選項引文出自《史記‧高祖本紀》，翻譯如下：適逢天氣太冷，有十分之二、三的士兵，手指都凍到斷掉了。

18. (A)「心凝形釋」指心神凝聚，形體消逝，達到忘我之境。與「針對目標理想，專注讀書」的意義不同。

(B)「一蹶不振」指跌了一跤就不敢再走路；後比喻遭受挫折或失敗後，無法再振作恢復。

(C)「管窺蠡測」指用管窺天，以蠡測海，比喻所見狹小。與「謹慎細心」的意義不同。

(D)「錙銖必較」指斤斤計較；亦作「銖銖校量」、「錙銖較量」。

(E)「繞梁三日」，亦作「餘音繞梁」，用以形容聲音的美妙，與「難忘精彩球賽」的意義不同。

19. (A)前後項均在說明將心比心的同理心：自己不願者，也勿強要求別人接受。選項引文出自《論語‧顏淵》，翻譯如下：自己不願意接受的事，就不要施加在別人身上。／選項引文出自《中庸》，翻譯如下：不願意施加在自己身上的事，也不要施加在別人身上。

(B)前後項均在說明平日應對人民施以軍事訓練，以免上戰場時白白犧牲生命。選項引文出自《論語‧子路》，翻譯如下：如果將未受訓練的人民，送上戰場作戰，這就是拋棄他們／選項引文出自《孟子‧告子下》，翻譯如下：沒有訓練人民就讓他們與敵人作戰，這簡直是禍害人民。

(C)前後兩選項均在說明：先難、先勞苦，後獲、讓饒樂之事。選項引文出自《論語‧庸也》，翻譯如下：仁者會率先做難做的事，在眾人有所收穫後才獲得。／選項引文出自《荀子‧修身》，翻譯如下：爭先去做勞苦的事，充滿樂趣的事則禮讓給別人先做。

(D)前後項均說明小人不知通權達變，而大人以義爲依歸，知變通。選項引文出自《論語‧子路》，翻譯如下：說話一定要求信實，行事一定要求結果，這是見識淺薄、鄙陋頑固的人啊！／選項引文出自《孟子‧離婁下》，翻譯如下：通達事理的人，言談不一定要死守信實，行事不一定非要有結果（，只要合於義理即可）。

(E)前段引文中，孟子引此段孔子言論，是以始作俑者雖尚未殺人仍已不該，因存有殺人之心，而後段引文中君王若實施暴政，無異於率獸殘殺百姓。二者皆爲不義之事，故(E)選項時可從寬認定爲正確答案。但亦有不同意見者，認爲前者在比喻存殺人之心即爲惡事，後者在指陳暴政的殘忍可怕，兩者意義並不相近。

選項引文出自《孟子‧梁惠王上》：「仲尼曰：『始作俑者，其無後乎！』」孔子認爲用像人的俑陪葬，在意念上實與用眞人陪葬無異，所以指責最初發明俑的人，一定會得到報應，絕子絕孫。後世用以比喻首創惡例的人。引文翻譯如下：最初製作人俑來殉葬的人，一定會得到報應，絕子絕孫。／選項引文出自《孟子‧梁惠王上》，翻譯如下：作爲人民父母的施政者若施行暴政，就像率領著野獸去吃人，哪有資格作爲人民的父母呢。

20. (A)「南方文學」的總集應改爲「北方詩歌」的總集。
(B)「秦漢之際的典章制度」應改爲「夏商周三代的歷史文獻」。

21. (A)本文凸顯了都市人生活在謊言中，而非「忙亂」。
(B)本文運用諷諭手法，諷諭著：都市人生活在謊言裡、謊言讓都市人身心變形，謊言也讓都市人虛度一生。
(C)全文借由描述都市人在生活中上下穿梭在各種編號的公車（謊言）中，又在公車（謊言）中擠壓晃蕩，描述「都市人生活在謊言裡」的荒誕。
(D)在公車（謊言）中，人們一路擠壓、晃蕩到身心變形的形象，正代表「謊言讓都市人身心變形」。
(E)下車站仍是上車站，人們似乎日日的身心變形，卻仍如未出發般一事無成的形象，正代表「謊言讓都市人虛度一生」。

22. (A)作者提「人和貓狗沒有分別」，是指若人生沒有意義後便只剩生命，並不是「眾生平等的主張」。
(B)文中「把六尺之軀葬送在白晝作夢」一句，表達出作者認爲白晝作夢的生命沒有意義。
(C)人生的意義，即在自己怎樣生活，故「自己怎樣生活」是人生有無意義的關鍵。
(D)「生命無窮」並不是指人生有「許多意外的遭遇」，而是指因發憤振作、尋求與創造，而使生命產生意義。
(E)人生的意義要靠自己的作爲，故有高尚、卑劣、清貴、汙濁之別；但文末提醒要發憤振作，尋求、創造生命的意義，故「卑劣、汙濁」如同「白晝作夢」，是人生的選擇，卻不是生命意義的創造。

23. (A)兩者皆指諸葛亮。前者引文中提及的〈梁父吟〉，是諸葛亮在躬耕南陽時喜吟的詩句。選項引文出自李商隱〈籌筆驛〉，翻譯如下：當年路經成都錦里，經過武侯祠，想到諸葛亮躬耕

南陽時喜吟的〈梁父吟〉，不禁讓人感到無限遺恨。／「出師未捷身先死」是描述諸葛亮病死軍中，未能一償心願恢復漢朝的名句。選項引文出自杜甫〈蜀相〉，翻譯如下：可惜出征尚未傳捷報就病死軍中，使後代英雄豪傑亦惋惜地眼淚沾滿衣襟。

(B)前者指賈誼，後者指蘇武。「夜半虛前席」是漢文帝召賈誼入宮問鬼神之事的典故；選項引文出自李商隱〈賈生〉，翻譯如下：可嘆的是，漢文帝接待賈誼相談至夜半，急切的將坐席前移以便求教，問的卻不是國家、百姓的大事，而是問鬼神之事。／在「胡」地放「羊」者，在歷史上最有名的就是蘇武；選項引文出自溫庭筠〈蘇武廟〉，翻譯如下：大雁斷續飛行在北方胡地的雲端（亦指身在胡地卻斷了與外聯絡的音訊），明月在天，從荒地田埂上牧羊歸來，暮靄中草原上已升起炊煙。

(C)兩者皆指楊貴妃。「回眸一笑百媚生」讓「六宮粉黛無顏色」，正是中國四大美人之一的楊貴妃；選項引文出自白居易〈長恨歌〉，翻譯如下：她回眸一笑，嬌態萬千，後宮嬪妃頓時黯然失色。／「送荔枝」的故事即為楊貴妃的生平趣聞。選項引文出自杜牧〈過華清宮〉，翻譯如下：一匹驛馬急馳捲起滾滾沙塵，等待中的楊貴妃不禁為之一笑，沒有人知道是南方的荔枝即將送到。

(D)前者指周瑜，後者指項羽。與「二喬」有關的人物為周瑜；選項引文出自杜牧〈赤壁〉，翻譯如下：假使當年東風沒有配合周瑜的火燒連環艦，那麼周瑜戰敗，大喬、小喬就要被曹操擄去關在銅雀臺中了。／「無顏見江東父老」指的歷史人物正是項羽；選項引文出自杜牧〈題烏江亭〉，翻譯如下：江東地區仍有很多人才，項羽若能渡過烏江，捲土重來，最後的勝負也就說不定了。

(E)兩者皆指王昭君。和「毛延壽」有關的人物為王昭君；選項引文出自王安石〈明妃曲〉，翻譯如下：情意、神態，向來是畫不出來的，當時漢元帝殺了毛延壽，真是冤枉。／「流落死天涯」、「琵琶」，都和王昭君出塞的故事有關。選項引文出自歐陽脩〈明妃曲和王介甫作〉，翻譯如下：美麗的王昭君流落外邦、客死異鄉，她彈奏的琵琶曲卻能傳回漢朝，在中國流行起來。

第貳部分：非選擇題（共三大題，占54分）

一、文章解讀（占9分）

> 　　假如你是一位木商，我是一位植物學家，另外一位朋友是畫家，三人同時來看這棵古松。我們三人可以說同時都「知覺」到這一棵樹，可是三人所「知覺」到的卻是三種不同的東西。你脫離不了你木商的心習，於是所知覺到的只是一棵做某事用值幾多錢的木料。我也脫離不了我植物學家的心習，於是所知覺到的只是一棵葉為針狀、果為球狀、四季常青的顯花植物。我們的朋友——畫家——什麼事都不管，只管審美，他所知覺到的只是一棵蒼翠、勁拔的古樹。我們三人的反應態度也不一致。你心裡盤算它是宜於架屋或是製器，思量怎樣去買它，砍它，運它。我把它歸到某類某科裡去，注意它和其它松樹的異點，思量它何以活得這樣老。我們的朋友卻不這樣東想西想，只在聚精會神地觀賞它的蒼翠的顏色，它的盤屈如龍蛇的線紋以及那一股昂然高舉、不受屈撓的氣概。
>
> 　　由此可知這棵古松並不是一件固定的東西，它的形象隨觀者的性格和情趣而變化。各人所見到的古松形象都是各人自己性格和情趣的返照。古松的形象一半是天生

> 的，一半也是人為的。極平常的知覺都帶有幾分創造性；極客觀的東西之中都有幾分主觀的成分。

　　㈠作者指出木商、植物學家和畫家「知覺」同一棵古松有三種不同的反應態度，這三種態度各有優劣嗎？以你對本段引文的理解，請加以闡述說明。

解析

作者的這三種態度，並沒有優劣之分，只是態度不同。木商眼裡「值幾多錢的木料」、植物學家眼裡「一棵葉為針狀、果為球狀、四季常青的顯花植物」、畫家眼裡「它的蒼翠的顏色，它的盤屈如龍蛇的線紋以及那一股昂然高舉、不受屈撓的氣概」，其實皆是古松不同面向的展現，也因此，三人的態度只是反應不同的面向，並沒有優劣之分。

　　㈡閱讀了作者這一段文字後，依據它的意旨，請你重新給它訂個題目，並簡要說明你的理由。

解析

本段文字的意旨，在於描述古松給人的客觀形象與主觀的理解。因此同學需定與此意旨相關的題目，並說明理由。舉例如下：

1. 〈一顆古松的三種觀察方法〉，說明理由：此題目旨在說明同一件事物實際上擁有許多不同的面向，只是看你從何種角度觀察而已。
2. 〈客觀與主觀〉，說明理由：此題目旨在說明客觀與主觀看似兩種截然不同的觀察面向，實際上是一體的兩面，主觀之中有客觀的觀察，客觀中仍有主觀的意識。

二、文章分析（占18分）

㈠客所以有「而今安在哉」的感歎，是因為曹操的詩句讓客人聯想到曹操叱吒風雲的一生，再放眼今日「僅留其名，不見其人」，景物依舊、人事全非的場景，頓生感嘆。

㈡「蜉蝣」僅有一日的生命，對比於「天地」的無限長久，寫人類生命的短暫；以「滄海」的無邊廣大，對比於「一粟」的細微渺小，道盡人類存在本質的渺小。

㈢客人只能消極的「託遺響於悲風」，讓簫聲抒發面對人生這無法改變事實的悲傷情緒。

三、引導寫作（占27分）

思路小提醒

以下答案均為寫作提示，僅點出關鍵，提供同學下筆發揮時的參考。

1. 文中畫線部分指名要以你在學校的親身體驗或見聞討論「大法官的解釋」和「李校長的反應」。
2. 先釐清文中兩者的意見：
   ⑴「大法官解釋」的結論：學生有訴願和行政訴訟權。
   ⑵「李校長的反應」：強調法案可能造成師生關係緊張。
3. 下筆前要先決定自己的立場：
   ⑴大法官的解釋正確，學生的權益應維護並加爭取？
   ⑵李校長的反應較合理，這項法案可能造成師生關係緊張？

4. 以說理的方式提出自己的看法，並舉例加強說理的強度和合理性。

5. 舉例時注意題目的規範：「你在學校的親身體驗或見聞」。這些事件的詳細過程不必花費太多筆墨，僅需要裁剪出凸顯自己論證的部分，以免使文章失焦變成新聞事件報導。

6. 題目是「學校和學生的關係」，因此主角「學校」和「學生」的種種說明，必須適切分配約各占一半的比例，才不致偏廢。

101年指考（指定考試）

題型分析

類型	字音	字形	字詞義	文法修辭	成詞語	應用文	國學常識	閱讀理解
題號	1	18	3、19	20（詞性）、22（層遞）	2、	5（對聯）6（題辭）	8（小說）	7（課文主旨） 4（文言文，文句排序） 10、11；16、17（文言文） 14、15、24（白話文） 12（詞） 13（散曲） 21（古典詩） 23（現代詩）

第壹部分：選擇題（佔55分）

一、單選題（34分）

說明：第1題至第17題，每題有4個選項，其中只有一個是正確或最適當的選項，請畫記在答案卡之「選擇題答案區」。各題答對者，得2分；答錯、未作答或畫記多於一個選項者，該題以零分計算。

（　）1. 下列各組「　」內的字，讀音相同的選項是：
(A)令人發「噱」／「遽」然而逝　　　(B)同心「戮」力／「蓼」菜成行
(C)寒「蛩」鳴秋／「煢」居荒野　　　(D)「邾」巴鼓瑟／簞「瓢」屢空

（　）2. 下列文句「　」內詞語的運用，最適當的選項是：
(A)領導者必須「目光如炬」，通觀全局，洞察先機
(B)李爺爺的身體硬朗，如「松柏後凋」，老而彌堅
(C)父母要子女專精一種才藝，常落得「梧鼠技窮」
(D)兒童科學營活動，學員「群賢畢至」，齊聚一堂

（　）3. 閱讀下文，依序選出最適合填入□內的選項：
仙岩有三個瀑布，梅雨瀑最低。走到山邊，便聽見花花花花的聲音；抬起頭，□在兩條溼溼的黑邊兒裏的，一□白而發亮的水便呈現於眼前了。我們先到梅雨亭。梅雨亭正對著那條瀑布；坐在亭邊，不必仰頭，便可見牠的全體了。亭下深深的便是梅雨潭。這個亭□在突出的一角的岩石上，上下都空空兒的；彷彿一隻蒼鷹展著翼翅浮在天宇中一般。三面都是山，像半個環兒擁著；人如在

井底了。（朱自清〈溫州的蹤跡〉）

(A)夾／帶／盤 　　　　　　　　(B)夾／哇／踞

(C)鑲／哇／盤 　　　　　　　　(D)鑲／帶／踞

（　　）4.下列文句，依文意選出排列順序最適當的選項：

「危微之幾，惟明君子而後能知之。故人心譬如槃水，

甲、微風過之

乙、正錯而勿動

丙、則足以見鬚眉而察理矣

丁、湛濁動乎下，清明亂於上

戊、則湛濁在下，而清明在上

則不可以得大形之正也。」（《荀子·解蔽》）

(A)甲丁乙戊丙 　　　　　　　　(B)甲戊丙乙丁

(C)乙戊甲丁丙 　　　　　　　　(D)乙戊丙甲丁

（　　）5.閱讀下列楹聯，依序選出最適合填入□內的選項：

讀書取正，讀易取變，讀騷取幽，讀莊取□，讀漢文取堅，最有味□□歲月；

與菊同野，與梅同□，與蓮同□，與蘭同芳，與海棠同韻，定自稱花裏神仙。

(A)達／卷中／疏／潔 　　　　　(B)道／卷中／疏／逸

(C)達／篇外／寒／潔 　　　　　(D)道／篇外／寒／逸

（　　）6.使用「題辭」，必須考量相應的社交場合。如：＿＿甲＿＿，適用於新婚，以表達道賀之意；＿＿乙＿＿，適用於長輩壽慶，以表達慶賀之意；＿＿丙＿＿，適用於教育機構開辦，以表達祝賀之意。

上文甲、乙、丙中，依序最適合填入的選項是：

(A)五世其昌／齒德俱尊／啟迪有方 　　(B)宜爾室家／椿萱並茂／杏林春暖

(C)珠聯璧合／福壽全歸／英才淵藪 　　(D)琴瑟重調／松鶴延齡／時雨春風

（　　）7.下列有關「記」的敘述，正確的選項是：

(A)陶淵明〈桃花源記〉採倒敘手法，從漁人的角度追憶自我無意中發現美好世界的過程。

(B)柳宗元〈始得西山宴遊記〉以「始得」二字凸顯主旨，首段開門見山，細數宴遊見聞。

(C)范仲淹〈岳陽樓記〉旨在刻畫滕子京浮沉宦海、修葺岳陽樓之原委始末，雖名為樓記，實為史傳。

(D)歐陽脩〈醉翁亭記〉首段採用「由景而人」的手法，勾連山、水、亭、人物，終而拈出「樂」字。

（　　）8.下列有關「小說」的敘述，正確的選項是：
(A)劉義慶《世說新語》是一部情節完整的志人小說
(B)杜光庭〈虯髯客傳〉是一篇結構完整的志怪小說
(C)曹雪芹《紅樓夢》是一部以家族大團圓為結局的言情小說
(D)劉鶚《老殘遊記》是一部反映政治黑暗與關心民生疾苦的章回小說

（　　）9.《論語》：「子謂顏淵曰：『用之則行，舍之則藏，唯我與爾有是夫！』」反映古代士大夫對於「出仕」或「退隱」的態度，下列文意和這種態度最不相關的選項是：
(A)邦有道，則仕；邦無道，則可卷而懷之
(B)滄浪之水清兮，可以濯吾纓；滄浪之水濁兮，可以濯吾足
(C)臣本布衣，躬耕於南陽，苟全性命於亂世，不求聞達於諸侯
(D)夫人之相與，俯仰一世，或取諸懷抱，晤言一室之內；或因寄所託，放浪形骸之外

（　　）10.閱讀下文，選出最符合文意的選項：
《讀畫錄》云：「（陳老蓮）搨杭州府學龍眠七十二賢石刻，閉門摹十日，盡得之，出示人曰：『何若？』曰：『似矣！』則喜。又摹十日，出示人曰：『何若？』曰：『勿似也！』則更喜。蓋數摹而變其法，易圓以方，易整以散，勿得辨也。」老蓮這一遺事，於書畫之道，極有意義。因為學習書畫，總得從臨摹入手，以擷取前人的精神與法度；若拘於臨摹，以「拷貝」為能事，則失去了自己。老蓮摹李龍眠，似矣喜，勿似更喜；這就是老蓮之所以為老蓮。（改寫自臺靜農〈看了董陽孜書法後的感想〉）
(A)陳老蓮臨摹李龍眠筆法，愈近似則愈感覺喜悅
(B)學習書畫應經由「似」，再進一步追求「勿似」
(C)陳老蓮的學習歷程可以用「邯鄲學步」來形容
(D)《讀畫錄》藉「易圓以方」說明李龍眠的畫風

（　　）11.閱讀下文，選出敘述正確的選項：
武平產猿，猿毛若金絲，閃閃可觀；猿子尤奇，性可馴，然不離母。母黠，不可致。獵人以毒傅矢，伺母間射之。母度不能生，灑乳於林飲子；灑已，氣絕。獵人取母皮向子鞭之，子即悲鳴而下，斂手就制，每夕必寢皮乃安。甚者，輒抱皮跳擲而斃。嗟夫！猿且知有母，不愛其死，況人也耶！（宋濂〈猿說〉）
(A)本文藉猿來諷勸世人當愛其子
(B)小猿機靈活潑，母猿很難制伏
(C)小猿生性戀母，獵人加以利用而得逞
(D)獵人趁母猿的疏忽，用毒箭偷襲小猿

（　　）12.閱讀下列兩首宋詞，選出敘述正確的選項：

甲、碧雲天，黃葉地，秋色連波，波上寒煙翠。山映斜陽天接水，芳草無
　　情，更在斜陽外。黯鄉魂，追旅思，夜夜除非，好夢留人睡。明月樓高
　　休獨倚，酒入愁腸，化作相思淚。

乙、紅葉黃花秋意晚，千里念行客。看飛雲過盡，歸鴻無信，何處寄書得？
　　淚彈不盡臨窗滴，就硯旋研墨。漸寫到別來，此情深處，紅箋為無色。

(A)均以避世離俗作為主題　　　　　(B)均表現濃厚的離愁別緒

(C)均採用先情後景的寫作手法　　　(D)均描寫臨別時刻的場景與心情

（　　）13.閱讀下列散曲，選出敘述不正確的選項：

在官時只說閑，得閑也又思官。直到教人做樣看。從前的試觀，那一個不遇
災難？楚大夫行吟澤畔，伍將軍血污衣冠，烏江岸消磨了好漢，咸陽市乾休
了丞相。這幾個百般，要安、不安，怎如俺五柳莊逍遙散誕！（張養浩〈沽
美酒帶太平令〉）

(A)「伍將軍血污衣冠」指有功於吳國卻被賜劍自裁的伍子胥

(B)「咸陽市乾休了丞相」指受趙高誣陷而被斬於咸陽的李斯

(C)「在官時只說閑，得閑也又思官」寫出無官一身輕的閑適

(D)「怎如俺五柳莊逍遙散誕」反映作者嚮往陶潛的隱居生活

14-15為題組

閱讀下文，回答14-15題。

　　那一夜，大雨如注。老人冒雨從外面回來，進入臥房，在燈亮起來的剎那，他發現
沙發上坐著一個青年，手執左輪槍，正對準著他。「不許聲張！給我錢和你的汽車鑰
匙！」老人一眼認出那把手槍是他自己的。他從容地關上門，傍著茶几坐了下來。「好
大的雨，淋得我直打哆嗦，先讓我喝杯咖啡再商量吧！」「你敢耍花招！」「我不敢，
我只是想暖暖身，你也來一杯吧。」老人倒了兩杯熱呼呼的咖啡。在喝的同時，他指著
對方一身灰色的囚衣說：「哦，你是逃犯呀！好小子，我也在監牢裡待了三十年呢！」
「想不到你這傢伙竟然也——」接著一陣冷笑。突然，外面一部汽車駛近。兩雙皮靴響
上臺階，在門口停住。青年一躍而起，拿槍抵住老人腦袋：「開門你就別想活！」「外
面是誰？」「是我們，趙英和李金，報告典獄長，109號新來的囚犯越獄逃跑。」「知道
了，你們守住通道口，不許隨便離開！」「是，長官。」兩雙皮靴響下臺階。汽車在雨
中遠去。「你瞧，我沒騙你吧！我也在監牢裡待了三十年。」老人趁勢奪下青年手中的
槍：「孩子，你從來沒玩過手槍吧！我這把手槍已經二十年不上子彈了。」然後他把另
一杯咖啡遞給對方。「喝掉它吧，乖乖地回到監獄去，我不會讓他們為難你的。」青年
捧起杯子，艱難地嚥盡最後一口咖啡。他朝門走去時，老人塞給他一把雨傘，拍拍他的
肩：「孩子，我明天一早去看你。」（改寫自Cabinson Borges作、丁樹南譯〈雨夜〉）

（　　）14. 依據上文，敘述不正確的選項是：

(A)青年是逃犯，老人是典獄長

(B)青年不知道這把手槍根本未裝子彈

(C)老人不讓趙英和李金入內強迫青年就範，是害怕青年開槍

(D)老人從青年手中奪下手槍並勸其自動返獄，展現老人的愛心

（　　）15. 關於上文主旨的敘述，最適當的選項是：

(A)生活充滿危機　　　　　　　　(B)感化勝於強制

(C)犯罪必須預防　　　　　　　　(D)妥協代替對立

16-17為題組

閱讀下文，回答16-17題。

> 丞之職，所以貳令，於一邑無所不當問。其下主簿、尉，主簿、尉乃有分職。丞位高而偪，例以嫌不可否事。文書行，吏抱成案詣丞，卷其前，鉗以左手，右手摘紙尾，雁鶩行以進，平立，睨丞曰：「當署。」丞涉筆占位，署惟謹，目吏問可不可。吏曰：「得」，則退；不敢略省，漫不知何事。官雖尊，力勢反出主簿、尉下。諺數慢，必曰丞，至以相訾謷。丞之設，豈端使然哉！
>
> 博陵崔斯立，種學績文，以蓄其有，泓涵演迤，日大以肆。貞元初，挾其能，戰藝於京師，再進再屈千人。元和初，以前大理評事言得失黜官，再轉而為丞茲邑。始至，喟曰：「官無卑，顧材不足塞職。」既噤不得施用，又喟曰：「丞哉！丞哉！余不負丞而丞負余！」則盡枿去牙角，一躡故跡，破崖岸而為之。
>
> 丞廳故有記，壞漏污不可讀：斯立易楹與瓦，墁治壁，悉書前任人名氏。庭有老槐四行，南牆鉅竹千梃，儼立若相持；水㶁㶁循除鳴，斯立痛掃漑，對樹二松，日哦其間。有問者，輒對曰：「余方有公事，子姑去。」
>
> 考功郎中知制誥韓愈記。（韓愈〈藍田縣丞廳壁記〉）
>
> > 偪：侵迫。訾謷：詆毀。枿：絕。㶁㶁：水聲。

（　　）16. 依據上文，下列文句敘述正確的選項是：

(A)「不可否事」是表達事無不可為的積極態度

(B)「雁鶩行以進，平立」是描寫小吏對縣丞的恭敬

(C)「種學績文」是以耕田織布比喻崔斯立的勤學善寫

(D)「水㶁㶁循除鳴，斯立痛掃漑」是藉水聲反映出崔斯立內心的喜悅與痛快

（　　）17. 下列文句，前後最不能互相呼應的選項是：

(A)至以相訾謷／既噤不得施用

(B)其下主簿、尉／力勢反出主簿、尉下

(C)丞之職，所以貳令／丞之設，豈端使然哉

(D)於一邑無所不當問／不敢略省，漫不知何事

二、多選題（占21分）

說明：第18題至第24題，每題有5個選項，其中至少有一個是正確的選項，請將正確選項畫記在答案卡之「選擇題答案區」。各題之選項獨立判定，所有選項均答對者，得3分；答錯1個選項者，得1.8分；答錯2個選項者，得0.6分；答錯多於2個選項或所有選項均未作答者，該題以零分計算。

（　）18. 下列文句，完全沒有錯別字的選項是：
(A)慶祝建國百年，我們應緬懷先人篳路藍縷，才能開創新局
(B)現代社會中，富人住豪宅，開名車，窮人卻貧無立錐之地
(C)百無聊賴時，喝上一口酸酸甜甜的檸檬汁，真是沁人心脾
(D)陳家製作油飯的技術一脈相成，每天光顧的食客川流不息
(E)林小姐經營日本料理店，因為手藝好，名聲自然不脛而走

（　）19. 下列各組文句，「　」內字詞意義相同的選項是：
(A)以「區區」之宋，猶有不欺人之臣／然秦以「區區」之地，致萬乘之權
(B)傴僂「提攜」往來不絕者，滁人遊也／長者與之「提攜」，則兩手奉長者之手
(C)一鼓作氣，「再」而衰，三而竭／季文子三思而後行。子聞之，曰：「再」，斯可矣
(D)至於「斟酌」損益，進盡忠言，則攸之、禕、允之任也／過門更相呼，有酒「斟酌」之
(E)日夜望將軍至，豈敢反乎？願伯具言臣之不敢「倍」德也／故事半古之人，功必「倍」之

（　）20. 下列各組文句，「　」內文字詞性相同的選項是：
(A)父義，母慈，「兄」友，弟恭／君為我呼入，吾得「兄」事之
(B)沛公「軍」霸上，未得與項羽相見／晉「軍」函陵，秦軍氾南
(C)謂獄中語，乃「親」得之於史公云／每得降卒，必「親」引問委曲
(D)一妓有殊色，執紅拂，立於前，獨「目」靖／臣以神遇而不以「目」視
(E)一「觴」一詠，亦足以暢敘幽情／引「觴」滿酌，頹然就醉，不知日之入

（　）21. 下列詩句中，藉由江水表達「物是人非」之慨嘆的選項是：
(A)移舟泊煙渚，日暮客愁新。野曠天低樹，江清月近人
(B)餘霞散成綺，澄江靜如練。喧鳥覆春洲，雜英滿芳甸
(C)閒雲潭影日悠悠，物換星移幾度秋。閣中帝子今何在，檻外長江空自流
(D)曲終收撥當心畫，四絃一聲如裂帛。東船西舫悄無言，唯見江心秋月白
(E)青春衣繡共稱宜，白首垂絲恨不遺。江上幾回今夜月，鏡中無復少年時

（　　）22.文學作品中，可運用層層遞進手法，來增加文意的層次感。下列屬於此種用法的選項是：

(A)天有情，天亦老；春有意，春須瘦；雲無心，雲也生愁

(B)所謂老教授不過是新來的講師變成，講師曾是新刮臉的學生

(C)地名可以忘記，地方不會忘記；地方可以忘記，事件不會忘記

(D)求木之長者，必固其根本；欲流之遠者，必浚其泉源；思國之安者，必積其德義

(E)有些人是特別的善於講價；他有政治家的臉皮，外交家的嘴巴，殺人的膽量，釣魚的耐心

（　　）23.閱讀下列各詩，選出敘述正確的選項：

甲、讓我把你潮濕的憂傷，一點，一滴，收藏（宇文正〈除濕機〉）

乙、其實一切都可以重來，那些曾經錯誤的，就用微笑掩蓋（心誼〈立可白〉）

丙、火山的灰燼，擁抱後的溫柔碎片──人類偉大的暫存技術（何亭慧〈暖暖包〉）

丁、守護著你每一個腳步，一路讓你出氣宣洩，最後拱你登上巔峰（路寒袖〈登山鞋〉）

(A)上列四首詩皆為以人擬物的詠物詩

(B)「一點，一滴，收藏」雙重呼應除濕功能以及眼淚滴落的情狀

(C)「那些曾經錯誤的，就用微笑掩蓋」展現正面積極的生活態度

(D)「人類偉大的暫存技術」是指暖暖包發熱後帶給人溫暖的功能

(E)「最後拱你登上巔峰」是指人踩著登山鞋最後得以登上最高峰

（　　）24.閱讀下文，選出符合文意的選項：

舞蹈是一種身體的表現運動，桌球是一種體能運動的辯證舞蹈。杜甫看公孫大娘舞劍，有這麼兩句：「觀者如山色沮喪，天地為之久低昂」。中國文化傳統中居然還有這種為「身體的表現藝術」產生巨大震動的場面，簡直令人難以置信。待看到陳靜打球，才忽然體會，杜公此詩，並非應酬之作。她低身發球時冷眼覷著對方的神氣，有威懾感，她的反手快彈，命中率高，突然性強，經常打亂對方節奏。她的似從容實迅速的步法移位，她的正手拉球，基本上都是為反手的這一板做準備。比賽中的陳靜，都以反手的這一板作為成敗得失的焦點。她發球後，她的回擊準備位置，立即以反手拍的攻擊板型為重心，身體的其餘部位，從眼睛到腳尖，都為此配合。她的反手拍就是她的劍尖，她的全部意識都集中在這個致命武器最犀利的一點上。一九八八年漢城奧運會上，陳靜拿金牌的那一仗，這種反手帶出的威懾感，發揮到極

致。那種威懾感，不是純機械的技術，而是氣勢，一如當年杜甫筆下公孫大娘的舞劍。（改寫自劉大任〈陳靜反手彈〉）

(A)文中所引杜詩，以公孫大娘的內心悸動摹寫舞劍場面

(B)桌球跟舞劍同屬於身體的表現藝術，都能令觀者動容

(C)陳靜跟公孫大娘一樣，都以反手彈將肢體發揮到極致

(D)陳靜的反手彈，從眼睛到腳尖的配合，令人措手不及

(E)陳靜反手彈的威懾感，主要在機械性技術訓練的效果

第貳部分：非選擇題（占45分）

說明：本部分共有二題，請依各題提示作答，答案必須寫在「答案卷」上，並標明題號一、二。作答務必使用筆尖較粗之黑色墨水的筆書寫，且不得使用鉛筆。

一、文章解讀（占18分）

閱讀框內甲、乙兩段文章之後，請解釋：燭之武為了達到「言資悅懌」的遊說目的，如何掌握「時利」、「義貞」這兩個重要原則？並分㈠「時利」、㈡「義貞」，依序回答。㈠、㈡合計文長約200～250字（約9～11行）。

甲、劉勰《文心雕龍‧論說》的「說」，並不是指今人所謂「說明文」的「說」，而是指先秦時代縱橫家對君主所進行的「遊說」。他讚美「燭武行而紓鄭」（燭之武出面說服秦伯，解除了鄭國的危難）；認為「說」要「言資悅懌」（說的話要讓聽者欣然接納），要能隨機應變，解決問題，所以必須針對實際情況，分析利弊，講究方法，切合事宜，掌握「時利」（有利時勢）和「義貞」（持理正大）這兩個重要原則，才能博取君主的認同，以達到遊說的目的。（改寫自王更生《文心雕龍讀本》）

乙、（燭之武）見秦伯曰：「秦、晉圍鄭，鄭既知亡矣。若亡鄭而有益於君，敢以煩執事。越國以鄙遠，君知其難也。焉用亡鄭以陪鄰？鄰之厚，君之薄也。若舍鄭以為東道主，行李之往來，共其乏困，君亦無所害。且君嘗為晉君賜矣，許君焦、瑕，朝濟而夕設版焉，君之所知也。夫晉何厭之有？既東封鄭，又欲肆其西封。若不闕秦，將焉取之？闕秦以利晉，唯君圖之。」（《左傳‧燭之武退秦師》）

二、引導寫作（占27分）

《論語》：「子貢問曰：『有一言而可以終身行之者乎？』子曰：『其「恕」乎！己所不欲，勿施於人。』」孔子因材施教，指導子貢以「恕」作為終身奉行的一個字。魯迅則以「早」字來自我惕勵，要求時時早，事事早，知在人先，行在人前。你認為有哪一個字是自己可以終身奉行的呢？請以「我可以終身奉行的一個字」為題，寫一篇文章。論說、記敘、抒情皆可。

101年指考（指定考試）解答

題號	1	2	3	4	5	6	7	8	9	10	11	12
答案	C	A	D	D	A	A	D	D	D	B	C	B
題號	13	14	15	16	17	18	19	20	21	22	23	24
答案	C	C	B	C	A	ABCE	AC	BC	CE	BC	BCDE	BD

101指考（指定考試）詳解

第壹部分：選擇題

一、單選題

1. 答案：C
   (A)「噱」音ㄐㄩㄝˊ，指笑。／「遽」音ㄐㄩˋ，指忽然。
   (B)「勠」音ㄌㄨˋ，指聯合。「同心勠力」指齊心合力，也作「勠力同心」。／「蓼」音ㄌㄧㄠˇ。指植物名稱。「蓼莪成行」指人才能平庸，無法承擔重任。
   (C)引號內的字，前後兩者讀音同為ㄑㄩㄥˊ。「蛩」音ㄑㄩㄥˊ，指蟋蟀。／「煢」音ㄑㄩㄥˊ，指孤獨、無依靠。「煢居」指獨居。
   (D)「瓠」音ㄏㄨˋ。「瓠巴」，指一位擅長鼓瑟的楚國人。荀子《勸學》：「昔者瓠巴鼓瑟，而流魚出聽」，翻譯：傳說當瓠巴演奏瑟時，悅耳動聽的程度連魚群都會隨之舞動傾聽。／「瓢」音ㄆㄧㄠˊ，指舀水或酒的勺子。「簞瓢屢空」指生活貧困艱苦。晉 陶潛《五柳先生傳》：「環堵蕭然，不蔽風日，裋褐穿結，簞瓢屢空，晏如也。」翻譯：四壁空蕩蕩的，擋不住風雨陽光。粗麻布短衣破爛補綻著，生活貧困常沒有吃喝的，但心裡很坦然。

2. 答案：A
   (A)選項出自方苞《左忠毅公軼事》：「目光如炬」，指左光斗的正義凜然；在此指人見事透澈，適合用來形容需通觀全局變化的領導者，故此選項為正確答案。
   (B)選項出自顧炎武《廉恥》：「松柏後凋」，指君子雖身處亂世，仍不改變其節操。是用來稱讚人的操守品行，而非用來形容老人身體健康，故此選項有誤。
   (C)選項出自荀子《勸學》：「梧鼠技窮」，指人的技能雖多但不專精，和「專精一種才藝」剛好相反，故此選項有誤。
   (D)選項出自晉·王羲之《蘭亭集序》：「群賢畢至」，指許多有才能的英才聚在一起，不宜用來形容「兒童科學營」中，年齡極輕且學術尚未專精的學員們，故此選項有誤。

3. 答案：D
   第一個空格：
   「□在兩條溼溼的黑邊兒裏的，一□白而發亮的水便呈現於眼前了」，此句指濕淋淋的黑石及瀑布。以選項來看，第一個空格需從「夾」與「鑲」兩字中作選擇。「夾」指從物體兩邊使力，鉗住中間的物體使之不動；而「鑲」則指把物體嵌進另一物體的中間或邊緣。瀑布兩邊的石頭不會「用力夾住」瀑布，故宜使用「鑲」字，形容黑石如被鑲嵌在瀑布兩邊的畫面，可據此刪除(A)、(B)兩選項。
   第二個空格：
   「畦」指「排列整齊、一塊塊的方形田地」，而「帶」則指「長條狀的物體」。因第二個空格是用來形容瀑布，故適合用形容長條狀的「帶」，而非形容方形的「畦」，故可刪除(C)。
   第三個空格：
   「踞」指「蹲」，而「盤」則指「纏繞」。「這個亭□在突出的一角的岩石上」中的空格用來形容建在岩石上的涼亭，故形容蹲定在原地的「踞」，較形容纏繞的「盤」更為合適，因此(D)為正確選項。

4. 答案：D
   各句翻譯如下：

「精妙的細微預兆、跡象，只有德行清明的君子才能了解。因此人的思慮就像盤中的水，

甲、輕風吹過

乙、放著不攪動

丙、可以用來映照鬍鬚、眉毛及肌膚的細微紋理

丁、沉澱的汙濁渣滓就會被攪動，上層清澈的水則被攪亂

戊、髒汙的渣滓就會沉澱在下，而清澈的水則在上

無法靠它映照出人體的正確形象面貌了。」

注釋：①幾：微兆、跡象。②槃：同「盤」，指用來盛水的托盤③錯：安放。④湛：清澈。

具體解析如下：

在排列文句前，同學首先應了解排列選項的最前與末句：「危微之幾，惟明君子而後能知之。故人心譬如槃水」及「則不可以得大形之正也」兩句，這可幫助同學判讀選項組合起來的完整語意。第一句告訴我們「清明的君子可觀察細微預兆，因此人的思慮就像盤中的水」，以及最後一句「無法靠它映照出人體的正確形象面貌」，可知選項可分成：能夠映照出正確形貌的情形以及無法映照出正確形貌的情形。據此，選項可分為兩組：乙、戊、丙一組（正面意義），甲、丁以及文末語句一組（負面意義）。

其次，進一步觀察此兩組語句，不難發現選項語句多為兩兩相反的對照：甲、乙互為對照，說明不同的影響事件，丁、戊互為對照，說明事情被影響的過程，而丙「則不可以得大形之正也」則與題幹末句，同為說明兩個不同的結果。由此可知語句的排列順序應為：乙（影響事件）、戊（影響過程）、丙（影響結果），及甲（影響事件）、丁（影響過程）和題幹末句（影響結果）。因甲、丁和題幹末句「則不可以得大形之正也」語意相連，故可推測此兩句應置於「乙、戊、丙」選項之後，故選項的正確排列順序為「乙戊丙甲丁」。

完整翻譯如下：

精妙的細微預兆、跡象，只有德行清明的君子才能了解。因此人的思慮就像盤中的水，放著不攪動，髒汙的渣滓就會沉澱在下，而清澈的水則在上，就可以用來映照鬍鬚、眉毛及肌膚的細微紋理。但是，如果輕風吹過水面，沉澱的汙濁渣滓就會被攪動，上層清澈的水則被攪亂，則無法靠它映照出人體的正確形象面貌了。

5. 答案：A

破解對聯題型時，同學首先須了解對聯的特性：字數相等、平仄相對以及仄起平收（上聯末字為仄聲，而下聯末字為平聲）。其次，對聯的用語多半依據典故，因此同學需就平時的閱讀經驗與國學常識判斷可能的答案。具體解析如下：

第一個空格：

「達」和「道」兩字皆為仄聲韻，因此應由語意上判別；對「道」論述最有名者為老子，而非莊子，且《莊子》一書十分強調「逍遙」、「適性」等達觀思想。據此推斷，「達」較「道」更為合適，可刪除(B)、(D)選項。

第二個空格：

與此空格相對的下聯為「花裏」二字，其押韻為「平仄」，因此此空格的押韻應為相對的「仄平」，故「篇外」（平仄）二字不合，可據此刪除選項(C)、(D)。

第三個空格：

「疏」、「寒」在此同為平聲韻，因此應由語意上判別；雖此兩字皆可用來形容梅花，但需注意這些對花的形容，皆是要以花比附讀書人的愜意、風雅之處。因此，「疏影橫斜水清淺，暗香浮動月黃昏」（北宋林逋〈山園小梅〉）中，表現梅枝錯落有致的「疏」字形象，便較表現梅花獨立孤高的「寒」字更為合適，可據此刪除(C)、(D)選項。

第四個空格：

「逸」、「潔」同為仄聲韻，因此應由語意上判別；以蓮花的特質比附士人風骨的名篇莫過於

〈愛蓮說〉，周敦頤在文中盛讚蓮花「出汙泥而不染，濯清漣而不妖」的高潔，因此「潔」較「逸」更適合用以形容蓮花的形象，據此可刪除(B)、(D)選項，故答案為(A)。

翻譯

讀《尚書》取其正直（《尚書》又稱《書經》，記言之祖，嚴謹求實），

讀《易經》取其通變（《易經》以符號系統表現世間萬事萬物的變易及不變），

讀《離騷》取其幽深（《離騷》為屈原抒發孤憤的作品），

讀《莊子》取其達觀（全書強調「適性」、「逍遙」等達觀思想），

讀漢文取其豪邁剛健（漢代散文承繼先秦散文的特色，在現實的基礎上，思考如何經世濟民，立論精密、內容樸實），是讀書中所體會、興味的最高情趣。

與菊花一起隱居林野（陶淵明「採菊東籬下」，隱居於野），與梅花一同疏落雅緻，與蓮花一起高潔，與蘭花一起芳香（蘭花又稱為「王者香」），與海棠花（蘇軾在〈海棠〉中詠海棠花以表現自己的風骨）一樣風雅，一定可以自稱為花中神仙了。

6. 答案：A

各選項解析如下：

(A)「五世其昌」為新婚賀詞，指祝人子孫昌盛。／「齒德俱尊」指年高德重的長輩，可適用於慶祝長輩壽慶的場合。／「啟迪有方」指老師的教學方法很好，可適用於慶賀教育機構的開辦。

(B)「宜爾室家」指能帶來美滿幸福的生活，為新婚賀詞。／「椿萱並茂」指香椿和萱草茂盛生長，比喻父母健在，可適用於慶祝長輩壽慶的場合。／「杏林春暖」稱讚醫生如春日般溫暖的仁德心術，適用於醫院相關場合而非教育機構。

(C)「珠聯璧合」指人才或是美好的事物匯集，適用於祝賀新婚的頌辭。／「福壽全歸」是指年高德劭者死亡的題辭，不適用慶祝長輩壽慶的場合。／「英才淵藪」指人才匯集的地方，可適用於慶賀教育機構的開辦。

(D)「琴瑟重調」指祝賀人再婚，不適用祝賀人新婚。／「松鶴延齡」松樹與鶴是古來長壽的象徵，為祝壽賀辭，適用慶祝長輩壽慶的場合。／「時雨春風」指及時雨和溫暖春風可滋長萬物，用以比喻師長的叮嚀與教化，可適用於慶賀教育機構的開辦。

7. 答案：D

(A)陶淵明〈桃花源記〉採「順敘」而非「倒敘」手法，運用小說筆法，從漁人的角度描述發現桃花源的過程與結局。

(B)柳宗元〈始得西山宴遊記〉首段採「冒題法」而非「開門見山」。「破題法」又稱「開門見山法」，意即從全文的開始（第一段）便點出全文主旨。「冒題法」又稱「埋兵伏將法」，意即在全文的開端先不講明主旨，而是先以其他內容帶出，之後才引出全文的主題。例如〈始得西山宴遊記〉一文先自述被貶謫後的心境，再引出描寫因遊山賞景而排遣苦悶的心情與體悟。

(C)范仲淹〈岳陽樓記〉雖以名勝為名，但內容旨在闡發「不以物喜，不以己悲」的心境及自身的抱負，非為史傳性質。

8. 答案：D

(A)《世說新語》確實是志人小說，但是以零星記事為主的筆記體，情節並不完整。

(B)《虯髯客傳》是結構完整的「志人小說」，而非「志怪小說」。

(C)《紅樓夢》是言情小說，但全書以悲劇收場，而非家族大團圓的結局。

9. 答案：D

題幹中「用之則行，舍之則藏」一句翻譯為：獲得任用就出仕、任職，若不能獲得任用則退

隱。據此，分析時應注意選項中文字是否有針對「出仕」或「退隱」進行討論並表達態度，各選項具體解析如下：

(A)內容具體討論何種政治環境下可以「出仕」，何種政治環境下則可選擇「退隱」，文意符合題幹的敘述。選項出自《論語·衛靈公》，翻譯如下：（如果）國家政治清明，便可出仕任官，（如果）國家政治黑暗，便可退隱。卷，意指收；懷，意指藏，兩者皆指引退之意。

(B)此選項藉由水的清濁影射官場及世道的風氣，並藉由帽帶和腳說明應對不同風氣下，出仕（清洗帽帶）或退隱（洗腳）的不同選擇，文意符合題幹的敘述。選項出自《楚辭·漁父》，翻譯如下：如果滄浪之水清澈，可以用它清洗帽帶，如果滄浪之水混濁，可以用它洗腳。

(C)選項內容為諸葛亮說明自己在亂世中退隱於南陽郡耕種，文意符合題幹的敘述。選項出自諸葛亮的〈出師表〉，翻譯如下：我本是平民，在南陽郡耕田，只希望能在亂世中保全性命，不奢求被諸侯們提拔任用。

(D)內容每個人不同的生活態度及和他人的相處方式，與出仕或退隱與否無關。

選項出自王羲之的〈蘭亭集序〉，翻譯如下：人與人交往，周旋渡過一生，有的人喜歡抒發抱負，與知心好友在室內暢談；有的人則喜歡寄情於喜好，無拘無束的縱情放任。

10. 答案：B

選項解析如下：

(A) 由「似矣喜，勿似更喜」一句可見老蓮在他人說自己作品「不像」時更感到開心，因此選項有誤。

(C) 「邯鄲學步」典出《莊子·秋水》，意指一味仿效他人，不但不能達成目的，反而會失去自我本來的面貌。陳老蓮不被?摹所拘，也不以相像自滿，勇於創新、改變，故不宜使用此成語。

(D) 畫風是指一個人繪畫所呈現的特色及風格，在此篇中，「易圓以方」是指陳老蓮在臨摹中嘗試變化的方法和手段，而非指其畫風，故選項有誤。

翻譯

周亮工的《讀畫錄》裡記載著：「（陳老蓮）住在杭州府學習臨摹龍眠七十二賢石刻，關起門畫了十天，學得（石刻）全部的神情樣貌，拿著畫好的圖給人看並問：『怎麼樣？』人說：『像啊！』他便感到高興。又臨摹了十天，拿著畫好的畫像給人看並問：『怎麼樣？』人說：『不像啊！』他便更開心。他數次臨摹且變換繪畫的手法，改圓為方，以散亂取代整齊的線條，而（和原本的石雕極為不同）不能辨別出（原本石雕）了。」這一件流傳下來的陳老蓮事蹟，對於書畫藝術及方法，非常有意義。因為人學習書畫，必須要從描摹他人作品開始，以學習前輩創作者的創作精神及典型制度；如果被描摹他人的作品所拘束，以「抄襲」為目的，就失去了自我。老蓮臨摹李龍眠的作品，會因（被他人說）相像會感到開心，（被他人說）不像則更加欣喜，這就是老蓮為什麼會是老蓮的原因了。

11. 答案：C

(A)由「猿且知有母，不愛其死，況人也耶！」可知本文主旨乃藉由猿猴來諷勸世人應當愛母，而非愛子。

(B)由「猿子尤奇，性可馴」一句，可知小猿個性溫馴，而非機靈活潑。

(C)由「獵人以毒傅矢，伺母間射之」，可知獵人是趁母猿疏忽時，以毒箭偷襲母猿而非小猿。

翻譯

武平這個地方出產猿猴，這種猿猴的毛色像金絲線，閃閃發光、具有觀賞價值；小猿更是格外特別，性情溫馴，但是牠們不離開母猿身邊。母猿聰明狡猾，難以捕捉。獵人用毒液塗抹在箭頭，趁母猿不注意時射牠。母猿猴揣測自己大概不能久活，便把乳汁擠出噴灑在樹林裡，讓小

猿飲用；灑完，母猿便斷氣而亡。獵人把母猿的皮剝下並用鞭子鞭打給小猿看，小猿因此傷心哀鳴並（因不忍看獵人鞭打母猿皮）從樹上跳下，不加抵抗的讓獵人捕捉。每晚小猿都必須睡在母親的皮上才能感覺安心。情況更嚴重的小猿，則會抱著皮邊跳邊摔自己直到死亡。唉！小猿都能愛母親，甚至把自己的生死置之度外，更何況人呢？

12. 答案：B

(A)由詞作甲中「黯鄉魂，追旅思」、「酒入愁腸，化作相思?」等句，可知描寫內容為離鄉後的愁緒，詞作乙中「千里念行客」、「歸鴻無信，何處寄書得?」等句，可知描寫內容為思念遠方遊子。兩闋詞皆描寫濃厚的離愁，而非避世離俗，故選項有誤。

(B)由詞作甲中「黯鄉魂，追旅思」、「酒入愁腸，化作相思?」等句以及詞作乙中「歸鴻無信，何處寄書得?」、「此情深處」等句，可知兩闋詞確實表現出濃厚的離愁別緒，故選項正確。

(C)詞作甲從「碧雲天，黃?地」的秋景描寫，進而代入「黯鄉魂，追?思」的愁思；詞作乙則由「紅?黃花」的秋景描寫，進而代入「歸鴻無信，何處寄書得?」的愁思。兩闋詞的描寫手法皆為「先景後情」，而非「先情後景」，故選項有誤。

(D)由詞作甲「黯鄉魂，追?思」、「酒入愁腸，化作相思?」等句，以及詞作乙「歸鴻無信，何處寄書得?」等句，皆可看出描寫的是與故鄉離別，以及與遊子別離後的心境，而非描寫臨別當下的場景與心情，故選項有誤。

翻譯

甲、范仲淹〈蘇幕遮〉：青雲藍天，黃葉落了滿地。秋天的景色隨水波蕩漾，水波上籠罩著翠綠色的寒煙。斜陽映照群山、天光接連水色，岸邊的香草似是沒有感情，更在西斜的夕陽以外。令人心神沮喪的思鄉情懷，追溯（自己）羈旅異地的愁思。每個夜裡除非夢到（關於故鄉）的美夢才能安然入睡。當明月映照時不要獨自倚靠（在高樓上），即使飲酒仍愁懷難解，（只有將愁思）化作思鄉的淚水。

乙、晏幾道〈思遠人〉：楓葉、菊花是晚秋的景色，引人思念在外遠遊的人。天上的雲彩飄向遠方，大雁已歸返卻不見有（游子）的消息，能往哪裡寄送書信呢？靠窗流淚不止，（淚水）滴入硯台（我）磨著墨混合著淚水，往事一路寫到別離以後，其中的深厚情感，（淚水）把紅色的信箋顏色染退。

13. 答案：C

(C)「在官時只說閒，得閒也又思官」，寫常人在「當官」與「得閒」兩者間的矛盾心境，而非寫無官一身輕的閒適，故選項有誤。

翻譯

當官的時候羨慕閒適的生活方式，但真可悠閒時卻又想要做官。一直到教他親身體驗看看。試著看前人的例子，哪一個人沒有遭遇到災難？楚國三閭大夫屈原（因為被君王放逐）在江邊來回徘徊、吟詠詩歌（後自盡於江中）；伍子胥（因為被吳王賜死）鮮血染髒了他的衣服帽子；烏江岸邊磨損了有志氣的男子（項羽自刎）；咸陽市集上丞相被殺（李斯被腰斬）。這些人各種遭遇，（當官）是要安適？或是要感到不安心？（無論如何）怎麼比得上我（自比陶淵明）的自在逍遙！

14. 答案：C

(A)由青年的灰色囚衣以及「哦，你是逃犯呀！」可知青年的身分為逃犯；而由門外部屬稱呼老人為典獄長，可知老人的身分為典獄長。

(B)由「孩子，你從來沒玩過手槍吧！我這把手槍已經二十年不上子彈了」一句可知，青年確實不知槍中未裝子彈。

(C)由「老人趁勢奪下青年手中的槍：『孩子，你從來沒玩過手槍吧！我這把手槍已經二十??上子彈了。』然後他把另一杯咖啡遞給對方。『喝掉它吧，乖乖地回到監獄去，我?會讓他們爲難你的。』」可知，老人不讓趙英和李金入內強迫青年就範，是想給青年補救的機會，而非害怕青年開槍，因爲他知道青年不熟稔槍枝，且青年手上的槍根本未裝子彈。

(D)老人既知槍中沒子彈，自然可以選擇以強迫的方式制伏青年，然而從其並未告知部下逃犯在自己家中，又請對方喝咖啡，勸他自首的行爲來看，確實展現出老人的愛心。

15. 答案：B

(A)雖然此篇故事確實爲一個突發的危機情形，但這並非全文主旨，老人的行爲舉動才是本文的核心焦點，故選項有誤。

(B)由老人不准部下進入、以及遞咖啡、塞傘並拍肩的舉動，可以知道老人以感化勝於強制的方式面對這位逃犯，而這也是全篇文章的核心主旨所在，故應選此答案。

(C)全文並未提及預防犯罪的觀念，故選項有誤。

(D)妥協是指兩方彼此退讓部分的意見或原則以求融洽的行爲，文中老人並未對青年提出的要求有任何妥協，而青年也被老人說服，放棄逃獄，故選項有誤。

丞之職，所以貳令，於一邑無所不當問。其下主簿、尉，主簿、尉乃有分職。丞位高而偪，例以嫌不可否事。文書行，吏抱成案詣丞，卷其前，鉗以左手，右手摘紙尾，雁鶩行以進，平立，眄丞曰：「當署。」丞涉筆占位，署惟謹，目吏問可不可。吏曰：「得」，則退；不敢略省，漫不知何事。官雖尊，力勢反出主簿、尉下。諺數慢，必曰丞，至以相訾謷。丞之設，豈端使然哉！

博陵崔斯立，種學績文，以蓄其有，泓涵演迤，日大以肆。貞元初，挾其能，戰藝於京師，再進再屈千人。元和初，以前大理評事言得失黜官，再轉而爲丞茲邑。始至，喟曰：「官無卑，顧材不足塞職。」既噤不得施用，又喟曰：「丞哉！丞哉！余不負丞而丞負余！」則盡枿去牙角，一躡故跡，破崖岸而爲之。

丞廳故有記，壞漏污不可讀：斯立易楹與瓦，墁治壁，悉書前任人名氏。庭有老槐四行，南牆鉅竹千梃，儼立若相持；水㶁㶁循除鳴，斯立痛掃溉，對樹二松，日哦其間。有問者，輒對曰：「余方有公事，子姑去。」

考功郎中知制誥韓愈記。（韓愈〈藍田縣丞廳壁記〉）

翻譯

縣丞這個職務，是用來輔佐縣令，（因此）對於一縣內的政事沒有什麼是他不應當過問。在他的職位之下有主簿、尉，主簿和尉各有各的職責。縣丞地位高於主簿、尉且逼近於縣令，照例爲了避免嫌疑而（對公事）不加干涉。在發出公文前，小吏抱著已完成的公文拜見縣丞，捲起（公文）的前端（遮住內容），以左手夾住（公文），右手拿著公文的尾端，像大雁和鴨子般斜著走進來，直立站著，斜眼看著縣丞說：「要簽名。」縣丞在應簽名的位置動筆，謹慎地簽上（姓名）。看著小吏詢問這樣可不可以。小吏說：「可以」，便退下；（縣丞）不敢稍爲看一下（公文的內容），茫茫然不知（公文的內容）是哪件事情。官位雖尊貴，權力反而在主簿、尉之下。民間諺語每當提到怠惰、輕視之意，一定提到縣丞，甚至把縣丞一詞當作詆毀對方的用語。設立縣丞此一職務，初始的本意難道是如此嗎！

博陵人崔斯立，勤學並培養文才，來累積學問，（他的學養）廣博宏闊，常有所長進。貞

元初年，他挾帶著才能，在京城和人比較學養文章，每每（因他的才華）折服眾人。元和初年，以大理評事的身分上疏（談論朝政）而被貶官，兩次貶謫後至此來做縣丞。初到此地時，他嘆息著說：「官位不分大小，只怕自己的才能不能夠勝任職位。」然而（崔斯立）只能閉口而不能有所作為，他又感嘆地說：「丞啊！丞啊！我沒有對不起縣丞（這個職務）但這個職務卻辜負我！」於是他完全去除自己的鋒芒，一律依照慣例，去除原本孤高的節操來做縣丞這個官位。

縣丞的廳堂內原有一篇記在牆上的文字，但因房屋漏水、損壞而汙損至難以辨識。崔斯立替房屋上方正的橡換為瓦，重新粉刷牆壁，並將歷任縣丞的名字寫上。庭院裡有四排老槐樹，南邊牆旁有竹子千餘株，（兩者）彷彿互相對峙，水流發出水聲繞著庭院而行，崔斯立把屋裡屋外皆打掃乾淨，面對兩棵松樹，每日在庭院中吟詠詩作。有想要問他的人，他便回答說：「我正好有公事，請您離開這裡。」

16. 答案：C
(A)「不可否事」是指縣丞對公事不置可否的消極態度，而非表達事無不可為的積極態度。
(B)「雁鶩行」指斜行，「平立」則指站著，皆表示小吏囂張跋扈並輕蔑縣丞的態度。
(C)「種」：指耕田。績：緝麻、織布。文中以「種（耕種）」、「績（績麻）」將崔斯立的勤學善寫，加以形象化。
(D)本文藉由循環的不斷的水聲表示崔斯立內心的無奈，而徹底灑掃似乎是縣丞這個職務為一可改變現狀的作為，兩者皆表示出他無法有所作為的無奈感受。

17. 答案：A
「呼應」指文義上互相照應，因此同學藉由判斷選項中的句子「是否明顯前後相關連」，來釐清選項中的句子是否相互呼應。各選項解析如下：
(A)「至以相訾謷」指鄉人們把「縣丞」一職用來詆毀對方，而「既噤不得施用」則指崔斯年只能閉口而不能有所作為。兩者皆和縣丞有關，故易造成誤選，但仔細觀察，鄉人們用縣丞用來詆毀彼此和崔斯年的作為，這兩件事本身並非直接相關，故為正確答案。
(B)「其下主簿、尉」，指較縣丞職位低階的是主簿和尉，也就是主簿和尉是縣丞的屬下，而「力勢反出主簿、尉下」指縣丞的權力反而比主簿及尉低下。這兩句直指縣丞此一職務尊貴卻不得施展的矛盾現象，在文義上互相照應，具明顯前後相關連。
(C)「丞之職，所以貳令」指縣丞是用來輔佐縣令的職務；「丞之設，豈端使然哉」，則指設立縣丞此一職務，初始的本意難道是如此嗎！前句說明了縣丞此一職務設立初始的本意，而後一句的反詰則說明了縣丞這個職務並未能如本意般輔佐縣令，反而淪為一個只能簽名的虛位。此兩句反映了作者對此職務職掌現況的深痛質疑，在文義上互相照應，具明顯前後相關連。
(D)「於一邑無所不當問」指（縣丞）對於一縣內的政事沒有什麼是他不應當過問；而「不敢略省，漫不知何事」則指縣丞不敢稍為看一下公文的內容，茫茫然不知公文的內容為何。縣丞原應通曉一縣內的所有政事，但現況卻是縣丞對自己所簽署的公文內容全然不知，此兩句反應出縣丞職務的變質與沉淪，在文義上互相照應，具明顯前後相關連。

二、多選題

18. 答案：ABCE
(A)「篳路藍縷」一詞指創業的艱苦。
(B)「立錐之地」指插錐尖的極小處。
(C)「百無聊賴」指因無事可做而感到非常無聊的樣子；「沁人心脾」則指滲透至心肝脾臟，形

容感受十分深刻。

(D)「一脈相成」的「成」字應改爲「承」。「一脈相承」指由一個體系承傳、沿襲而來。

(E)「不脛而走」指事物迅速傳播。

19. 答案：AC

(A)兩個「區區」意義相同，皆指「微小」。選項引文出自《公羊傳》，翻譯如下：微小的宋國，尚且仍有不欺騙人的大臣。／選項引文出自賈誼〈過秦論〉，翻譯如下：秦國以微小的領地雍州，卻取得天子的權威。

(B)前段引文的「提攜」指「小孩」。選項引文出自歐陽脩〈醉翁亭記〉，翻譯如下：老人、小孩絡繹不絕的來往此地，這是滁州的百姓們來這裡遊玩。／後段引文的「提攜」指「扶持、牽引而行」。選項引文出自《禮記》，翻譯如下：扶持長輩行走時，則兩手恭敬的捧著長輩的手。

(C)兩個「再」字義相同，皆指「再度」。選項引文出自《左傳・曹劌論戰》，翻譯如下：第一次擊鼓（發出前進令）時士氣大受鼓舞，再度擊鼓時，（昂揚的士氣就）有些衰退，第三次擊鼓時士氣便已耗竭／選項引文出自《論語・公冶長》，翻譯如下：季文子做人處事皆考慮再三後才行動。孔子聽到（這件事情）後，說：「再考慮一次（意即考慮到第二次），便可以了。」

(D)前段引文的「斟酌」指「衡量」。選項引文出自諸葛亮〈出師表〉，翻譯如下：至於衡量事理，擇善定奪，盡力的進獻忠誠建議，這是郭攸之、費褘、董允等人的職責／後段引文的「斟酌」指「倒、飲」。選項引文出自陶淵明〈移居二首之二〉，翻譯如下：朋友經過門口便招呼他（前來），有酒大家一起倒來享用。

(E)前段引文的「倍」通「背」，指「反叛、背離」。選項引文出自〈史記・項羽本紀〉，翻譯如下：我（劉邦）從早到晚皆盼望著將軍（項羽）能夠（早日）到來，怎麼敢反叛呢？希望項伯您能（幫我向項羽將軍）詳細說明我是不敢反叛、背離恩德（忘恩負義）的。／後段引文的「倍」指「增加一倍以上」。選項引文出自《孟子・公孫丑上》，翻譯如下：因此做一半古人所做的事，必定可以成就雙倍於前人的功績。

20. 答案：BC

(A)前段引文中的「兄」爲「名詞」，後者爲「副詞」，兩者詞性不同。前者爲「名詞」，意指兄長。選項引文出自《尚書》，翻譯如下：父親（對家人）仁義，母親（對孩子）慈愛，兄長（對弟弟）友愛，弟弟（對兄長）尊敬／後段引文中的「兄」爲修飾動詞「事」的「副詞」，意指對待兄長的禮節。選項引文出自《史記・項羽本紀》，翻譯如下：請您替我叫他進來，我要用對待兄長的禮節接待他。

(B)前後兩引文中的「軍」皆爲「動詞」，詞性相同。前者爲「動詞」，意指駐紮。選項引文出自《史記・項羽本紀》，翻譯如下：劉邦駐軍在霸上，還未能見到項羽／後段引文中的「軍」爲「動詞」，字義同爲駐紮。選項引文出自《左傳・燭之武退秦師》，翻譯如下：晉軍駐紮在函陵，秦軍則駐紮在氾水的南邊。

(C)前後兩引文中的「親」皆爲「副詞」，詞性相同。前者爲「副詞」，意指親自。選項引文出自方苞〈左忠毅公逸事〉，翻譯如下：他說左光斗在監獄中的事情，是他親自從史可法那聽說而來。／後段引文中的「親」爲「副詞」，字義同指親自。選項引文出自《資治通鑑》，翻譯如下：每當虜獲投降的士兵，（他）一定親自問明詳細情形。

(D)前段引文中的「目」爲「動詞」，後者爲「名詞」，兩者詞性不同。前者爲「動詞」，意指注視。選項引文出自杜光庭〈虬髯客傳〉，翻譯如下：有一個舞妓樣貌姣好，手裡拿著紅色的拂塵，站在前面，目不轉睛地看著李靖／引文中的「目」爲「名詞」，意指眼睛。選項引文出自《莊子・庖丁解牛》，翻譯如下：我以心神去感受（牛的內部結構）而不依靠眼睛的

觀察。

(E)前段引文中的「觴」為「動詞」，後者為「名詞」，兩者詞性不同。前者為「動詞」，意指飲酒。選項引文出自王羲之〈蘭亭集序〉，翻譯如下：一邊飲酒一邊賦詩，也足以（彼此）愉悅暢快地表達胸中的幽雅情懷／後段引文中的「觴」為「名詞」，意指酒杯。選項引文出自柳宗元〈始得西山宴遊記〉，翻譯如下：舉起斟滿了酒的酒杯並飲下，（喝到）東倒西歪、醉倒在地，不知道太陽已經下山。

21. 答案：CE

「物是人非」一詞意即「景物依舊，人事全非」，同學必須在詩句中搜尋是否有特別強調現在和過去景物相同，而人事卻已變遷的感慨。各選項解析如下：

(A)本詩書寫旅居外地的思鄉愁情，而非慨嘆「物是人非」。選項引文出自孟浩然〈宿建德江〉，翻譯如下：舟船正要停泊進水氣朦朧的小沙洲。夕陽西下思鄉之愁不禁湧上心頭，曠野上的樹木在暮色中顯得低矮，江水澄澈地倒映著一輪明月，彷彿就在身旁。

(B)本詩描述眼前的美麗景色，而非慨嘆「物是人非」。選項引文出自謝朓〈晚登三山還望京邑〉，翻譯如下：晚霞鋪散彷若錦緞，澄澈的江水寧靜地如同白色的絹布條。喧鬧的鳥群停滿在春天的小沙洲上，各種花朵綴滿了有著芳草的郊野。

(C)「檻外長江空自流」是不變的景色，而「閣中帝子今何在」則是人事全非的今昔對照；亦可由「物換星移幾度秋」一句，發現作者企圖點出「物是人非」的感慨之情。選項引文出自王勃〈滕王閣序詩〉，翻譯如下：閒散的雲影倒映在水潭中，時光悠然而逝，事物轉變、星群挪移，時間不停更迭。閣樓中的帝王後嗣如今在何處？只有欄杆外的長江（千年不變地）兀自不停的流洩。

(D)本詩主要描寫琵琶女的琴藝及客人聽曲的現場情形，而非慨嘆「物是人非」。選項引文出自白居易〈琵琶行〉，翻譯如下：曲子終了時，以彈奏的撥子在琵琶中心劃過去，琵琶的四根絃同時發出像撕裂帛布般清脆的聲音。這時四周的船隻都靜默無聲，只見江中映照著潔白明亮的秋月。

(E)「江上幾回今夜月」是不變的景色，而當時「青春」如今「白首垂絲」則是人事非的今昔對照＝；，亦可由「鏡中無復少年時」一句發現作者企圖點出「物是人非」的感慨之情。選項引文出自劉長卿〈貶睦州祖庸見贈〉，翻譯如下：青春年少和錦繡華服互相完美的襯托，晚年卻只剩垂落白髮和無盡遺憾。今夜江上的月色（日日年年不變地）已不知重複了幾回，但鏡中的自己卻和年輕的時候完全不同啊！

22. 答案：BC

「層遞」是一種具有大小、層級關係，依次序層層往一方向遞進的修辭法，和用結構相似的語句，排列表達出類似範圍、性質意象的「排比」法並不相同。同學需仔細觀察選項，是否有前後方向性的遞進關係，便可找出正確選項。各選項解析如下：

(A)天、春、雲三者關係並列，屬於排比法，並沒有大小、層級上具有方向性的遞進關係。選項引文出自喬吉〈杜牧之詩酒揚州夢〉，翻譯如下：蒼天如果有感情，天也會老化；春光如有情意，春光必定消瘦；閒散的浮雲雖然無心，但浮雲也會發愁。

(B)學生→講師→老教授，三者關係由年輕至老，層層遞進，故選項正確。選項引文出自余光中〈或者所謂春天〉。

(C)地名→地方→事件，由最易忘記者層層遞進至最不會忘記者，選項正確。選項引文出自王鼎鈞《大氣遊虹‧失名》。

(D)河水和樹木無層層遞進的關係，句中三句為並列形式的排比法。選項引文出自魏徵〈諫太宗十思疏〉，翻譯如下：希望樹木長得高而壯碩，必定要穩固根基；想要水流流得長遠，必定

要疏通源頭；想要安定國家，（君王）必定要累積德行和仁義。

(E)用政治家、外交家、殺人者、釣魚者，來形容人的不同特質，爲排比法而非層層遞進的關係。選項引文出自梁實秋《雅舍小品》。

23. 答案：BCDE

(A)上列四首詩皆爲「以物擬人」，而非「以人擬物」的詠物詩，故選項有誤。

24. 答案：BD

(A)文中所引的杜詩，爲杜甫觀看公孫大娘舞劍而感受到的內心悸動。故因觀看而感受內心悸動者爲杜甫，而非公孫大娘。

(B)由「觀者如山色沮喪，天地爲之久低昂」的描寫，以及陳靜讓作者感受到的威懾及氣勢，不難讓人明白身體藝術確實能深深撼動觀者。

(C)只有陳靜使用反手彈而已，公孫大娘爲舞劍者。

(D)由「身體的其餘部位，從眼睛到腳尖，?爲此配合」及「陳靜拿?牌的那一仗，這種反手帶出的威懾感，發揮到極致」兩句，可知陳靜藉由全身配合的反手彈，確實令人措手不及。

(E)由「那種威懾感，?是純機械的技術」一句，可知作者認爲反手彈的威懾感，並非純機械性技術訓練所能產生的效果。

第貳部分：非選擇題

一、文章解讀

(一)時利（有利時勢）：本段可由文章中提供的秦、晉、鄭三國當時的形勢作簡單分析：

　1.就地理位置而言，同學可從原文中「越國以鄙遠，君知其難也。焉用亡鄭以陪鄰」一句，明白鄭國在晉國的旁邊，而離秦國較遠，因此鄭國滅亡對鄰邦晉國將產生利益，這對地理位置較遠的秦國而言，便相對等於有害。同學可就「鄰之厚，君之薄也」此點，加以分析說明之。

　2.就秦國的未來發展而言，秦國如果捨棄攻打鄭國，便能「若舍鄭以爲東道主，行李之往來，共其乏困，君亦無所害」，故與鄭國和平相處，對秦國未來的外交、軍事不僅無害，反而有利。

(二)義貞（持理正大）：

「且君嘗爲晉君賜矣，許君焦、瑕，朝濟而夕設版焉，君之所知也。」由於晉國曾對秦國言而無信，此點必定讓秦國對晉國心生不滿，懷疑晉國遲早將矛頭指向秦國，「既東封鄭，又欲肆其西封。若不闕秦，將焉取之？闕秦以利晉，唯君圖之。」同學可針對燭之武的此種論點加以進一步分析說明。

二、引導寫作

> ### 思路小提醒
>
> 　　此題同學需首先注意，題目爲「我可以終身奉行的一個字」，而非希望你以一字命題。其次，雖題目發展空間極大，但同學仍需仔細審題，思考出一個不僅符合自身當下情境的「字」，更可以完整表達出自己的生命哲理，爲此篇作文清楚的定位。
>
> 　　在思考出這個「字」以後，同學需以足夠的篇幅，清楚說明爲什麼這個字是「我可以終身奉行的一個字」？它對你已經產生了什麼樣的影響力？又會如何左右你未來的人生方向？
>
> 　　同學行文時務必清楚傳達自己的生命觀，亦可舉古人或現代人爲例，說明此「字」的重要性，惟需注意不要將過多篇幅放在闡釋這個「字」對他人的影響，而忽略說明清楚它對你自身所產生的可能影響；也要避免在文中說明一個以上的「字」，造成文章焦點模糊不清。

101年學測（學科能力測驗）

題型分析

類型	字音	字形	字義	文法修辭	成詞語	應用文	國學常識	閱讀理解
題號	1	1	20	3（詞性）、16（警喻）、21（寫作手法）	4、5	7	18（文學家）、19	10、12、13、（白話文） 8（文言文，文句排序） 11、14、15、23、（文言文） 9、22（古典詩詞） 6、17（現代詩）

第壹部分：選擇題（占54分）

一、單選題（佔30分）

說明：第1題至第15題，每題有4個選項，其中只有一個是正確或最適當的選項，請畫記在答案卡之「選擇題答案區」。各題答對者，得2分；答錯、未作答或畫記多於一個選項者，該題以零分計算。

（　　）1. 下列各組「」內的字，讀音相同的選項是：
(A)「佚」名／瓜「瓞」綿綿
(B)「岈」然／驚「訝」不已
(C)「鶴」鶉／「闒」然媚世
(D)地「氈」／「饘」粥糊口

（　　）2. 下列文句中，完全沒有錯別字的選項是：
(A)教育下一代最好的方法就是父母要以身作責
(B)不肖商人利慾薰心，竟將塑化劑摻入果汁中販售
(C)在老師提綱切領的說明之後，所有問題都獲得解答
(D)公司仍在草創階段，人力短缺，經費不足，只好因漏就簡

（　　）3. 詞語中有一種結構是「名詞＋名詞」，其中前者用來說明後者的功用，如「垃圾車」。下列具有此種修飾方式的選項是：
(A)牛肉麵 　　　　　　　　(B)水果刀
(C)老爺車 　　　　　　　　(D)鵝蛋臉

（　　）4. 下列文句「」內成語的運用，正確的選項是：
(A)下課鐘聲一響，小朋友就如「新鶯出谷」般地衝出教室
(B)縱有「鬼斧神工」的本領，也無法改變人生無常的事實

(C)社區居民來自不同省分，說起話來猶如「郢書燕說」，南腔北調

(D)閱讀古籍如碰到「郭公夏五」的情況，必須多方查考，力求正確

( ) 5. 閱讀下文，依序選出最適合填入□□內的選項：

甲、小個子繼續跑，我繼續追；激湍的河面□□著一線白光，很像是球，在另一端與我競速賽跑。（張啟疆〈消失的球〉）

乙、那段日子裡，每當我的思念□□得將要潰堤時，竟是書中許多句子和意象安慰我、幫助我平靜下來。（李黎〈星沉海底〉）

丙、此刻，我獨自一人，□□對望雨洗過的蒼翠山巒與牛奶般柔細的煙嵐，四顧茫茫，樹下哪裡還有花格子衣的人影？（陳義芝〈為了下一次的重逢〉）

(A)浮滾／洶湧／蕭索
(B)映照／沖刷／悠然
(C)浮滾／沖刷／蕭索
(D)映照／洶湧／悠然

( ) 6. 甲、咬牙切齒／就代表我和你的親密關係

乙、我擁有各式大小橫直的數字／電腦計算機總算不清這筆賬／我沒有生命／但／收拾生命

丙、美味是早天的原罪／肉身卸甲之後／無防備地讓蒜泥調情調味／下酒／並且消化／在人體裡留下膽固醇的伏筆／以在對方無可抵禦的老年／溫柔地報復

上述三首詩所描寫的對象依序是：

(A)拉鍊／電話／扇貝
(B)鋸子／日曆／扇貝
(C)拉鍊／日曆／螃蟹
(D)鋸子／電話／螃蟹

( ) 7. 下列□□中的詞語，依序最適合填入的選項是：

甲、近自海外旅遊歸來，特選購當地名產乙盒，敬希□□

乙、來訪未晤，因有要事相商，明早十時再趨拜，務請□□為幸

丙、茲訂於元月十七日下午六時，敬備□□，恭候光臨

(A)哂納／賜見／菲酌
(B)拜收／稍待／嘉禮
(C)笑納／曲留／華筵
(D)惠存／恭候／賀儀

( ) 8. 下列是一段古文，請依文意選出排列順序最恰當的選項：

《大學》之書，古之大學所以教人之法也。蓋自天降生民，

甲、然其氣質之稟或不能齊

乙、則天必命之以為億兆之君師

丙、則既莫不與之以仁義禮智之性矣

丁、一有聰明睿智能盡其性者出於其間

戊、是以不能皆有以知其性之所有而全之也

使之治而教之，以復其性。（朱熹〈大學章句序〉）

(A)甲戊丙乙丁　　　　　　　　　　(B)乙丁丙甲戊

(C)丙甲戊丁乙　　　　　　　　　　(D)丁乙甲戊丙

（　）9.下列文句所描寫的景色，依一年時序的先後，排列正確的選項是：

甲、梅英疏淡，冰澌溶洩，東風暗換年華

乙、菡萏香銷翠葉殘，西風愁起綠波間。還與容光共憔悴，不堪看

丙、玉樓明月長相憶，柳絲裊娜春無力。門外草萋萋，送君聞馬嘶

丁、黃菊枝頭生曉寒，人生莫放酒杯乾。風前橫笛斜吹雨，醉裡簪花倒著冠

(A)甲乙丙丁　　　　　　　　　　　(B)甲丙乙丁

(C)丙甲乙丁　　　　　　　　　　　(D)丙丁乙甲

（　）10.閱讀以下金庸《射鵰英雄傳》文字，根據文意、情境，依序選出最適合填入
＿＿＿＿的選項：

黃蓉道：「做這篇文章的范文正公，當年威震西夏，文才武略，可說得
上並世無雙。」郭靖央她將范仲淹的事跡說了一些，聽她說到他幼年家貧、
父親早死、母親改嫁種種苦況，富貴後儉樸異常，處處為百姓著想，不禁油
然起敬，在飯碗中滿滿斟了一碗酒，仰脖子一飲而盡，說道：「＿＿＿＿，大
英雄大豪傑固當如此胸懷！」（第26回）

黃蓉道：「當面撒謊！你有這許多女人陪你，還寂寞甚麼？」歐陽克張
開摺扇，搧了兩搧，雙眼凝視著她，微笑吟道：「＿＿＿＿。」黃蓉向他做個
鬼臉，笑道：「我不用你討好，更加不用你思念。」（第12回）

甲、心曠神怡，寵辱偕忘

乙、先天下之憂而憂，後天下之樂而樂

丙、悠悠我心，豈無他人？唯君之故，沉吟至今

丁、日暮長江裏，相邀歸渡頭。落花如有意，來去逐船流

(A)甲丙　　　　　　　　　　　　　(B)甲丁

(C)乙丙　　　　　　　　　　　　　(D)乙丁

（　）11.蜀中有杜處士，好書畫，所寶以百數。有戴嵩〈牛〉一軸，尤所愛，錦囊玉
軸，常以自隨。一日曝書畫，有一牧童見之，拊掌大笑，曰：「此畫鬥牛也。
牛鬥，力在角，尾搐入兩股間。今乃掉尾而鬥，謬矣。」處士笑而然之。古語
有云：「耕當問奴，織當問婢。」不可改也。（蘇軾〈書戴嵩畫牛〉）

下列文句與上文主旨最不相關的選項是：

(A)聞道有先後，術業有專攻

(B)學無常師，有一業勝己者，便從學焉

(C)使言之而是，雖在褐夫芻蕘，猶不可棄也

(D)三人行，必有我師焉。擇其善者而從之，其不善者而改之

12-13為題組

下文是一則記者對林懷民演講內容的報導，閱讀後回答12-13題。

> 　　林懷民回憶，當初回國到雲門才開始學編舞，一開始就遇到最大的挑戰「如何跳自己的舞。」歐美舞者手一伸、腳一跳，你就能立刻認出背後的文化符號；跳舞和藝術一樣，從來不是中性的，需要歷史和文化長久的涵養。
>
> 　　「就像巴黎的印象畫，陽光是透明的。南臺灣的陽光卻是炙熱的，把萬物都曬到模糊；我們卻從來只認得義大利的文化復興、法國的印象派、安迪沃荷的瑪麗蓮夢露。」
>
> 　　林懷民指著畫家廖繼春作品「有香蕉樹的院子」，畫中展現南臺灣獨有的陽光、溫度。「就像侯孝賢的悲情城市，空鏡頭裡都是濕氣，把海島國家才有的面貌呈現。」他說，這是技法在服務畫作和生活，「這才是屬於臺灣的藝術。」（鄭語謙〈肉身解嚴〉）

(　　) 12. 依據上文來看，最切合林懷民創作觀點的選項是：
　　　　(A)藝術無國界
　　　　(B)美感素養影響美感體驗
　　　　(C)藝術創作要與土地結合以呈現特有風貌
　　　　(D)歷史文化長久的涵養才能孕育藝術創作

(　　) 13. 這則報導內容包括四個重點，按其文中呈現的次序，排列最適當的選項是：
　　　　甲、期許自我創作的獨特
　　　　乙、反省藝術教育的限制
　　　　丙、連結其他藝術的創作
　　　　丁、確立藝術發展的方向
　　　　(A)甲乙丙丁　　　　　　　　　(B)乙甲丁丙
　　　　(C)丙丁甲乙　　　　　　　　　(D)丁丙乙甲

14-15為題組

閱讀方孝孺〈越車〉，回答14-15題。

> 　　越無車，有遊者得車於晉、楚之郊，輻朽而輪敗，輗折而轅毀，無所可用。然以其鄉之未嘗有也，舟載以歸，而誇諸人。觀者聞其誇而信之，以為車固若是，效而為之者相屬。他日，晉、楚之人見而笑其拙，越人以為紿己，不顧。及寇兵侵其境，越率敝車禦之。車壞，大敗，終不知其車也。

(　　) 14. 依據上文，下列各句「之」字指「越國遊者所說的話」的選項是：
　　　　(A)然以其鄉「之」未嘗有也　　　　(B)觀者聞其誇而信「之」
　　　　(C)效而為「之」者相屬　　　　　　(D)越率敝車禦「之」

（　　）15. 依據上文，敘述正確的選項是：

(A)越人以爲晉、楚之人所言不實，故對其譏笑不予理睬

(B)越國遊者改造的晉、楚戰車不夠精良，因此被敵寇打敗

(C)越人故意用殘破的戰車與寇兵作戰，使其輕敵，終獲勝利

(D)越國遊者將晉、楚大軍的戰車毀壞，成功地阻止晉、楚入侵

二、多選題（占24分）

說明：第16題至第23題，每題有5個選項，其中至少有一個是正確的選項，請將正確選項畫記在答案卡之「選擇題答案區」。各題之選項獨立判定，所有選項均答對者，得3分；答錯1個選項者，得1.8分；答錯2個選項者，得0.6分；答錯多於2個選項或所有選項均未作答者，該題以零分計算。

（　　）16. 「人怕出名，豬怕肥」是「人怕出名就好像豬怕肥」的意思。有些日常用語，在表達上也具有這樣的比喻意涵。下列屬於相同用法的選項是：

(A)三天打魚，兩天曬網

(B)一朝被蛇咬，十年怕草繩

(C)千里送鵝毛，禮輕情意重

(D)善惡不同途，冰炭不同爐

(E)強求的愛情不美，強摘的果實不甜

（　　）17. 下列關於白靈詩句的解說，正確的選項是：

(A)「鐘／因謙虛而被敲響」，「謙虛」是形容鐘的中空

(B)「落日──掉在大海的波浪上／彈了兩下」，表現夕陽沉落時的空間動感

(C)「黃昏時，天空焚爲一座／燦爛的廢墟／落日自高處倒塌」，描寫日全蝕的荒涼景象

(D)「白蛇似的小溪逐雨聲／一路嬌喘爬來／碰到撐黑傘的松／躲進傘影不見了」，描寫白蛇躲進樹叢的生動情景

(E)「沙灘上浪花來回印刷了半世紀／那條船再不曾踩上來／斷槳一般成了大海的野餐／老婦人坐在門前，眼裏有一張帆／日日糾纏著遠方」，描寫老婦人等待遠方未歸人的執著

（　　）18. 臺灣近五十年來名作家輩出，其中不少作家吸收古典文學之美，融會貫通後，創造出個人獨特的風格。例如詩人　　甲　　將文化中國當作母親，表現濃厚的鄉愁，在現代詩、現代散文、文學批評及翻譯上也都有相當成就。而　　乙　　將古典詩詞的語彙和意象融入現代詩的情境當中，一首〈錯誤〉有著典雅細膩的浪漫情調，被人廣爲傳誦。至於女作家　　丙　　、　　丁　　均善用古典詞語寫出精緻動人的散文，前者多以懷舊憶往的題材爲主，在平凡無奇中

涵蘊至理，充滿中國倫理色彩；後者寫作風格以多樣著稱，有時細膩溫柔，有時辛辣諷刺，並曾將古典故事改編爲現代戲劇。另外，　戊　熱愛中國傳統文化，又嫻熟西方現代主義，曾將崑曲〈牡丹亭〉融入小說〈遊園驚夢〉中。

上文＿＿＿＿中，依序最適合填入的選項是：

(A)甲、楊牧　　　　　　　　　　(B)乙、鄭愁予

(C)丙、琦君　　　　　　　　　　(D)丁、張曉風

(E)戊、白先勇

(　　) 19. 下列有關文化知識的敘述，正確的選項是：

(A)《資治通鑑》爲司馬光所撰，以人物傳記爲主，屬於「紀傳體」

(B)〈項脊軒志〉的「志」即「記」，該篇重點在記錄書齋建造的原因及過程

(C)〈左忠毅公軼事〉中的「軼事」又稱「逸事」，多屬史傳沒有記載且不爲人知之事

(D)《儒林外史》揭露儒林群相的醜態，是一部詳細記載中國科舉制度的重要史書

(E)《臺灣通史》起自隋代，終於割讓，是研究臺灣歷史的重要典籍

(　　) 20. 下列各組文句，「　」內字義相同的選項是：

(A)後「值」傾覆，受任於敗軍之際／復「值」接輿醉，狂歌五柳前

(B)軒凡四遭火，得不焚，「殆」有神護者／學而不思則罔，思而不學則「殆」

(C)況陽春召我以煙景，大塊「假」我以文章／願「假」東壁輝，餘光照貧女

(D)梁使三反，孟嘗君「固」辭不往也／彼眾昏之日，「固」未嘗無獨醒之人也

(E)「庸」奴！此何地也？而汝來前／吾師道也，夫「庸」知其年之先後生於吾乎

(　　) 21. 文學作品中，常採用「由大而小」及「由遠而近」的手法，逐漸聚焦到所要描寫的重點對象。下列同時使用此兩種手法的選項是：

(A)平林漠漠煙如織，寒山一帶傷心碧。暝色入高樓，有人樓上愁

(B)枯藤老樹昏鴉，小橋流水人家，古道西風瘦馬，夕陽西下，斷腸人在天涯

(C)寸寸柔腸，盈盈粉淚，樓高莫近危闌倚。平蕪盡處是春山，行人更在春山外

(D)畫閣魂銷，高樓目斷，斜陽只送平波遠。無窮無盡是離愁，天涯地角尋思遍

(E)青青河畔草，鬱鬱園中柳。盈盈樓上女，皎皎當窗牖，娥娥紅粉妝，纖纖出素手

(　　) 22. 古典詩中的「月亮」在不同情境之下，有不同的意涵。下列詩句藉「月」來抒發「思婦懷人」之情的選項是：

(A)戍鼓斷人行，邊秋一雁聲。露從今夜白，月是故鄉明

(B)霜威出塞早，雲色渡河秋。夢繞邊城月，心飛故國樓

(C)鶯啼燕語報新年，馬邑龍堆路幾千。家住秦城鄰漢苑，心隨明月到胡天

(D)可憐樓上月徘徊，應照離人妝鏡臺。玉戶簾中捲不去，搗衣砧上拂還來

(E)白狼河北音書斷，丹鳳城南秋夜長。誰為含愁獨不見，更教明月照流黃

( ) 23.閱讀下文，選出敘述正確的選項：

余昔少年讀書，竊嘗怪顏子以簞食瓢飲，居於陋巷，人不堪其憂，顏子不改
其樂。私以為雖不欲仕，然抱關擊柝尚可自養，而不害於學，何至困辱貧窶
自苦如此？及來筠州，勤勞鹽米之間，無一日之休，雖欲棄塵垢，解羈縶，
自放於道德之場，而事每劫而留之。然後知顏子之所以甘心貧賤，不肯求斗
升之祿以自給者，良以其害於學故也。　　　　　　　　　（蘇轍〈東軒記〉）

(A)作者來到筠州之後，生活和顏回一樣貧窮艱困

(B)俗世塵垢使作者深受羈絆，因而渴望擺脫俗務干擾

(C)作者年少時認為：從事抱關擊柝的工作並不妨礙學習

(D)由於親身經驗，作者終於明瞭顏回之所以不仕，是想全心致力為學

(E)作者從小對顏回「簞食瓢飲，居於陋巷」而「不改其樂」的生活，就頗為
欣賞

第貳部分：非選擇題（共三大題，占54分）

說明：請依各題指示作答，答案務必寫在「答案卷」上，並標明題號一、二、三。

一、文章解讀（占9分）

閱讀框內文章之後，請解讀：為什麼作者認為「心教」才是劍橋教育真正的精華？並
加以評論。文長約150～200字（約7～9行）。

> 劍橋的教育，最有作用的恐怕不在「言教」。其導修制，是在「言教」之外，還
> 有「身教」，這一向被視為劍橋的特色。這點是真，但也不可太過誇張，依我想，劍
> 橋的「心教」也許才是真正的精華。「心教」是每個人對景物的孤寂中的晤對，是每
> 個人對永恆的剎那間的捕捉。劍橋的偉大之子，不論是大詩人或大科學家，對宇宙人
> 生都有那種晤對與捕捉。劍橋的教育似乎特別重視一景一物的營造，在他們看來，教
> 室、實驗室固然是教育的場所，但一石之擺置、一花之鋪展，也都與「悟道」有關。
> 在根本上，劍橋人相信人的真正成長必須來自自我的心靈的躍越。劍橋的教育，不像
> 西洋油畫，畫得滿滿的；反倒像中國的文人畫：有有筆之筆，有無筆之筆。真正的趣
> 致，還在那片空白。空白可以詠詩，可以飛墨，可以任想像馳遊，當然也可以是一
> 片無意義的白。劍橋不把三年的課程填得滿滿的，一年三學期，每學期只有九個星

期，它是要學生有足夠的時間去想，去涵泳，去自我尋覓。（改寫自金耀基《劍橋語絲》）

二、文章分析（占18分）

　　閱讀框內文章之後，請分析：㈠「漁人甚異之」的「異」和漁人發現桃花源有何關聯？㈡陶潛從哪些方面來描寫桃花源？㈢從中可看出陶潛嚮往什麼樣的理想世界？答案必須標明㈠㈡㈢，分列書寫。㈠㈡㈢合計文長約250～300字（約11～14行）。

　　晉太元中，武陵人，捕魚為業。緣溪行，忘路之遠近。忽逢桃花林，夾岸數百步，中無雜樹，芳草鮮美，落英繽紛。漁人甚異之。復前行，欲窮其林。林盡水源，便得一山，山有小口，彷彿若有光。便捨船，從口入。初極狹，才通人。復行數十步，豁然開朗。土地平曠，屋舍儼然，有良田、美池、桑竹之屬，阡陌交通，雞犬相聞。其中往來種作，男女衣著，悉如外人；黃髮垂髫，並怡然自樂。

（陶潛〈桃花源記〉）

　　㈠「漁人甚異之」的「異」和漁人發現桃花源有何關聯？
　　㈡陶潛從哪些方面來描寫桃花源？
　　㈢從中可看出陶潛嚮往什麼樣的理想世界？

三、引導寫作（占27分）

　　老子說：「勝人者有力，自勝者強。」所謂「自勝者強」，是指真正的強者，不在於贏過別人；而在於戰勝自己。現代社會中，許多人喜歡跟別人競爭，卻不願好好面對自己，克服自己的弱點。其實，只有改進自我，才能強化自我、成就自我。請根據親身感受或所見所聞，以「自勝者強」為題，寫一篇文章。論說、記敘、抒情皆可，文長不限。

101年學測（學科能力測驗）解答

題號	1	2	3	4	5	6	7	8	9	10	11	12
答案	D	B	B	D	A	C	A	C	B	C	D	C
題號	13	14	15	16	17	18	19	20	21	22	23	
答案	A	B	A	DE	ABE	BCDE	CE	AC	AE	CDE	BCD	

101學測（學科能力測驗）詳解

第一部分：選擇題（佔54分）

一、單選題（佔30分）

1. 答案：D
   (A)「佚」，一ˋ，指散失。／「瓞」，ㄉㄧㄝˊ，指小瓜。參見《詩經・大雅》：「綿綿瓜瓞，民之初生，自土沮漆。」
   (B)「岈」，ㄒㄧㄚ，指山勢隆起的樣子，參見唐代柳宗元〈始得西山宴遊記〉：「其高下之勢，岈然窪然。」／「訝」，ㄧㄚˋ，指驚奇、驚異。參見《紅樓夢》：「黛玉聽了這話，更覺驚訝道：『這是什麼話？你真正發了瘋了不成？』」
   (C)「鷁」，ㄢ，指鷁雞目雉科鷁屬類動物。／「閹」，ㄧㄢ，指隱蔽、掩藏。參見顧炎武〈廉恥〉：「彼閹然媚於世者，能無愧哉？」
   (D)「氈」，ㄓㄢ，指毯子。／「饘」，ㄓㄢ，指濃稠的粥。稠的稀飯稱為饘，稀的稱為粥。後以饘粥做為稀飯的統稱。「饘粥糊口」一詞指勉強維持現有生活。參見司馬光〈訓儉示康〉：「昔正考父饘粥以糊口，孟僖子知其後必有達人。」

2. 答案：B
   (A)「以身作『責』」應改為「以身作『則』」。「以身作則」指以自身的行對為他人的榜樣、準則。
   (B)此選項無錯別字，為正確解答。「利慾薰心」指因貪圖名利私慾而蒙蔽了自我的心智。
   (C)「提綱『切』領」應改為「提綱『挈』領」。「提綱挈領」指撒網時提住主繩，拿衣要提住衣領，比喻把握住事情的重點。
   (D)「因『漏』就簡」應改為「因『陋』就簡」。「因陋就簡」指遷就簡陋的條件而不求完美。

3. 答案：B
   (A)「牛肉」為「麵」中的材質，而非用來說明其功用。
   (B)「水果」為「刀」的對象，也正是這把「刀」的功用所在，故此選項為正確答案。
   (C)「老爺」用以說明「車」的年份，而非用來說明其功用。
   (D)「鵝蛋」用以形容「臉」的形狀，而非用來說明其功用。

4. 答案：D
   (A)「新鶯出谷」指人歌聲婉轉輕脆，如黃鶯在山谷中鳴叫，不適合用來形容小朋友下課時衝出教室的情景。
   (B)「鬼斧神工」形容技藝之精巧非人力所能及，人生無常與否無關。
   (C)「郢書燕說」指郢人在信中誤寫入「舉燭」二字，而燕相則在看信時自行將之解讀為尚明、任賢的意思，比喻穿鑿附會，扭曲原意。典出《韓非子・外儲說》。
   (D)「郭公夏五」指《春秋・莊公二十四年》及《春秋・桓公十四年》兩處經文的字句脫漏，只剩「郭公……」、「夏五……」字樣，比喻文字缺漏。選項語意可據此解讀為「因古籍文字多有缺漏而需多方考證」，語意通順無誤，故選項正確。

5. 答案：A
   甲、同學若僅憑詩句中「一線白光」，很容易誤解認為此空格應填「映照」，然而這「一線白光」在文中「很像是球」，更會與文中的「我」從事「競速賽跑」，因此具動感與球概念

的「浮滾」，較「映照」更加貼切。

乙、「沖刷」指水流沖擊下使土石流失或造成剝蝕，「洶湧」則指水勢眾多且翻騰的樣子。詩
　　句中將思念比喻為水，故形容想念累積甚多，情緒翻騰且將要滿溢而出的「洶湧」，較沖
　　擊土壤的「沖刷」更為貼切。

丙、由「獨自一人」、「四顧茫茫」及「樹下哪裡還有花格子衣的人影」等句，可知作者放眼
　　四處找尋另一人的身影，而非閒適悠然的享受當下；因此，此處形容孤單冷落的「蕭索」
　　一詞，較形容閒適自得的「悠然」更為貼切。

故答案為(A)浮滾／洶湧／蕭索。

6. 答案：C

甲、從「咬牙切齒」和「親密關係」兩句，可知拉上時緊密相依的「拉鍊」形象，比以細刃鋸
　　斷木頭等物的「鋸子」更為貼切。

乙、從「沒有生命」但卻能「收拾生命」來看，可知由時間遞移暗示生命一天天老化的「日
　　曆」形象，較傳達有生命者的聲音，但無時間遞移關係的「電話」更為貼切。

丙、從「早夭」、「肉身卸甲」、「膽固醇」等語而言，可知具甲殼、生命短暫，且體內的卵
　　巢和消化腺(蟹黃)富豐富膽固醇的「螃蟹」，較雖也具外殼，成長期可花四至七年，且具
　　降低膽固醇功效的「扇貝」更為貼切。

故答案為(C)拉鍊／日曆／螃蟹。

7. 答案：A

由題幹中甲、乙、丙三句的敘述，可知同學需選出包含符合「贈禮者」、「拜訪者」、「請客
者」所使用的謙詞，各選項解析如下：

(A)「哂納」音ㄕㄣˇ ㄋㄚˋ，指餽贈禮物時，請他人收下的恭敬謙詞，為贈禮者用語。／「賜
　　見」為請長輩接見的恭敬謙詞，屬拜訪者用語。／「菲酌」是指自己所準備的食物為菲薄酒
　　食，是請客者所使用的謙詞。

(B)「拜收」指受贈者恭敬接受禮物，為收禮者用語。／「稍待」指稍微等待，不屬於拜訪者應
　　使用的語言。／「嘉禮」本來指飲食、冠昏、賓射、饗燕、賀慶等禮節，後來專指婚禮；不
　　適用於謙稱自己所備的禮物、宴席等。

(C)「笑納」指請人接受自己所餽贈的禮物，為贈禮者用語。／「曲留」有委屈留下的意思，可
　　適用於拜訪者。／「華筵」指奢華豐盛的筵席，可用於指他人所準備的宴席，而不適用於謙
　　稱自己所設的宴席。

(D)「惠存」指以物贈人時，希望他人能保留，多用於贈送相片、書籍等可長久保存的紀念品，
　　而不適合贈送他人需食用的名產時使用／「恭候」指恭敬的等候他人，為被拜訪者所使用的
　　敬詞。／「賀儀」指參加喜慶場合所準備的禮物或禮金，是參加宴席者所需準備的物品。

8. 答案：C

各選項翻譯如下：

甲、但是人的天生的稟賦並不全然相同

乙、那麼上天必定任用他擔任億兆黎明百姓的領袖

丙、便無不賦予所有人仁、義、禮、智的良善本性

丁、如果有一個聰明睿智且能保有善良本性的人

戊、因此無法所有人皆能體悟且保全上天賦予的良善本性。

　　同學在解這類型的題目時，首先應注意選項內的語句是否有和題幹語句「《大學》之書，
古之大學所以教人之法也。蓋自天降生民」、「使之治而教之，以復其性」兩句密切相關者，
可供作為解題的最佳線索。

第一句結束於「天降生於民」，可見其後應接上一句敘述句，繼續說明；因此以轉折語「然（然而）」開頭的甲選項，以轉折語「一（一但）」開頭的丁選項，以及以「是以（因此）」的因果句開頭的戊選項，必定不會與第一句銜接。去除放置於句尾的乙選項後，同學可從語意上確認：「上天創造了黎民百姓」以後，應銜接「無不賦予所有人仁、義、禮、智的良善本性」的丙選項。

其次，以轉折語「然（然而）」開頭的甲選項及以「是以（因此）」的因果句開頭的戊選項，有明顯的承接關係，而最後一句「使之治而教之，以復其性」中，將主詞以「之」字代替，可知前句應有明確說明可「治而教之」者為何，故可推測為乙選項中的「億兆之君師」，亦可藉此推測再前一句應為說明天為何要命這人為億兆之君師的丁選項「一有聰明睿智能盡其性者出於其間」，故總體順序為「丙甲戊丁乙」。

> 《大學》之書，古之大學所以教人之法也。蓋自天降生民，然其氣質之稟或不能齊，則天必命之以為億兆之君師，則既莫不與之以仁義禮智之性矣。一有聰明睿智能盡其性者出於其間，是以不能皆有以知其性之所有而全之也。使之治而教之，以復其性。（朱熹〈大學章句序〉）

翻譯

《大學》這本書，是古人太學用來教育人的準則。自從上天創造了黎民百姓以來，便無不賦予所有人仁、義、禮、智的良善本性。但是人的天生的稟賦並不全然相同，因此無法所有人皆能體悟且保全上天賦予的良善本性。如果有一個聰明睿智且能保有善良本性的人，那麼上天必定任用他擔任億兆黎明百姓的領袖。讓他治理、教育民眾，使他們恢復初始所擁有的善良本性。

9. 答案：B

甲、由「冰澌溶洩」、「梅英疏淡」所代表的冬景，以及「東風（春風）」所暗示的春景，可判斷此詩所描寫為冬末春初的景色。選項引文出自秦觀〈望海潮〉，翻譯如下：梅花凋零稀疏，冰雪融化並緩緩流動，春風偷偷地更迭了氣候。

乙、由「西風（秋風）」可判斷為秋天，而從「菡萏香銷翠葉殘」，夏季的荷花（菡萏）凋謝但綠葉仍殘存，可以進一步推斷此詩所描寫為初秋的景色。選項引文出自李璟〈攤破浣溪沙〉，翻譯如下：荷花香氣消散綠葉凋殘，秋風愁苦的吹拂著水波。（曾經美好的時光）和臉上曾美好的光采一同憔悴、凋零，讓人看著無法忍受啊。

丙、從「柳絲裊娜」可判斷為春天，而可由「春無力」更進一步判斷此詩所描寫為春末的景色。選項出自溫庭筠〈菩薩蠻〉，翻譯如下：樓上明月皎潔、樓內的人陷入深長的思念情緒之中，楊柳在春風無力吹拂下婀娜的擺盪著。（想起別離時的情景）那時門外長滿茂盛的青翠鮮草，我送你離開時只能佇立聽著馬兒的長嘶。

丁、從秋天的花「黃菊」，以及「生曉寒」，可判斷此詩所描寫為秋末冬初的景色。選項引文出自黃庭堅〈鷓鴣天〉，翻譯如下：早上凜冽的寒氣籠罩著菊花的枝葉上，人生不要讓酒杯乾涸（意指應及時行樂）。斜風細雨下吹奏著笛子，喝醉時髮簪插上花兒帽子也倒反了。

據此，依一年時序的先後排列為：甲（冬末春初）→丙（春末）→乙（初秋）→丁（秋末冬初）。

10. 答案：C

第一格空格：

從黃蓉對范仲淹生平事蹟的敘述：「富貴後儉樸異常，處處為百姓著想」，可知本處空格應填

范仲淹表現出讀書人強烈使命感的名句：「先天下之憂而憂，後天下之樂而樂」最爲恰當。至於甲句，只是〈岳陽樓記〉中寫晴喜的快樂。

第二格空格：

丙選項「悠悠我心，豈無他人？」一句符合「你有這許多女人陪你，還寂寞什麼」的句義，而「我不用你討好，更加不用你思念」則爲黃蓉回應歐陽克張有意追求的「唯君之故，沉吟至今」句。

各選項翻譯如下：

甲、選項引文出自范仲淹〈岳陽樓記〉，翻譯如下：心神開闊而怡悦，無論榮耀恩寵或恥辱全都抛諸腦後。

乙、選項引文出自范仲淹〈岳陽樓記〉，翻譯如下：在天下人感到憂愁前（我）就先感到憂愁，在天下人都感到快樂以後（我）才能感受快樂。

丙、選項引文改寫自曹操〈短歌行〉，翻譯如下：憂思滿懷的心，難道沒有別人可想嗎？只是因爲你，讓我思念至今。〈短歌行〉原文如下：「青青子衿，悠悠我心，但爲君故，沉吟至今。」

丁、選項引文出自儲光羲〈江南曲〉，翻譯如下：傍晚夕陽餘暉映照在長江的江面上，人們互相招呼著划船回渡口。船邊的落花彷彿有了感情，無論水流來往飄動，都緊跟在船隻的後頭。

11. 答案：D

> 　　蜀中有杜處士，好書畫，所寶以百數。有戴嵩〈牛〉一軸，尤所愛，錦囊玉軸，常以自隨。一日曝書畫，有一牧童見之，拊掌大笑，曰：「此畫鬥牛也。牛鬥，力在角，尾搐入兩股間。今乃掉尾而鬥，謬矣。」處士笑而然之。古語有云：「耕當問奴，織當問婢。」不可改也。（蘇軾〈書戴嵩畫牛〉）

翻譯

　　四川有位杜姓的隱居者，喜愛書畫，（他）所珍藏的書畫有幾百件。其中戴嵩所畫的〈牛〉，（他）特別珍愛，用錦布製畫套、用玉做畫軸，經常帶在身邊。有一天他將收藏的書畫（拿到外面）攤開曬太陽，有位牧童看見了（戴嵩所畫的〈牛〉），拍著手大笑，說：「這張圖是畫鬥牛啊。鬥牛時，力氣全用在角上，尾巴（會因筋肉牽動）緊夾在兩腿中。現在這幅畫上的牛卻在鬥牛搖著尾巴，這是錯誤的啊。」杜處士笑著覺得他說得有理。古人曾說：「耕種的事情要請問奴僕，織布的事應該請問婢女。」這是不變的道理。

　　此段話的主旨爲「耕當問奴，織當問婢」，意即術業有專攻，每個人所專精的事物並不相同，因此應該尊重專業。各選項解析如下：

(A)此選項主旨爲人各有專才，符合題幹描述。選項引文出自韓愈〈師說〉，翻譯如下：領會學問的時間有先後之別，學術、技藝上也各有專長。

(B)此選項主旨爲因人各有專才，故要勇於向他人學習，符合題幹描述。選項引文出自徐幹《中論》，翻譯如下：學習沒有固定的老師，有在某種領域之中勝過自己的人，便要向他學習。

(C)此選項主旨爲不可因人廢言，不論發言者貴賤之別，只求內容正確，在四選項中，符合題幹描述。選項引文出自《淮南子・主術》，翻譯如下：假使話語的內容正確，即使出自貧賤者的口中，也不能夠忽視不理。

(D)此選項主旨爲每個人皆有不同擅長、缺漏之處，因此我們應勇於向他人學習，其「見賢思齊，見不賢內自省」的意涵和題幹描述最不相關。選項引文出自《論語・述而》，翻譯如

　　下：三個人走在一起，其中一定有可以當我老師的人。選擇(他)好的、擅長方面學習，對於不好、不擅長的地方就要引以爲鑑，藉以改正自己的缺點。

12. **答案：C**

從「跳舞和藝術一樣，從來不是中性的，需要歷史和文化長久的涵養」、「南臺灣的陽光卻是炙熱的，把萬物都曬到模糊」、「侯孝賢的悲情城市，空鏡頭裡都是濕氣，把海島國家才有的面貌呈現」及「這才是屬於臺灣的藝術」等句，同學不難判讀作者在文章中強調藝術需與土地結合，反應在地文化及風情的企圖，故正確答案爲(C)。

13. **答案：A**

次序一：由林懷民想要挑戰「如何跳自己的舞」，可知次序一應爲選項甲「期許自我創作的獨特」。

次序二：由「我們卻從來只認得義大利的文化復興、法國的印象派、安迪沃荷的瑪麗蓮夢露」一句，可知作者認爲W的教育缺乏對自我文化的認知與學習，可見次序二應爲選項乙「反省藝術教育的限制」。

次序三：第三段林懷民由畫作「有香蕉樹的院子」談至侯孝賢的電影「悲情城市」，可見次序三應爲選項丙「連結其他藝術的創作」。

次序四：最後作者藉林懷民之口明確點出藝術發展的方向應爲「把海島國家才有的面貌呈現」才是「屬於臺灣的藝術」，可見次序四應爲選項丁「確立藝術發展的方向」。

14-15題爲題組：

> 　　越無車，有遊者得車於晉、楚之郊，輻朽而輪敗，輗折而轅毀，無所可用。然以其鄉之未嘗有也，舟載以歸，而誇諸人。觀者聞其誇而信之，以爲車固若是，效而爲之者相屬。他日，晉、楚之人見而笑其拙，越人以爲紿己，不顧。及寇兵侵其境，越率敝車禦之。車壞，大敗，終不知其車也。

翻譯

越國沒有車，有個越國人在晉、楚兩國交界的區域得到一輛車，那輛車輪輻朽爛，車轅和橫木所連接處的插銷也斷裂，已經沒有什麼用處。然而因爲越國人的家鄉沒有車子，所以他就用船裝載這輛車子回鄉，並且向眾人誇耀。旁觀的人聽信他的誇大言詞而相信車子本來便該是這樣，（因此）很多人便以這部車爲雛型，模仿製作新車。有一天，晉國、楚國的人看見了越國人所製作的車，便譏笑他們的車愚笨拙劣，越國人以爲晉國、楚國人在欺騙自己，（因此）並未理會（他們的話）。等到有敵人入侵越國領土，越人駕著殘破的車去抵禦敵軍。車子毀壞，越軍大敗，但他們始終不明白（這場敗仗）是因爲車子的原因。

14. **答案：B**

(A)選項中的「之」爲語助詞，無義。

(B)選項中的「之」指越國遊者所說的話。

(C)選項中的「之」指遊者從晉、楚之郊所帶回壞掉的車。

(D)選項中的「之」指寇兵。

15. **答案：A**

(A)由「越人以爲紿己，不顧」一句，可知越國人以爲晉、楚之人所言不實而不予採信。

(B)遊人並沒有改造車子，後來所製造的車子皆依「輻朽而輪敗，輗折而轅毀」的原型所製作。

(C)由「終不知其車也」一句，可知越國並非故意使用殘破的戰車；且最後被敵軍打敗，並未獲

勝。

(D)越國遊者並未將晉、楚大軍的戰車毀壞，文中也未說明入侵越國的敵軍為晉、楚大軍，再者越國並未能成功阻止敵軍入侵。

二、多選題

16. 答案：DE

本題主要測驗同學是否了解修辭法的運用，「人怕出名」是喻體，中間省略的「就好像」是喻詞，而「豬怕肥」則為喻依。此題破解的小技巧在於只要同學依題幹所述，將句子中的逗號部分以喻詞「就好像」替代，從全句語義是否流暢即可判斷此句在表達上是否具有比喻意涵；各選項解析如下：

(A)「三天打魚，兩天曬網」比喻人對學習或工作沒有恆心，時常間斷。如使用破解小技巧，將句子中的逗號部分以喻詞「就好像」替代，則「三天打魚（就好像）兩天曬網」一句語意不通，因為此句是完整的敘述句而非比喻句。

(B)「一朝被蛇咬，十年怕草繩」比喻人因曾遭受挫折，後遇類似狀況時便變得膽小如鼠。如使用破解小技巧，將句子中的逗號部分以喻詞「就好像」替代，「一朝被蛇咬（就好像）十年怕草繩」一句語意不通，因為此句是因果句，「一朝被蛇咬」為因，「十年怕草繩」則是果，兩者需結合才句完整意義。

(C)「千里送鵝毛」指遠有禮物雖輕而情意深重，亦可用作贈人禮物的謙辭。如使用破解小技巧，將句子中的逗號部分以喻詞「就好像」替代，則「千里送鵝毛（就好像）禮輕情意重」一句語意不通；因後一句「禮輕情意重」是用來說明前句「千里送鵝毛」的意義，而非比喻句的「喻依」。

(D)如使用破解小技巧，將句子中的逗號部分以喻詞「就好像」替代，則「善惡不同途（就好像）冰炭不同爐」一句語意通順，可知「善惡不同途」為喻體，而「冰炭不同爐」則為具體形容前句情形的「喻依」，此句為比喻句。

(E)如使用破解小技巧，將句子中的逗號部分以喻詞「就好像」替代，則「強求的愛情不美（就好像）強摘的果實不甜」一句語意通順，可知「強求的愛情不美」為喻體，而「強摘的果實不甜」則為具體形容前句情形的「喻依」，此句為比喻句。

17. 答案：ABE

(A)實際上，鐘會被敲響是因為它中空，此處「謙虛」二字的意象深化了「中空」的涵義；選項詩句出自白靈〈山寺〉。

(B)「落日」點明時間為夕陽沉落時，而「大海的波浪」、「彈」則展現了空間的動感；選項詩句出自白靈〈爭執〉。

(C)由「黃昏時」一句可知詩句描寫的是黃昏時的景象，而非日全蝕的景象；選項詩句出自白靈〈光的窟窿〉。

(D)由「白蛇似的小溪」一句，可知詩句主要的描寫對象是「小溪」，而非「白蛇」；選項詩句出自白靈〈登高山遇雨〉。

(E)由「老婦人坐在門前，眼裏有一張帆／日日糾纏著遠方」一句，可知詩句主要描寫老婦人等待的執著；選項詩句出自白靈〈老婦〉。

18. 答案：BCDE

(A)由「將文化中國當作母親，表現濃厚的鄉愁」及「在現代詩、現代散文、文學批評及翻譯上也都有相當成就」等關鍵句，可知甲選項應為「余光中」而非「楊牧」。作家特色介紹如下：

余光中：曾形容「大陸是母親」，以濃厚鄉愁為其文學的重要表現特徵；精通英語和多種外

　　　文，在文學批評及翻譯上亦成就卓越。

楊牧：早年筆名葉珊時，以追求典雅浪漫爲其文學基調，深受浪漫主義詩人影響；後詩文特色
　　　轉爲兼具人文關懷，融合中西文學技巧。

(B)〈錯誤〉的作者鄭愁予，且「典雅細膩的浪漫情調」爲其作品的主要特徵，故選項正確。作
　　家特色介紹如下：

鄭愁予：爲鄭成功十一代裔孫，風格典雅細膩，作品以〈錯誤〉一詩最具知名度。

(C)從「以懷舊憶往的題材爲主」、「充滿中國倫理色彩」等關鍵句，可知此女性作家應爲琦
　　君。作家特色介紹如下：

琦君：作品以散文爲主，以懷舊憶往題材爲主的作品最具特色。

(D)從「有時細膩溫柔，有時辛辣諷刺」的風格，及「曾將古典故事改編爲現代戲劇」等關鍵
　　句，可判斷此位女作家應爲張曉風。作家特色介紹如下：

張曉風：被余光中譽爲「亦秀亦豪的健筆」，除細膩溫柔之作外，亦以筆名「可叵」辛辣諷刺
　　　　的抒寫家國情懷及社會世態；許多劇作改編自中國古典故事，強化其中人道關懷的層
　　　　面。

(E)從「將崑曲〈牡丹亭〉融入小說〈遊園驚夢〉中」可知戊選項應爲白先勇。

白先勇：出生於名門世家，受西方現代派影響，融會中國傳統文化中，重視地方戲曲，並嘗試
　　　　將之融入小說作品〈遊園驚夢〉中；作品《台北人》、《孽子》等皆廣受注目。

19. 答案：CE

(A)《資治通鑑》屬於以編年繫事爲主的「編年體」，而非「紀傳體」。

(B)〈項脊軒志〉的重點在於以項脊軒的興廢爲主線，表達作者對物在人亡的感慨及對親人的思
　　念，而非以記錄書齋建造的原因及過程爲重點。

(D)《儒林外史》是一部描寫科舉制度弊害，揭露士人熱中功名醜態的章回小說，而非以記載中
　　國科舉制度爲主的史書。

20. 答案：AC

(A)前後兩個「值」字義相同，皆表「遇到」之意。前段引文出自諸葛亮〈出師表〉，翻譯爲：
　　後來遇到國家面臨覆滅的危機，在戰事失利的時候，(我)接受命令被(先帝)任用。／後段引
　　文出自王維《輞川閒居贈裴秀才迪》，翻譯爲：正好遇到你帶著醉意，在我的門前狂放不拘
　　地高聲唱歌。

(B)前段引文中「殆」意指「大概」，出自歸有光〈項脊軒志〉，翻譯如下：項脊軒曾遭遇過四
　　次火災，（皆）沒有被焚毀，大概是因爲有神靈保護的原因吧。／後段引文中「殆」意指
　　「危殆」，出自孔子《論語》，翻譯如下：只知埋頭念書學習而不思考所學的道理，則等於
　　白費；只憑空想卻不學習，則危殆而無所得。

(C)前後兩個「假」字義相同，皆表「借、提供」之意。前段引文出自李白〈春夜宴從弟桃花園
　　序〉，翻譯如下：況且和煦溫暖的春天用溫潤如煙般的美景召喚我，大自然提供我錦繡萬象
　　的美景。／後段引文出自《列女傳》，翻譯如下：希望提供原應照在東邊牆壁上的光，讓光
　　線能照亮貧窮的婦女。

(D)前段引文中「固」意指「堅持」，引文出自〈馮諼客孟嘗君〉，翻譯如下：梁國使者三次
　　前來拜訪（希望請孟嘗君至梁國爲相），孟嘗君皆堅持推辭不願前往梁國。／後段引文中
　　「固」意指「本來」，引文出自顧炎武〈廉恥〉，翻譯如下：眾人都昏沉的時候，本來就不
　　會沒有獨自清醒的人啊。

(E)前段引文中「庸」意指「愚笨的」，出自方苞〈左忠毅公軼事〉，翻譯如下：愚笨的奴才！
　　這裡是什麼地方？你竟然前來。／。後段引文中「庸」意指表反結語氣的「何必」，出自韓
　　愈〈師說〉，翻譯如下：我所要學習的是道，何必知道老師的年紀是大或小於我呢？

21. 答案：AE

同學在作答此題時，需格外注意選項中引文是否兼顧「大→小」、「遠→近」兩種手法，缺一不可。各選項解析如下：

(A)由遠處的「平林漠漠」到近可見人的「高樓」，符合「由遠而近」；而「寒山一帶傷心碧」一整片宏大的景色，到高樓上的「人」，符合「由大到小」。選項兼顧兩者，為正確答案。選項引文出自李白〈菩薩蠻〉，翻譯如下：平地上煙靄瀰漫，交錯於林間如織品，寒冷的山林一整片令人心傷的碧綠。當暮色漸漸掩上高樓時，有人正在樓上（因思念而）愁苦。

(B)由近處的「枯藤老樹昏鴉」到遠處的「斷腸人在天涯」，不符合「由遠而近」的題幹要求。選項引文出自馬致遠〈天淨沙〉，翻譯如下：枯萎的藤蔓、蒼老的樹木、黃昏歸巢的烏鴉，小小的拱橋，潺潺溪水，水邊的房舍。荒僻的古老道路上，秋天的風和一匹清瘦的馬兒。夕陽西下，思家心切的漂泊遊子還在遙遠的異鄉。

(C)由近處的「樓高莫近危闌倚」到遠處的「行人更在遠春山外」，不符合「由大而小」及「由遠而近」的題幹要求。選項引文出自歐陽脩〈踏莎行〉，翻譯如下：因思念遠方的人而柔腸寸斷，滿臉淚水。別靠近高樓倚靠在欄杆旁邊（會使人看向遠方更為傷感），長滿雜草的平原盡頭處是透露出春天氣息的群山，而漂泊的旅人卻在離山頭更遠的地方。

(D)由近處的「畫閣」到遠處的「斜陽只送平波遠」，不符合「由遠而近」的題幹要求。選項引文出自晏殊〈踏莎行〉，翻譯如下：登上雕飾精美的閣樓，高樓上遠望皆看不到心上人，斜陽餘暉遠接天際。無窮無盡的離別愁緒，思緒（遠飛）到遙遠的地方去遍尋（我所思念的人）。

(E)由遠處「河畔草」，聚焦至近處的「樓上女」，符合「由遠而近」；由大的「河畔草」、「園中柳」，到小處的「紅粉妝」及「素手」，符合「由大而小」。選項引文出自〈古詩十九首〉，翻譯如下：河邊青綠的草地，庭園中生長茂密的柳樹。高樓上儀態美好的女子，倚窗當軒，容光照人如輕雲中的明月，（她）妝容美好，伸出白皙纖細的手。

22. 答案：CDE

在破解此題時，同學須格外注意選項詩句是否以「思婦」作為其敘述視角。古代婦女一般不像男性可以隨意外出，故「思婦」視角的詩作，常描寫在家中思念遠方遊人的情景，可以此為重要的判斷依據。各選項解析如下：

(A)由「戍鼓」及「邊秋」等邊境軍戎生活的關鍵字，可以推測此詩內容應為以男性角度抒發思鄉的情感，而非「思婦」。選項引文出自杜甫〈月夜憶舍弟〉，翻譯如下：戍樓上敲響大鼓（傳達宵禁時間已至），路上便杳無人影，在邊疆地區的秋夜裡靜的只聽到孤雁的叫聲。白露時節的今夜天寒露重，（由於思鄉，不免感覺）月光還是故鄉的比較明亮。

(B)由「出塞」、「邊城」及「故國」等邊境軍戎生活的關鍵字，可以推測此詩內容應為以男性將士角度抒發思鄉的心情，而非「思婦」。選項引文出自李白〈太原早秋〉，翻譯如下：塞外較早感受到霜氣的嚴寒，黃河上飄過雲彩已呈現秋色。(我們)在邊城戍守的睡夢中，心已飛至家鄉的樓臺。

(C)由「家住秦城鄰漢苑，心隨明月到胡天」一句，可以推測應為以「思婦」視角，從家中思念在邊塞胡地遠征者的心情，選項符合題幹描述。引文出自皇甫冉〈春思〉，翻譯如下：鶯燕的啼叫聲提醒大家新年已到來，西域的馬邑、龍堆在距離此處幾千里以外的疆邊地區。家雖然住在中原地區鄰近漢室宮苑，但思念良人的心卻已隨著明月光飛至邊陲外的西域。

(D)由「妝鏡臺」、「簾」、「搗衣砧」等婦女專用的關鍵字，可以推測此詩應為以「思婦」視角從家中思念遠方離人的心情，選項符合題幹描述。引文出自出自張若虛〈春江花月夜〉，翻譯如下：可嘆小樓上流連的月光，應該照耀著遠方的離人卻只照亮了梳妝用的鏡臺（因離人在外，女性無須為悅己者容）。門簾收放捲不走月光，映在搗衣的砧石上趕也趕不走（象

徵女性思念的愁苦無法消散）。

(E)由「音書斷」、「秋夜長」及「照流黃」等關鍵詞，可以推測此詩應爲以「思婦」視角從家中思念遠方離人的心情，選項符合題幹描述。引文出自沈佺期〈獨不見〉，翻譯如下：白狼河的北方至今（因戰爭的關係）音訊全斷；在京師城南思念離人，（因離人不在身邊陪伴）更感覺秋夜漫長。誰說滿懷愁緒只因見不到離人呢，明月將黃色羅帷照得太亮也讓人憂愁啊（因無法入睡，只能繼續思念離人）。

23. 答案：BCD

> 余昔少年讀書，竊嘗怪顏子以簞食瓢飲，居於陋巷，人不堪其憂，顏子不改其樂。私以爲雖不欲仕，然抱關擊柝尚可自養，而不害於學，何至困辱貧窶自苦如此？及來筠州，勤勞鹽米之間，無一日之休，雖欲棄塵垢，解羈縶，自放於道德之場，而事每劫而留之。然後知顏子之所以甘心貧賤，不肯求斗升之祿以自給者，良以其害於學故也。（蘇轍〈東軒記〉）

翻譯

「我在年少時念書的時候，心中曾經對顏回選擇飲食粗劣，居住簡陋在小巷裡，承受別人所無法承受的憂苦，顏回卻不感覺不快樂的生活方式感到不解。我自己認爲雖然不願意擔任官職，但是做守門或巡夜這類的工作可以養活自己，而不妨害學習，爲什麼要使自己貧困受辱到這種地步？等我到了筠州（因被貶官），爲了維持生活辛苦工作，沒有一天可以休息，雖然想拋開世間種種俗事，解脫綑綁，讓自己自在悠遊於道德學問間，但是俗事卻每每脅迫自己而讓我留在原地。這之後我才知道顏回之所以能心甘情願的過貧賤生活，而不願意任職小官、追求微薄的奉祿以求養活自己，實在是因爲那樣會妨害學習的原因啊。」

各選項解析如下：

(A)文中只說明作者到筠州後「勤勞鹽米之間」，爲張羅生計而辛勞，並未言作者像顏回一樣貧困。

(B)由作者「勤勞鹽米之間，無一日之休」生活現況及「良以其害於學故也」的結論，可知作者深受俗務干擾；而從「雖欲棄塵垢，解羈縶，自放於道德之場，而事每劫而留之」，可知作者亟欲擺脫俗務的干擾，故選項敍述正確。

(C)由「然抱關擊柝尚可自養，而不害於學，何至困辱貧窶自苦如此？」可知作者年少時認爲從事抱關擊柝的工作並不妨礙學習，選項敍述正確。

(D)由作者年輕時不解的態度，到被貶至筠州後，「勤勞鹽米之間，無一日之休」的忙碌生活讓他「然後知顏子之所以甘心貧賤，不肯求斗升之祿以自給者，良以其害於學故也」，終於明白顏回之所以不仕，是因爲工作會妨礙他讀書，選項敍述正確。

(E)由「竊嘗怪顏子以簞食瓢飲……何至困辱貧窶自苦如此？」可知作者對顏回所選擇的生活態度頗感不解。

第貳部分：非選擇題（共三大題，佔54分）

一、文章解讀（佔9分）

思路小提醒

　　同學在破解閱讀類型的題目時，須注意不可以自己的意見取代作者的想法，必須依循文章中的線索，試圖理解作者的想法→並有條理的加以分析→再行評論：

文章中作者認爲「心教」才是劍橋教育眞正的精華的原因是：「劍橋的偉大之子，不論是大詩人或大科學家，對宇宙人生都有那種晤對與捕捉。」而且「在根本上，劍橋人相信人的眞正成長必須來自自我的心靈的躍越」。作者認爲「言教」無法使人心靈躍越，只有「心教」才能使學生學會如何晤對與捕捉人生及宇宙變化，並學會自我成長。

大學教育原本便不應只是教授知識，更重要的是涵養年輕學子的氣質、培養他們勇於自我思考，進而才能產生突破性的卓越創意。既定的知識可自我學習，但抽象的氣質、思維則需環境、時間的涵養。劍橋認爲，他們所提供的教育的精華不是知識，而藉由心靈晤對所產生的自我成長，這也正是劍橋與眾不同之處。

二、文章分析（佔18分）

思路小提醒

㈠「漁人甚異之」的「異」和漁人發現桃花源有何關聯？

正是因爲漁人對「夾岸數百步，中無雜樹，芳草鮮美，落英繽紛」的景象感到驚異，所以他才會選擇「復前行，欲窮其林」，最終才會發現桃花源；因此漁人的「異」正是他發現桃花源的動機。

㈡陶潛從哪些方面來描寫桃花源？

1. 環境：由「土地平曠，屋舍儼然，有良田、美池、桑竹之屬」，可知桃花源的開發井然有序，物資可自給自足；且由「阡陌交通」一句可知基礎建設完備。

2. 人情：在桃花源中，「黃髮垂髫，並怡然自樂」，社會中較弱勢的族群皆能安詳生活、受良好照顧，可見人們相處平和，生活物資充沛。

3. 文化：衣服是一地文化發展的最佳表徵，由「男女衣著，悉如外人」可知桃花源和外界，在物資、文化上並無太大差異。

㈢從中可看出陶潛嚮往什麼樣的理想世界？

1. 由「有良田、美池、桑竹之屬」及「往來種作」的男女，可知陶潛嚮往的理想世界以農業爲主要生活方式。

2. 由「阡陌交通，雞犬相聞」一句，可知陶潛嚮往如《老子》中所述「小國寡民」的理想社會。

3. 由「其中往來種作」一句，可知陶潛認爲理想世界中的人們應勤奮的工作。

4. 由「黃髮垂髫，並怡然自樂」一句，可知陶潛嚮往較爲弱勢的老人、小孩皆能得到良好的照顧且生活安樂。

三、引導寫作（佔27分）

思路小提醒

此題題幹說明極爲清楚，因此同學應不至於誤讀題目。然題目要求「根據親身感受或所見所聞」行文，因此同學可以以抒情、記敘的方式抒寫自我感受，或是以論說文的形式論述社會事件。務必加入清楚明確的例證，說明爲何戰勝自己比戰勝他人更爲重要。亦可在此論述之上，進一步說明什麼才是眞正的「強者」？

例證舉例如下：

1. 社會上層出不窮的自殺事件，有許多皆爲極優秀份子，究竟他們是和他人的競賽中落得下風？或是輸給了自己內心所承受的壓力？

2. 運動競賽中，選手的表現好壞常決定於自己是否能控制內心的恐懼和壓力，盡力做到自己所能做得最好表現。你在生活中是否也有此種經驗？

Note

Note

國家圖書館出版品預行編目資料

94～101年國文指考‧學測歷屆試題詳解應考
破題技巧大公開／謝純靜、張貽婷著. ――二
版.――臺北市：文字復興，2013.01
　　面；　公分
　ISBN 978-957-11-6934-7（平裝）
　1.國文科 2.問題集 3.中等教育 4.技職教育
524.31　　　　　　　　　101015721

WX09　　升大學08

94～101年國文指考‧學測歷屆試題詳解
應考破題技巧大公開

作　　者― 謝純靜　張貽婷 (396.6)

發 行 人― 楊榮川

總 編 輯― 王翠華

主　　編― 黃惠娟

責任編輯― 盧羿珊

封面設計― 黃聖文

出 版 者― 文字復興有限公司

地　　址：106台北市大安區和平東路二段339號4樓

電　　話：(02)2705-5066　　傳　　真：(02)2706-6100

網　　址：http://www.wunan.com.tw

電子郵件：wunan@wunan.com.tw

劃撥帳號：01068953

戶　　名：文字復興有限公司

台中市駐區辦公室/台中市中區中山路6號

電　　話：(04)2223-0891　　傳　　真：(04)2223-3549

高雄市駐區辦公室/高雄市新興區中山一路290號

電　　話：(07)2358-702　　傳　　真：(07)2350-236

法律顧問　元貞聯合法律事務所　張澤平律師

出版日期　2013年 1 月二版一刷

定　　價　新臺幣280元